CONTEMPORARY FEDERAL TAXATION IN
THE UNITED STATES
Funding Modern Government without a VAT

現代アメリカ連邦税制

付加価値税なき国家の租税構造

Satoshi Sekiguchi
関口 智

東京大学出版会

CONTEMPORARY FEDERAL TAXATION IN
THE UNITED STATES
Funding Modern Government without a VAT
Satoshi Sekiguchi
University of Tokyo Press, 2015
ISBN978-4-13-046114-6

目　次

序　章　問題意識と分析視角 …………………………………… 1
第 1 節　本書の問題意識　1
第 2 節　分析枠組みと先行研究　4
　(1) 国際通貨システムと財政構造の関連　4
　(2) 財政構造の分析手法　8
　(3) 租税構造の特質が生まれるプロセス　9
　(4) 租税構造内部の相互作用の分析：アメリカ租税構造の水平的関係　11
　(5) 租税構造の形成を補完する制度の分析　13
　(6) フローとストックの相互作用の分析　14
第 3 節　本書の構成　15

第 I 部　問題の構図

第 1 章　アメリカ連邦財政の特質 …………………………………… 23
第 1 節　問題意識　23
第 2 節　アメリカ連邦財政の推移：フローとストック　25
第 3 節　アメリカ財政の相対的位置：国際比較　28
　(1) 市場経済（資本市場，労働市場等）による比較　28
　(2) 公的社会支出による比較　28
　(3) 対外債務（ストック）による比較　33
第 4 節　対外的な準備通貨国の論理　34
　(1) 政府・家計・企業の部門別資金過不足　34
　(2) 準備通貨国アメリカの地位：法外な特権　36
　(3) クリントン政権期の租税と公債（財政赤字）　37
　(4) ブッシュ Jr. 政権期の租税と公債（財政赤字）　41
第 5 節　対内的な国民統合の論理　44

（1）経済的状況：産業構造の転換　44
　　（2）社会的状況：多様な人種と所得層の二極化　47
　　（3）政治的状況：分割政府　48
　むすび　50

第 2 章　アメリカ連邦税制の水平的租税関係 ……………………… 53
　第 1 節　問題意識　53
　第 2 節　アメリカ租税構造の推移と特徴　55
　第 3 節　租税制度と会計制度の相互関係　58
　第 4 節　法人所得税の動向　60
　　（1）課税所得と会計利益の乖離　60　　（2）乖離の内訳　63
　　（3）課税所得と会計利益の乖離以外の要因　66
　　（4）小　活：法人所得税収の特徴　69
　第 5 節　個人所得税の動向　70
　　（1）課税ベースの推移　70　　（2）所得層別分布　71
　　（3）法人税の課税ベースの侵食　76
　　（4）小　活：個人所得税収の特徴　79
　第 6 節　社会保障税の動向　80
　　（1）社会保障税の概要　80
　　（2）社会保障税が関連する信託基金の状況　85
　　（3）個人所得税との関連①：給付時課税　88
　　（4）個人所得税との関連②：低所得層への給付　90
　　（5）小　活：社会保障税収の特徴　92
　むすび　93

第Ⅱ部　国内租税政策の論理

第 3 章　租税支出と雇用主提供民間医療保険 ……………………… 99
　　　　　──クリントン政権期の医療保険改革案
　第 1 節　問題意識　99
　第 2 節　雇用主提供医療保険と租税制度　101
　第 3 節　クリントン政権の医療保険改革案の背景　102

　　　　　　　　　　　　目　次

　第 4 節　クリントン医療保険改革案の財源面の概要　106
　第 5 節　クリントン医療保険改革案と議会公聴会　108
　　(1) 1994 年 2 月 3 日：下院歳入委員会公聴会　109
　　(2) 1994 年 2 月 6 日：上院財政委員会公聴会　113
　　(3) 1994 年 4 月 26 日：上院財政委員会公聴会　115
　　(4) クリントン医療改革案不成立の要因　120
　第 6 節　医療保険債務の個人へのシフト　122
　むすび　125

第 4 章　税制から見た医療・年金資金の個人積立口座化 ……………127
　第 1 節　問題意識　127
　第 2 節　医療・年金資金の積立と租税支出　129
　第 3 節　医療貯蓄と所得課税の実態　131
　　(1) 医療保険への租税政策の背景　131
　　(2) クリントン政権期の医療保険への租税政策　132
　　(3) ブッシュ Jr. 政権期の医療保険への租税政策　134
　　(4) 民間医療保険への租税政策の効果と実態　136
　　(5) 医療保険と税制改革案　141
　第 4 節　年金貯蓄と所得課税の実態　144
　　(1) 年金保険への租税政策の背景　144
　　(2) クリントン政権期の年金保険への租税政策　145
　　(3) ブッシュ Jr. 政権期の年金保険への租税政策　156
　　(4) 民間年金保険への租税政策の効果と実態　158
　　(5) 年金保険と税制改革案　163
　むすび　167

第 5 章　勤労所得の資本所得化と税制 ……………………………………171
　　　　　──ストック・オプション制度
　第 1 節　問題意識　171
　第 2 節　ストック・オプションと租税制度・会計制度の
　　　　　　相互関連　172
　　(1) 租税制度の概要と租税制度間の相互関係　174
　　(2) 会計制度の概要と租税制度との相互関連　177

第3節 クリントン政権期のストック・オプション改革案と議会公聴会 178
　(1) 1992年1月31日：上院政府問題委員会公聴会 181
　(2) 1993年1月28日：レビン上院議員の法案 183
　(3) 1993年6月29日：リーバーマン上院議員の法案 184
　(4) 1993年8月：OBRA1993における税制改正 186
　(5) 1993年10月21日：上院銀行住宅都市問題委員会公聴会 187
第4節 ストック・オプションの実態 195
　(1) 被用者人員規模別の特徴 195
　(2) 給与金額規模別の特徴 196
　(3) 地域別の特徴 198
第5節 連邦財政と税収への影響 199
　(1) 個人所得税と法人所得税への影響 200
　(2) 主要産業別の影響 200
　(3) 連邦財政への影響 203
　(4) 税収増加の一要因 205
むすび 207

第Ⅲ部　国際租税政策の論理

第6章　経常収支の赤字と国際租税政策 213
──輸出促進と国内資金還流政策

第1節 問題意識 213
第2節 アメリカの国際租税制度 216
　(1) 原則的課税方式：全世界主義 216
　(2) 例外的課税方式：領土主義 218
第3節 経常収支と輸出促進税制：政策意図と概要 221
　(1) 内国国際販売法人（DISC） 221
　(2) 外国販売法人（FSC） 224
第4節 クリントン政権期の輸出促進税制の実態 227
　(1) 外国販売法人（FSC）の設立地 227
　(2) アメリカ親会社との関係 228
　(3) アメリカ親会社の産業 229

(4) アメリカ親会社の企業名　231　　(5) 小　括　231
　第5節　クリントン政権の対応と議会公聴会　233
　　　(1) 概　況　233　　(2) FSC廃止勧告への対応　233
　　　(3) 域外所得 (ETI) 規定：EUとWTO　235
　第6節　ブッシュJr.政権の対応と議会公聴会　237
　　　(1) 概　況　237
　　　(2) 2002年8月11日：下院歳入委員会公聴会　238
　　　(3) 2003年1月28日：上院財政委員会公聴会　239
　　　(4) 2003年8月15日：上院財政委員会公聴会　241
　　　(5) 2003年9月18日：上院財政委員会公聴会　245
　むすび　248

第7章　グローバル化と消費課税論の台頭 ……………… 253
　第1節　問題意識　253
　第2節　クリントン政権期の租税論・税制改革案の展開　254
　　　(1) フラット・タックスとUSA税と付加価値税　254
　　　(2) フラット・タックスの租税負担構造　258
　　　(3) フラット・タックスからUSA税への修正　263
　　　(4) 消費課税論に基づく税制改革案の限界　267
　第3節　ブッシュJr.政権期の税制改革案　271
　　　(1) 2つのプランの基本的なアプローチ　272
　　　(2) 家計段階の課税　273
　　　(3) 企業段階の課税　276
　　　(4) 2005年大統領諮問パネル報告書の限界　280
　むすび　282

終　章　総括と課題 ……………………………………… 285
　　　──付加価値税なき連邦租税構造
　第1節　アメリカ連邦租税構造の特色　285
　第2節　連邦付加価値税なき租税構造の要因 (1)
　　　　：先行研究の指摘　289
　第3節　連邦付加価値税なき租税構造の要因 (2)
　　　　：本書の視点　293

　　　　　　　目　　次

　(1) 準備通貨国の論理　293
　(2) 国民統合の論理　295
　(3) 「準備通貨国の論理」と「国民統合の論理」の対立と調整　297
第4節　付加価値税なき連邦租税構造の行方　298
　(1) アビヨナ教授（ミシガン大学ロースクール）の見解　298
　(2) ブラウンリー名誉教授（カリフォルニア大学）の見解　300
　(3) グレーツ教授（コロンビア大学ロースクール）の見解　301
　(4) 小　括　302

参考文献　307
あとがき　333
索　　引　339

序　章　問題意識と分析視角

第1節　本書の問題意識

　先進国の租税構造に関する歴史を振り返れば，行政的・制度的構造，選挙制度，社会的・政治的価値の広範な多様性があるにもかかわらず，その収斂傾向がしばしば見られる．1920年頃までに，実質的にはほとんどの国が国家レベルの所得税を有し，第二次世界大戦終了までには多くの政府で主要な税収となった．第二次大戦後の10年以上は，多くの先進国で社会保障税が重要な役割を果たした．20世紀の終わりまでには，アメリカを唯一の例外として，多くの先進国が国家レベルの消費課税，特に多段階付加価値税を導入した[1]．

　本書で検討するアメリカ連邦租税構造の最大の特色は，先進国で導入されている付加価値税を有していない点にある．確かに，2009年度において，個人所得税は，アメリカ連邦税制の基幹税としての役割を担っており，対GDP比で6.4%，連邦歳入の構成比では43%もの規模を占めている．社会保障税は対GDP比で6.3%，連邦歳入の構成比では42%と，個人所得税に次ぐ規模にまで成長している．法人所得税は，対GDP比で1.0%，連邦歳入の構成比では7%と，連邦税収に占める比率が低下傾向にあるが，連邦税制改革の議論の焦点になってきた[2]．これに対して，連邦レベルでは，消費課税への依存度が極めて低い．

---

[1] James (2010) p.475.
[2] 最近の法人税の動向はSullivan (2011)．第7章で確認するように，連邦法人税制改革の議論で意識されるのは，消費課税型へのシフトである．

序　章　問題意識と分析視角

　第二次大戦後のアメリカの租税論では，所得課税から消費課税へのシフト論といった形で，消費課税[3]が論点とされてきたが，連邦政府の政策レベルでは，付加価値税や小売売上税といった消費課税に関する議論がきわめて少ない[4]．1980年代以降でみても，レーガン政権における本格的検討を最後に，ブッシュ政権，クリントン政権，ブッシュ Jr. 政権，そしてこれまでのところオバマ政権においても本格的検討はなされておらず，現行税制の所得課税の枠内で，あるいは，現行税制が実質的に消費課税に近いと位置付ける形で税制改革が議論されていると言ってよい[5]．なぜ，アメリカ連邦政府レベルでは個人所得税，法人所得税という所得課税体系が重視され，付加価値税が導入されないのか．そしてなぜ，アメリカは租税・社会保障負担率（対 GDP 比）でみても，財政規模（対 GDP 比）でみても，先進国の中で低い水準にあるのか．

　これらの謎を解く一つの視点が Howard（1997）によって提示されている．彼は，アメリカ税制における所得控除や税額控除，損金算入等といった租税支出（tax expenditure）の普及と規模に着目し，北欧諸国の「見える福祉国家」に対して，アメリカを「隠れた福祉国家」と位置づけ，注目を浴びた[6]．

　確かに図序-1にあるように，個人所得税と社会保障税の主要な租税支出を合計すると GDP の 5.8％の規模であり，これを連邦税収（対 GDP 比）や連邦歳出（対 GDP 比）と比較すると，その金額の大きさが確認できる．連邦政府の主要税収（対 GDP 比）の合計が約 17.5％であるのに対して，主要な租税支出（対 GDP 比）の合計は 5.8％であるから，租税支出は連邦税収の約 3 分の 1 に等し

---

[3] 所得概念の議論では「包括的所得（発生型所得）」と「消費型所得」がある．本書の消費課税は後者に該当する．具体的には，納税義務者を家計とする支出税，企業とする付加価値税・小売売上税等，そして家計と企業の両者を納税義務者とするものがある．第 7 章では，企業と家計を納税義務者とする消費課税の議論について検証している．関口（2010b）では，「包括的所得（発生型所得）」概念と「消費型所得」概念における相続税（遺産税）・贈与税の位置づけ等も意識して，シャウプ勧告，ミード報告，マーリーズ・レビューの資産移転税を検討している．
[4] 付加価値税などの企業のみを納税義務者とする消費課税については，最終章で扱う．
[5] 藤谷（2007）273 頁は，アメリカは憲法上の理由から「所得か消費か」の二者択一が迫られるとしている．連邦憲法修正第 16 条が個人所得税の賦課を連邦に授権していることに着目し，アメリカが消費課税を導入するには，「所得」の定義を「包括的所得（発生型所得）」から「消費型所得」に書き換えるという議論になることを意識した指摘である．
[6] Howard（1997）pp. 3-5. 片桐（2005b）9 頁は，隠れた福祉国家の議論を拡張し，租税支出以外に連邦政府の直接貸付や貸付保証，民間（企業・個人）・州・地方政府に対する規制・マンデイトを含む概念として使用している．

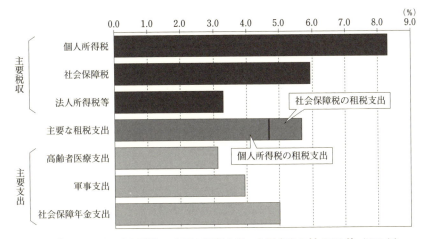

【図序 - 1】連邦政府の主要税収・主要な租税支出・主要歳出の対 GDP 比（2013 年）

注1) 高齢者医療支出は，受給者保険料（beneficiaries' premiums）やその他収入を相殺している．
  2) 租税支出の金額は，税制変更による家計行動の変化がないと仮定した値の合計．
  3) 主要な租税支出の内訳については，図終-1 を参照．
資料）U. S. Congressional Budget Office（2013），Figure 1 より作成．

い規模にある．また，連邦政府の主要歳出（対 GDP 比）は，社会保障年金支出が 5.0％，軍事費が 3.9％，高齢者医療（メディケア）支出が 3.1％であるから，個々の支出と租税支出の合計 5.8％とを比較すると，租税支出のほうが大きい状況にある．

　以上のようにハワードの指摘は，なぜアメリカの財政規模（対 GDP 比）は，先進国の中で相対的に低い水準を維持しているのか，なぜアメリカの租税・社会保障負担率は，先進国の中で相対的に低い水準を維持しているのかに関してマクロの財政規模の観点から一定の示唆を与えていると言える．

　しかし，アメリカが租税支出を多用する「隠れた福祉国家」であるとする彼の提示と，アメリカが付加価値税を導入していない租税体系にあることとの関連は，必ずしも明らかではない．また，彼の提示と租税負担構造との関連等も必ずしも明らかではない．これらの点を明らかにするためには，マクロの財政規模に基づいて議論するのみでは十分ではなく，アメリカの財政構造や租税構造そのものが，どのような要因によって形成・維持されているのかを解明する必要がある．

本書の課題は，アメリカ財政構造の特質とその要因，租税・社会保障負担構造の特質とその要因を把握する作業を通じて，付加価値税なきアメリカ租税構造の特質とその要因を明らかにすることにある．

第2節　分析枠組みと先行研究

どのような枠組みで，アメリカの租税構造に接近するか．先行研究[7]を踏まえつつ，6つの分析枠組み——国際通貨システムと財政構造，財政構造，租税構造の形成プロセス，租税構造内部の相互作用，租税構造を補完する制度，フローとストックの相互作用——を意識する形で分析することにしたい．

(1) 国際通貨システムと財政構造の関連

第一の分析枠組みは，アメリカの財政構造と国際通貨システムに関連している[8]．歴史的に国家財政が未発達の段階には，通貨高権と財政高権は同一の目的のために利用されてきた．そのため，財政構造の把握には財政高権のみならず，国家の貨幣鋳造や貨幣制度の規範的な規律である通貨高権に関する議論が必要であることが，財政学者の Shoup（1969=1974）や Schmölders（1970=1981）らによって，指摘されてきた[9]．これらの指摘は，単に財政政策と金融政策とを分析し，両者の経済効果を問うという次元のものではない．

Shoup（1969=1974）は，財政と金融を区別する試みに対し，有用で明確な分界は存在しないとする[10]．その上で，財政手段と金融手段という形で議論のレベルを下げることが有益であり，財政手段が財政金融手段の全体を包含するものでもないことを指摘し，両者の共通点として信用市場における政府取引を研

---

[7] 本節に掲げる先行研究は，主として分析枠組みに関するものである．個別論点に関する先行研究は，第1章以降の各章を参照されたい．
[8] 国際通貨には6つの機能があるが，本書では民間部門の決済がドルを媒介通貨としていることから，公共部門においてもドルが介入通貨として機能することになり，そのことによってドルが準備通貨として保有されている点を意識している（Krugman（1995）Chapter 10，岩本（2012）221-224頁を参照）．基軸通貨国の機能という形で保険原理によって解釈する大瀧（2013）による興味深い論考がある．
[9] Shoup（1969=1974）pp. 469-470（訳書665-666頁），Schmölders（1970=1981）訳書23頁．
[10] Shoup（1969=1974）p. 467（訳書662頁）．

序　章　問題意識と分析視角

究することの重要性を述べている[11]．

　Schmölders（1970=1981）は，財政権力を国家が国民から租税を調達する権利と定義しつつ，それを財政高権（国家の徴税権力）と通貨高権（国家の貨幣鋳造や貨幣制度の規範的な規律）の2つに区分し，両者の関係を研究することの重要性を説いた．財政政策と通貨政策の間に見られる関係の中に，財政権力の本質や政治と経済の関係全般が見出せると考えていたからである[12]．

　しかし，アメリカの財政構造に関する従来の研究では，目標が多元的であり，議会による多元的決定で政策手段の選択がなされる財政高権と，目標が通貨の安定と雇用維持に限定され，少数の専門家による迅速な決定により政策手段の選択がなされる通貨高権[13]とでは性格が異なることが意識されたためか，財政高権を中心に議論がなされてきた傾向がある[14]．

　例えば，アメリカの財政学の領域の代表的学者である Eckstein（1979），Musgrave and Musgrave（1989），最近では，Gruber（2009），Rosen and Gayer（2009）の議論を見ても，通貨高権を視野に入れ，それを踏まえて国家が国民から租税を調達する権利である財政権力まで意識的に正面から取り上げ

---

11) Shoup（1969=1974）p. 470（訳書 666 頁）．もっともシャウプは，著作においては財政手段のみを対象とし，非財政手段については暗黙の仮定を置いていると述べている（Shoup（1969=1974）p. 467（訳書 662 頁））．
12) Schmölders（1970=1981）訳書 22-23 頁．シュメルダースは，「分析上」財政政策と通貨政策を明確に区分すべきとするが，それは，議会や政治による多元的な意思形成を重視する財政高権とそれを前提としない通貨高権とは，性格が異なると考えるからである．つまり，財政政策の目標と決定権の範囲が多元的であるのに対し，通貨政策は一元的またはせいぜい二元的であるため，政策の作用の仕方が異なることを意識している（Schmölders（1970=1981）訳書 4 頁）．
13) アメリカ合衆国憲法第1条第8節第5項には「貨幣を鋳造し，その価格および外国貨幣の価格を規制する権限，ならびに度量衡の基準を定める権限」が連邦議会に属する旨の規定がある．つまり，通貨高権を政府から切り離して中央銀行に委ねつつも，議会による民主主義の統制のもとにこれを配置している．脚注 15 も参照．
14) 財政学と同様に，マクロ経済学でも通貨・信用・流動性といった議論を正面から取り扱うことができていなかった．サマーズ元財務長官（Summers（2011））は，「一般的なマクロ経済学では，……金融論の革新に追いつくことが出来ていなかった．現代マクロ経済学は，金融仲介パターンの変化に調整し適応できていなかった．……資産インフレに流動性の概念を組み込むことは，現代マクロ経済学の中では傍流であった」と述べている．また，Martin（2013=2013）pp. 221-222（訳書 334-336 頁）は，「新古典派経済学が金融抜きのマクロ経済理論を構築し，金融論は，……マクロ経済抜きのファイナンス理論を構築した」と指摘し，さらに「現代の金融論は，……貨幣と完全代替性のある債権が無限に存在するユートピアのマネー理論を定式化し，（高い流動性のある：引用者注）ソブリンマネーは一切登場しない」と批判している．

序　章　問題意識と分析視角

た研究とは言い難い[15]．

　また，アメリカの金融論の領域でも，Beckhart（1972），Friedman（1981），Meulendyke（1998）のように，通貨の安定と雇用の安定という二元的目的の下に実施される連邦準備理事会（Federal Reserve Board. 以下，FRB）の金融政策という意識に基づいて，通貨高権を議論するのが主流である[16]．財政高権との関連は，伝統的にはSmith（1960）が「民間保有の国債構造に影響を及ぼす政府と中央銀行すべての行為」と定義したように，主として国債管理政策を媒介にした形で議論されてきた[17]．

　Meulendyke（1998）やStrange（1998）が指摘するように，FRBによる金融政策は，これまで基本的に国内志向的で，国益や国内問題への対応する形で政策決定をおこない，対外的な影響をそれほど考慮してこなかった[18]．とはいえ，バーナンキFRB議長（Bernanke（2009））が「FRBはドル価格の変動の持つ意味を注視しており，雇用最大化と物価安定というFRBの二元的使命へのリスクを防ぐための政策を遂行してゆく」という形で，あえてドルについて言及したように，国内雇用やインフレに与える影響との関連で為替レートの変動が，

15）　スティグリッツによる公共経済学（Public Economics）のテキストでも同様である（Stiglitz（2000=2003, 2004））．財政高権と通貨高権との明確な区別があるわけではないものの，スティグリッツの著作には，両者の相違を意識した指摘が見られる．Stiglitz（2003=2003）pp. 81-82（訳書114-117頁）では，「連邦準備制度のすることには，ほぼ例がなくトレードオフがつきまとう．……インフレが高まるのを避けようとすれば，不必要なまでに失業率が上がるかもしれない．それは政治的決断であるべきで，テクノクラートに任されるべきでも金融市場に委ねられるべきでもない．……少なくとも，あらゆる関係者の要望と見解が必ず聞き入れられるようにする，何らかのメカニズムが必要なのは確実だ．」としている．

16）　アメリカの金融政策について，邦語では伊東（1985）や地主（2006）等を参照されたい．

17）　アメリカの国債管理政策やアコードについて，邦語では池島（1998），須藤（2008）等を参照されたい．Martin（2013=2013）Chapter13, note26は，マクロ経済学において中央銀行の独立性という考え方は比較的新しいものであり，体制に影響を与えるようになったのは，新しいケインズ派の動学的確率的一般均衡分析が政策形成の枠組みとして広く使われるようになってからであるとしている．井手（2010）は，中央銀行の高い独立性がインフレ抑制に有効であるとの共通認識を導き出した論文としてCukierman, Webb and Neyapti（1992）を挙げつつ，それがインフレの抑制が求められた時代にマッチした理論立てであるとする．そのうえで，財政と金融の組み合わせのあり方は，その時代ごとに変化し，理念上は独立性を有すべき中央銀行が，現実には財政当局の政策に協力する場合があることを指摘している．藤木（1998）も参照．

18）　Meulendyke（1998）p. 217（訳書232頁）は，「アメリカ（の金融政策：引用者注）は，経済規模とドルの重要な役割により，国内政策目標を対外的な配慮に優先させる自由度を，おそらく他の国々よりも多くもっている」と指摘している．

6

従来よりも強く意識されるようになっていることは確かである[19]．それらは「グローバル化の進展」による対外純債務の増加がもたらした，外国人のドル保有に伴う不安定化リスクの増大等も影響している．

通貨高権にも関連する為替レート[20]と国際収支（経常収支や資本収支）については，国際金融論の領域での研究蓄積が比較的厚い[21]．近年においては，「ドルへの信認」との関連で最大の準備通貨国の経常赤字や資本流入の持続可能性を問題とし，Mann（1999），Dooley, Folkers-Landau and Garber（2005）等のように，主としてフロー（経常収支や資本収支）の観点から，さらにCline（2005），Higgins, Klitgaard and Tille（2005）等のようにストック（対外資産・負債）の評価損益を加味する観点からも，議論がなされている[22]．しかし，これらは財政高権との関連を意識して正面から取り上げた研究とは言い難い[23]．

本書では，Schmolders（1970=1981）の分析枠組みを意識して，アメリカの財政構造の実態を把握する際に，通貨高権と財政高権との関連を意識する[24]．

---

[19] Eichengreen（2011）p. 167（訳書247頁）は，一般的にFRBはインフレと雇用増という二元的政策目的間のバランスを目指すが，為替レートがインフレと国内雇用に影響を及ぼしそうになった場合には，為替レートに目を向けると指摘している．

[20] Meulendyke（1998），Schwartz（1997）は，為替政策について第一義的に責任を負っているのは財務省であるが，為替介入は，①財務長官を意思決定の責任者として，FRBと緊密かつ継続的な協議・協力の下に遂行されること，②介入資金を財務省の為替安定化基金（Exchange Stabilization Fund）とFRBが折半していること，③介入原資に限りがあること，④現実の介入の頻度・規模がともに極めて限られており，他国との協調介入が主流であること等を指摘している．日米比較については，渡瀬（2006）を参照されたい．

[21] ただしKrugman（1995）Chapter10は，アメリカの国際金融論の領域では，準備通貨ドルの役割に関する研究は1960年代には盛んであったものの，1980年代には廃れていた状況にあったとしている．またEichengreen（2007=2010）pp. 2-3（訳書5頁）も，一国の国際収支を国際金融システムの相互依存関係でとらえるキンドルバーガー（Despres, Kindleberger and Salant（1966））のような視点も，かつてはアメリカの国際通貨・金融システムの文献では一般的なスタイルであったが，最近では廃れていたとする．

[22] 近年の日本におけるアメリカを意識した国際金融研究では，岩本（2007, 2009），荒巻（2011），貝塚・財務総合政策研究所編（2012），奥田（2012），小川編（2013）等を参照．

[23] 日本における研究では，国際通貨体制の変容やアメリカの福祉国家の再編を論じた加藤榮一（1971, 1977, 1995, 2004）等の一連の論考や，渋谷（2005）や岡本（2007）の論考がある．また，イギリスが準備通貨国としての地位を喪失してゆく過程における歳入構造（租税と公債発行）に関する研究には，加藤三郎（1973）等による優れた分析がある．しかし，これらも準備通貨国アメリカの地位との関連で財政構造，あるいは租税構造を正面から取り扱ったものとは言い難い．

[24] 大島・井手（2006）は，通貨高権と財政高権の関係は歴史的文脈の中で多様に変化するとの問題意識のもとで，1930年代のドイツと日本の中央銀行の主体性を明らかにしている．

特に,「ドルへの信認」を維持し,外国によるドルの保有とアメリカへの外国資本の流入を意識したアメリカの政策を,対外的な「準備通貨国の論理」とし,その上でアメリカの財政構造の特殊性を把握する[25].その際,当時の財務省やFRBといった政策担当者の議会公聴会等での発言や回顧録等も駆使して,可能な限り両者の関連に迫りたい.

(2) 財政構造の分析手法

第二の分析枠組みは,「準備通貨国の論理」の影響も受けて形成される,アメリカ財政構造の分析手法に関連している.

アメリカの財政学においては,歴史的にColm (1948=1957)による経済学・政治学・社会学・会計学等の「境界線上の科学」としての財政学という解釈,O'Connor (1973=1981)による国家を社会の従属変数と見る形で財政現象を説明するネオマルクス主義的財政社会学,そのような二元論的把握を批判するMusgrave (1980)による多元主義的財政社会学の提唱,そして近年ではMartin, Mehrotra and Prasad (2009)らによって,財政分析に経済学や政治学や社会学等の蓄積を踏まえたアプローチが試みられている.しかし,定型的なアプローチが定着しているわけではない.

日本の財政学では,歴史的に財政を政治(非経済的現象)と経済(経済的現象)の交錯現象と把握する形で,予算論,経費論,租税論等の分析を積み重ねてきたといってよい[26].1980年代の初めの頃には,佐藤(1981)が指摘したように,伝統的財政学,近代経済学的財政学,財政学批判という3つの学派の競争的発展の時期にあったが,1990年代になると,それらの鼎立状態が曖昧化してきた[27].

そのような時期に,宮島(1992)は,財政を政治と経済の交錯現象とする視点を発展的に継承しつつ,家族社会学や文化人類学の領域を加える形で,日本

---

[25] 本書においてグローバル化による対外純債務の増加の中での「ドルの信認」について議論するのは,経常赤字があれば経済危機に直結すると考えているからではない.外国から資本が安定的に流入(ドルの保有を継続)していれば問題は生まれにくい.問題となるのは,国民経済全体として資金不足の中で,政府,企業,家計部門への信認が失われることによって,外国からの資本流入が途絶える(外国がドル保有を停止する)ことである.

[26] 例えば,大内(1930),永田(1942),井藤(1950),島(1950)など.

における政府と企業との代替関係，あるいは政府と家族の代替関係を意識した分析を行った．そして神野（1998）も，従来の財政学の研究蓄積を踏まえつつ，政治システム・経済システム・社会システムの各要素を「社会全体」との機能的相関関係において分析する大枠を示し，それを日本の財政分析に適用した[28]．これらの研究は，日本財政を素材になされた極めて優れたものであるが，各国の財政分析への適用は，その後の研究者に委ねられた形となっている．

　本書では，宮島（1992）と神野（1998）による分析枠組みを意識しつつ，1990年代から2000年代前半におけるアメリカの財政構造に焦点を合わせる．特に，1990年代以降のアメリカの「経済システム」と「社会システム」のバランスの変化に対して，「政治システム」が財政を通じてどのような形で国民統合を試みたのかという形で，アメリカ財政の「国民統合の論理」を把握する．そして，それらと準備通貨国の通貨高権を維持しようとする「準備通貨国の論理」との関連を明らかにしたい[29]．つまり，準備通貨国アメリカの通貨高権を意識する一方で，それと財政の主要な役割である国民統合との関連を意識する．

(3) 租税構造の特質が生まれるプロセス

　第三の分析枠組みは，租税構造の特質が生まれる背景をも考える，租税制度論的アプローチに関連している[30]．

　Campbell（1993）は，税制の決定要因として7つの要因（地政学的対立，マク

---

27) 佐藤・関口（1997）12頁．金澤（2005）は，「近年の日本では，伝統的財政学や財政制度に関する知識の体系を基礎にしながら，相異なる2つのアプローチが並存している」とする．一つが，方法論的個人主義によって体系化された経済学の手法を，財政を規定する政治過程にも適用するアプローチであり，もう一つが，方法論的個人主義に基づく経済理論では政治過程や財政過程を説明しきれないとするアプローチである．
28) 近年の動向については赤石（1998, 2008），井手（2008）等を参照のこと．
29) 「国民統合の論理」と「準備通貨国の論理」も固定的ではなく，1990年代以降の「産業構造の転換」と「グローバル化の進展」という構造変化が，「国民統合の論理」と「準備通貨国の論理」にも影響を与える．
30) 大島・井手（2006）249, 261頁は，「制度とは公式の法令およびそれに基づく慣行によって示された行為規範である」（真淵（1994）53頁）を引用しつつ，制度とアクターとの関係を，制度によるアクターの規定という一方向に限定せず，両者の双方向の作用として，制度の変化とアクターの変化をとらえている．そうすることで，制度が連続する中での異なる選択，制度が連続しない中での共通の選択，それぞれの実態を明らかにできると考えているからである．本書での意識も同様である．

ロ経済条件の変化,財政危機,階級と利益集団,代議制システム,国家構造,イデオロギー)を挙げ,7つの要因を税制改革の圧力要因(地政学的対立,マクロ経済条件の変化,財政危機)と転換要因(階級と利益集団,代議制システム,国家構造,イデオロギー)の2つに区分して分析する枠組みを示した.しかし,その枠組みを現実の分析に適用しているわけではない[31].

アメリカにおける租税制度論分析では,Steinmo (1993=1996) が,アメリカ,スウェーデン,イギリスの租税構造を比較し,アメリカの租税構造の特色が「政治権力の二重の細分化 (double fragmentation of political authority)」によって,政治的権力と責任の分散を行っている「政治システム」の影響を強く受けていることを指摘している[32].キャンベルの枠組みに従えば,各国の転換要因(階級と利益集団,代議制システム,国家構造,イデオロギー)の相違から,アメリカ税制の特殊性を実証した優れた研究である.しかし,政策決定過程におけるアクター間の相互作用に関する分析は見られない.

日本の財政学の領域における近年のアメリカ連邦税制の研究にも,渋谷 (1995),岡本 (2007),片桐 (2010) 等の優れた研究がある.それ以前にも,宮島 (1972, 1985a, 1985b),加藤 (1975, 1976),森 (1979) 等による制度の背景・意図の把握,そして現実の所得層別や産業別負担構造の把握が意識されてきた.しかし,近年の多くの租税制度論分析では,制度の概要と改正内容とその帰結の説明に終始している傾向があり,制度改正の背景や政策決定過程への意識も希薄になっている[33].

本書では,Campbell (1993) の枠組みを意識しつつ,アメリカの政策形成過程の一端を明らかにしたい.特に,アメリカの租税政策の意図,決定過程,帰

[31) 神野 (1997) は,地政学的対立を政治的危機,マクロ経済条件を経済的危機と読み替えて議論している.

32) Steinmo (1993=1996) p. 135 (訳書 176 頁).スタインモは,制度の定義を,代議制民主主義を規定する憲法構造とそれへの合理的対応である意思決定構造としている.なお,制度の定義の範囲については議論の変遷がある.Steinmo (2008) は,制度を法的制度に限定し,望ましい制度の構築を意図した規範論であった 1920 年代のアメリカ制度論への批判から,緩やかな定義を採用するようになり,1950 年代以降の行動主義革命の影響から,仮説検証の可能性が重視されつつあるとしている.

33) アメリカ財政・税制に関する近年の日本での研究では,渋谷 (1992, 1995, 2005) 等による一連の著作が,議会や政治による多元的な意思形成の過程を描き出している.

結といった全体的なプロセスを意識するが，それは主として財政高権に関連する議会や政治による多元的な意思形成の過程を分析するためでもある．その際，アメリカ連邦議会公聴会での一次資料を利用し，大統領の意図，大統領と議員との見解の対立，議員間の見解の対立，利益集団の見解の対立等を検証する．そうすることで，議会や政治によるアクター間の多元的な意思形成が，租税構造に反映されてゆく過程を描き出すことができると考えるからである[34]．

(4) 租税構造内部の相互作用の分析：アメリカ租税構造の水平的関係

第四の分析枠組みは，租税研究のアプローチとアメリカの租税構造を構成する法人税，所得税，社会保障税間の相互関連に関連している．

まず，近年のアメリカの租税研究のアプローチは，Steuerle（2004）のように租税政策の展開を正面から取り扱う研究，Slemrod and Bakija（2008）のように租税理論の領域から租税制度の現実を分析したもの，Pollack（2003）のように政治学の領域から租税制度の形成過程を分析したもの，Martin（1991）のように社会学の領域から租税制度の変化を分析したもの，さらには Kaplow（2008）のように租税法学者が租税理論を強く意識したもの等，興味深い様々なアプローチが生まれている．

日本における租税研究のアプローチは，金子宏（2008）によって的確な整理がなされている．財政学における租税論，租税法，租税政策学，会計学における租税会計という整理である[35]．本書で依拠する財政学の租税論では，佐藤

---

[34] 国家と社会の関係については，国家の政策の説明変数として社会階級や利益集団の活動を重視する社会還元主義（Society-Centered Theories），それを批判して行為者としての国家を社会から自立した主体として捉える国家論アプローチ，国家論アプローチの問題点を踏まえつつ，個人の選択に影響を与える制度の影響やその背後にある社会的・歴史的な文脈を積極的に強調する歴史的制度論による把握方法等，多くの研究蓄積がある．これらの点に関する簡潔な整理については，赤石（1998），DeWit（1999），大島・井手（2006）を参照．本書は，新制度論（New institutionalism）のアプローチを意識して，個人に焦点を当てたミクロレベルの分析と，体制といったマクロレベルの分析を媒介する，政策決定過程におけるアクター相互の関係やアクターと制度との関係といったメゾレベルの分析にも焦点を当てる．このような視点は，金子・児玉（2004），大島・井手（2006），井手（2008）等と問題意識を共有している．

[35] 金子（2008）31-33頁は，租税法では租税制度の法的側面を，財政学では租税制度の経済的側面を，租税政策学は租税法と財政学の中間に位置し，会計学における租税会計では課税所得算定に関する原理と技術に関する諸問題を取り扱うとしている．

(1970),石 (1979),宮島 (1986),藤田 (1992),佐藤・伊東 (1994) 等に見られるように,租税制度論と租税理論の両者を包含し,租税制度論では制度の背景・意図・内容を含む分析が,租税理論では租税制度の規範的基準として分析が行われてきたといってよい.しかし近年は,租税制度論と租税理論を分離した形で,例えば,租税制度論内部で政策決定過程が重視され,租税理論内部で政策効果の分析が重視されるといった形で,両者の分析手法が分断化されている傾向にある[36]）.

　本書の租税研究アプローチは,アメリカにおける Slemrod and Bakija (2008) や Steuerle (2004) や,日本における伝統的租税論の分析枠組みを発展的に継承する形で,つまり,租税制度論と租税理論の両者を包含する形で,アメリカ租税構造を検証する.特にアメリカ連邦税制の制度的特徴を明らかにする一方で,アメリカ連邦税制・租税政策の理論的整合性を検証する際の規範的基準として租税理論も意識する.

　次に,アメリカ租税構造を検証するという点では,Shoup (1969=1974) による連邦税と州・地方税間の垂直的租税関係の指摘や,州税間の税収分割を議論した水平的租税関係の指摘は,問題意識を共有する[37]）.しかしその指摘も,個人所得税や法人所得税といった,単一の税目内部の関係を議論しており,税目間の相互関係を意識したものではない.

　本書では,連邦政府の個人所得税,法人所得税,社会保障税といった各租税の相互関係を分析する.その際,経済システムの中核をなす企業を軸に,企業収益（フロー）の家計への分配構造を意識することで,家計をも視野に入れた課税関係を分析する.このことは,Musgrave and Musgrave (1989) が租税を分類する際に示した,企業と家計という経済主体間の所得・支出の循環的流れと課税点を意識することを意味している.

---

36) 近年のアメリカ税制研究においても Hufbauer and Assa (2007) の国際課税論,Bank (2010) の法人所得税制史,Sullivan (2011) の法人税改革論等のように,それぞれの研究は精緻で優れたものもある.しかし,分析対象とする税目や手法が分断化されている分,租税構造全体の把握が困難になっている側面もある.

37) 近年の研究では小泉 (2004),片桐 (2005b) 等を参照.

(5) 租税構造の形成を補完する制度の分析

　第五の分析枠組みは，企業・家計に対する各税目の負担構造をもたらす課税ベースと，それを補完する他の制度に関連している．具体的には，租税構造を構成する基礎となる「課税所得」，課税所得の算定を補完する制度として議会の予算統制で利用される「租税支出（背後に経済的所得）」，そして，市場経済での経済活動の透明性を担保する会計制度における「会計利益」という三者の関係である．

　まず，市場経済での経済活動の透明性を担保する「会計利益」は，一般に公正妥当と認められた会計基準により算定されることで，「課税所得」算定の基礎となっている．アメリカにおいて所得課税が基盤となった要因の一つに，企業による会計帳簿の整備があることは，Brownlee（1996a, 2004）も指摘しているところである[38]．この領域は，これまで主として会計学，とりわけ税務会計論（租税会計）の領域で議論されてきた[39]．ただし，従来はアメリカの租税制度と会計制度の関係を分離型（two-book system），日本を統合型（one-book system）等の基準で分類し，それぞれの方式の技術的問題点を中心に検討してきたと言ってよい．

　ところが近年では，企業会計制度や税務会計制度の相違が企業行動に及ぼす影響という観点からの研究——例えば，Cummins, Harris and Hasset（1994）のようにアメリカのような分離型（two-book system）の方が租税優遇措置を利用しやすく，情報開示コストが削減できるので，資本コストが低くなり，投資を抑制しないとするような研究——もなされるようになってきた[40]．本書では「会計利益」と「課税所得」との相互関連を検証する．

　次に，アメリカ連邦議会の予算統制[41]で利用される「租税支出」は，所得

---

38) Brownlee（1996a, 2004）p. 6.
39) 日本においては，忠（1984）のアメリカの課税所得概念と計算に関する研究，中里（1983）のドイツ，アメリカ，日本の課税所得の算定構造の法的研究といった優れた研究がある．関口（2001）は，アメリカと日本の税制と会計の関係をシャウプ勧告との関連で述べている．
40) 吉村（2004），関口（2006a），油井（2006）も参照．
41) 近年のアメリカ連邦政府の予算過程について，財政学の分野では河音（2006）を，政治学の分野では待鳥（2003）を，法学の分野での研究動向については渕（2011）を参照されたい．

課税の基準としての経済的所得と課税所得との乖離を示している．アメリカの租税支出は，租税法学者 Surrey (1970) 等の貢献によって整備され，主として財政学や租税法で議論されてきた．ただし，多くの論者の指摘するように，租税支出算定の基礎となる所得概念は，厳密な包括的所得概念を用いているわけではなく，分析の有用性を高めるべく若干の現実的な修正をしている．しかも，現実的な所得概念も議会の利用する正常税基準 (normal tax baseline) と政府の利用する参照税法基準 (reference tax law baseline) といった形で2つ存在し，概念自体に論議がある[42]．そのため，規範的基準として積極的に利用されるまでには至っていないが，議論の端緒として利用可能である[43]．本書では租税支出の所得層別受益の把握にも利用する．

以上のように，本書では，課税所得に関連する2つの数値——すなわち①議会における予算統制で課税所得に関連する「租税支出（経済的利益）」と，②市場経済での経済活動の透明性を担保し，課税所得と関連する「会計利益」——に着目する．法人企業の課税所得に対する会計利益や経済的利益との乖離を意識すると同時に，家計への課税所得と経済的利益との乖離を意識することで，アメリカ租税構造の特質を把握するためである．

(6) フローとストックの相互作用の分析

第六の分析枠組みは，将来的に財政支出や租税収入といったフローに影響を与える，資産・負債といったストックに関連している．

従来の財政・租税構造の研究では，財政支出の内容や租税収入の内容といったフローを中心にした分析であり，ストックについては租税の前払いであるという点等を意識する形で，主に公債に関する期間構成，発行方法，利払い等に議論が集中していた．

しかし，公債残高のみならずストックは，フローとの間で相互作用をもたらす関係にあるという点で，無視できない．例えば，政府部門の年金給付債務や

---

[42] 導入の経緯や現状については，渡瀬 (2008)．アメリカでの近年の新たな枠組みの提案については，吉村 (2011) を参照．
[43] ブッシュ Jr. 政権の税制改正に対する姿勢は，所得課税を意識した租税支出の概念を変更し，消費課税を意識した租税支出概念を提唱している点にも見られる．この点については，藤谷 (2004) を参照．

医療給付債務は，企業部門での被用者に対する年金給付債務や医療給付債務と代替・補完関係にあるが，これは政府部門の年金支出や医療支出の大小は，民間部門でのそれとの代替・補完関係でとらえることと，表裏一体の関係にある．また，経常収支というフローの状況も，対外資産・負債というストックの累積として現れるが，輸入等によって生じたアメリカの対外負債（債務）は，資本取引等を通じてアメリカ公債を含む形で，外国政府や外国金融機関等からも保有されている．さらに，外国政府や外国金融機関等がアメリカ公債を保有するのは，アメリカ公債への信認があること，そしてその担保となる一種の無形資産とでも言うべき租税高権（課税権）への信認があることを基礎にしている[44]．

　これらの視点は，国民経済計算や公会計制度・企業会計制度と関連するが，現時点では分析手法が確立しているとは言い難い領域である[45]．しかし，本書では可能な限りフローに影響を与えるストック（対外資産・負債，企業資産・負債，政府資産・負債等）も意識する．そうすることによって，準備通貨国アメリカの財政・租税構造の特質が一層明らかになると考えているからである．

第3節　本書の構成

　第Ⅰ部においては，第1章と第2章により，本書の「問題の構図」を示す．
　第1章では，アメリカ財政構造の特殊性を把握する．アメリカ財政は，租税支出をも加味した公的支出の概念で捉えると，必ずしもその規模が小さいわけではない．「隠れた福祉国家」といわれるゆえんである．減税（租税支出）という形で，市場メカニズムとの整合性を意識した財政運営が可能なのは，ドルが「世界最強の準備通貨」の地位を有していることにも反映されている．アメリカは，外国資金が低コストで流入してくるため，公債発行が相対的に容易であり，結果として，相対的に増税を回避した運営が可能となっている側面があるからである．

---

[44]　その背後にあるアメリカ経済・社会・政治への信認も視野に入れる必要がある．
[45]　例えば，アメリカ連邦政府のバランスシート上，課税権は資産として計上されない．また，社会保障年金やメディケアにかかる将来給付も債務として計上されず，別の形で開示している．この点に関し，国際公会計基準（IPSAS）では，課税権は資産の要件に当てはまらないことから資産計上されず，社会保障債務等の社会給付（Social Benefits）債務については，議論中である．

序　章　問題意識と分析視角

　アメリカの政策の中には,「ドルへの信認」を維持し, 外国資本がドル資産を低収益率でも保有するような構造等をいかに維持・継続するかという, 対外的な「準備通貨国の論理」がある. その一方で, 産業構造の転換や所得層の二極化といった経済・社会の構造変化に対応する, 対内的な「国民統合の論理」もある. そのような2つの論理の対立と調整の中で形成される点に, アメリカ財政構造の特殊性がある.

　第2章では, 所得課税中心のアメリカ連邦租税構造を立体的に捉えるべく, 企業活動の成果の分配構造を軸に, 法人所得税, 個人所得税, 社会保障税の相互の関連を検証する.

　法人所得税に関し, 課税所得と会計利益の乖離を規模別・産業別に分析し, 経済成長率の増加に反して法人税収の増加率が減少している要因を把握する. 個人所得税に関し, 法人企業の成果分配構造, 中でも支払配当や給与賃金等の所得層別分布に着目し, 個人所得税の税収増加率が経済成長率に連動する要因を把握する. 社会保障税に関し, 法人企業の成果分配である給与賃金に着目し, 法人所得税と社会保障税との関係, 社会保障税と個人所得税の関係を分析する.

　アメリカ連邦政府は, 所得課税中心の租税体系によって, 高所得層に分布する傾向のある資本所得を課税ベースに含む一方で, 低所得層への租税支出を行う際にも当該所得を基準とし, 所得層間や人種間等のバランスを確保している. それがアメリカ的な租税政策による「国民統合の論理」である. しかし, アメリカ政府が「準備通貨国の論理」を意識しようとすれば, 資本所得を含む所得課税はできるだけ軽減する租税政策が望ましい. 連邦租税構造には2つの論理の対立と調整が反映されている.

　第Ⅱ部においては, 第3章, 第4章, 第5章により, アメリカの「国内租税政策の論理」を議会公聴会での一次資料等を用いて検証する.

　第3章では, クリントン政権期の医療保険改革案と税制との関係について, 法人企業と被用者の立場から検討する. 企業の成果分配の一形態である任意の「法定外福利費」に対して連邦政府が介入し, 事実上の「法定福利費」へと義務化する議論である（「隠れた福祉国家」の「見える福祉国家」化）.

　クリントンは医療保険改革によって, 雇用主の医療保険提供を政府が義務化する一方で, 保険料拠出に連邦補助を行う形で, 企業債務の一部を公的債務に

引き取る提案をする．雇用主からは製造業等の伝統的産業の医療給付債務を軽減することで支持を調達し，被用者からは白人系中間層や非白人系の低中所得層からの支持を調達することで，国民統合を企図したからである．

しかし，クリントン政権案は任意の拠出を義務化する点で企業の反対を招いた．さらに，この案によれば，付加給付への非課税措置は廃止することが筋となる．このことは，特に白人中間層以上に恩恵があるとされる租税支出の廃止を意味するので，彼らからも反対を受けた．

第4章では，クリントン政権による医療保険改革が頓挫した後から，ブッシュ Jr. 政権における医療・年金保険制度と関連する税制について，特に家計の個人積立口座設定に対する租税支出を検討する．企業の任意の「法定外福利費」そのものを減少させ，個人レベルに拠出をシフトする手法としての個人口座と租税支出の議論である（「隠れた福祉国家」の継続）．

クリントン政権やブッシュ Jr. 政権は，雇用主から個人にシフトする医療・年金債務の負担を租税支出によって軽減しつつ，個人口座を用いて貯蓄促進を図ると同時に，金融市場への資金流入を企図する．

しかし，拠出上限引き上げ等による租税支出の積極化は，中高所得層に恩恵をもたらす傾向がある．さらに金融資産への投資習慣が相対的に希薄な非白人低所得層には，租税支出の恩恵が少ないといった複雑性も抱える．

第5章では，ストック・オプション制度と税制の関係について企業と家計の両者に焦点を合わせた分析を行う．ストック・オプションは，企業の「現金報酬」に代替する「株式報酬」という点で，第3章と第4章で確認してきた「法定外福利費」以上に，企業のキャッシュ・フローや業績に関連する余地が大きい．また，「現金報酬」のような労働市場での分配を，「株式報酬」として金融・資本市場での分配に転換することで，企業の人件費が金融・資本市場との関連を一層強めていったことを象徴する制度でもある．さらに，これらの議論は企業の人件費というフローに関する議論として共通しているが，実はいずれも企業の労働債務（繰延債務）というストックの問題でもある．

ストック・オプションの付与と行使の増加により，勤労所得税が資本所得税的な色彩を強め，それに1990年代後半の株価上昇と資本所得への租税支出強化とが相まって，個人所得税の増収がもたらされる．ストック・オプションに

は，その行使時に法人所得税の減収を招く一方で，個人所得税は累進税率とあいまって税収確保に寄与する側面がある．株式保有の大衆化と良好な資本市場により，ストック・オプション制度の恩恵が中間層まで享受できる可能性が高まり，資本所得への租税支出の拡充が低中所得層にも向けられたものとして認識されていた．しかし，それは金融・資本市場依存型の不安定な構造の中でもたらされたものでもある．

　第Ⅲ部においては，第6章と第7章により，アメリカの「国際租税政策の論理」を議会公聴会での一次資料等を用いて検証する．

　第6章では，1990年代以降の経常赤字と国際税制の関係，とりわけ国際的に活動する法人への課税の議論を，国際税制と貿易収支，所得収支との関連について検討する．

　能動的所得に対するアメリカの国際租税制度は，全世界主義を原則としつつ，例外的に領土主義を採用する形で，2つの矛盾する制度を併存させてきた．特に例外的規定である領土主義の要素が強い輸出促進税制と，対外直接投資収益への課税に関する政策形成過程を，議会公聴会での議論から明らかにする．

　2004年雇用促進法での2つの税制改正は，これまでの議論の一つの到達点であった．この改正の意図は，輸出を促進することで「経常収支の悪化（対外債務の増加）」の改善を図りつつ国内雇用を確保すると共に，国外からの資金流入によって「国内貯蓄額の減少」を補完し，対内投資や株式市場の活性化を図るものである．

　第7章では，世界的にグローバル経済化が進展したと言われる1990年代以降のアメリカの租税論・税制改革案について検討する．

　1990年代以降の議論では，主として経済的側面を重視する観点から，消費課税を意識した租税論や税制改革案が多数出された．しかし，これらの主張は，一般的な説明にみられるような「アメリカ国内で貯蓄・投資を促進して経済成長を目指す」という単純なものではない．「経常収支の悪化」しているアメリカにとって，ヨーロッパ等の企業との競争の観点からも国境税調整（輸出非課税，輸入課税）のある消費課税が，魅力的でもある．

　事実，この時期の消費課税の議論は，輸出産業を意識した形で行われ，そのような議論がフラット・タックスからUSA税へ，そしてXタックスを基本と

する成長・投資税制案（GITP）へという，租税論・税制改革案の変化に反映されている．

しかし，簡素とされる消費課税も結果として現行所得税制と変わらない複雑性を抱えてしまう．そのため，アメリカはこれまで消費課税を選択せず，所得課税に租税支出を組み合わせる租税体系を選択してきた．むろんそのような選択を可能としているのは，準備通貨国としての地位をアメリカが維持しているからにほかならない．

終章では，アメリカが租税支出を多用する「隠れた福祉国家」であることと，アメリカが付加価値税を導入していないこととの関連を明らかにする．これまで検討してきた事象を租税支出の所得層別受益という形で確認し，アメリカが連邦付加価値税を導入してこなかった要因について正面から取り上げ，付加価値税なき連邦租税構造の行方について論じる．

第Ⅰ部

問題の構図

第1章　アメリカ連邦財政の特質

第1節　問題意識

　本章では，1990年代以降のアメリカ財政構造の特殊性について，国際通貨システムとの関連も意識しながら把握する．このような視点から分析するのは，従来の研究に対する，以下のような問題意識からである．

　第一に，財政構造の把握には財政高権のみならず，国家の貨幣鋳造や貨幣制度の規範的な規律である通貨高権に関する議論が必要であることが，財政学者のShoup（1969=1974）やSchmölders（1970=1981）らによって，指摘されてきた[1]．にもかかわらず，アメリカの財政構造に関する従来の研究では，政策目標と決定権の範囲が多元的な財政高権と政策目標と決定権の範囲が一元的またはせいぜい二元的な通貨高権とは性格が異なることが意識されてか，財政高権を中心に議論がなされてきた傾向がある[2]．

　そこで，本章ではSchmölders（1970=1981）の分析枠組みを意識して，アメリカの財政構造の実態を把握する際に，通貨高権と財政高権との関連を意識する．特に，「ドルへの信認」を維持し，外国によるドルの保有とアメリカへの

---

[1] Shoup（1969=1974）pp. 469-470（訳書665-666頁），Schmölders（1970=1981）訳書23頁．
[2] Martin（2013 = 2013）Chapter 13 は，マクロ経済学が通貨や信用や流動性等の議論を正面から取り扱ってこなかった要因を，自然法に基づくジョン・ロックの貨幣観（マネーは交換を媒介する商品であるとする標準的貨幣観）にあるとしている．彼はマクロ経済学が標準的な貨幣観を前提にしたことで，流動性や信用のことを気にすることなく経済を分析することが可能になったが，そのことが経済学を大きな脇道に入り込ませてしまったとしている．経済学説史の視点からの指摘であるが，財政学説史上も同様の影響を受けてきたものと思われる．

第Ⅰ部　問題の構図

外国資本の流入を意識したアメリカの政策を，対外的な「準備通貨国の論理」とし，その上でアメリカの財政構造の特殊性を把握する[3]．

　第二に，歴史的にアメリカの財政制度論では，財政現象を経済学・政治学・社会学等の「境界線上の科学」として把握する Colm（1948=1957），国家を社会の従属変数と見る形で把握する O'Connor（1973=1981），そのような二元論的把握を批判して多元主義的把握を提唱する Musgrave（1980）等，様々なアプローチが提唱されてきた．確かにこれらの視点は有用であり，近年も Martin, Mehrotra and Prasad（2009）らによって，経済学や政治学や社会学等の蓄積を踏まえた財政分析等が行われている．しかし，これらの議論はやや抽象的であり，必ずしも体系性を意識した分析を行っているものではない．

　そこで本章では，財政を政治と経済の交錯現象とする伝統的な視点に家族社会学の領域を加える形で，日本財政（政府）と企業・家族の関係を体系的に分析した宮島（1992）の視点や，政治システム・経済システム・社会システムの各要素を「社会全体」との機能的相関関係において分析する大枠によって，日本財政を体系的に把握した神野（1998）の視点を用い，1990年代以降のアメリカの「経済システム」と「社会システム」のバランスの変化の中で，「政治システム」が財政を通じてどのような形で国民統合を試みたのか，つまり，アメリカの対内的な「国民統合の論理」を把握する．その際，アメリカ財政の対内的な「国民統合の論理」と対外的な「準備通貨国の論理」との関連を明らかにする．

　第三に，従来のアメリカ財政史・租税史等の歴史研究では，何らかの基準を用いて時代区分を行ってきたと言ってよい．この点に関し，渋谷（2005）は20世紀アメリカ財政史を転移効果の概念を用いて，第二次世界大戦終結からベトナム戦争までを第一局面，それ以降から1990年ころの冷戦終焉までを第二局面とし，1990年代以降を第一および第二局面を超えた「新段階」として，3つの局面に整理している[4]．本章は，時代区分の確立を意図するものではないが，

---

[3]　本書においてグローバル化による対外純債務の増加の中での「ドルの信認」について議論するのは，経常赤字があれば経済危機に直結すると考えているからではない．外国から資本が安定的に流入（ドルの保有を継続）していれば問題は生まれにくい．問題となるのは，国民経済全体として資金不足の中で，政府，企業，家計部門への信認が失われることによって，外国からの資本流入が途絶える（外国がドル保有を停止する）ことである．

渋谷の整理に従えば，1990年代以降の「新段階」を分析対象としている．

以上のような問題意識のもとで，本章では，はじめに1990年代以降のアメリカ財政構造の特徴を把握する．次にアメリカ財政構造の特殊性を国際比較の視点から明らかにする．そして，アメリカの部門別資金過不足および準備通貨国の優位性を把握する．最後に1990年代以降の租税政策に関する経済的・社会的・政治的背景を概観する．

第2節　アメリカ連邦財政の推移：フローとストック

表1-1は，1981年以降の連邦基金と連邦信託基金を合算した連邦歳出と連邦歳入そして，連邦財政収支の推移（対GDP比）を示している．

アメリカ連邦政府は，準備通貨国の優位性の保持という課題を踏まえながら，財政活動を通じてアメリカ社会全体の国民統合を行っている．歳出構造と歳入構造の特徴を確認してみよう．

第一に，アメリカの連邦財政における歳出構造の特徴は，軍事費と社会保障関係費が中心となっていることにある．1990年代以降を基準に確認すると，1991年から2001年にかけて軍事費は4.6％から3.0％へと1.6ポイント減少したが，2001年から2009年にかけて3.0％から4.6％へと1.6ポイント増加している．これは，冷戦構造の終結に伴う軍事費の減少と同時多発テロ以降の増加である[5]．アメリカの軍事費には対外的支出という色彩もあるため，歴史的にアメリカ政府は国内向けの軍事費や社会保障関係費といった支出間のバランスのみならず，対外的支出とのバランスをも意識してきた．

一方，社会保障関係費に着目すると，社会保障年金の規模は4.5％前後で軍事費とともに大きな割合を占めて推移している．それに加えてメディケア（高齢者向け医療保険），メディケイド（低所得者向け医療扶助），その他の医療といった医療関連支出の規模が，1991年から2001年にかけて3.0％から3.8％へと

---

4) 渋谷（2005）第I巻26-28頁．1990年代以降を「軍事支出の対GDP比率が一層減少し，しかもアメリカ型福祉国家の規模も縮小している」と評価している．
5) 林（1992）は，アメリカの対外的軍事費支出が冷戦期に同盟国の社会費支出を支援する側面があることを指摘している．

【表1-1】連邦財政構造の推移（対GDP比）

会計年度／期	1981	1983	1985	1987	1989
歳　入	19.6	17.5	17.7	18.4	18.4
個人所得税	9.4	8.4	8.1	8.4	8.3
社会保険と退職年金受入	6.0	6.1	6.4	6.5	6.7
法人所得税	2.0	1.1	1.5	1.8	1.9
その他	2.3	1.9	1.8	1.6	1.5
歳　出	22.2	23.5	22.8	21.6	21.2
軍事費	5.2	6.1	6.1	6.1	5.6
外　交	0.4	0.3	0.4	0.2	0.2
メディケイド・その他医療	0.9	0.8	0.8	0.9	0.9
高齢者医療	1.3	1.5	1.6	1.6	1.6
所得保障	3.3	3.6	3.1	2.7	2.5
年　金	4.6	5.0	4.5	4.5	4.3
純利子	2.3	2.6	3.1	3.0	3.1
その他	4.4	3.5	3.2	2.7	2.9
財政収支	-2.6	-6.0	-5.1	-3.2	-2.8
連邦債務残高（期末）	32.5	39.9	43.8	50.4	53.1
うち連邦政府保有の構成比	21%	17%	17%	19%	24%
うち連邦政府保有以外の構成比	79%	83%	83%	81%	76%

注）連邦基金と信託基金の合計.
資料）U.S.Office of Management and Budget, *Budget of the United States Government*.

0.8ポイント増加し，2001年から2009年にかけては3.8％から5.3％へと1.5ポイントもの増加である[6]．つまり，アメリカの連邦財政支出は近年の社会保障関連支出の増加と，軍事費の増加によって，対外的な支出と対内的な支出とのバランスを確保する困難さに再び直面している．

　第二に，アメリカの連邦財政における歳入構造の特徴は，個人所得税，法人所得税，社会保障税といった所得課税を中心とした租税構造となっている点にある．特に個人所得税は，アメリカ連邦租税構造では象徴的なものであるが，社会保障税の税収も2番目の地位を占め，法人所得税も依然として基幹税としての地位にある．

　第三に，歳出と歳入の差額である財政収支に関して1990年代以降に着目すると，1990年代前半は財政赤字であったものが1990年代後半に財政赤字が一

---

[6] このような政府部門での医療関連支出の増加からも，無保険者や医療費高騰といった近年のアメリカが直面している課題の一端をうかがい知ることができる．

第 1 章　アメリカ連邦財政の特質

1991	1993	1995	1997	1999	2001	2003	2005	2007	2009
17.8	17.5	18.4	19.2	19.8	19.5	16.2	17.3	18.5	14.8
7.9	7.7	8.0	9.0	9.6	9.7	7.2	7.4	8.4	6.4
6.7	6.5	6.6	6.6	6.6	6.8	6.5	6.4	6.3	6.3
1.7	1.8	2.1	2.2	2.0	1.5	1.2	2.2	2.7	1.0
1.6	1.5	1.6	1.5	1.6	1.5	1.3	1.2	1.2	1.1
22.3	21.4	20.6	19.5	18.5	18.2	19.7	19.9	19.6	24.7
4.6	4.4	3.7	3.3	3.0	3.0	3.7	4.0	4.0	4.6
0.3	0.3	0.2	0.2	0.2	0.2	0.2	0.3	0.2	0.3
1.2	1.5	1.6	1.5	1.5	1.7	2.0	2.0	1.9	2.3
1.8	2.0	2.2	2.3	2.1	2.1	2.3	2.4	2.7	3.0
2.9	3.2	3.0	2.9	2.6	2.6	3.0	2.8	2.6	3.7
4.5	4.6	4.6	4.4	4.2	4.2	4.3	4.2	4.2	4.8
3.3	3.0	3.2	3.0	2.5	2.0	1.4	1.5	1.7	1.3
3.8	2.4	2.2	1.9	2.4	2.4	2.8	2.7	2.3	4.6
−4.5	−3.9	−2.2	−0.3	1.4	1.3	−3.4	−2.6	−1.2	−9.9
60.7	66.1	67.0	65.4	60.9	56.4	61.6	63.5	64.4	83.4
25%	25%	27%	30%	35%	42%	42%	42%	44%	36%
75%	75%	73%	70%	65%	58%	58%	58%	56%	64%

Historical Tables より作成.

時解消され，2000 年代に入ると再び財政赤字になっている．このような状況のもとで，近年は連邦債務の残高自体も増加している．特徴的なのは，連邦債務の内訳にある．1980 年代には連邦債務の中で 20％ 前後を占めるに過ぎなかった連邦政府保有の債務（政府勘定保有の非市場性国債）残高が，2000 年代には 40％ 前後と 20 ポイントも増加している．第 2 章および第 4 章で確認するように，政府勘定で保有している連邦債（非市場性国債）のうち，約 45％（2000 年時点）が社会保障年金信託基金によるもので，この非市場性国債（特別国債）での運用方式が，市場性国債の利回りを相対的に低めている一要因でもある[7]．

---

7)　U. S. Governmental Accounting Office（2004）p. 10，池島（2007）17 頁．

第Ⅰ部　問題の構図

第3節　アメリカ財政の相対的位置：国際比較

(1) 市場経済（資本市場，労働市場等）による比較

　各国の財政構造は，各市場の制度配置や各経済主体の特質と相互に関連したものになっているため，多様性がある．この点に関し，Amable（2003）は図1-1のように，財政（福祉国家）と金融市場・労働市場の関係を相対化している．確認するのは，国際比較の視点から見た，アメリカ財政と金融・労働市場の関係の相対的な位置づけである．

　縦軸は，財政によるグロスの公的社会支出を福祉国家の規模として捉え，グロスの公的社会支出の大きい国から順に下から上にプロットしている．横軸は，金融市場が分権的な国なら左側，労働市場が硬直的な国なら右側に位置するようにしている．

　アメリカはイギリスやオーストラリア等のアングロサクソン諸国と同様，左上にプロットされているが，それは，財政によるグロスの公的社会支出の規模が小さいため縦軸の上方に位置し，相対的に労働市場には流動性があり，相対的に金融市場は規制が緩和されている（decentralization）ため，左方に位置するからである．

　このことは，渋谷（2005）の指摘する「市場メカニズムとの整合性」を意識しながら財政活動を行うアメリカの姿を，的確に示しているともいえるであろう．本書では，財政と市場との関連に留意する[8]．

(2) 公的社会支出による比較

① 人種的分断の国際比較

　アメリカのグロスの公的社会支出に関連して，国際比較の視点から興味深い指摘がなされている．Alesina, Glaser and Sacerdote（2001）は公的社会支出と

---

[8] Amable（2003）の研究は，レギュラシオン学派による社会システムの新たな把握手法を提示したものであるといえるが，これを財政学の視点から捉えると，従来の研究の中心であった財政と労働市場の関連を読み解く研究に，金融市場という軸を入れて相対化する可能性を示している．

第1章　アメリカ連邦財政の特質

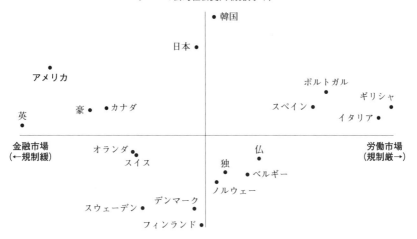

【図1-1】財政と金融市場・労働市場との関連

資料）Amable (2003) Figure 5.1.

人種的分断との関係を検証し，両者が統計的に有意であることを明らかにしている（図1-2）．

　そのうえで，アメリカはグロスの公的社会支出の規模が小さい一方で人種的に分断されていること，そして「人種的分断と貧困層における少数民族の異常な多さが，再分配を阻害している要因である」[9] ことを指摘している．これは Schwabish, Smeeding and Osberg（2003）らによる，外国生まれの住民をもつ国は，より少ない所得分配を行っている傾向があるとの指摘とも整合的である[10]．本書ではアメリカ財政と社会との関連にも留意する．

② 租税支出の国際比較

　グロスの公的社会支出と租税構造との関係についても，興味深い指摘がある．

---

9)　Alesina, Glaser and Sacerdote（2001）p. 61. 説明変数を社会的支出とし，被説明変数を人種的分断，一人あたり GDP，15歳から64歳の人口比とする重回帰分析を行い，社会的支出と人種的分断が統計的に有意であることも示している．分析結果は同論文 p. 45 の Table 9 を参照．

10)　Schwabish, Smeeding and Osberg（2003）p. 31.「より開放的で（同質的でない）社会では，社会財への支出を縮小する傾向にある」としている．

第Ⅰ部　問題の構図

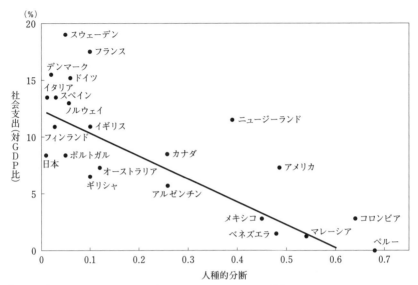

【図1-2】社会支出と人種的分断（1960〜1998の平均）の関係

注）人種的分断（racial fractionalization）は，同一の人種グループに属さない2人の個人が，一国の人口の中からランダムに抽出される確率を0〜1で示している．
資料）Alesina, Glaser and Sacerdote（2001）Figure 4.

　加藤淳子（1999）は，福祉国家と租税構造の関係から「高度に発達した福祉国家は，究極的には（すなわち高い水準の社会保障支出を賄わなければならないために）消費課税のような逆進的課税に頼らざるを得ない」[11]としている．

　確かに加藤の指摘するように，アメリカは典型的な消費課税である付加価値税を有しておらず，公的社会支出が小さい．公的社会支出の少なさがアメリカの特徴であることは，既に確認したAmable（2003）も指摘している．しかし，表1-2による国際比較の視点に基づいて，「グロスの公的社会支出」の規模に，給付時への課税や拠出時の控除等の租税優遇措置も考察の対象に加えて「ネットの公的社会支出」を比較すると，興味深い事実が浮き彫りとなる．

　一般的に，国民負担率（租税・社会保障負担率）が高い国は，公的社会支出の比率が高く，普遍的給付を行う傾向にあり，国民負担率が低い国は，公的社会

11）　加藤（1999）9頁．

支出の比率が低く，選別的給付を行う傾向にあるといわれる．OECD（経済協力開発機構）主要国の社会保障支出と国民負担率（租税・社会保障負担率）の関連を確認してみても，国民負担率で19.5ポイントの乖離があるアメリカとスウェーデンが，「グロスの公的社会支出」でも14.7ポイントもの乖離がある．いわゆる高福祉・高負担のスウェーデンと，低福祉・低負担のアメリカという議論である．これらの議論は主として，「グロスの公的社会支出」を用いた議論である．

ところが，表1-2にあるような「ネットの公的社会支出」の概念に基づいて国際比較を行うと，グロスの公的社会支出での議論とは異なる，興味深い傾向が見て取れる．グロスの公的支出の水準では，スウェーデン32.1％とアメリカ17.4％との間に14.7ポイントもの乖離があるが，ネットの公的社会支出に基づく比較では，両者の乖離は6.2ポイントと，乖離が約半分に縮小する点である．

一般的に，スウェーデンのような普遍的給付を行う国ではグロスの社会的給付の控除項目である「公的社会支出への課税」の規模が大きく，アメリカのような選別的給付を行う国ではグロスの社会的給付への加算項目である「社会目的の租税優遇措置」の規模が大きい．そのため，普遍的給付を行う国と選別的給付を行う国とのネットの社会支出の水準が収斂化する．「ネットの公的社会支出」の各国間の乖離が縮小することは，一見するとマクロレベルでみた社会支出の水準が，各国で同等の水準にあることを示しているようにも見える[12]．

しかし，マクロレベルの「ネットの公的社会支出」による乖離の縮小傾向が，ミクロレベルでの分配面の問題をも解決しているわけではなさそうである．相対的な比較ではあるが，「財政介入後のジニ係数（百分比）」[13]，「財政介入前後の削減率」，「相対的貧困率」を確認してみても，選別的給付国のアメリカの状

---

12) 誤解を恐れずに単純化すれば，スウェーデンのように，支出面で普遍的給付を行い，歳入面では低所得層をも含む形で応分の負担を求めつつ，普遍的給付にも課税するアプローチと，アメリカのように，支出面で選別的給付（給付付き税額控除は，租税支出の要素ではなく，選別的給付（移転支出）の要素が大きい）を行い，歳入面では低所得層への課税を可能な限り回避するアプローチとに分かれる．

13) ジニ係数の算定では，間接税や雇用主負担の社会保険料が考慮されず，主として現金給付に焦点を合わせている点に留意する必要がある．また，本章の議論からは企業年金と個人年金を除いた要素所得ベースのジニ係数を比較すべきであるが，資料上の制約から市場所得としている．

【表1-2】 租税・社会保障負担と公的社会支出（2007年），ジニ係数と相対的貧困率（2000年代中盤）

			日本	米	英	独	仏	スウェーデン
租税・社会保障負担（対GDP比）			28.3	27.9	36.0	36.0	43.7	47.4
	グロスの公的社会支出（対GDP比）		20.3	17.4	23.3	28.4	32.8	32.1
		現金給付	11.3	8.6	11.2	16.5	19.7	15.0
		現物給付	8.8	8.7	11.7	11.1	12.0	15.8
		積極的労働市場政策	0.2	0.1	0.4	0.8	1.0	1.3
	(−) グロス公的社会支出への課税額		−1.1	−0.9	−1.7	−3.7	−4.3	−6.4
		給付への課税（直接税）額と社会保障負担額	−0.4	−0.6	−0.3	−1.5	−1.6	−4.0
		現金給付からの消費支出に課税される間接税額	−0.7	−0.3	−1.4	−2.2	−2.7	−2.4
	(+) 社会目的の租税優遇措置		1.4	3.0	0.5	2.7	1.0	0.0
		純現金給付と同じ役割を果たす租税優遇措置	0.6	0.7	0.4	1.3	1.0	0.0
		私的給付（年金以外）に対する租税優遇措置	0.0	1.4	0.1	0.5	0.0	0.0
		私的年金関係に対する租税優遇措置	0.8	0.9	n.a.	0.9	0.0	0.0
= ネットの公的社会支出（対GDP比）			20.6	19.5	22.1	27.4	29.5	25.7
	財政介入前（等価市場所得）のジニ係数（百分比）		44.3	48.6	50.0	49.9	48.5	43.2
	財政介入後（等価可処分所得）のジニ係数（百分比）		32.1	38.0	33.1	28.5	28.8	23.4
財政介入によるジニ係数の変化率			▲27.5	▲21.8	▲33.8	▲42.9	▲40.6	▲45.8
財政介入後（等価可処分所得）の相対的貧困率			14.9	17.0	10.3	8.3	7.2	5.3

注）社会支出の対GDP比を算定するGDPは要素価格表示．
資料）Adema and Fron（2011）等より筆者作成．

況は，普遍的給付国よりも良好とは言い難い．

　この原因の一端が租税構造にあるとすれば，①アメリカの「現金給付からの消費支出に対する間接税額」の割合，つまり付加価値税等の消費課税の割合は0.35％と最も少ないこと，さらには②アメリカの「社会政策目的の租税優遇措置」の割合，つまり社会保障を補完あるいは代替すべく所得課税への優遇措置を利用する割合が3.07％ともっとも大きいことが，何らかの形で関係しているのだろうか．本書ではこのような視点から，アメリカの特徴的な「社会政策目的の租税優遇措置」の内容やアメリカの付加価値税の議論について留意する．

(3) 対外債務（ストック）による比較

　アメリカの財政・租税構造は，国内（居住者）のみならず外国（非居住者）からの影響を受ける．財政赤字の拡大が公債発行の規模をも増加させるからである．先に表1-1で確認したように，公債残高の内訳で見ると1980年代後半以降から連邦政府保有の非市場性国債の割合が高まっている．第2章で確認するように，社会保障年金等の信託基金での積立金の運用先である非市場性国債を増発するために市場性国債を償還したからである[14]．それとともに興味深いのは，構成比を減少させた市場性国債の保有構造の変化である．

　表1-3にあるように，アメリカの市場性国債に対する非居住者（外国）による保有割合が，1990年の20.2％から2006年には49.9％と，イギリスや日本と比較しても著しい増加傾向を示している．

　この点に関し，Stiglitz（2006=2006）は以下のように指摘している[15]．

「準備通貨国の公債は引く手あまたで，準備通貨国の政府は市場の要望を口実に，次から次へと公債を発行することができる」

　このことは，アメリカが準備通貨国であるがゆえに，公債発行を容易にしている側面があることを示唆している．もしそうだとすれば，相対的に増税を回避しながら財政運営を行うことも可能になっていると言える．また，公債の発行はアメリカの経常収支赤字とコインの表裏の関係にある[16]．そこで本書では，公債と租税の関連，租税政策と国内貯蓄不足による対外債務の増加や貿易政策との関連にも留意する．

　以上のような国際比較によって把握できるアメリカ財政構造の特色を意識しつつ，本書では世界的にグローバル経済化が進展したと言われる1990年代以

---

[14]　渋谷（2005）第Ⅲ巻272-273頁．
[15]　Stiglitz（2006=2006）p.251（訳書367頁）．
[16]　Stiglitz（2006=2006）p.252（訳書369頁）では，「政府の債務が膨らんでいった場合，民間の貯蓄が同一のペースで膨らまない限り（もしくは民間の投資が同一のペースでしぼまない限り），国は対外債務を余儀なくされ，それにつれて貿易赤字も増加する．政府の対外債務が増える（つまり財政赤字が増える）と，高い確率で貿易赤字も増加する」としている．

【表1-3】市場性国債の非居住者保有割合の国際比較

(単位：%)

	日　本	アメリカ	イギリス
1990年	6.0	20.2	13.1
1995年	7.4	23.8	14.7
1999年	5.8	34.0	18.8
2006年	5.3	49.9	25.2

注1）日本（自国通貨）：3月末（時価）．2006年は9月末（時価）．
　　 1990年・1995年は民間非金融法人との合計．
　2）アメリカ（自国通貨）：9月末（額面）．
　3）イギリス（自国通貨）：3月末（額面）．2006年は9月末（時価）．
資料）須藤（2007）表3-4, 3-5, 3-8より作成．

降のアメリカ連邦税制について，企業段階と家計段階の課税ベースの内容に重点を置いた検討を行う．その際，単にアメリカ租税論や税制改革案の内容を個別に紹介するものではなく，租税論や税制改革案が提出された背景，意図，そして，それらの租税論・税制改革案が修正される要因について分析する．

　しかし，これらの課題を解明するためには，アメリカ自体についてもう少し立ち入った背景の把握，すなわちアメリカの部門別資金過不足の状況，その前提となるアメリカの準備通貨国としての地位等について把握しておく必要がある．そこで次節以降，やや遠回りではあるが，まずアメリカの部門別資金過不足および準備通貨国の優位性を把握し，それを受けつつ1990年代以降のアメリカの経済的・社会的・政治的状況を確認したい．

第4節　対外的な準備通貨国の論理

(1) 政府・家計・企業の部門別資金過不足

　1990年代前半にかけてアメリカの政府部門は財政収支を悪化させたが，これを民間部門（特に家計部門）の貯蓄超過と海外部門の貯蓄超過（経常収支の赤字，資本収支の黒字）でバランスを保っていた（図1-3）．

　ところが，1990年代後半には，政府部門が収支を改善させる一方で，今度は民間部門が貯蓄不足に陥り，それを海外部門での貯蓄超過（経常収支の赤字，資本収支の黒字）でバランスさせている構図に変化している．さらに，2000年

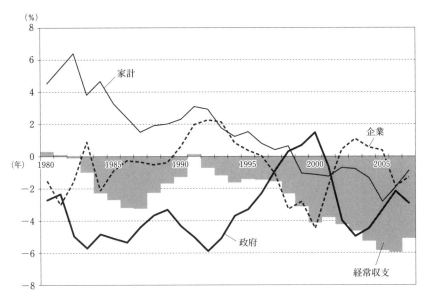

【図1-3】アメリカの部門別資金過不足（対 GDP 比）

資料）U.S. Department of Commerce, Bureau of Economic Analysis より作成．

代に入ると，家計部門の貯蓄不足と再び拡大した政府部門の財政赤字が相まって，国内貯蓄額が一層減少していった．そして，その「国内貯蓄額の減少」を海外部門の貯蓄超過（経常収支の赤字，資本収支の黒字）でバランスさせる構造が，さらに強固なものとなっている[17]．

このような1990年代以降のアメリカの家計・企業・政府の資金過不足（赤字）を確認すると，それぞれの経済主体の資金不足が国内だけでなく外国の資金によって埋め合わされる割合が増加したことがわかる．つまり，先に確認した表1-3にあるように，財政赤字に伴う公債の引受が，アメリカの居住者だけでなく非居住者（外国政府含む）によっても行われていることと表裏一体の関係にある．さらに，資金過不足を埋め合わせるのが金融セクターであるから，1990年代以降の金融セクターの成長も確認することができる．

ここでは特に，国内の資金過不足の不均衡の調整を外国に求めるようになっ

---

17) もう少し正確には，1990年代以降の動きは，経常収支赤字を大きく上回る資本流入が生じ，上回った分が再び世界に再投資されている状況である．

たことが，1990年代以降の「経常収支の悪化（対外純債務の増加）」としても捉えられるようになっていたことを指摘しておきたい．

(2) 準備通貨国アメリカの地位：法外な特権

通常，このような恒常的な「対外純債務の増加」は，変動相場制のもとでは，自国通貨に切り下げ圧力がかかりやすい．しかし，アメリカの自国通貨ドルは，政治力・経済力・軍事力等を背景とした「国際的需要（信認）」があるので，少なくとも短期的にはドルの切り下げ圧力を回避できる．これは，準備通貨「ドルへの国際的需要」があることを利用した，非準備通貨国にはない特権——Eichengreen（2007=2010）やRoubini and Mihm（2010=2010）は，アメリカの準備通貨国としての優位な地位を「法外な特権（exorbitant privilege）」と表現している[18]——と言い換えることもできる[19]．

例えば，準備通貨国アメリカは「ドルへの国際的需要（信認）」があると，対外債務の決済の際に自国通貨ドル（を中央銀行が発行すること）によって決済できる．このことは，経常収支赤字であっても，国内政策が国際収支の制約を受けにくいメリットがあることを意味している．これに対して，非準備通貨国は対外債務の決済のために外貨通貨ドルの確保が通常必要となるので，経常収支を黒字にするか対外借り入れを行う等の国内政策が必要となってしまう．

また，準備通貨国アメリカは「ドルへの国際的需要（信認）」があり，決済が自国通貨ドルで行われることが多くなると，相対的に「為替リスク」の影響を受けにくくなるというメリットも有することになる[20]．これに対して，非準備通貨国は，自国通貨が外国通貨ドルに対して相対的に「為替リスク」の影響を受けやすい．

さらに，準備通貨国アメリカは「ドルへの国際的需要（信認）」があれば，外国からの資金調達を行う場合に低い要求利回りでの調達が可能になるという

---

18) Eichengreen（2007=2010）p. 1（訳書4頁），Roubini and Mihm（2010=2010）p. 258（訳書355頁）．「法外な特権」と最初に表現したのは，フランスのド・ゴール政権下で財務相であったジスカールデスタンであるという（Eichengreen（2011）p. 4, 訳書8頁）．
19) 岩井（2000）34-64頁．
20) Roubini and Mihm（2010=2010）p. 252（訳書347頁）．金融商品も完全なリスクヘッジは困難である．

メリットも有する[21]．

　アメリカがこれらのメリットを享受できるのは，「ドルの国際的需要（信認）」があること，つまり，ドルが国際通貨として外国からも信認を受け，実際に機能していることが前提となっている．以上のような準備通貨国の地位について，Stiglitz（2006=2006）は以下のように指摘している[22]．

　「国際準備制度の真の受益者と呼べるのは，準備金に組み入れられる通貨を発行している国々だ．これらの人々は，自国通貨を低コストで調達することが可能となっている．本来なら（通貨発行国は自国通貨建ての国債発行等に伴い：引用者注）もっと高い金利を払わなければならないのに，準備金としての需要が極めて大きいため，異常なほど低水準の金利を享受できる．……準備通貨発行国の公債は引く手あまたで，……準備通貨発行国の政府は市場の要望を口実に，次から次へと公債を印刷することができる……準備通貨を発行している国は，準備通貨国の地位を保ちたいなら，自国通貨（正確を期すなら証券や債券）を他国に売り続け，準備金として保有し続けてもらわなければならない」

　このような「ドルの国際的需要（信認）」の重要性は，アメリカの各政権，財務省，そしてFRB（連邦準備理事会）において意識されていたことは言うまでもない．この点について本書の対象とするクリントン政権やブッシュJr.政権における公債発行と租税政策との関連という観点から，次に確認しておこう．

（3）クリントン政権期の租税と公債（財政赤字）

①クリントン大統領の意識

　財政赤字に直面していた1992年の大統領選挙戦の中で，クリントンは，「大幅な貿易赤字と財政赤字を補塡するために，毎年膨大な額の外国資本を導入することが必要になっていた．そういう資本を引き寄せるとともに，ドルの価値が急激に下落することを防ぐ」[23]ことが必要であると考えていた[24]．なかでも，

---

21) Eichengreen（2007=2010）p. 5（訳書8頁），Roubini and Mihm（2010=2010）p. 258（訳書355頁）．
22) Stiglitz（2006=2006）p. 250（訳書366-369頁）．
23) Clinton（2004=2004）p. 459（訳書，上巻763頁）．

クリントンが気にしていたのは財政赤字を削減すれば債券市場が活気づくかであった[25]．

このような観点から，クリントンは低コストでの公債発行を行い増税を回避するのではなく，増税により公債発行を削減することによって財政規律を確保し，金融市場の信認を得て，外国資本が流入する構造を保持する方針を固めた．つまり，債券市場に対して財政赤字の縮小姿勢を印象づける必要があるとの結論に至ったのである．

1993年2月25日の就任後の初めてのテレビ演説では，財政赤字を削減するという意気込みを見せるため，グリーンスパンに対して国民に見える位置に着席してもらうことまで演出している[26]．留意すべきは，クリントンが「債券市場作戦（bond market gambit）」[27]と称するほど，なぜクリントン政権が債券市場に配慮したのかである．あらかじめ結論を先取りすれば，アメリカの国民貯蓄率が低く，対外債務が増加している状況にあったからである[28]．この点についてもう少し確認しておこう．

---

[24] 当時のブッシュ政権と同じように財政赤字補填のためには外国資本がアメリカに流入する構造を維持すること，ドルの価値を維持すべきこと，との認識は共有していた．しかし，金利に対する考え方は当時のブッシュ政権とは異なっていた．クリントンはブッシュ政権時代の金利政策について，金利を望ましい水準よりもはるかに高く設定せざるを得なかったと考えていたが，そのような高金利が経済成長の妨げとなり，債務に対する利払いが，連邦予算の中で軍事費と年金についで3番目に大きな支出項目になっていたことを気にしていた．そこで，大統領就任式の2週間前の1992年12月，経済チームとの初会合の議論の中で，強力な赤字削減計画を実行すれば，政府が現在ほどの資金の借り入れで民間部門と競合しなくなるから，その分金利が下がって成長が加速し，雇用が拡大するのではないかと質問した（Clinton（2004=2004）p. 459（訳書，上巻764頁））．

[25] Clinton（2004=2004）p. 462（訳書，上巻768頁）．

[26] Clinton（2004=2004）p. 497（訳書，下巻44頁）．

[27] クリントンは，特に中間層の減税をあきらめたことなどが批判の対象とされたものの，結果として「我々の債券市場作戦は，夢にも思わなかったほどうまくいって，金利の低下，株式市況の急騰，好景気をもたらすことになった」としている（Clinton（2004=2004）p. 537（訳書，下巻112頁））．

[28] Stiglitz（2006=2006）p. 252（訳書368-369頁）では，「政府が（他の国から）融資を受けるのは，歳出超過を穴埋めするためであり，政府が海外に資金を求めるのは，自国民が（少なくとも投資に比べると）十分な貯蓄をしていないからだ．政府の歳出を支える資金力が国内にないため，財政赤字分の補填を外国人に頼らざるを得ない」としている．

第1章　アメリカ連邦財政の特質

②政策担当者のスタンス

　クリントン政権期の1995年1月に財務長官に就任したルービン（財務長官以前は国家経済会議（National Economic Council, 1993年設立）の初代委員長）は，在任期間中に為替政策による市場介入については慎重な姿勢を示しながらも[29]，「強いドル（Strong Dollar）はアメリカの国益」との見解を表明し続けた．その理由について，ルービンは以下のように述べている[30]．

　　「強いドルは大いに国益をもたらすと考えていた．……私はあくまでこの方針を遵守する表現を貫き通した．なぜなら，実際にそれは正論であり，ドルの信用維持につながったからである」

　ここにルービンの言うアメリカの「国益」とは，「ドルの信用維持」に伴う準備通貨国アメリカが享受するメリット（利益），と言い換えることができる．変動相場制のもとでの恒常的な「対外純債務の増加」は，「ドルの国際的需要」を喪失させ，長期的にはドルに切り下げ圧力がかかる可能性がある．ルービンはこのような事態を回避するためにも「強いドル」政策を採用してドルの信用を維持しようとしていた．事実ルービンは，強いドルの維持によって生じる利益を，以下のように考えていた[31]．

　　「強い通貨を維持すれば，アメリカの消費者と企業は輸入品や輸入サービスを安く購入でき，一般的にインフレは抑制され，金利は低く抑えられる．アメリカの工場にとっても，生産性と競争力向上の追い風となる．こうした利益は，ドルに対する信用をいっそう高め，外国資本の流入を加速する」

　このような利益を想定して，ルービンは「強いドル」政策を採用し，外国資

---

29)　Rubin and Weisberg (2003=2005) p. 182 (訳書250頁) は，「最も気を使ったのは為替政策である」としつつも，「為替レートは長期的には経済の基礎的要因によって決定されるものであり，市場介入ではなく，アメリカの経済政策と経済力の強化によって安定維持されるのが望ましいと考えていた」としている．
30)　Rubin and Weisberg (2003=2005) p. 182 (訳書250頁).
31)　Rubin and Weisberg (2003=2005) pp. 182-183 (訳書252頁).

第Ⅰ部　問題の構図

本の流入を促しながら国内の低金利を維持しようとしていた．それによって活発な投資需要を支えることを重視していたからである[32]．ただ，そのシナリオには概ね2つの懸念があった．一つは「強いドル」政策に伴って貿易赤字が拡大するという問題であった．「強いドル」政策を採用すると輸出が減少し，貿易赤字が拡大する恐れがあるからである．この点についてルービンは，以下のように考えていた[33]．

「長期にわたる大幅な貿易赤字に伴うリスクを回避するための方策は，貿易政策の一環としてドル安を推進することではない．……ドル安ではなく，政府の財政状況の改善に注力し，アメリカの貯蓄を増やすべきである」

これは，貿易赤字の中でも強いドル政策を推進することによって生じる貿易収支に伴うリスクを，ドル安政策によって解決するのではなく，「国内貯蓄額の減少」に歯止めをかけることによって解決するという方策である．第2章以降で確認するように，そのような観点から，連邦政府において財政規律と国内貯蓄の増加を意識した租税政策がとられたのは確かである．

とはいうものの，短期的に国内貯蓄を増加させるのはそれほど容易ではない．とすれば，貿易赤字や財政赤字を埋め合わせるだけの外国資本の流入があれば，問題は生じにくい．そこにもう一つの懸念があった．外国資本による要求利回りの上昇問題である．この点についてルービンは，以下のように述べている．

「外国投資市場がアメリカの財政政策とドルの健全性を懸念するようになった場合，資本提供者が利率の大幅な引き上げを要求する可能性が高い．……アメリカは貿易赤字を埋め合わせ，国内貯蓄の大幅な不足を補うために外国からの資本の流入に大きく依存している．こうした現状を考えると，外国資本の利率の上昇が現実のものとなれば，大きな痛手を受ける」[34]

これまでは，社会保障年金資金の非市場性国債への運用規定や1984年の非

---

[32] Frankel and Orzag (ed.) (2002) pp. 191-254.
[33] Rubin and Weisberg (2003=2005) p. 183 (訳書251頁).
[34] Rubin and Weisberg (2003=2005) p. 366 (訳書478頁).

居住者ポートフォリオ利子の非課税制度の導入[35]等の政策的措置，さらには「ドルの国際的需要（信認）」によって，相対的に増税を回避しつつ低コストでの公債発行が可能であった．しかし外国資本の要求利回りが上昇するということは，低い要求利回りによる外国からの資金調達が可能になるという，準備通貨国としての一つのメリットが失われることを意味していた．そして，それを予防するためにも，「ドルの国際的需要（信認）」が必要であった．

(4) ブッシュ Jr. 政権期の租税と公債（財政赤字）

ブッシュ Jr. 政権は，準備通貨国のメリットを維持しつつ，相対的に資本蓄積を阻害しないとされる消費課税を意識した形で減税を行い，経済成長を促し，財政赤字をも改善するシナリオを描いていた．

しかし，減税による歳入の減少（財政赤字）を国債発行で穴埋めするブッシュ Jr. 政権の政策には，外国によるアメリカ国債引受を含む対外債務の増加との関係で，多くの論者によって懸念が指摘された．この点に関し，ルービンは以下のように述べている[36]．

「減税支持者の中には，資金調達の市場は海外にまで広がっているので，アメリカ国内の資本需要の増加は，外国資本の流入によって埋め合わすことができ，金利にあまり影響を及ぼさないと主張するものがいる．……しかし，そうした資本が実際に必要となった場合，外国資本の利率は必要でなかった場合の利率と同じというわけにはいかない．実際，長期財政赤字は海外から流入する資本の利率に影響を及ぼす可能性があり，それが（財政）赤字の最大の危険性の一つである」

---

35) 中里 (1995)，黒田 (1995)．財政赤字に直面したアメリカは，1984 年改正で外国（とりわけ日本）による連邦債の引受を促進すべく，国内法の改正によって片務的に非居住者への支払利子に対する源泉徴収を免除した．こうすることで，支払利子が低くても非居住投資家の受取利子が高くなるようにしたのである．仮に居住地国日本でアメリカ源泉の利子所得を完全に課税できれば，アメリカに納付した税額がゼロ，つまり外国税額控除がゼロになるのみで，日本での税収が増加するだけであるが，日本で所得を申告しない場合，非課税が継続する状況であった（詳細は，増井 (1999) を参照）．国際決済銀行のレポートは，頻繁に売買される国債の利息に源泉徴収が適用された場合，経過利息にかかる税額の調整によって，取引コスト（事務費用，最終納付時までの孫利息負担等）が増加する点を指摘している（Bank for International Settlements (1999) pp. 33-34）．

36) Rubin and Weisberg (2003=2005) pp. 365-366（訳書 477 頁）．

第 I 部　問題の構図

　アメリカの対外債務に関する議論は，このような財政赤字拡大に伴う対外債務の増加の議論に加えて，アメリカの経常赤字の持続可能性という観点からも議論がなされてきた．というのは，1990 年代後半に財政収支は黒字化したが，経常収支はほぼ一貫して赤字であり，2000 年代前半の再度の財政赤字化とともに，経常収支赤字の持続可能性に対する懸念が一層深まったからでもある．この点に関し，Eichengreen（2007=2010）は，以下のように述べている[37]．

　「準備通貨の発行国が巨額の経常収支赤字を計上し続け，その結果対外純債務を急速に増加させているという事実は，その国の世界の銀行としての地位を脅かすものである．……アメリカの対外長期債権が流動化しにくい直接投資の形をとる一方，アメリカの対外債務がアメリカ国債の形態である分，より容易に流動化される」

　以上のように，ブッシュ Jr. 政権期におけるアメリカの対外債務の増加は，財政赤字のルートと経常赤字のルートという 2 つのルートから懸念が表明されていた．このような状況に対して，FRB（連邦準備理事会）議長のグリーンスパンは，下記のように経常赤字の増大に対する疑念に対しては否定的な見解を示しつつ，財政赤字に対する懸念を表明していた[38]．

　「今後の懸念材料としては多くの不均衡があるが，その筆頭は財政赤字である．私の懸念材料のリストでは，経常赤字ははるかに小さい」

　それ以上に，グリーンスパンの現状認識の中で留意すべきは，下記のようなアメリカの特殊性に関する指摘である[39]．

　「圧倒的に重要なのは，世界最強の準備通貨としてのドルの地位である．それがあっ

---

37)　Eichengreen（2007=2010）pp. 139-140（訳書 169 頁）．
38)　Greenspan（2007=2007）p. 347（訳書，下巻 130 頁）．なお，グリーンスパンは国際取引で発生する法的リスクや為替リスク等をあまり重要視していない．そのため，相対的に見て経常収支赤字よりも，財政赤字によるドル信認の低下を問題にしていたものと思われる（Greenspan（2007=2007）pp. 360-362（訳書，下巻 146-148 頁））．Greenspan（2007=2007）p. 486（訳書，下巻 310 頁）では，「巨額のアメリカ国債が積み上がったのは，主に中国と日本が為替レートを抑えて輸出をし，景気を刺激しようとしたからである」としている．
39)　Greenspan（2007=2007）p. 349（訳書，下巻 132 頁）．

第 1 章　アメリカ連邦財政の特質

たからこそ，これまで，アメリカは対外収支の赤字（external deficit）を穴埋めできてきた」

　このことは，グリーンスパンも「ドルの地位」によって外国資本が低い要求利回りで流入している点を強く意識していたことを示していると言ってよい．これまで低い資本コストで外国資本の調達を可能としてきた準備通貨国の優位性が失われる可能性が高まるとの懸念があったのである[40]．
　本書の対象とする1990年代以降のアメリカ財政当局（財務省）や金融当局（FRB）は，「経常収支の悪化（対外純債務の増加）」と財政収支の変動の中で，グリースパンの言う「世界最強の準備通貨としてのドルの地位」をいかに維持するかを意識していた．もう少し明確に言えば，アメリカ政府の各種政策の背後には，「ドルへの信認」を維持し，外国資本がドル資産を低収益率でも保有するような構造等をいかに維持・継続するかという，いわば対外的な「準備通貨国の論理」とも言える特有の論理が多くの場面で見受けられる．
　例えば，「ドルの国際的需要（信認）」を経済的側面で支える一つの手段として，アメリカ金融・資本市場の安定性を示すことは重要なことであり，そのための一つの姿勢が「強いドル」政策であった．この政策は，外国人投資家にとってみれば，自国通貨を外国通貨ドルに換えてアメリカ公債等の形で金融・資本市場で運用すると，投資対象の「運用益」に加えて，「為替差益」をも得ることができるという魅力がある．また，アメリカ本国で国外から利子や配当を

---

[40]　Greenspan（2007=2007）p. 353（訳書，下巻 137 頁）は対外債務の利払い懸念について，「これは，まだ問題ではない．2005 年時点で 2 兆ドル以上に上るアメリカの対外直接投資の利回りは 11％であり，現時点の対外債務の支払い金利を大幅に上回っているからである．……しかし，債務の純増（キャピタル・ゲインとキャピタル・ロスを調整後の経常収支に相当）で，いずれ投資収益の支払い超過額が拡大する」と指摘して将来への懸念を表明している．しかしその一方で，ドルの下落の議論に関して Greenspan（2007=2007）p. 487（訳書，下巻 310-311 頁）は，「債券購入のペースが落ちたり，売却に転じたりするようであれば，ドルの為替相場にある程度下落圧力がかかり，アメリカの長期金利に上昇圧力がかかるのは確実である．だが，主要通貨の為替相場は，流動性が極めて高くなっているので，米ドル資金の巨額の国際移転を伴う通貨取引が市場に与える影響はごく僅かである．……中央銀行（あるいは他の市場参加者）がアメリカ国債を売却しても，残高そのものが変わるわけではない．……国際金融市場は厚みを増しているため，百億ドル単位あるいは 1 千億ドル単位のアメリカ国債でも，市場に危機をもたらすほどのショックを与えることなく取引できる」という形で楽観視している．

受け取る立場からすれば，アメリカの投資家やアメリカ企業が外国市場で源泉課税をあまり受けずに，自由に運用益や事業所得を獲得できれば，それだけ受け取る利子や配当が多くなる可能性がある[41]．さらに，アメリカ本国で外国資本の流入を望む立場からしても，外国の投資家や外国企業がアメリカに対して自由に投資できる状況が望ましい．それが，アメリカによる外国の金融・資本市場の規制緩和要求や国際化の要求とも重なり合ってゆく．

　しかし，第3章以降で確認するように，アメリカが税制において対外的な「準備通貨国の論理」を優先した課税を行おうとすると，国民間の分断化傾向を加速させ，今度は国家としての国民統合が困難になってゆくというジレンマが生じる．そこで，国民間（所得層間や人種間）あるいは産業間（国内産業や輸出産業等）といったミクロレベルでの差異に配慮した対内的な「国民統合の論理」とでも言うべき連邦政府の政策が必要となる．そして，そのような対内的な「国民統合の論理」に基づく政策にもアメリカの特色がある．そこで本章の最後に，連邦政府による「国民統合の論理」行使への圧力となるアメリカ国内の政治的，経済的，社会的背景について確認しておきたい．

第5節　対内的な国民統合の論理

(1) 経済的状況：産業構造の転換

　1990年代以降のアメリカの経済状況は，経済のグローバル化の中で，国際的にはドルを媒介にした経済取引・金融取引が一層拡大し，国内的には伝統的産業である製造業から金融・サービス業等への産業構造の転換が徐々に進んだと言われる．

　確かに，図1-4の産業別付加価値に関して構成比の推移で確認してみても，製造業の付加価値はほぼ一貫して低下傾向にあり，その一方で，サービス産業や金融・保険・不動産業の付加価値の構成比が高まっている．特に，1980年代後半以降で象徴的なのは，サービス産業や金融・保険・不動産業の構成比の

[41) 可能性があるとしているのは，最終的には本国アメリカの税率に依存するからである．

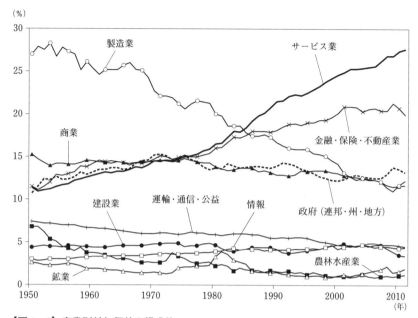

【図 1-4】産業別付加価値の構成比

資料) U.S. Department of Commerce, Bureau of Economic Analysis より作成.

地位と製造業の付加価値構成比の地位とが逆転し，サービス産業や金融・保険・不動産業の付加価値構成比が一層増加していることにある．

この点に関し，図 1-5 は，「金融部門の非金融部門に対する収益の増加」を示している[42]．1970 年代や 1980 年代までは，アメリカの金融部門の収益は非金融部門の 20％程度だったが，1990 年には 50％，2000 年には 70％にまで増加している．つまり，産業別に見た金融・保険・不動産業の付加価値構成比の増加が，別の形でも確認できる．

興味深いのは，このような状況にもかかわらず，Glyn (2006) が 1990 年代の時期が，経済成長の変動幅が最も安定的であったことを指摘している点にある[43]．というのも，金融所得の増大が賃金圧力の減少に相殺されていた可能性があるからである．このことは，バブル崩壊によって金融市場が不安定になる

---

42) Glyn (2006=2007) p.52 (訳書 65 頁), Reich (2007=2008) p.73 (訳書 98 頁).

第Ⅰ部　問題の構図

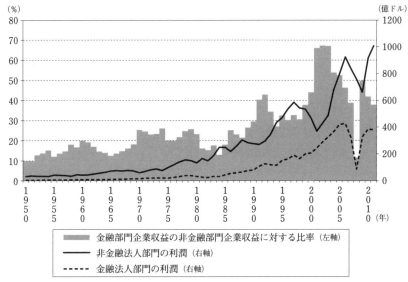

【図1-5】アメリカ金融部門と非金融部門の利潤

資料) U. S. Department of Commerce, Bureau of Economic Analysis より作成.

と，民間金融市場への依存度を増している給与・フリンジベネフィットの構造によって，多くの労働者の現在の収入や退職後収入が不安定になる可能性があることをも示唆している[44].

　第4章や第5章で確認するように，家計部門においても年金・医療資金の個人口座化やストック・オプション等を通じて，金融・資本市場と関連を持つ所得層が増加していた．1990年代以降はアメリカ国民が，金融・資本市場の論理の影響を強く受けるようになってきていたのである．このような1990年代の状況について Stiglitz (2003=2003) は，以下のような興味深い指摘を行って

---

[43] Glyn (2006=2007) p. 149（訳書188頁）．安定的であった要因として，①賃金圧力の減少によって，金融システムの発展に由来する不安定性の増大が相殺されていたか，②政策が経済を保護するのに適合的であったかのいずれかであるとしている．前者の指摘は，アメリカ経済全体の変動幅が縮小しているにもかかわらず，個々の労働者に大きく影響する個々の企業レベルでの産出高の変動幅は，著しく増大しているとする Comin and Philippon (2005) の研究をふまえると，一層興味深い．

[44] Glyn (2006=2007) p. 73（訳書92頁）．

いる[45]．

「1990年代に起こったのは，長らく続いてきた一連の均衡と抑制——金融界・産業界と労働者とのバランス，伝統的製造業と新技術産業とのバランス，政府と市場のバランス——が，金融が優勢となったために崩れたことである」

(2) 社会的状況：多様な人種と所得層の二極化

産業構造の変化は，社会構造の変化も伴っていた．ピーターソン（Peterson）は1991年の著作で，アメリカ福祉国家の特徴が3層構造にあることを指摘していた[46]．しかし図1-6にあるように，現実には，所得分布で中位層の所得（中位所得から±50％以内の所得）を得ている家計の割合が，ほぼ一貫して減少している状況にあった．

1990年代以降に顕著となったのは，高所得層の所得シェア拡大，中間層の所得シェア減少，低所得層のシェア激減という形での所得層の二極化現象であり[47]，そこに比較的平均賃金の低いサービス業や，比較的平均賃金の高い金融・保険・不動産業の付加価値構成比の増加が加わった形になっている．

さらにアメリカ社会の構造を複雑化させるのが，先に指摘したような多様な人種により社会が構成されていることにある[48]．実質世帯所得（2005年基準）の推移を人種別に見てみると，白人世帯は全世帯で見た場合よりも平均的に若干高い世帯所得であるが，黒人世帯は全世帯よりも低く，ヒスパニック世帯は黒人世帯とほぼ同様に低い．第3章や第4章で確認するように，所得層の二極化という現象は人種別にも生じているが，所得水準等が人種別にも異なる状況にあるため，問題を一層複雑化させていたのである[49]．

---

45) Stiglitz（2003=2003）p. XIV（訳書11頁）．
46) Peterson（1991）p. 47は，アメリカには3層の福祉国家があり，一つ目は貧困者向け福祉国家，二つ目は中間層の福祉国家，三つ目は富裕層向けの福祉国家であるとしている．
47) Reich（2002=2002）訳書164-165頁．所得と富の格差拡大は，付加給付の格差拡大と並行している．Executive Office of the President（2012）pp. 178-181（訳書159-160頁）も参照．
48) 2005年時点の雇用総数（16歳以上）1億4,173万人のうち，ヒスパニック系は13.1％，黒人系は10.8％，アジア系は4.4％となっている．

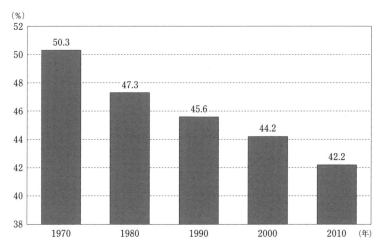

【図1-6】所得分布上で中位層の所得を得ている家計の推移

資料）Council of Economic Advisers（2012）Figure 6-8.

(3) 政治的状況：分割政府

　以上のように，本書が対象としている1990年代以降のアメリカでは，「経済システム」における産業構造の転換や「社会システム」における所得層の二極化といった国内バランスの変化の一方で，国際的なグローバル化の圧力も加わっている．このような，経済・社会の構造変化に対して，アメリカの「政治システム」は，どのような形で財政を通じて対内的な「国民統合の論理」によってミクロレベルでの差異に配慮しつつ，対外的な「準備通貨国の論理」との調整を図ろうとしたのか．

　Steinmo（1993=1996）は，アメリカ政治制度の特色を，①大統領と議会の権力関係[50]と②議会内の権力関係[51]という2つの権力関係によって，政治的権威

---

49) 人口動態という観点から見れば，ヒスパニック系等の増加は，出生率の引き上げや人口増に寄与している．そのため，アメリカは少子化問題を正面から議論している状況ではない．また，社会保障年金やメディケアの問題とともにベビーブーマー世代の退職に伴う高齢化問題は議論されるが，相対的にはそのスピードは遅い．
50) Steinmo（1993=1996）p. 68（訳書91頁）はこれを分割政府（Divided Government）と呼んでいる．
51) Steinmo（1993=1996）p. 73（訳書96頁）はこれを委員会政府（Committee Government）と呼んでいる．

第1章 アメリカ連邦財政の特質

【表1-4】FRB議長，財務長官，大統領と議会

年	FRB議長	連邦政府			連邦議会					
		財務長官	大統領	政党	会期	下院			上院	
							民主	共和	民主	共和
1981	ボルカー	リーガン	レーガン	共和	97	民主	243	192	共和	46	53
1983					98	民主	269	165	共和	46	54
1985					99	民主	252	182	共和	47	53
1987		ベイカー			100	民主	258	177	民主	55	45
1989		ブレイディ	ブッシュ	共和	101	民主	259	174	民主	55	45
1991					102	民主	267	167	民主	56	44
1993	グリーンスパン	ベンツェン	クリントン	民主	103	民主	258	176	民主	57	43
1995		ルービン			104	共和	204	230	共和	48	52
1997					105	共和	207	226	共和	45	55
1999		サマーズ			106	共和	212	222	共和	45	55
2001		オニール	ブッシュJr.	共和	107	共和	211	221	共和	50	50
2003		スノー			108	共和	205	229	共和	48	51
2005					109	共和	202	232	共和	44	55
2007		ポールソン			110	民主	233	202	民主	49	49
2009	バーナンキ	ガイトナー	オバマ	民主	111	民主	257	178	民主	57	41
2011					112	共和	193	242	民主	51	47

資料）連邦準備制度HP，アメリカ財務省HP，河音・藤木（2008）86頁等より作成．

と責任の分散を行っている．「政治権力の二重の細分化」にあると指摘している[52]．

表1-4にあるように，レーガン政権以降の大統領と連邦議会との権力関係に着目しても，大統領と議会の政党が同じであった時期が極めて限られており，アメリカにおける政治権限の分断的構造が確認できる．1990年代以降を確認してみても，クリントン政権下で大統領と同じく議会（上院・下院）も民主党多数であったのは，クリントン政権の第一期の前半に過ぎず，1995年以降はいわゆる「分割政府」となり，共和党との多くの協議を行うことで，政策を遂行する形となっている．ブッシュJr.政権になると，「分割政府」の状況が解

---

[52] Steinmo（1993=1996）p. 135（訳書176頁）．スタインモは，制度の定義を，代議制民主主義を規定する憲法構造とそれへの合理的対応である意思決定構造としている．

消されたが，再選後の第二期の後半には再び「分割政府」となった．

これに加えて，議会内の権力関係にも配慮する必要がある．租税制度の決定過程を例にとっても，通常，連邦議会の下院歳入委員会，上院財政委員会，両議院税制委員会（Joint Committee on Taxation）で議論される[53]．しかも権限の範囲に関連ある部分は，他の委員会でも分割審議することになる．このような分割審議のスタイルは権限分散には有効であるが，包括的な法案を作成していても，具体的な審議では分割細分化されてしまうという欠点も有している．

本書では，「政治権力の二重の細分化」という特色を有するアメリカの「政治システム」が，どのような形で財政を通じて調整を図ろうとしたのかについて，議会公聴会等での政策決定過程の検証を通じて確認してみたい．

むすび

本章では，1990年代以降のアメリカ財政構造の特殊性を把握した．アメリカ連邦政府は，準備通貨国の優位性の保持という課題を踏まえながら，財政活動を通じてアメリカ社会全体の国民統合を行っている．アメリカの連邦財政における歳出構造の特徴は，軍事費と社会保障関係費が中心となっていることにある．とりわけ，アメリカの軍事費には対外的支出という色彩もあるため，歴史的にアメリカ政府は社会保障関係費等のような国民統合的な支出間のバランスのみならず，対外的支出とのバランスをも意識してきたといってよい．これに対して，歳入構造は，個人所得税，法人所得税，社会保障税といった所得課税を中心とした構成となっており，消費課税の割合は極めて少ない．

アメリカ財政構造を国際比較の視点から相対的に確認すると，財政の活動領域（GDPに占めるグロスの財政支出の割合）は小さく，経済システムの領域が広い．また，社会システムに対しては，狭い財政の活動領域のもとで人種的分断の傾向が強い状況にある．しかし，租税支出をも加味した財政支出の概念で捉えると，マクロレベルの数値では必ずしも財政の領域が狭いわけではない．このことは減税という形で市場メカニズムを生かしながら財政活動が行われてい

---

53) Pechman（1987）Chapter 3.

ることを意味する．しかも，そのような市場メカニズムとの整合性を意識した財政運営が可能なのは，ドルが「世界最強の準備通貨」としての地位を有していることにも反映されている．外国資金が低コストで流入してくるため，公債発行が相対的に容易であり，結果として，相対的に増税を回避した運営が可能となるからである．

　アメリカの政策はそのような対外的な準備通貨国としての優位性を維持しつつ，双子の赤字（財政赤字・貿易赤字）と資本流入のバランスを確保しようとする中で形成される．もう少し明確に言えば，アメリカ政府の各種政策の背後には，「ドルへの信認」を維持し，外国資本がドル資産を低収益率でも保有するような構造等をいかに維持・継続するかという，対外的な「準備通貨国の論理」がある．

　しかし，1990年代以降の「経済システム」における産業構造の転換や「社会システム」における所得層の二極化といった経済・社会の構造変化に際し，アメリカの「政治システム」には，「国民統合の論理」も必要である．そのような対外的な「準備通貨国の論理」と対内的な「国民統合の論理」との対立と調整の中で形成されるという点に，アメリカの財政・租税構造の特殊性がある．次章では，所得課税中心のアメリカ連邦租税構造を立体的に捉えるべく，所得税，法人税，社会保障税の相互の関連を検証してみたい．

第2章 アメリカ連邦税制の水平的租税関係

第1節 問題意識

　本章では，アメリカ連邦租税構造を分析する際の基本的な分析視角を示す．特に素材とするのは，財政再建期におけるアメリカの租税構造，とりわけ連邦政府における法人所得税・個人所得税・社会保障税の相互関連である．このような視点から分析するのは，従来の研究に対する，以下のような問題意識からである．

　第一に，従来のアメリカ連邦税制の研究では，法人所得税・社会保障税・個人所得税の相互関連を明確に意識したものは，必ずしも多いとは言い難い．Shoup（1969=1974）のように，連邦個人所得税と州・地方個人所得税との関連といった単一税目間の租税関係に関する優れた分析があるものの，法人所得税・社会保障税・個人所得税といった連邦租税構造内部の異なる3つの税目間の租税関係については，明確に意識した形での分析がなされてこなかった．そして，1990年代のアメリカの財政再建に関する従来の研究においても，概ねクリントン政権期の税制改革に，好景気の中の株価上昇に伴うキャピタル・ゲイン増加という要因が加わって，個人所得税の増収をもたらしたことを指摘するに留まっている．

　しかし，後に確認するように1980年代から2000年代における主要税収増加率と経済成長率（実質GDP増加率）との関連，とりわけ1990年代後半における主要税収増加率を見てみると，法人所得税・個人所得税・社会保障税それぞれが異なる動きをしている．これらの要因を明らかにするには，連邦租税構造

53

内部の異なる3つの税目間の租税関係に着目する必要がある．

第二に，従来のアメリカ連邦税制，中でも法人所得税の研究では，伝統的にはGoode（1951＝1959），近年でもSullivan（2011）のように，課税所得と法人税額から法人企業の産業別・規模別負担等の検証がなされてきた．

しかし，Musgrave and Musgrave（1989）で示された，企業部門から家計部門への分配面の課税ポイントを意識した法人所得税の研究となると，その点を正面から取り扱ったものは，必ずしも多いとは言い難い．法人所得税を取り巻く各租税の相互関係を一層明らかにするためには，課税所得や会計利益の変化に着目することで，法人企業の活動や成果分配構造の変化を捉え，さらに家計をも視野に入れた課税関係を分析する必要がある．

第三に，近年のアメリカ連邦税制の中でも社会保障税の研究では，Pechman（1987）やSteuerle（2004）のように，連邦租税構造の一部として議論するアプローチが減少し，Stiglitz（2000）やGruber（2010）のように，特定支出との関連で議論することが多くなっている[1]．このことは，社会保障税が連邦税制の構造を把握する研究において正面から分析されることが少なくなっていることを示している．しかし，連邦租税構造の研究においては，個人所得税に匹敵する規模に増加した社会保障税について視野に入れる必要がある．そうすることで，フローの面で社会保障税が他の連邦税と関連があること，ストックの面で社会保障税を含む収入が支出を超過した場合の積立金が，連邦財政に果たす役割があること等を明らかにできるからである．

以上のような問題意識のもとで，本章では，はじめにクリントン政権以降の租税構造を概観し，その特徴を把握する．次に，法人所得税にかかわる課税所得と会計利益に着目し，課税所得と会計利益の乖離が税収面等に与える影響を分析する．そして，法人企業の活動や成果分配構造の変化に着目し，家計をも視野に入れた課税関係を分析する．具体的には，法人所得税と個人所得税との関連，法人所得税と社会保障税の関連，個人所得税と社会保障税の関連といった，主要な連邦税目間の相互関連について検討を行う．

なお，本章は1990年代以降の連邦租税構造の概要の把握と論点の指摘に限

---

[1] Shaviro（2004a）のように，メディケア（高齢者向け公的医療保険）に関する給付構造と社会保障税を含む財源調達構造の両者を論じる優れた研究もある．

定されており，各論点の実態については政策形成過程を含めて，次章以降に詳しく論じることを，あらかじめ断っておく必要がある[2]．

第2節　アメリカ租税構造の推移と特徴

表2-1は，1981年以降の連邦基金と信託基金を合算した連邦歳出と連邦歳入，連邦財政収支の推移（対GDP比）を示している．1990年代以降の財政収支に着目すると，1990年代前半は財政赤字であったものが1990年代後半に財政赤字が一時解消され，2000年代に入ると再び財政赤字になっていることは，第1章で確認したとおりである．

本節で着目するのは，連邦租税構造である．個人所得税はアメリカ連邦税制の基幹税としての役割を担っており，対GDP比では1991年には7.9％，2001年には9.7％，連邦歳入の構成比では1991年に44.3％，2001年に49.9％の規模である．社会保障税は対GDP比で1991年には6.7％，2001年には6.8％，連邦歳入の構成比では1991年に37.5％，2001年に34.3％と，個人所得税に次ぐ規模にまで成長している．法人所得税は対GDP比で1991年には1.7％，2001年には1.5％，連邦歳入の構成比では1991年に9.3％，2001年に7.5％と，連邦税収に占める比率が低下傾向にあるが，つねに連邦税制改革の議論の焦点になってきた．これに対して，連邦レベルでは，州小売売上税との関連もあり，消費課税への依存が極めて低い状況にある．

1990年代以降の連邦政府の主要税収（法人所得税・個人所得税・社会保障税）の合計に着目してみると，1991年の16.2％から2001年の18.0％へと対GDP比で1.8ポイントの増加であり，これらが1990年代後半の財政再建に寄与したことは言うまでもない．ところが，図2-1にあるように，1980年代から2000年代における主要税収増加率と経済成長率（実質GDP増加率）との関連，とりわけ1990年代後半における主要税収増加率を見てみると，法人所得税・個人所得税・社会保障税それぞれが異なる動きをしているという興味深い事実

---

[2] 連邦政府と州・地方政府相互の個人所得税の関連や，連邦政府と州・地方政府相互の法人所得税の関連といった，各政府間の租税構造または租税間の関連（垂直的租税関係）については，関口（2006c）を参照されたい．

【表2-1】連邦財政構造の推移（対GDP比）

会計年度／期		1981	1983	1985	1987	1989	1991
歳	入	19.6	17.5	17.7	18.4	18.4	17.8
	個人所得税	9.4	8.4	8.1	8.4	8.3	7.9
	社会保険と退職年金受入	6.0	6.1	6.4	6.5	6.7	6.7
	法人所得税	2.0	1.1	1.5	1.8	1.9	1.7
	その他	2.3	1.9	1.8	1.6	1.5	1.6
歳	出	22.2	23.5	22.8	21.6	21.2	22.3
	軍事費	5.2	6.1	6.1	6.1	5.6	4.6
	外　交	0.4	0.3	0.4	0.2	0.2	0.3
	メディケイド・その他医療	0.9	0.8	0.8	0.9	0.9	1.2
	高齢者医療	1.3	1.5	1.6	1.6	1.6	1.8
	所得保障	3.3	3.6	3.1	2.7	2.5	2.9
	年　金	4.6	5.0	4.5	4.5	4.3	4.5
	純利子	2.3	2.6	3.1	3.0	3.1	3.3
	その他	4.4	3.5	3.2	2.7	2.9	3.8
財政収支		-2.6	-6.0	-5.1	-3.2	-2.8	-4.5
連邦債務残高（期末）		32.5	39.9	43.8	50.4	53.1	60.7
うち連邦政府保有の構成比		21%	17%	17%	19%	24%	25%
うち連邦政府保有以外の構成比		79%	83%	83%	81%	76%	75%

注）連邦基金と信託基金の合計
資料）U. S. Office of Management and Budget, *Budget of the United States Government, Historical Tables* より作成.

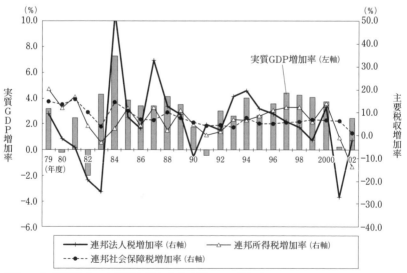

【図2-1】連邦政府：主要税収増加率と実質GDP増加率（対前年比）

資料）U. S. Department of Commerce, Statistical Abstract of the United States, various issues より作成.

第 2 章　アメリカ連邦税制の水平的租税関係

1993	1995	1997	1999	2001	2003	2005	2007	2009
17.5	18.4	19.2	19.8	19.5	16.2	17.3	18.5	14.8
7.7	8.0	9.0	9.6	9.7	7.2	7.4	8.4	6.4
6.5	6.6	6.6	6.6	6.8	6.5	6.4	6.3	6.3
1.8	2.1	2.2	2.0	1.5	1.2	2.2	2.7	1.0
1.5	1.6	1.5	1.6	1.5	1.3	1.2	1.2	1.1
21.4	20.6	19.5	18.5	18.2	19.7	19.9	19.6	24.7
4.4	3.7	3.3	3.0	3.0	3.7	4.0	4.0	4.6
0.3	0.2	0.2	0.2	0.2	0.2	0.3	0.2	0.3
1.5	1.6	1.5	1.5	1.7	2.0	2.0	1.9	2.3
2.0	2.2	2.3	2.1	2.1	2.3	2.4	2.7	3.0
3.2	3.0	2.9	2.6	2.6	3.1	2.8	2.6	3.7
4.6	4.6	4.4	4.2	4.2	4.3	4.2	4.2	4.8
3.0	3.2	3.0	2.5	2.0	1.4	1.5	1.7	1.3
2.4	2.2	1.9	2.4	2.4	2.8	2.7	2.3	4.6
−3.9	−2.2	−0.3	1.4	1.3	−3.4	−2.6	−1.2	−9.9
66.1	67.0	65.4	60.9	56.4	61.6	63.5	64.4	83.4
25%	27%	30%	35%	43%	42%	42%	44%	36%
75%	73%	70%	65%	58%	58%	58%	56%	64%

が浮き彫りとなる．

　後に確認するように1990年代は，1980年代のレーガン政権におけるドラスティックな税制改革に比べると，比較的穏やかな税制改革が行われた時代である．とすれば，所得を課税ベースとしているこれら主要税収の増加率は，ドラスティックな改革のなされた1980年代よりも経済成長率に連動してもよいはずである．

　この点に関し，個人所得税，社会保障税，法人所得税を確認してみると，確かに個人所得税は，経済成長率に連動した税収増加率となっている．しかし，社会保障税は経済成長率の動きに連動するというよりも，持続的に一定の税収増加率を維持している．中でも興味深いのは，法人所得税である．

　クリントン政権になった1993年に法人所得税率を34％から35％へ引き上げたにもかかわらず，1990年代後半の経済成長や所得増加の中で，本来的に弾力性の高い増収を生むはずの法人所得税の伸びが大きくなく，税収増加率はむしろ減少傾向すら見て取れる．その要因は何か．分析上の手掛かりとするのが，

次節以降で確認する法人企業の課税所得と会計利益の状況となる．

第3節　租税制度と会計制度の相互関係

　アメリカ財務省が提出した図2-2は，1990年代の法人企業（いわゆるC法人）の課税所得（Tax Income）と会計利益（Book Income）の状況を示している[3]．一見して1990年代に法人税の課税所得が増加しているが，会計利益はそれ以上のペースで増加していることがわかる．このことは，1990年代後半の好景気に伴い会計利益を計上している法人が，会計利益に見合った法人所得税を納税していない可能性があるということになる．

　そもそも課税所得と会計利益の乖離が議論されたのは，クリントン政権期の1999年のことである．1999年に下院議会公聴会に出席したアメリカ財務省租税政策担当次官補のタリスマン（Tailsman）は，以下のように指摘している[4]．

「法人所得税収が増加しているので，法人タックスシェルターは問題ではないと指摘する論者もいる．確かに，多くの要因で変動する法人所得税収の金額を基準にすると，問題の大きさがわからない．しかし，実際の法人所得税の納付額と法人タックスシェルターがない場合の納付額との差異を基準にすると，問題の大きさがわかる．この差異を直接的に測定するのは困難だが，課税所得と会計利益の差異の増加は，法人タックスシェルターの利用の増加と軌を一にしているように思われる」

　財務省が問題にしたのは，法人企業による租税回避（Corporate Tax Shelter，以下，法人タックスシェルターとする）による課税所得の縮小であったが，この乖離を手掛かりに，その他の要因の可能性についても以下のように指摘していた[5]．

---

3) U. S. House, Committee on Ways and Means (1999) p. 30.
4) U. S. House, Committee on Ways and Means (1999) p. 29. これらの動向は，クリントン政権，ブッシュ Jr. 政権，オバマ政権で焦点は異なるが，乖離問題はつねにそれぞれの政権の意識にある問題である．U. S. Department of the Treasury (2007) によると，2001年に乖離が縮小したのちに再び拡大し，2005年には乖離が縮小傾向にある．オバマ政権では，アメリカの企業税制を先進国に比して限界実効税率は低いが，法定実効税率が高く，結果として平均実効税率が中位にあると分析し，法定税率の高さや特定業種への優遇措置を問題にしている（U. S. White House and the Department of the Treasury (2012) pp. 2-8）．

第 2 章　アメリカ連邦税制の水平的租税関係

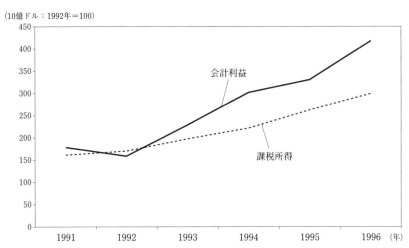

【図 2 - 2】課税所得と会計利益の乖離（資産規模 10 億ドル超）

注 1) 会計利益 = ScheduleM-1 の会計利益（税引後）＋ 連邦諸税 − 免税利子
　2) 課税所得 = 総収入 − 総控除
　3) 対象法人：資産規模 10 億ドル超の法人（除：S 法人，適格投資会社，不動産投資信託，外国販売会社）
資料）U.S. House, Committee on Ways and Means（1999）p. 30.

「会計上と租税上の所得は，タックスシェルターに関連しない多くの要因があることから，乖離する可能性がある．……しかし，減価償却が唯一の理由だとは思えない．減価償却費に伴う差異は，過去数年間では減少しているのに，会計利益と課税所得の差異が拡大している」

　本章の前半部分で着目するのは，これらの乖離内容である．課税所得のみならず，会計利益にも着目するのは，課税所得と会計利益の相互関係が，租税制度の公正性と会計制度の透明性に対する一種の担保措置となっているからである．
　確かに，アメリカでは課税ベースの算定と会計利益の算定との関係が分離型となっている．そのため，課税所得と会計利益に乖離があることをもって，問題があるとは即断できない．とはいえ，少なくとも 1990 年代において，法人所得税の課税ベースに関連した大きな制度変更が行われたとは言い難い[6]．であれば，1990 年代以降に生じた会計制度の改革を意識しつつ乖離の内容を把

---

5)　U. S. House, Committee on Ways and Means（1999）p. 30.

握することにより，1990年代以降における法人企業の行動の特徴が把握できる可能性がある．そして，そのことが法人所得税には大きな改正がみられなかったにもかかわらず，法人所得税の増加率が鈍化している要因を分析する手掛かりにもなる可能性がある．

つまり，1990年代に拡大した法人の課税所得と会計利益の乖離は，相互依存関係にある租税制度と会計制度が要請される公正性や透明性に何らかの問題が生じていた可能性がある．そこで，課税所得と会計利益の乖離の内容について，次節以降においてもう少し詳細に検証してみたい．

第4節　法人所得税の動向[7]

(1) 課税所得と会計利益の乖離

①フロー・アプローチ

表2-2-1は，資産規模1,000万ドル以上のC法人について，会計利益と課税所得との乖離金額を示している．先の財務省のデータが資産規模10億ドル超の大法人であったのに対し，対象法人を拡大している．1990年代後半に向かうにしたがって，会計利益と課税所得の乖離が大きく，会計利益よりも課税所得が少なくなるというこれまでと同様の状況が確認できる．注目すべきはその特徴である．

第一に，資産規模別にみると，1990年代を通じて大規模法人の会計利益と課税所得の乖離金額が大きい．例えば1998年には最高5分位で1,442億ドルだけ会計利益が課税所得を上回っているが，最低5分位ではマイナス1億ドルとむしろ課税所得のほうが上回っている．このことは大規模法人の課税所得が

---

[6] 租税制度と会計制度の制度変更がそれほどない場合，課税所得と会計利益の乖離の変化があれば，法人企業の行動変化をとらえることも可能である．ただし，会計利益が正しく算定されないと乖離の分析が複雑になる等の短所も有していることには，留意が必要である．その際には，経済的所得を用いればよい．

[7] クリントン政権となった1993年における法人所得税の改正は，①最高税率を従来の34％から35％へと1％引き上げ，②役員報酬の損金算入額の引き下げ等，課税強化を主たる内容としている．

第 2 章　アメリカ連邦税制の水平的租税関係

【表 2-2-1】会計利益と課税所得の乖離

(単位：10 億ドル)

		1991	1992	1993	1994	1995	1996	1997	1998
全法人合計		4.2	-45.0	40.0	70.3	71.6	105.4	100.3	152.6
資産規模別	最低・五分位	-0.3	-0.3	0.1	-0.2	-0.2	0.0	-0.1	-0.1
	第 2・五分位	0.7	-0.5	0.1	0.7	0.1	0.9	-0.1	-0.9
	第 3・五分位	-0.2	0.1	2.4	0.8	0.7	1.5	1.7	2.0
	第 4・五分位	0.0	0.0	-3.3	1.3	4.8	3.6	5.5	7.4
	最高・五分位	4.0	-44.3	40.7	67.7	66.1	99.3	93.2	144.2
	上位 15 企業	0.1	-33.7	1.7	23.7	29.1	29.2	36.1	51.3
産業別	金融	9.9	8.1	10.2	19.3	18.9	27.7	31.1	39.8
	天然資源	2.2	-7.7	17.3	13.8	11.1	25.9	11.3	27.9
	情報通信	-6.5	-0.9	2.6	13.6	8.3	21.3	22.6	49.2
	小売・食品・薬品・保健	11.6	5.8	22.9	17.8	17.0	23.4	24.2	20.2
	重工業・運輸	-13.0	-50.2	-13.0	5.9	16.3	7.1	10.9	15.4
国籍	国内企業	-9.0	-8.8	-1.3	9.3	4.8	8.9	12.4	9.3
	多国籍企業	13.2	-36.2	41.3	61.0	66.8	96.4	87.8	143.2
収益	純所得＞0	5.6	-1.0	32.7	60.7	56.3	94.8	90.9	136.9
	純所得＜0	-1.4	-44.0	7.3	9.6	15.3	10.6	9.4	15.7

注 1) 乖離は会計利益から課税所得を控除して算定している.
　2) サンプル法人：大規模・中規模納税者 (LMSB：資産総額 1,000 万ドル以上の法人) 1,579 社.
資料) Mills, Newberry and Trautman (2002) Table 2 を加工.

会計利益よりも小さいことを示している．つまり，会計利益と法人所得税額との関連で言えば，会計利益から算定した税額に比して法人所得税額が軽減されていたことが推察できる．

　第二に，産業別に見ると，金融業および情報通信産業の会計利益と課税所得の乖離金額が大きい．このことは，金融業や情報通信産業の課税所得が会計利益より小さいことを示している．そして，いずれも 1990 年代後半に向かうにしたがって乖離の額が拡大している．つまり，その分だけ会計利益から算定した税額に比して法人所得税額が軽減されていたものと推察できよう．これらは従来の重工業から情報通信産業等への，1990 年代における産業構造の転換と租税負担の関係を考える際に興味深い事象である．

　最後に，国籍別に見てみると，圧倒的に多国籍企業の乖離が大きいことが確認できる．ここには 1990 年代のアメリカ企業の在外子会社等の動向を反映している．

【表2-2-2】 会計上の資産と租税申告書上の資産との乖離

(単位:10億ドル)

		1991	1992	1993	1994	1995	1996	1997	1998
全法人合計		-290.9	-494	-370.4	-432.7	-287.5	-731.5	-1,343	-1,947.8
資産規模別	最低・五分位	-0.7	1.7	0.5	0.5	0.3	0.4	-0.3	0.1
	第2・五分位	-2.5	-3.5	-3.3	-2.5	-2.0	-2.5	-2.8	-2.2
	第3・五分位	-6.6	-8.9	-7.5	-6.5	-6.1	-4.1	-6.2	-6.7
	第4・五分位	-16.2	-12.2	-19.8	-7.2	-5.3	-5.4	0.5	-19.3
	最高・五分位	-264.8	-471.1	-340.4	-417.0	-274.3	-720.0	-1,334.3	-1,919.6
	上位15企業	121.7	-27.9	60.0	-8.8	184.8	-277.3	-783.4	-1,286.8
産業別	金融	14.1	-130.4	-41.7	-119.2	97.4	-328.5	-747.5	-1,066.7
	天然資源	-173.6	-154.3	-143.8	-136.1	-149.1	-148.8	-201.4	-317.7
	情報通信	-17.4	-21.4	-23.4	-82.3	-87.5	-54.3	-152.3	-207.5
	小売・食品・薬品・保健	-142.9	-211.0	-201.8	-171.6	-229.7	-134.6	-125.9	-142.6
	重工業・運輸	28.8	23.0	40.3	76.4	81.4	-65.3	-116.0	-213.3
国籍別	国内企業	84.1	-0.5	-27.3	-2.6	142.4	-42.1	-45.5	-3.9
	多国籍企業	-375.0	-493.5	-343.0	-430.1	-429.9	-689.4	-1,297.5	-1,943.9
収益	純所得>0	-350.2	-344.0	-355.4	-442.7	-296.4	-698.5	-1,324.5	-1,861.6
	純所得<0	59.3	-150.0	-15.0	10.0	8.9	-33.0	-18.5	-86.2

注1) 乖離は会計上の資産から税務申告書上の資産を控除して算定している.
 2) サンプル法人:大規模・中規模納税者(LMSB:資産総額1,000万ドル以上の法人)1,579社.
資料)Mills, Newberry and Trautman (2002) Table 4を加工.

②ストック・アプローチ

　一方,表2-2-2は,会計上の資産と租税法上の資産というストックの乖離について,資産規模別,産業別,国籍別,収益別の金額を示している.

　資産規模別には大規模法人が,産業別には金融業が,国籍別には多国籍企業での乖離が大きい.通常,フロー面での会計と税務の差異が「会計利益>課税所得」であるならば,ストック面でも「会計制度上の資産>租税法上の資産」という状況が推定される[8].しかし,現実には「会計上の資産<租税法上の資産」となっている.

　その要因は,主として①オフ・バランス取引のように,会計上は連結の対象外にして,租税法上は連結納税の対象とすることができること(特定目的事業体(SPE)等により連結範囲の相違を利用),②会計上は債権債務の相殺消去を行うことから資産・負債が圧縮されるが,連結納税申告書では相殺消去を行わず合算している可能性が高いこと等が考えられる.

---

8) 詳細は関口(2006a).

第2章　アメリカ連邦税制の水平的租税関係

ストック・アプローチとフロー・アプローチが必ずしも連動しないことから，ストック・アプローチには限界がある．しかし，ストック・アプローチによる乖離要因の分析により，フロー・アプローチとほぼ同様な特徴（資産規模別では大規模企業，産業別では金融業，国籍別では多国籍企業）が抽出されることは，フロー・アプローチで現れた1990年代アメリカの産業構造の変化と企業行動の国際化の状況を，ストック・アプローチが補完的に把握できることも示している．

(2) 乖離の内訳

課税所得と会計利益というフローの乖離の大きい大規模法人に焦点を絞って，もう少し詳細に検討してみたい．表2-3の対象法人は，表2-2-1, 2-2-2で取り上げた資産規模1,000万ドル以上のC法人よりもさらに対象範囲を限定し，大規模な資産規模2億5,000万ドル超のC法人の状況を示している．乖離の内訳を確認してみよう．

第一に，国外所得の差異である．国外所得の金額は，アメリカ企業の国際化の状況や外国子会社での留保状況を表しているともいえる．アメリカの国際税制では基本的に全世界所得課税プラス外国税額控除により，アメリカ親会社の納税額を確定する．また，タックスヘイブン対策税制として外国子会社の留保利益も合算して課税するサブパートF所得から生じる税収もある．アメリカの法人所得税収にとっては，国外源泉所得からどれだけ税収が確保できるのか，あるいはどれだけ税収ロスが発生するのかが問題となる[9]．

第6章で別の角度から検討するが，国外所得における課税所得と会計利益の差異は，主として国内親会社が外国子会社に留保した利益額である[10]．1986年に118億ドルであったものが1998年には272億ドルに増大していることが確認できる．

---

9) この点に関連する制度として後に外国税額控除を検討する．ここでは連結範囲に関連して1995年に公表されたNotice 95-14を規則化し，1997年1月1日に施行されたチェック・ザ・ボックス規定について触れておこう．この規定で，法人と他の組織との区分が租税法上判定しやすくなった（渡邉（2000）参照）．このことは親会社が連結納税の対象を例外的に国外に拡大する際の判定が容易になり，連結財務諸表と連結納税の対象範囲の相違がいっそう複雑化したことを示す．

第Ⅰ部　問題の構図

【表2-3】課税所得（控除前）と会計利益の乖離の内訳

(単位：百万ドル)

年度	会計利益 ①	課税所得 ②	乖離 ①－②	国外源泉所得	減価償却超過	ストック・オプション控除	その他
1986	278,949	174,343	104,606	11,837	42,829	—	49,940
1987	336,627	265,061	71,566	21,844	39,416	—	10,306
1988	429,160	363,695	65,465	15,948	35,983	—	13,534
1989	359,966	281,223	78,743	13,323	26,882	—	38,538
1990	283,561	244,449	39,112	21,993	14,537	—	2,582
1991	242,047	222,061	19,986	18,097	7,243	—	－5,354
1992	208,817	251,587	－42,770	15,733	3,014	14,086	－75,603
1993	334,174	298,370	35,804	28,363	2,783	14,918	－10,260
1994	450,678	338,856	111,822	22,098	8,089	9,861	71,774
1995	514,399	401,874	112,525	42,079	12,055	16,248	42,143
1996	607,969	434,264	173,706	41,165	15,583	28,983	87,975
1997	646,165	448,726	197,439	41,721	20,682	37,261	97,775
1998	641,978	393,851	248,126	27,216	23,546	63,348	134,015

注1)　会社：資産規模2億5,000万ドル超の法人．
　2)　1991年以前のストック・オプションは数値不明．
　3)　課税所得は繰越欠損金控除前．
資料）Desai（2002）Table 1, Figure 2 より算出．

　第二に，減価償却の差異である．減価償却における税制と会計の差異は，会計上の減価償却費と租税法上の減価償却費の差異から生じたものである．減価償却にかかわる租税優遇措置では，会計上の正規の減価償却費より早期の償却を認めるため，償却当初は租税法上の減価償却費が大きくなり，会計利益に比して課税所得が小さくなる．つまり，法人所得税を減少させる一要因となっている．

　とはいえ，金額的には減価償却超過は1986年の428億ドルから1998年の235億ドルへと減少傾向にある．それは，1986年税制改革で租税優遇措置が縮小し，租税法上の減価償却費が会計上の正規の減価償却費に近づいたためであ

---

10)　外国子会社での利益の留保を，実現ベースの所得税制を採用することから生じる課税繰り延べの問題としてとらえる場合，その対応策として実現ベースを維持した領土主義方式（territorial system）と発生ベースに切り替える完全合算方式（full inclusion system）が議論の対象となってくる．この点に関し，U. S. Congress, Joint Committee on Taxation（2008），増井（2008），浅妻（2009）等を参照．オバマ政権の企業税制改革案については，第6章の脚注66を参照．

る．加えて 1990 年代に増大した設備投資の比重が，従来の重厚長大産業からニューエコノミー産業にかかわる投資へとシフトしたことも影響している[11]．情報通信機器の耐用年数は租税法上も会計上も比較的短いことから，会計と租税とで減価償却費の差異は生じにくい．そのため，1990 年代に設備投資額が増加しても減価償却超過がそれほど発生しないのである．

　第三に，支払人件費の差異である．法人企業の行動を把握するには雇用政策にも着目する必要がある．雇用政策の特徴が反映するのは人件費である．1990 年代の人件費に関連する会計基準で特徴的なのは，ストック・オプション会計と年金以外の退職後給付（中心は医療であるので，以下，退職後医療給付とする），会計（FAS 106）である．

　まず，ストック・オプションとは，企業が被用者と役員に対して，将来の特定期間内に，特定の価格で，当該企業の株式を取得する権利を付与する制度である．雇用面からみれば，企業の支払報酬の一形態であり，株式報酬とも呼ばれる．表 2-3 の「ストック・オプション控除」は，ストック・オプション行使によって生じるものである．

　第 5 章で検討するように，法人所得税の算定時においては，権利行使価格と権利行使時の時価との差額を「ストック・オプション控除」として損金算入する一方で，会計上はこの差額を費用認識しない法人企業が大半であった．1990 年代後半の株価上昇に伴い権利行使も増大したこと等により，費用認識をせずに会計利益を計上しながら，法人所得税の課税ベースを減少させるストック・オプション控除が，1992 年の 140 億ドルから 1998 年の 633 億ドルに増加している．

　次に，1990 年に公表された退職後医療給付会計について確認してみよう．この基準は，雇用主が退職者に医療給付を将来提供する事象を，退職者への「繰延報酬」の支払いと捉え，「確定給付型」の退職後給付債務として計上させるものである．表 2-3 において，1992 年の会計利益が課税所得よりも小さい[12]．その理由は，1992 年の SEC 通達によって，多くの企業が退職後医療給付会計を早期適用したからである[13]．

11）吉弘（2006）を参照．
12）退職後医療給付費用は，差異内訳の「その他」の中に含まれている．

退職後医療給付は従来，会計上も租税法と同様に拠出時に費用計上（損金算入）するのみであった．しかし退職者の高齢化に伴い，将来増大する企業負担が無視できない状況になると，会計上は発生主義に基づいて，退職後の医療給付額を被用者の現役期間にわたって費用計上を行うことになった．
　多くの企業は早期適用した1992年に過年度の未認識の費用も含めて会計上一括して費用処理したが，租税法上は民間医療保険料の拠出時に損金算入を認めるため，発生段階の費用は損金算入されず加算される．つまり，退職後医療給付会計の導入という会計制度変更で，会計利益は少なく計上されるが，課税所得は影響を受けない．ここでは，このような会計制度変更の時期と，法定外福利費の増大や無保険者の増大に直面したクリントン政権が，医療保険コストが製造業の競争力を弱める結果となっているとして，国民皆保険の導入を企図した時期とが符合している点を指摘するにとどめ，詳細は第3章に譲る．
　第四に，タックスシェルターの利用である．表2-3の「その他」は，1986年の499億ドルから1998年には1,340億ドルへと2.7倍に増加している[14]．つまり，タックスシェルターの利用が会計利益を計上しながら法人所得税を減少させる一要因になっている．

(3) 課税所得と会計利益の乖離以外の要因

　1990年代の法人所得税の減少要因とその動向について，課税所得と会計利益の乖離以外の手がかりを，3点ほど指摘しておこう．
　第一に，繰越欠損金の動向である．図2-3にみるように1990年代後半の好況期に向かうにつれて，繰越欠損金の利用額が増大している．さらに利用率をみると，不況期に増加して好況期に減少する傾向がある．ところが1998年から2000年は，好況期にもかかわらず利用率も利用額も増加している．
　租税法上，繰越欠損金は1996年までは繰戻が過去3年間，繰越は将来15年間認められていたが，1997年改正により1997年8月6日以降開始年度から繰

---

13) 強制適用となるのは1992年12月15日以降開始事業年度の企業であった．
14) その他の要因としてデリバティブ収益の益金不算入，退職給付費用・退職後医療給付費用・貸倒償却―有価証券評価損の損金不算入等が考えられる．エンロン社のタックスシェルターの具体例については本庄資編（2004）を参照．関口（2006a）は，エンロン社の財務諸表を用いて法人所得税額や会計利益等への金額的影響を意識した分析を行っている．

第2章　アメリカ連邦税制の水平的租税関係

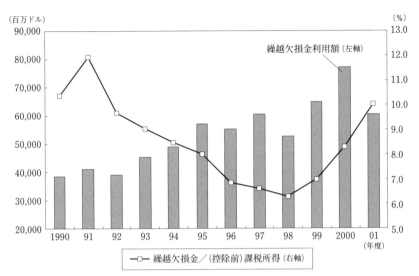

【図2-3】繰越欠損金利用の推移

資料）U. S. Department of the Treasury, *Statistics of Income: Corporation Income Tax Returns*, 各年度版より作成.

戻は過去3年から2年へと1年短縮され，繰越は将来15年から20年へと5年間延長された．

ここでは好況に伴う課税所得の増加以上に繰越欠損金が使用されたこと，そしてそれが1990年代後半の法人所得税収減少の一因となっていたことを指摘しておこう．

第二に，法人代替ミニマムタックス（Alternative Minimum Tax，以下，AMTとする）の動向である．図2-4にみるように，AMT税収は減少している．そもそもAMTは，課税所得が会計利益よりも少ない場合に追加的に法人税を納付する仕組みで，1986年税制改革において「巨額の利益を報告して株主に配当をしているが，政府にほとんど税を納付していない法人は，不公平である」との批判に対する解決策として導入されたものである．

1990年代後半は会計利益が課税所得よりも大きくなっていたため，その政策意図を体現するのであれば，AMT税収は増加するはずである．しかし，AMT制度が機能不全に陥り，法人所得税収の増加に寄与しなかったのである[15]．

第Ⅰ部　問題の構図

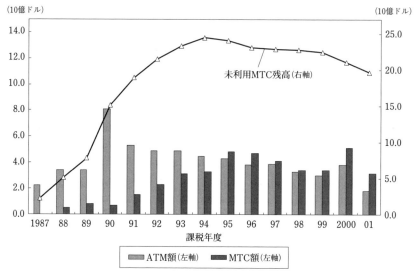

【図2-4】AMT 納税額および控除繰越（MTC）の推移

資料）U. S. Department of the Treasury, *Statistics of Income: Corporation Income Tax Returns*, 各年度版より作成.

　第三に，外国税額控除の動向である．外国に子会社等を有するアメリカの親会社が，本国アメリカで外国税額控除として控除する額は，原則として外国子会社等によって外国政府の税収として納付されている．そのため，第6章に見るように，アメリカ政府の国際租税政策では，税収確保や国内企業と海外進出企業との公平性の観点から，アメリカ親会社による外国税額控除の金額に注目してきた[16]．

　図2-5は1980年代および1990年代の法人所得税額（税額控除前）に対する外国税額控除の比率と外国税額控除額の推移である．1986年税制改革の影響を受けて減少しているが，平均して20％前後の割合で推移し，1990年代はやや不規則な動きを見せている．控除額をみると1990年代前半の平均292億ドルから1990年代後半の平均413億ドルへと1.4倍に増大している．外国子会

---

[15]　AMT の機能不全については関口（2005）を参照．なおミニマム税額控除（MTC）は過年度支払った AMT で，この金額は通常法人所得税が将来増加したときに通常法人所得税額から控除できるものである．

[16]　1980年代後半以降，資本流入が活発化すると在米外国企業に対する課税強化もなされている．中村（1995）を参照．

第 2 章 アメリカ連邦税制の水平的租税関係

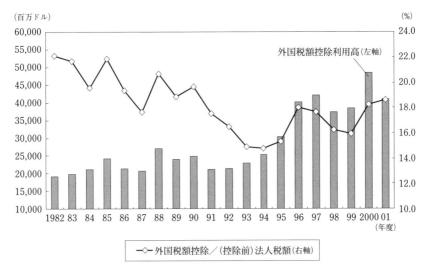

【図 2-5】外国税額控除の推移（純所得申告法人）

資料) U. S. Department of the Treasury, *Statistics of Income: Corporation Income Tax Returns*, 各年度版より作成.

社利益の留保等によって外国税額控除額が抑制される側面もある一方で，このような外国税額控除額の増加からは，アメリカ企業のグローバル化等に伴って国外所得が増加し，結果としてアメリカ国内の法人税額が減少した側面が確認できる．

(4) 小　活：法人所得税収の特徴

以上のように，1990年代後半のアメリカ法人所得税は，課税所得と会計利益の乖離，繰越欠損金の利用，ミニマムタックスの機能不全，外国税額控除額の増加等によってその増加率を減少させていた．特に特徴的なのは，課税所得と会計利益との乖離として指摘したタックスシェルター利用の増加，国外源泉所得の留保額の増加，加速度減価償却費の増加，ストック・オプション行使に伴う給与所得の損金算入額の増加等であった．これらが，経済成長率の増加にもかかわらず，法人所得税の税収増加率が低かった主要因として指摘できる．

とはいえ，連邦税制を分析する観点からみれば，法人所得税に着目するのみでは十分ではなく，個人所得税や社会保障税にも着目する必要がある．しかもこれらの税収は，企業部門から家計部門へと企業活動の成果が分配されるルー

69

トを通じて，相互に関連している．この点に関して，従来の税制研究ではこれらの関連が意識されてきたとは言い難い．そこで次節以降では，企業活動の成果分配ルートを意識しつつ個人所得税と社会保障税の検討を行ってみたい．

第5節　個人所得税の動向[17]

(1) 課税ベースの推移

個人所得税と企業成果の分配との関連は，主として2つの分配局面により生じる．第一の局面は，労働市場を通じた人件費の分配であり，第二の局面は，金融・資本市場を通じた企業所得（支払配当・留保利益）やキャピタル・ゲインの分配である．

表2-4は連邦個人所得税の課税ベースと税収の推移を示している．個人所得税収（勤労所得税額控除（Earned Income Tax Credit，以下，EITCとする）前）は，1990年の4,490億ドルから2000年の9,820億ドルへと約2倍の増加である．この税収増には，税率引き上げのみならず，課税ベース自体の拡大効果もある．

税収増への寄与度が最も高いのは，主として労働市場での分配所得である「給料賃金」である[18]．「給料賃金」は総所得の70%前後を占め，1990年から2000年にかけて25,990億ドルから44,560億ドルへと，71%も増加している．

それ以外にもいくつか目立つ項目が存在している．それらを列挙すれば，「キャピタル・ゲイン（443%増，6,150億ドル）」，「IRA分配額（464%増，990億ドル）」，「社会保障年金給付（357%増，900億ドル）」，「S法人・パートナーシップ（218%増，2,130億ドル）」，「年金所得（105%増，3,260億ドル）」である．

「キャピタル・ゲイン」や「S法人・パートナーシップ」の項目は金融・資

---

17) クリントン政権期における個人所得税の主たる改正は，①一期目の政権発足当初には，最高税率引き上げ（31%→39.4%）や社会保障年金給付の課税範囲の引き上げといった形で高所得者に対して課税強化を行ったが，二期目の分割政府の時には高所得者に有利と言われる長期キャピタル・ゲイン税率の引き下げ（28%→20%）を行った点，②低所得者に対しては，EITCを一貫して拡充した点等に特色がある．

18) 「主として」としているのは，ストック・オプションのように，資本市場から資金を受け取る場合があるからである．この点については第5章を参照．

本市場からの分配であり，「IRA 分配額」や「社会保障年金給付」の項目は，労働市場で分配された資金が金融・資本市場で年金資金として運用され，その運用益とともに給付された所得である．後者の年金資金に関連する「社会保障年金給付」については本章第6節で，「年金所得」と「IRA 分配額」については第4章で触れることとし，ここではその他の項目について触れることにしたい．

(2) 所得層別分布

所得層別の分布を確認してみよう．ここで着目するのは，労働市場を通じた分配の代表例である「給料賃金」と，金融・資本市場を通じた分配の代表例である「キャピタル・ゲイン」である．

まず，主として労働市場を通じた分配である給料賃金の増大（支払人件費）について確認してみよう．ここでは，表2-5を用いて，1990年代後半の好景気に伴う給料賃金の増大が，給料賃金の分布に与えた影響を確認してみたい．

給料賃金の総額は，1993年の28,920億ドルから2000年の44,560億ドルへと約1.5倍の増加である．所得層別に給料賃金全体に占める比率を算出すると，全般的に1990年代を通じて，給料賃金の分布が所得の高いほうへシフトしていることがわかる．その要因の一つが，第5章で確認するストック・オプション制度である．

調整総所得が100,000ドルを超える高所得層では，給料賃金全体に占める比率が1993年の18.5％から2000年の34.3％へと15.8ポイントも増加している．これに対して，30,000ドル未満の低所得層は1993年の25.6％から2000年の16.9％へと8.7ポイントの減少である．

次に，一般的なファイナンス理論において，企業の留保利益が金融資本市場を通じて株価上昇という形で家計に分配される所得とされる，キャピタル・ゲインについて確認してみよう．表2-6は，キャピタル・ゲインの金額の推移と所得層別分布を示している．

キャピタル・ゲイン（ネット）の総額は，1993年の1,416億ドルから2000年の6,147億ドルへと約4.3倍も増加している．所得層別にキャピタル・ゲイン全体に占める比率を算出すると，キャピタル・ゲインが高額所得層に偏在して

【表 2-4】 連邦個人所得税の課税ベース等の推移

		1990	1991	1992	1993	1994
	総所得	3,439	3,499	3,665	3,760	3,947
連邦調整総所得（AGI）	給料賃金	2,599	2,674	2,806	2,892	3,027
	利子所得	227	209	162	131	126
	配当	80	77	78	80	82
	事業所得	141	142	154	156	166
	キャピタル・ゲイン（ロス控除）	113	102	116	142	140
	IRA分配額	18	21	26	27	33
	年金所得	159	177	186	194	205
	賃貸料・ロイアリティー	4	5	10	18	21
	S法人・パートナーシップ	67	63	88	93	114
	農業所得	0	-3	-3	-4	-7
	失業手当	15	23	31	28	20
	社会保障給付	20	21	23	25	39
	その他	-5	-8	-17	-23	-23
	連邦所得調整控除	34	35	35	37	39
		3,405	3,465	3,629	3,723	3,908
控除	項目別控除 ⎫ 選択 概算額控除 ⎭	458 331	468 351	482 367	490 382	494 397
	人的控除	466	491	523	541	563
連邦課税所得①		2,264	2,284	2,396	2,454	2,598
個人AMT		1	1	1	2	2
税額控除（除く：EITC）		-5	-5	-6	-6	-6
連邦個人所得税（EITC控除前）		449	451	478	505	538
平均実効税率		19.8%	19.7%	20.0%	20.6%	20.7%
勤労所得税額控除（EITC）		-8	-11	-13	-16	-21

資料）U.S. Department of the Treasury, *Statistics of Income: Individual Income Tax Returns*, 各年度

(単位：10億ドル)

1995	1996	1997	1998	1999	2000	2001	増減率 (1990 − 2000)
4,230	4,579	5,017	5,468	5,912	6,424	6,231	86.8%
3,201	3,377	3,614	3,880	4,132	4,456	4,565	71.4%
155	166	172	178	176	199	198	−12.2%
95	104	120	118	132	147	120	83.3%
169	177	187	202	208	214	217	51.2%
167	246	356	446	531	615	325	443.3%
37	46	55	74	87	99	94	463.8%
221	239	260	281	304	326	339	104.5%
23	28	30	32	36	39	43	879.3%
126	147	168	187	211	213	225	217.8%
−8	−7	−7	−8	−6	−9	−11	1,982.7%
19	19	17	17	18	17	27	9.4%
46	53	62	69	75	90	94	357.0%
−33	−30	−28	−22	−19	−14	−23	187.7%
41	43	47	52	57	59	61	72.5%
4,189	4,536	4,970	5,416	5,855	6,365	6,171	86.9%
527	573	621	676	741	822	885	79.4%
414	426	442	459	464	471	482	42.0%
585	599	628	650	669	690	104	48.1%
2,814	3,090	3,429	3,781	4,136	4,544	4,269	100.7%
2	3	4	5	7	10	7	1,056.3%
−7	−8	−8	−28	−34	−36	−44	585.7%
592	659	731	786	873	982	889	118.9%
21.0%	21.3%	21.3%	20.8%	21.1%	21.6%	20.8%	
−26	−29	−30	−32	−32	−32	−33	444.3%

版より作成.

【表 2 - 5】所得層別の給料賃金の分布

連邦調整総所得（ドル）	1993	1994	1995	1996
調整総所得なし	0.2%	0.2%	0.2%	0.2%
1～5,000 ドル未満	1.1%	1.1%	1.0%	1.0%
5,000～10,000 ドル未満	2.8%	2.6%	2.4%	2.2%
10,000～15,000 ドル未満	4.2%	4.1%	3.9%	3.6%
15,000～20,000 ドル未満	5.3%	5.0%	4.7%	4.6%
20,000～25,000 ドル未満	5.8%	5.8%	5.7%	5.2%
25,000～30,000 ドル未満	6.2%	6.2%	5.5%	5.4%
30,000～40,000 ドル未満	12.5%	11.6%	11.4%	10.7%
40,000～50,000 ドル未満	11.7%	11.2%	10.6%	10.5%
50,000～75,000 ドル未満	21.6%	22.2%	21.4%	21.2%
75,000～100,000 ドル未満	10.1%	11.0%	11.6%	11.7%
100,000～200,000 ドル未満	10.1%	10.5%	12.0%	12.8%
200,000～500,000 ドル未満	4.7%	5.0%	5.5%	6.1%
500,000～1,000,000 ドル未満	1.7%	1.6%	1.9%	2.1%
1,000,000 ドル以上	2.0%	1.7%	2.2%	2.7%
合計割合（％）	100.0%	100.0%	100.0%	100.0%
給料賃金（10 億ドル）	2,892	3,027	3,201	3,377

資料）U. S. Department of the Treasury, *Statistics of Income: Individual Income Tax Returns*, 各年

【表 2 - 6】所得層別のキャピタル・ゲイン（純）の分布：全申告者

連邦調整総所得（ドル）	1993	1994	1995	1996
調整総所得なし	4.0%	3.8%	3.2%	2.1%
1～5,000 ドル未満	0.2%	0.1%	0.2%	0.2%
5,000～10,000 ドル未満	0.6%	0.3%	0.4%	0.4%
10,000～15,000 ドル未満	1.1%	0.7%	0.6%	0.5%
15,000～20,000 ドル未満	1.3%	1.2%	0.8%	0.8%
20,000～25,000 ドル未満	1.3%	0.9%	1.0%	0.9%
25,000～30,000 ドル未満	1.4%	1.1%	0.8%	0.7%
30,000～40,000 ドル未満	2.8%	2.1%	1.9%	1.4%
40,000～50,000 ドル未満	3.3%	2.5%	2.4%	1.9%
50,000～75,000 ドル未満	7.3%	6.7%	6.3%	5.3%
75,000～100,000 ドル未満	6.0%	5.9%	5.6%	5.4%
100,000～200,000 ドル未満	14.2%	13.4%	13.5%	11.3%
200,000～500,000 ドル未満	14.2%	15.0%	14.9%	14.4%
500,000～1,000,000 ドル未満	9.5%	9.9%	9.6%	9.7%
1,000,000 ドル以上	32.9%	36.4%	38.8%	45.0%
合計割合（％）	100.0%	100.0%	100.0%	100.0%
キャピタル・ゲイン（10 億ドル）	141.6	139.5	166.8	246.0

資料）U. S. Department of the Treasury, *Statistics of Income: Individual Income Tax Returns*, 各年度版

1997	1998	1999	2000	2001
0.2%	0.2%	0.2%	0.2%	0.3%
0.9%	0.8%	0.7%	0.7%	0.7%
2.1%	1.9%	1.8%	1.6%	1.5%
3.4%	3.1%	2.8%	2.5%	2.4%
4.2%	4.1%	3.8%	3.5%	3.3%
5.0%	4.6%	4.3%	4.1%	3.9%
5.0%	4.8%	4.6%	4.3%	4.2%
10.3%	9.6%	9.1%	8.6%	8.7%
10.0%	9.5%	8.7%	8.5%	8.5%
20.7%	20.1%	19.9%	18.6%	18.9%
12.1%	12.6%	12.7%	13.0%	13.5%
13.8%	15.2%	16.1%	17.3%	18.7%
6.5%	6.9%	7.5%	8.0%	8.1%
2.4%	2.6%	2.7%	2.9%	2.8%
3.4%	4.1%	5.0%	6.1%	4.6%
100.0%	100.0%	100.0%	100.0%	100.1%
3,614	3,880	4,132	4,456	4,565

度版より作成.

1997	1998	1999	2000	2001
1.6%	1.1%	1.0%	1.1%	1.7%
0.4%	0.3%	0.2%	0.1%	0.0%
0.5%	0.4%	0.3%	0.3%	0.1%
0.6%	0.5%	0.4%	0.3%	0.2%
0.7%	0.6%	0.5%	0.4%	0.4%
0.8%	0.7%	0.5%	0.4%	0.3%
0.7%	0.6%	0.5%	0.4%	0.3%
1.5%	1.5%	1.2%	0.9%	0.7%
1.9%	1.5%	1.3%	1.1%	0.7%
5.4%	4.7%	3.8%	3.3%	2.8%
4.9%	4.5%	4.3%	3.3%	2.7%
12.4%	11.2%	11.6%	10.1%	10.3%
13.8%	13.1%	14.1%	12.8%	13.4%
9.0%	9.4%	9.3%	8.9%	9.8%
45.9%	49.9%	51.1%	56.5%	56.7%
100.0%	100.0%	100.0%	100.0%	100.0%
356.1	446.1	530.8	614.7	325.2

より作成.

いること，1990年代後半にその傾向に拍車がかかっていることが見て取れる．

調整総所得が100,000ドルを超える高所得層では，キャピタル・ゲインに占める比率が1993年の70.8％から2000年の88.3％へと17.5ポイントの増加である．これに対して，30,000ドル未満の低所得層は1993年の9.9％から2000年の3.0％へと6.9ポイントの減少である．一般的に，キャピタル・ゲインへの税率が高いと，資産の移転延期等により利益の実現を凍結させる効果（いわゆるロック・イン効果）があるといわれる．この点，1990年代後半は法人企業の利益が増加し，株価も増加していた．U. S. Congressional Budget Office (2001) は，そのような状況で行われた1997年の長期キャピタル・ゲイン税率の引き下げが，ロック・イン効果を解除したことを指摘している[19]．

(3) 法人税の課税ベースの侵食

今度は視点を変えて，S法人所得について確認してみよう．S法人は連邦租税法上の法人に区分されるが，S法人の所得は，配当・留保にかかわらず出資者（株主）に帰属し，出資者（株主）はアメリカ人又はアメリカ居住者に限定されている．S法人制度は1958年に創設され，1982年の大改正を受けて，基本的な骨格ができ上がった[20]．配当・留保にかかわらずS法人の事業所得が出資者の所得に帰属することを反映して，課税上も法人所得税の対象ではなく，個人所得税の対象となる．

ここでS法人所得をあえて取り上げるのは，1990年代の個人所得税の税収増への寄与度が高いだけでなく，1990年代のS法人所得の増加が，法人所得税の対象となるC法人の課税所得の減少と，表裏一体の関係にあるからである．

図2-6はC法人と非C法人（個人所得税の対象となる法人．その中心はS法人）の課税所得（繰越欠損金控除前）を合算した「全活動法人の課税所得」と，全活動法人の課税所得から非C法人の課税所得（繰越欠損金控除前）を除いた「C法人の課税所得」を示している．

一見して，2つの課税所得の差異が拡大していること，特にC法人の課税所

---

19) U. S. Congressional Budget Office (2001) p. 5, 渋谷 (2005) 第Ⅲ巻 250-270 頁も参照．
20) 水野 (1988) 参照．

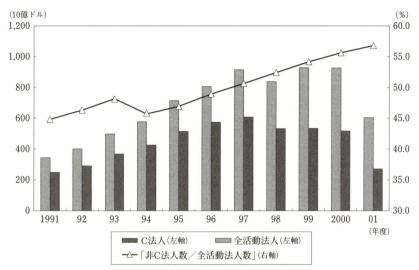

【図2-6】全活動法人，C法人，非C法人の課税所得（控除前）と企業数の推移

資料）U. S. Department of the Treasury, *Statistics of Income: Corporation Income Tax Returns*, 各年度版より作成.

得が1997年をピークに減少していることがわかる．別の視点からいえば，この2つの棒グラフの差がS法人を中心とした非C法人の課税所得である．全活動法人数に占める非C法人数の占める割合も，2000年には55％を超え，1990年に比して10ポイント以上も増加している．

このことは，1990年代のS法人の所得増加が，C法人の所得減少と並行して生じていたことを意味している．1990年代以降のアメリカの法人所得税を分析する際には，S法人を中心とする非C法人の数が増加していること[21]，それに伴って非C法人の課税所得も増加していること，そして非C法人の税収は法人所得税ではなく，個人所得税の増加に寄与しているという事実に留意す

---

[21] S法人のメリットは，一方で法人のメリットである「有限責任性」とパートナーシップのメリットである「Pass-through課税」という両者を有する点にある．その一方で，法人としての「自由度」やパートナーシップとしての「柔軟性」というメリットを犠牲にしているといわれていた．1996年税制改正は，S法人の「自由度」の低さを解消するために行われた．主として法人の資金調達を容易にする観点と，親子法人組織を用いた法人としての事業の発展を容易にするという観点からの改正であった（佐藤（1998）46頁）．改正の背景には，1990年代に州レベルで認められるようになった有限責任会社（Limited Liability Companies，以下，LLCとする）の増加があり，連邦税制としてそれに対処するためでもあった．

【表2-7】所得層別のS法人所得（ネット．ただし，パートナーシップ所得

連邦調整総所得（ドル）	1993	1994	1995	1996
調整総所得なし	-15.6%	-12.6%	-11.3%	-9.4%
1～5,000ドル未満	-0.2%	-0.3%	-0.3%	-0.4%
5,000～10,000ドル未満	-0.3%	-0.2%	0.0%	0.0%
10,000～15,000ドル未満	0.1%	0.2%	0.2%	0.1%
15,000～20,000ドル未満	0.0%	0.3%	0.3%	0.0%
20,000～25,000ドル未満	0.4%	0.6%	0.3%	0.4%
25,000～30,000ドル未満	0.8%	0.4%	0.6%	0.3%
30,000～40,000ドル未満	1.3%	1.9%	1.4%	1.0%
40,000～50,000ドル未満	1.9%	1.6%	1.5%	1.5%
50,000～75,000ドル未満	5.9%	4.3%	4.2%	4.1%
75,000～100,000ドル未満	5.7%	5.0%	5.3%	3.6%
100,000～200,000ドル未満	20.8%	18.0%	17.1%	16.8%
200,000～500,000ドル未満	26.3%	26.7%	25.6%	25.0%
500,000～1,000,000ドル未満	15.4%	15.4%	16.2%	16.2%
1,000,000ドル以上	37.6%	38.8%	38.7%	40.8%
合計割合（％）	100.0%	100.0%	100.0%	100.0%
S法人所得（10億ドル）	92.9	114.4	125.8	146.8

資料）U. S. Department of the Treasury, *Statistics of Income: Individual Income Tax Returns*, 各年

べきである[22]．表2-7では，S法人所得（ただし，パートナーシップ所得との合算値）の金額の推移と所得層別分布を確認してみよう．

S法人所得（ネット．パートナーシップ所得含む．）の総額は，1993年の929億ドルから2000年の2,129億ドルへと約2.3倍も増加している．所得層別にS法人所得全体に占める比率を算出すると，そのほとんどが，高所得層に分布していることがわかる[23]．

そもそもS法人の税制上の有利さは，S法人の所得が配当・留保にかかわらず，出資者に帰属し，個人所得税として課税される点にある．例えば，S法人の損益は一定の制限のもとで他の所得と合算できるので，損益通算による租税負担軽減の余地が広がる．したがって，高所得層に分布しているS法人所得が，個人所得税の税収に直結しているわけではない点にも留意する必要がある．

---

22) U. S. Department of the Treasury (2007), Economic Recovery Advisory Board (2010), も同様の指摘をしている．

23) 調整総所得が100,000ドルを超える高所得層では，S法人所得全体に占める比率が1993年の100.1％から2000年の103.3％へと3.2ポイントの増加である．これに対して，30,000ドル未満の低所得層は1993年の-14.8％から2000年の-11.5％へと3.3ポイントの増加である．

第2章　アメリカ連邦税制の水平的租税関係

含む）の分布：全申告者

1997	1998	1999	2000	2001
−7.9%	−8.8%	−8.2%	−11.4%	−12.9%
−0.2%	−0.1%	−0.1%	−0.2%	−0.2%
0.0%	−0.2%	−0.1%	−0.1%	−0.1%
0.1%	0.2%	0.0%	−0.1%	0.0%
0.1%	0.3%	0.1%	−0.1%	0.1%
0.3%	0.3%	0.2%	0.1%	0.2%
0.6%	0.5%	0.4%	0.3%	0.3%
0.8%	0.8%	0.7%	0.4%	0.5%
1.0%	0.9%	1.2%	0.8%	0.9%
3.9%	3.4%	3.2%	3.5%	3.7%
4.3%	3.6%	3.7%	3.4%	3.7%
14.7%	14.7%	14.2%	14.3%	14.0%
23.0%	24.6%	24.0%	25.4%	26.0%
16.3%	16.8%	16.9%	17.8%	19.4%
43.0%	43.1%	43.9%	45.8%	44.5%
100.0%	100.0%	100.0%	100.0%	100.0%
168.3	187.4	211.1	212.9	225.1

度版より作成.

(4) 小　活：個人所得税収の特徴

　最後に表2-8を用いて，所得層別の租税負担（ただし税額控除前）の推移について確認しておこう．

　申告者全体の平均実効税率の推移を確認すると，1993年の20.7%から2000年の22.4%と，1990年代を通じて上昇傾向にある．これまで焦点としてきた「給料賃金」「キャピタル・ゲイン」「S法人・パートナーシップ所得」等は，1990年代に増加し，その増加は特に高額所得層に集中していた．このことは，財政再建との関連でも重要である．1990年代に増加した所得は，高所得層に多く分布したため，個人所得税の機能強化を図るべく累進性を強化した1990年代前半の政策が，1990年代後半に有効に機能し，財政再建に寄与したのである．U. S. Congressional Budget Office (2001) によれば，GDP成長率を超える個人所得税の増加率のうち，40%が累進税率に起因する実効税率の上昇であり，30%が実現キャピタル・ゲインによるものであったとしている[24]．まさにそれらが経済成長率以上に個人所得税の税収増加率が高かった要因でもあ

【表 2-8】連邦所得税の平均実効税率の推移

連邦調整総所得（ドル）	1993	1994	1995	1996
1～5,000ドル未満	17.3%	16.8%	17.1%	17.0%
5,000～10,000ドル未満	15.5%	15.4%	15.2%	15.3%
10,000～15,000ドル未満	15.1%	15.1%	15.5%	15.1%
15,000～20,000ドル未満	15.0%	15.1%	15.0%	15.0%
20,000～25,000ドル未満	15.0%	15.1%	15.0%	15.0%
25,000～30,000ドル未満	15.1%	15.1%	15.0%	15.0%
30,000～40,000ドル未満	16.0%	15.9%	15.8%	15.7%
40,000～50,000ドル未満	16.3%	16.4%	16.3%	16.4%
50,000～75,000ドル未満	17.8%	17.6%	17.4%	17.4%
75,000～100,000ドル未満	20.7%	20.6%	20.3%	20.2%
100,000～200,000ドル未満	24.1%	24.0%	23.7%	23.6%
200,000～500,000ドル未満	30.1%	30.1%	30.0%	29.6%
500,000～1,000,000ドル未満	34.3%	34.3%	34.3%	34.0%
1,000,000ドル以上	35.6%	35.5%	35.5%	34.7%
合計（全申告者）	20.7%	20.8%	21.2%	21.6%
所得税収（控除前）（10億ドル）	509	542	596	667

注）平均実効税率＝個人所得税（税額控除前）／課税所得
資料）U. S. Department of the Treasury, *Statistics of Income: Individual Income Tax Returns*, 各年度版

る[25]．

第6節　社会保障税の動向

(1) 社会保障税の概要

連邦個人所得税に次ぐ第二の地位を占めている社会保障税と，企業成果の分配との関連は，主として労働市場での人件費による分配を通じたものとなって

---

24) U. S. Congressional Budget Office (2001).
25) ただし，高所得層（調整総所得100,000ドル以上）の租税負担に着目すると，1997年以降はそれ以前と比べて負担率が減少し，特に最高所得層である1,000,000ドル超では1996年の34.7％から1997年の32.3％へと約2.4ポイント減少している．このような負担率の減少は，高所得層に集中していたS法人所得やキャピタル・ゲインに対する租税制度上の取り扱いが影響している．S法人所得は一定の制限のもとで他の所得との損益通算が可能であり，キャピタル・ゲインは1997年に長期キャピタル・ゲインの税率が引き下げられているからである．低中所得層で相対的に負担が増加しているわけではない．表2-4は税額控除前（勤労所得税額控除（EITC）も含む）の数値のため，明確ではないが，勤労所得税額控除（EITC）の引き上げ等により，社会保障税の負担を含めた低中所得層の負担を軽減していたからである．

第2章　アメリカ連邦税制の水平的租税関係

1997	1998	1999	2000	2001
16.5%	15.1%	14.8%	14.8%	12.6%
15.2%	15.0%	15.0%	15.1%	12.0%
15.0%	14.9%	14.9%	14.9%	14.4%
15.0%	14.9%	14.9%	14.9%	14.9%
15.0%	14.9%	14.9%	14.9%	14.9%
15.0%	14.9%	14.9%	14.9%	14.9%
15.6%	15.4%	15.4%	15.3%	15.2%
16.3%	16.3%	16.3%	16.3%	16.2%
17.2%	17.0%	17.0%	17.0%	16.9%
19.9%	19.5%	19.5%	19.4%	19.0%
23.1%	22.7%	22.6%	22.7%	22.3%
28.7%	28.1%	28.0%	28.3%	28.3%
32.8%	31.8%	31.9%	32.2%	32.7%
32.3%	30.6%	31.1%	31.2%	32.7%
21.6%	21.5%	21.9%	22.4%	21.9%
739	814	907	1,018	934

より作成.

　いる．社会保障税は民間保険料と同様，企業段階と家計段階で生じる．具体的には，企業段階で人件費として拠出する社会保障税（法定福利費）と民間保険料（法定外福利費），家計段階で拠出する社会保障税と民間保険料という形である．

　社会保障税（雇用主拠出分と被用者拠出分の両者）が主として給料賃金を課税ベースとして，それと関連する形で企業段階と家計段階に影響を与える．具体的には企業段階では，給与所得の支払いに付随して雇用主拠出の社会保障税が法定福利費として損金算入されるので，法人所得税を減少させる．家計段階では，雇用主が拠出した社会保障税は，制度上，被用者への給与とはみなされず[26]，またアメリカでは被用者拠出の社会保障税は個人所得税の控除項目にしていないため，拠出時に個人所得税に影響を与えない．社会保障税について，もう少し詳細に説明してみよう．

　社会保障税（Social Security Payroll Tax）は主として給料賃金を課税ベースと

---
[26] 個人所得税と社会保障税の租税支出となる．なお，理論上は，雇用主拠出の社会保障税が被用者に転嫁・帰着するとして議論を進めることが多い．

し，雇用主と被用者から拠出される．そしてその税収は，制度上，老齢・遺族年金保険（Old Age and Survivors Insurance，以下，OASI とする）信託基金，障害年金保険（Disability Insurance，以下，DI とする）信託基金，メディケア入院保険（Medicare Part A Hospital Insurance，以下，HI とする）信託基金という3つの基金の財源になっている．

第一に，前二者の老齢者・遺族年金（OASI）信託基金と障害年金（DI）信託基金の財源である社会保障税は，社会保障年金税（Social Security Tax）と呼ばれ[27]，社会保障年金給付（老齢・遺族・障害年金保険（OASDI）の給付金）として支出される．課税ベースは給料賃金又は個人事業所得であり，人的控除・概算控除・実額控除なしに課税される．また，課税上限が存在し，その額は，平均賃金上昇率に応じて毎年改訂される[28]．1990 年代の税率は 12.4％の比例税率で，雇用者と被用者は半分ずつ拠出していた[29]．

社会保障年金（OASDI）の財政方式は原則的に賦課方式であり，民間年金保険の財政方式である積立方式とは異なる．つまり，現役世代は社会保障税を拠出することで将来の退職後の受給権を獲得し，老齢世代は現在の現役世代の拠出財源で社会保障年金給付を受けている．

第二に，後者のメディケア入院保険（HI）信託基金の財源である社会保障税は，メディケア税（Medicare Tax）と呼ばれ[30]，老齢者の入院保険の給付金として支出される．メディケア税は，社会保障年金税と同様，課税ベースは給料賃金又は個人事業所得であり，人的控除・概算控除・実額控除なしに課税される．また，1993 年の税制改正までは，課税上限（135,000 ドル）を設けていたが，クリントン政権はそれを撤廃し，高所得層への課税を強化した．1990 年代の税率は 2.9％の比例税率で，雇用者と被用者は半分ずつ拠出していた[31]．

メディケアでは，社会保障年金の受給者に対して基礎的な医療サービスを保

---

27) 個人事業主から徴収する社会保障年金税は，個人事業主から徴収するメディケア税とともに自営業者税（self-employment tax）と呼ばれている．
28) 高所得層は拠出を減額されるが，社会保障年金給付も減額され所得再分配的な給付構造にしている．
29) 個人事業主の税率は 12.4％．ただし，個人所得税の算定時には，自営業者税（社会保障年金分）の拠出額の半額について，所得控除を認めている．
30) 個人事業主から徴収するメディケア税は，個人事業主から徴収する社会保障年金税とともに自営業者税（self-employment tax）と呼ばれている．

【表2-9】 課税ベースの調整：個人所得税と社会保障税（1999年）

(単位：10億ドル)

	社会保障年金 （OASDI）	メディケア入院保険 （HI）
個人所得税における給料賃金（IRS租税統計）	4,132	4,132
（−）控除項目	−223	−88
州・地方公務員の免除賃金（exempt wages）	−151	−63
連邦公務員の免除賃金	−47	0
鉄道労働者の免除賃金	−8	−8
宗教機関被用者の免除賃金	−4	−4
退職年齢未満の個人障害者年金	−3	−3
その他被用者への免除支払	−10	−10
（＋）加算項目	109	113
繰延報酬拠出	109	113
社会保障税における給料賃金（CBO調整後）：①	4,019	4,157
（参考）社会保障年金庁（SSA）の把握する給料賃金：②	4,169	4,315
差異：①−②	−150	−158

資料）U. S. Congressional Budget Office（2005）Table 2 より作成．

証しており，それも現役世代が納付する社会保障税（メディケア税）によってまかなわれている．つまり，現役世代は，メディケア税を拠出することで将来の退職後の受給権を確保し，社会保障年金受給者は，現在の現役世代の拠出財源でメディケア給付を受けている．言いかえれば，賦課方式の社会保障年金制度の中で，医療に関わる部分を別立てしたシステムとも言うことができる[32]．

以上のように，社会保障税（社会保障年金税とメディケア税）は，主として給料賃金を課税ベースとしていると言える．しかし，内国歳入庁（IRS）の租税統計で個人所得の課税対象となっている給料賃金と，本節で取り扱う社会保障税（社会保障年金税とメディケア税）で課税対象とされる給料賃金の額は，同額ではない．表2-9にあるように，その要因の一つが，分立している制度に加入していることによる減算項目であり，もう一つが，繰延報酬プランへの拠出による加算項目である．

---

[31] 個人事業主の税率は2.9％．ただし，個人所得税の算定時には，自営業者税（メディケア部分）の拠出額の半額について，個人所得税で所得控除を認めている．
[32] 渋谷（2005）第Ⅲ巻283頁．

【表2-10】社会保障信託基金とメディケア入院保険信託基金の合算 (対GDP比)

		1990	1991	1992	1993
期首残高		4.33	5.47	6.34	6.91
収　入		6.90	7.06	6.99	6.89
	社会保障税	6.42	6.40	6.29	6.17
	個人所得税（社会保障年金給付課税）	0.09	0.10	0.10	0.09
	運用利息（受取利息）	0.45	0.53	0.57	0.61
	その他	-0.05	0.03	0.03	0.02
支　出		5.58	5.85	6.04	6.12
	給　付	5.48	5.73	5.93	6.01
	行政費等	0.11	0.12	0.11	0.11
当期純増加		1.32	1.21	0.95	0.77
期末残高		5.65	6.68	7.30	7.68
	期末残高（百万ドル）	324,209	395,949	455,496	506,103

注）社会保障年金の給付時課税による個人所得税収は，社会保障信託基金に繰り入れていたが，1993年税制改正時に
資料）U. S. Social Security Administration (2005) を加工.

　例えば，社会保障年金について確認してみると，1999年における個人所得税における給料賃金の金額は表2-4の4兆1,320億ドルに一致している．しかし，社会保障年金以外の年金制度に加入している被用者の給料賃金2,230億ドルが，社会保障年金税の課税ベースから控除されている．また，主として企業（雇用主）が被用者に提供する確定拠出型年金保険（以下，401 (k) とする），主として非営利団体や公立学校等が被用者に提供する確定拠出型年金保険（以下，403 (b) とする），そして連邦公務員の定期積立預金（Thrift saving plan，以下，TSPとする）のような退職貯蓄プランへの拠出に伴う1,090億ドルは，法人所得税の課税ベースからは控除されるが，社会保障税年金の課税ベースでは繰延報酬として加算している[33]．特に，後者の繰延報酬の加算措置は，本章の税目間の水平的租税関係という視点から興味深い．企業段階で法定外福利費（付加給付）として法人所得税の課税ベースを縮小させる雇用主拠出を，社会保障税の課税ベースでは加算することで，社会保障年金財政の財源を確保し，その逼迫を回避する方向性も見て取れるからである．

---

[33] Beam and McFadden (2006) p. 591, U. S. Congressional Budget Office (2005) p. 3. メディケア税についても加算・減算項目があるが，社会保障年金税と必ずしも同じではない．

第 2 章　アメリカ連邦税制の水平的租税関係

1994	1995	1996	1997	1998	1999	2000	2001
7.25	7.75	8.11	8.43	8.90	9.59	10.56	12.00
7.03	7.01	7.11	7.16	7.27	7.36	7.49	7.60
6.31	6.23	6.34	6.34	6.40	6.43	6.48	6.54
0.10	0.13	0.14	0.14	0.17	0.20	0.21	0.20
0.60	0.62	0.63	0.65	0.68	0.71	0.78	0.85
0.03	0.02	0.00	0.03	0.02	0.03	0.02	0.01
6.13	6.23	6.26	6.19	5.98	5.69	5.56	5.69
6.02	6.12	6.16	6.09	5.88	5.59	5.46	5.60
0.11	0.12	0.10	0.11	0.10	0.10	0.10	0.09
0.90	0.78	0.85	0.97	1.29	1.68	1.93	1.90
8.16	8.53	8.96	9.39	10.19	11.27	12.49	13.90
569,228	626,336	691,893	771,157	882,882	1,037,520	1,226,925	1,421,263

メディケア信託基金にも繰り入れられるようになった．

　ここでは，他の連邦税と同様に，社会保障税についても課税ベースの議論がなされていること，そして繰延報酬のようなものについては，社会保障税の課税ベースを侵食しないように措置されていることを指摘しておきたい．

(2) 社会保障税が関連する信託基金の状況[34]

　社会保障税が関連する信託基金について，概況を把握しておこう．信託基金は個人所得税や法人所得税を管理する連邦基金とは区別して管理される．ここで検討する社会保障年金である老齢・遺族・障害年金保険 (OASDI) と，老齢者医療保険の一部であるメディケア入院保険 (HI) の各信託基金は，社会保障税を基金の主要な自主財源としている．両基金を合算した表 2-10 を用いて定量的把握を行ってみよう．

　両信託基金の第一の主要財源は，約 86％を占める社会保障税である．まず，社会保障年金信託基金の社会保障税（社会保障年金税）は課税上限があるため，対 GDP 比でも大きな変化は見られない．一方，メディケア入院保険信託基金

---

34)　本節の記述は，主として U. S. Governmental Accounting Office (2001a) に依拠している．

【表2-11】連邦債の保有構造（構成比）

		1980	1984	1988
公共債（利付債）		99.1	98.9	99.4
	民間投資家保有	64.3	72.4	69.6
	アメリカ政府勘定保有	21.6	16.7	21.1
	うち社会保障年金信託基金 （政府勘定に占める構成比）	3.4 (15.8)	2.0 (12.1)	4.0 (19.0)
	うちメディケア入院保険信託基金 （政府勘定に占める構成比）	1.6 (7.4)	1.1 (6.5)	2.5 (12.0)
FRB保有（公募債）		13.2	9.8	8.8
満期債およびゼロクーポン債		0.1	0.8	0.1
政府機関債		0.7	0.3	0.5
連邦債残高計（単位：百万ドル） （対GDP比）		914,317 (33.4)	1,576,748 (40.7)	2,614,581 (51.9)

資料）U. S. Department of Treasury, *Treasury Bulletin*, 12月号の各年度版より作成.

の社会保障税（メディケア税）は，1994年以降の対GDP比が増加しており[35]，好景気に加え，メディケア入院保険の課税上限（135,000ドル）撤廃の影響が見て取れる．

　信託基金の第二の主要財源は，基金収入の7%を占める「運用利息」である．社会保障税による収入は，社会保障年金給付・メディケア給付の財源となるが，その全額が即時に給付に回されるわけではない[36]．そのような給付に回されない基金残高（積立金：収入額が支出を超過する分）は，原則的には非市場性国債（財務省の特別債券）に投資され，準備金として積み立てられる[37]．その利子が「運用利息（受取利息）」である．

---

[35] 社会保障年金税とメディケア税の合算値では1995年に一度減少しているが，メディケア税単独では1994年以降は増加している．

[36] 渋谷（2004）は，連邦基金と信託基金の観点から，1990年代の財政再建は，「連邦基金における財政赤字の解消によって，年金や老齢者医療保険という社会保険の黒字が財政全体の収支の中に顕在化するプロセスであった」と指摘している．

[37] 社会保障法は，信託基金のみが排他的に購入できる特別債券の発行を規定している．このような仕組みの目的は，デフォルトリスクの少ない国債に投資を限定して社会的給付のための資金の投資損失を回避することにあるとされる（U. S. Governmental Accounting Office（1998b）pp. 36-37）.

第 2 章　アメリカ連邦税制の水平的租税関係

(単位：%)

1992	1996	2000	2004	2008
99.5	99.3	98.6	99.7	99.8
67.3	64.3	50.4	48.7	53.0
24.9	27.5	39.2	41.5	41.9
7.8 (31.4)	10.4 (38.0)	17.7 (45.1)	22.1 (53.2)	23.6 (56.2)
3.0 (11.9)	2.4 (8.7)	3.0 (7.6)	3.6 (8.6)	3.2 (7.6)
7.3	7.4	9.0	9.4	4.8
0.1	0.1	0.9	0.0	0.0
0.4	0.7	0.5	0.3	0.2
4,082,871 (64.1)	5,259,854 (67.1)	5,701,850 (57.3)	7,403,236 (62.9)	10,047,828 (63.9)

　1990年代後半は，好景気によって基金収入が増加したので，両信託基金では黒字額が持続的に増加していた．その結果，基金の期末残高（対GDP比）は，1990年の5.65％から2000年の12.49％へと約6.84ポイントも増加している．第1章と本章第2節において，1990年代後半の連邦政府の財政再建に関して，連邦基金と信託基金を合算した連邦統合予算ベースで確認したが，財政再建の背景には社会保障税を主たる財源としている信託基金の持続的な黒字が寄与していたのである．

　本節の議論でそれ以上に留意すべきは，信託基金の積立金の運用先を非市場性国債に限定することで，つねに信託基金が連邦債の一部を保有している構造となっている点である．表2-11で連邦債の保有構造の特徴を確認してみると，①主に非市場性国債を保有する政府勘定の割合が，1984年の16.7％から2000年の39.2％へと22.5ポイント増加していること，②その一方で，主として市場性国債を保有する民間投資家の割合が1984年の72.4％から2000年の50.4％へと22ポイント減少していること，さらに③増加している政府勘定に占める社会保障年金信託基金の運用資金の割合が，1984年の12.1％から2000年には45.1％へと33ポイントも増加していること等がわかる．

この点について渋谷（2005）は，社会保障年金等の信託基金での積立金の運用先である非市場性国債を増発するために市場性国債を償還したので，金融市場において民間向けの資金供給が増加し，金利水準を引き下げたことを指摘している[38]．つまり，社会保障年金信託基金等の積立金（基金残高）の投資対象を非市場性国債に限定することで，市場性国債の発行額を相対的に引き下げ，全体としての国債管理コストを軽減するメカニズムである[39]．

　財政赤字や経常赤字にともなって対外債務が増大する中で，連邦債に安定的な引き受け先があることは，政府当局のみならずアメリカ資本市場にとってもメリットになることがある．クリントンが政権開始当初に，ドル価値の急激な下落を回避すべく，債券市場を強く意識したことは，第1章でも確認したとおりである．

　両信託基金の第三の財源として「個人所得税（社会保障年金給付課税）」収入がある．原則的には両信託基金（OASDIとHI）は，社会保障税を基金の主要な自主財源としているため，個人所得税や法人所得税を管理する連邦基金とは区別して管理され，連邦基金の財源が移転されることがない[40]．

　にもかかわらず，個人所得税収入があるのはなぜか．1983年の社会保障年金改革で，社会保障年金信託基金の財政基盤安定の観点から，高所得層への課税部分の税収を「個人所得税（社会保障年金給付課税）」として，社会保障年金信託基金に繰り入れるようにしたことに起源がある．もう少しこの点について確認してみよう．

（3）個人所得税との関連①：給付時課税

　民間年金保険のような積立方式の場合，保険料拠出時に個人所得税から控除されなければ（課税されていれば），給付時に非課税とされることが多い．これに対して，賦課方式によるアメリカの社会保障税は，拠出時に個人所得税から控除されずに課税される．さらに高所得層は，1983年の社会保障年金改革に

---

38) 渋谷（2005）第Ⅲ巻 272-273 頁．
39) U. S. Governmental Accounting Office（2004）p. 10, 池島（2007）17 頁．
40) 片桐（2005b）53-76 頁は社会保障信託基金の特徴の一つに，連邦基金からの財源移転がない点を指摘している．

第 2 章　アメリカ連邦税制の水平的租税関係

よって社会保障年金給付にも課税されるようになっていた[41]．

　このような社会保障年金給付から生じた個人所得税の税収は，形式的には信託基金の財源となっているが，実質的には連邦基金（一般財源）からの再分配的な補塡措置の色彩が強いと言える．ただし，1983 年の改革では，社会保障年金給付の 50％を上限としていたため，現実には高所得者に対する例外的な課税という性格は薄められていた[42]．

　そこで 1993 年の税制改正では，社会保障年金給付を受ける高所得層に対する個人所得税の課税を強化した．その内容は，一定額以上の高所得の社会保障給付の受給者について，個人所得税の課税ベースに算入する社会保障年金給付の上限を，50％から 85％へ引き上げるというものである[43]．前節の個人所得税の課税ベースの内訳を示した表 2-4 において，1990 年から 2000 年にかけて著しく増加していた「社会保障年金給付（357％増，900 億ドル）」は，社会保障年金受給者の増加とともに，この改正による課税ベースの拡大効果も含まれたものであったのである．

　さらに，この 1993 年税制改正では，メディケア信託基金の財政基盤強化の観点から，強化された社会保障年金給付課税から生じる税収の繰入先に，これまでの社会保障年金信託基金に加えて，メディケア信託基金も追加している．具体的には，課税される社会保障給付のうち，最初の 50％にあたる部分は従来のように社会保障年金信託基金に繰り入れられ社会保障給付の原資となるが，残りの 50％超から 85％に当たる部分はメディケア信託基金に繰り入れられることになったのである．この改正による信託基金へのインパクトを表 2-10 で確認すると，個人所得税は 1990 年の 0.09％（対 GDP）から 2000 年の 0.21％へと約 2 倍もの増加である．

---

[41]　現実の社会保障税は，賦課方式（修正賦課方式）を採用している．しかし，仮に純粋な積立方式を採用していると想定すれば，法人所得税の減収は後の個人段階の給付時課税により回収されているとの解釈もできる．拠出時に損金算入となっていた雇用主負担分と運用収益分を給付時に個人所得税として課税する仕組みとも解釈できるからである．赤石（2005），関口（2011）も参照されたい．

[42]　渋谷（1992）．

[43]　社会保障年金給付の一部（50％）は，原則として総所得に算入される．ただし，暫定所得（provisional income）が一定水準未満の場合は，社会保障年金は総所得に算入されず，また暫定所得が一定水準以上の場合は，総所得に算入される社会保障給付は増額される（最大 85％）．

リベラル派は長年，社会保障充実の観点から一般財源からの再分配的な補塡を支持してきた．このことを考慮に入れれば，クリントン政権期の1993年の改正は，長年のリベラル派による主張が，社会保障年金信託基金とメディケア信託基金の両者で，実行に移されたものであったととらえることもできる．

(4) 個人所得税との関連②：低所得層への給付

社会保障税と個人所得税は，もう一つ大きな関連がある．勤労所得税額控除（EITC）を通じた関連である．社会保障税には基礎控除等がなく，給料賃金が1ドルでも生じた時点から課税される．そのため，低所得層にとって社会保障税は基礎控除等のある個人所得税以上の打撃となる．個人所得税において適用される勤労所得税額控除（EITC）が1975年に導入された際の当初の趣旨は，このような低所得層の社会保障負担を緩和することによって，低所得層の労働供給を促進し自立を支援することにあった[44]．

EITCの基本的仕組みは，低所得層では所得に比例した税額控除がなされる一方で，高所得層にはその効果が及ばないように一定以上の所得者について控除額を軽減するものである．とりわけ低所得層では，算定される個人所得税額（税額控除前）が勤労所得税額控除の額よりも小さいケースが発生する．その場合，勤労所得税額控除の額と個人所得税額（税額控除前）の差だけ負の所得税と同様，現金給付（還付）がなされる．ここでは勤労所得税額控除という個人所得税の枠内にある制度が，低所得層の社会保障税の負担を緩和する側面について，表2-12で確認してみよう．

低所得層である30,000ドル以下の階層に着目し，税負担を見てみると社会保障税の負担は一貫して増加している．一方，個人所得税（EITC控除前）の負担も，1990年代に若干軽減されているものの，社会保障税負担の増加を相殺できるような減少ではない．つまり，社会保障税と個人所得税の負担を合計すると，1990年代に低所得層の負担が増加していることになる．しかし，EITCを考慮した「統合負担」を見てみると，これらの低所得層の租税負担は，むしろ軽減されていることがわかるであろう．

---

44) 根岸（1999, 2001），佐藤（2003）．

【表2-12】勤労所得税額控除(EITC)の個人所得税・社会保障税への影響

(単位:ドル)

	1999年の調整済AGIによる区分(家族)	1979	1984	1989	1994	1999
個人所得税	EITC前 10,000未満	10	36	16	14	28
	~20,000	495	666	504	486	466
	~30,000	1,755	1,926	1,581	1,552	1,424
	~40,000	3,346	3,488	2,816	2,770	2,560
	~50,000	5,017	5,155	4,266	4,200	3,963
	家族合計	8,354	8,163	6,426	6,809	6,446
社会保障税	10,000未満	299	352	381	399	400
	~20,000	1,147	1,327	1,431	1,475	1,476
	~30,000	2,229	2,565	2,761	2,832	2,833
	~40,000	3,317	3,811	4,100	4,199	4,199
	~50,000	4,273	4,909	5,279	5,404	5,405
	家族合計	3,154	3,743	4,116	4,419	4,456
勤労所得税額控除	10,000未満	(84)	(80)	(108)	(218)	(275)
	~20,000	(273)	(90)	(285)	(570)	(683)
	~30,000	(59)	(4)	(97)	(239)	(341)
	~40,000	(6)	(1)	(4)	(8)	(22)
	~50,000	(1)	0	(1)	(1)	(2)
	家族合計	(74)	(3)	(86)	(179)	(226)
統合負担	10,000未満	225	308	289	195	153
	~20,000	1,369	1,903	1,650	1,391	1,259
	~30,000	3,925	4,487	4,245	4,145	3,916
	~40,000	6,657	7,298	6,912	6,961	6,737
	~50,000	9,289	10,064	9,544	9,603	9,366
	家族合計	11,434	11,903	10,456	11,049	10,676

注1)調整済AGI=調整粗所得+社会保障税(雇用主拠出分)+粗所得から除外され公的年金給付(83条)+粗所得から除外される州・地方債利子(103条)+IRAおよびキーオプラン拠出控除部分。
 2)低所得層へのEITCの影響を見るため,50,000ドル超の調整済AGIの区分は省略している。
 3)社会保障税の雇用主負担は家計に転嫁すると仮定している。
資料)Mitrusi and Poterba (2000) Table 4, Table 8, pp. 775, 779 を加工。

第I部　問題の構図

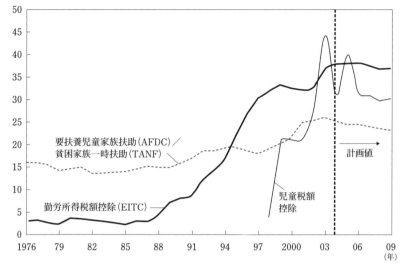

【図2-7】EITCとTANF等との関連

資料）Steuerle（2004）.

　クリントン政権は，EITCが従来から持つ低所得層の社会保障負担を緩和する側面や，低所得層の労働供給を促進し自立を支援する側面に加え，貧困ラインよりも低い水準が続いている最低賃金との差額をEITCで埋める役割をも期待し，その強化を図った[45]．図2-7にあるように，1990年代は就労しても貧困になりやすい福祉受給者（AFDC／TANF受給者）への最低生活保障として，EITCを拡充している側面もうかがえる．

(5) 小　活：社会保障税収の特徴

　以上のように，アメリカの社会保障年金財政やメディケア財政は，原則として所得比例で軽減措置を設けない社会保障税によって，信託基金の安定的財源を確保している．そのようなことが可能であるのは，個人所得税を通じた租税優遇措置（租税支出）を利用して負担軽減や給付を行っているからでもある．

---

45)　根岸（2001）81頁は1990年代の貧困者への所得保障の変化について，貧困を要件とした公的扶助から就労を前提とするEITCへ実質的に移行したと評価している．

具体的には，連邦基金の個人所得税に対してはEITCのような形で社会保障税の逆進性の解消財源として利用すると同時に，高所得層への給付時課税として信託基金へ個人所得税収を繰り入れることで，社会保障財政の逼迫を回避するように運営している．

このように把握すると，1990年代を通じて社会保障税の税収増加率がほぼ一定であるのは，社会保障税自体には軽減措置を設けていないことと，各所得層の租税負担を増減することで発せられる再分配のシグナルの発信装置として，相対的に税収調達能力の高い個人所得税を利用していること等が影響していると言えるであろう．

むすび

本章では，主として1990年代の財政再建期を対象に，連邦租税構造を構成する法人所得税・個人所得税・社会保障税の相互関連を把握した．一般的に1990年代は，1980年代のレーガン政権におけるドラスティックな税制改革に比べると，比較的穏やかな税制改革が行われた時代である．とすれば，所得を課税ベースとしているこれら主要税収の増加率は，ドラスティックな改革がなされた1980年代よりも実質GDP増加率に連動してもよいはずである．にもかかわらず，それぞれがむしろ異なる動きを示している．これらの要因は何か．この点を明らかにするために，経済システムにおける企業を軸にその成果の分配構造を意識し，企業と家計の両者への課税を視野に入れた分析を行った．

第一に，法人所得税収の増加率が，経済成長率の増加に反して減少していた要因を検証すべく，法人所得税にかかわる課税所得と会計利益に着目し，課税所得と会計利益の乖離が税収面等に与える影響を分析した．1990年代後半のアメリカ法人所得税は，課税所得と会計利益の乖離，繰越欠損金の利用，ミニマムタックスの機能不全，外国税額控除額の増加等によってその増加率を減少させていた．特徴的な点は，課税所得と会計利益との乖離として指摘した，ストック・オプション行使に伴う給与所得の損金算入額の増加，国外源泉所得の留保額の増加，加速度減価償却費の増加，タックスシェルター利用の増加等であった．これらが，経済成長率の増加にもかかわらず，法人所得税の税収増加

率が低かった主要因である．

　第二に，個人所得税収の増加率が，経済成長率と連動している要因を検証すべく，法人企業の活動や成果分配構造の変化に着目し，家計をも視野に入れた課税関係を分析した．労働市場を通じた成果分配である人件費については，法人所得税では損金算入されるが，その一方で個人所得税の課税ベースに算入されるという関係がある．また，金融・資本市場を通じた分配である資本所得（S法人の所得や支払配当等）については，企業収益の増加と相まって含み益が増加していたところに，1997年に個人長期キャピタル・ゲインの税率が引き下げられ，そのロック・イン効果を解除したこと，1990年代のS法人所得の増加があったこと等を指摘した．

　つまり，個人所得税が経済成長率に連動した税収増加率になっている要因は，好景気やストック・オプションの権利行使に伴う「給料賃金」の増加や「S法人・パートナーシップ所得」の増加といった課税ベースの増加に超過累進税率が作用したこと，キャピタル・ゲイン税率引き下げによってロック・イン効果が解除されたこと等にある．留意すべきは，個人所得税の増収が法人所得税の減収と表裏一体の関係にある項目がみられる点である[46]．

　第三に，社会保障税収の増加率が，増加傾向にあった要因を検証すべく，法人企業の活動や成果分配構造の変化に着目し，家計をも視野に入れた課税関係を分析した．労働市場を通じた成果分配である人件費については，法人所得税では損金算入されるが，その一方で社会保障税の課税ベースに算入されるという関係がある．特に意識したのは，社会保障税と個人所得税との関連である．

　アメリカの社会保障財政（年金保険・高齢者医療保険）は，原則として所得比例で軽減措置を設けない社会保障税によって，信託基金の安定的財源を確保している．そのようなことが可能であるのは，個人所得税による租税優遇措置（租税支出）を利用して負担軽減や給付を行っているからでもある．具体的には，連邦基金の個人所得税に対してはEITCのような形で社会保障税の逆進性の解消財源として利用すると同時に，高所得層への給付時課税として信託基金へ個人所得税収を繰り入れることで，社会保障財政の逼迫を回避するように運営し

---

[46] その一方で，第3章や第4章でみる租税支出のように，法人所得税と個人所得税の両者を減少させる項目もある．

【表2-13】市場所得の主要源泉別分布の変化

人口割合 （累計）	労働所得		事業所得		資本所得		キャピタル・ゲイン	
	1979	2007	1979	2007	1979	2007	1979	2007
0～20%	2.5	2.6	2.5	3.3	3.7	1.7	0.3	0.1
20～40%	10.7	8.1	7.2	3.5	8.3	4	1.5	0.7
40～60%	17.3	14.7	9.5	4.8	8.8	5.7	2.3	1.3
60～80%	25.9	23.5	13.8	7.2	11.8	8.6	4.3	2.8
80～90%	17.8	17.5	12.3	7.1	10.0	8.0	5.2	3.4
90～95%	11.4	11.7	11.6	8.1	8.5	7.7	5.6	4.0
95～99%	10.3	13.0	26.5	22.6	19.3	16.9	19.7	12.5
99～100%	4.1	8.9	16.6	43.4	29.6	47.4	61.1	75.2
合計	100	100	100	100	100	100	100	100

資料）Council of Economic Advisers（2012）Figure 6 の付録データより作成．

ている．

このように把握すると，1990年代を通じて社会保障税の増加率がほぼ一定であるのは，再分配のシグナルには，相対的に税収調達能力の高い個人所得税を利用し，社会保障税自体には軽減措置を設けていないことが影響していると言えるであろう．

最後に，連邦租税構造が所得課税を維持していることについて触れておきたい．既に第1章で指摘したように，1970年代以降において，所得分布の中位層の所得（中位所得から±50％以内の所得）を得ている家計の割合が，年々減少している．特に1990年代以降に顕著となったのは，高所得層の所得シェア拡大，中間層の所得シェア減少，低所得層のシェア激減という形での二極化現象であった．

このような階層間の分断化傾向が見られる状況では，国民統合のために資本所得への課税を含む所得課税（法人税制を含む）が，公平性が確保されていることを伝達するシグナルとして必要とされている．表2-13のように，資本所得が相対的に高所得層に集中する傾向があるからである．

アメリカ連邦政府は高所得層に分布する傾向のある資本所得を課税ベースに含む所得課税を中心とする一方で，低所得層への再分配を行う際にも当該所得を基準にすることで，必要に応じて財政支出や租税支出を用いながら，階層間や人種間，そして産業間等のバランスを確保している．それがアメリカ的な

「国民統合の論理」である．

しかし，アメリカ政府が対外的な「準備通貨国の論理」を国内にも貫徹しようとすれば，資本所得への課税を含む所得課税（法人税制含む）はできるだけ軽減することが望ましい．そこに対内的な「国民統合の論理」と対外的な「準備通貨国の論理」とのジレンマが生じる．

第Ⅱ部

国内租税政策の論理

第3章　租税支出と雇用主提供民間医療保険

―― クリントン政権期の医療保険改革案

第1節　問題意識

　本章では，クリントン政権期の医療保険改革案と税制との関係について，法人企業（雇用主）の立場から検討する[1]．このような視点から分析するのは，従来の研究に対する，以下のような問題意識からである．

　第一に，従来のアメリカ税制と医療保険制度との関連を分析した研究では，公的医療保険と民間医療保険の関連をふまえて，それを正面から取り扱ってきたとは言い難い．そもそもアメリカでは公的医療の適用範囲はメディケア（高齢者向け医療保険）やメディケイド（低所得者向け医療扶助）等に限定されており，現役世代に対する医療保険は事実上，民間医療保険，特に雇用主提供医療保険への加入で対応する形をとっている．加えて，民間医療保険への加入を，租税優遇措置によって促進している．表3-1で確認すると，「雇用主提供医療保険に関連する租税支出」は，「雇用主提供年金保険に関連する租税支出」に次ぐ規模であり，グロスの社会支出の1項目である医療支出と比較しても，メディケア，メディケイドに次ぐ3番目の規模を有している[2]．つまり，公的医療保

---

1) クリントン政権の医療保険改革案の形成と挫折については，Steinmo and Watts（1995）やSkocpol（1997）のように，政治過程に着目した優れた研究がある．
2) アメリカのグロスの社会支出がGDPに占める割合は，先進国の中でも最低の部類に属している．しかし，第1章で確認したように，租税支出の規模は大きい．つまり政府が民間領域での雇用主による医療保険の提供と被用者による加入を促進するような租税政策を積極的に採用していることを示している．この点は，Howard（1997）の「隠れた福祉国家」との指摘と整合的である．新たな視点から課税と社会保障制度との関連を捉える議論については，宮島（2004）を参照されたい．

【表 3-1】社会政策に関連する連邦租税支出と直接支出（1995 年）

(単位：10 億ドル)

租税支出			直接支出	
機能別分類	歳入ロス	予算支出相当	機能別分類	予算支出
所得保障	160.2	202.7	所得保障	481.3
雇用主提供年金保険	69.4	75.9	老齢・遺族年金保険（OASI）給付	294.6
社会保障・鉄道退職者年金	23.1	22.4	障害年金保険（OASI）給付	41.6
			連邦公務員・障害者給付	37.5
			補足的所得保障（SSI）	27.5
			フードスタンプ	26.6
			要扶養児童家族扶助（AFDC）	17.3
医　療	66.3	99.3	医　療	272.4
雇用主提供医療保険	45.8	77.3	メディケア（高齢者医療保険）	157.3
			メディケイド（低所得者医療扶助）	88.4
住　宅	93.9	97.4	住　宅	24.1
住宅モーゲージ利子	53.5	51.3		
キャピタル・ゲイン課税繰延	14.8	17.1		
社会サービス	17.7	30.1	社会サービス	15.5
慈善事業（教育・医療以外）	14.3	25.0		
教　育	5.6	5.7	教　育	32.1
退職軍人	1.9	2.3	退職軍人	38.4
雇用訓練	0.7	0.4	雇用訓練	32.2
			失業保険	23.8
合　計	346.3	437.9	合　計	896.0

資料）Howard（1997）Table 1-2.

険と雇用主提供医療保険に対する政府の関与を同時に意識する必要性が，他国以上に大きい[3]．

　第二に，従来のアメリカ税制（社会保障税含む）と医療保険制度との関連を分析した研究では，Burman, Uccello, Wheaton and Kobes（2003）や Gruber（2005）のように，雇用主提供医療保険等の民間医療保険への「社会政策目的の租税優遇措置」の規模や所得層別の受益を手がかりに議論しているものも多

---

[3] このことは，公的医療保障の提供が限定的なアメリカでは，民間部門での医療費支出規模は大きいということを意味している．

い．しかし，雇用主による医療保険拠出が，社会保障税なら「法定福利費」，民間医療保険料なら「法定外福利費」といった形で，法人企業（雇用主）による労働市場を通じた企業成果分配の一形態である人件費である点にも着目して分析を行う必要がある．

　第三に，従来のアメリカ税制と医療保険制度との関連を分析した研究では，主として雇用主や被用者の民間医療保険料負担（フロー）のみに着目している傾向がある．そのためか，Searfoss and Erickson（1988）や Mittelstaedt, Nichols and Regier（1995）らの企業の医療給付債務の研究，政府の高齢者医療給付債務の研究といった，ストック面への意識は極めて希薄である．しかし，拠出された社会保障税は政府部門の社会給付債務と関連し，民間医療保険料は，雇用主の労働債務（医療給付債務）に関連する．つまり，ストック面の動きをも視野に入れた分析が必要である．

　以上のような問題意識のもとで，本章では，まず雇用主提供医療保険と税制の関係を，そして1993年に発表されたクリントン政権による医療保険改革構想の意図，税制との関連，不成立に至った経緯等について検証する．その際，連邦議会公聴会における一次資料の検討を通じて，各産業の負担構造の変化や個人負担の変化といった，法人所得税，個人所得税，社会保障税の議論にも着目してみたい．

第2節　雇用主提供医療保険と租税制度

　アメリカの雇用主提供医療保険では，通常，税制適格となるような外部基金へ事前積立を行わない形式で，自家保険（被用者が医療サービスを消費した時に，その請求書に対して雇用主が実費を支払う方式）や購入保険を採用している[4]．自家保険では，雇用主が被用者に支払う段階で法人所得税の課税ベースから支払額が控除されるが，被用者の個人所得税の課税所得には算入されない[5]．購入

---

[4]　税制適格になるのは，任意被用者共済団体（VEBA）や健康給付口座（401（h））である．なお，税制非適格の外部基金に雇用主が拠出した場合，雇用主拠出時の損金算入は否認され，基金拠出の運用益は課税となり，被用者への給付時に被用者の課税所得に算入されるとともに雇用主の損金算入が認められる（Beam and McFadden（2006）p. 420）．

保険の場合にも，雇用主が保険者（保険会社や健康維持組織（Health Maintenance Organization，以下，HMOとする）等）から保険を購入した段階で，法人所得税の課税ベースから控除（損金算入）されるが，被用者に対する個人所得税のみなし給与課税がなされない[6]．さらに，いずれのケースの場合も，被用者が自己負担等の医療関連支出を行った場合，医療費控除が選択可能となる．

一般的に，雇用主が現金給付しか提供できない企業に比べて，付加給付（フリンジ・ベネフィット）を提供できる企業のほうが，雇用主と被用者の租税負担を相対的に軽減できる．雇用主提供医療保険を付加給付として行うと，現金給付で行った場合に比べて個人所得税のみならず，社会保障税の軽減というメリットがあるからである[7]．

アメリカではこのような形で雇用主・被用者に課税メリットを与えることで，民間医療保険への加入促進を図るという租税政策が行われてきた．そのような租税政策の一端が，雇用主提供医療保険に対する租税支出の金額の大きさに反映されているのである．

しかしながら，次節で確認するように，1980年代以降の医療費の高騰や産業構造の転換とともに，雇用主医療保険のカバー率が著しく低下傾向にあった．このような中で，無保険者の問題も未解決になってきた．クリントン政権が意図したのは，雇用主提供医療保険を維持しながら政府も医療給付債務（無保険者・現役被用者の債務も含む）を引き受けることであった．

第3節　クリントン政権の医療保険改革案の背景

クリントン政権は医療保障法案を1993年9月に発表し，11月に連邦議会に提出した．1993年10月に出版された本のはしがきにおいて，クリントン大統

---

5) Beam and McFadden (2006) p. 369. 個人所得税と社会保障税の租税支出となる．
6) Beam and McFadden (2006) p. 367. 個人所得税と社会保障税の租税支出となる．
7) 雇用主が被用者のために付加給付として拠出すると，社会保障税の課税ベースに算入されないので，雇用主拠出の社会保障税を納付する必要がなくなる．一方，被用者は雇用主から付加給付を受けると，個人所得税でみなし給与課税を受けず，その分だけ被用者拠出の社会保障税を納付する必要がなくなる．これらは，個人所得税と社会保障税の租税支出となる．(U. S. Congressional Budget Office (1994b), Fronstin (2006a)).

第3章 租税支出と雇用主提供民間医療保険

領は下記のように述べている[8]．

　「……現在，悪いことに，われわれの医療制度は崩壊しかかっている．民間保険会社は健康な者だけを加入させることで競争している．数百万ものアメリカ国民が民間医療保険に加入できず，一度重病にかかると，自己の貯蓄を失うことになる．数百万ものアメリカ国民が医療保険を失うことを危惧し，転職できないでいる．アメリカ国内の小規模雇用主は，被用者やその家族に医療保険を提供したいと考えているが，提供できないまたは提供する余裕がない．……医療費高騰のために，被用者は医療保険の維持を引き換えに賃上げ要求を諦め，アメリカ国内の製造業は国際競争力を失っている」

　この発言は，端的に医療保険サービス市場のそれぞれの局面で生じていた問題を指摘している．医療サービスの保険者となっている民間保険会社は，クリーム・スキミングを行っていた．また，保険を購入している（または保険者となっている）雇用主は，医療費の高騰によるコスト負担が重荷であり，小規模企業では医療保険を提供できず，大規模企業では国際競争力の低下の懸念が生じていた．さらに，雇用主提供医療保険に依存している被用者は，転職をすると医療保険の継続性が断たれる恐れがあり，職業を変えることができないという状況だった[9]．

　図3-1で，もう少し1993年当時の医療保険の提供状況の特徴を確認してみよう．まず，明確なのは，雇用主が民間医療保険を提供する割合が大半を占め，その給付対象も被用者本人のみならず被用者の家族も範囲となっていることであろう．また，企業規模別に見てみると，大規模企業ほど雇用主が民間医療保険を提供する割合は高く，民間医療保険の提供割合の低い小規模企業になればなるほど無保険者の割合が高くなり，無職のものは公的医療であるメディケア・メディケイドに依存している．これらの点は，アメリカの医療保険制度の特徴を浮き彫りにしていると言えるであろう．

　雇用主の提供する任意の医療保険が中心となっているということは，医療保

---

[8]　White House Domestic Policy Council（1993）p. ii.
[9]　当時，国民医療保険は，不況，財政赤字に次いで3番目に国民の関心が高い事項になっていた（Culter and Gruber（2001）p. 1）．

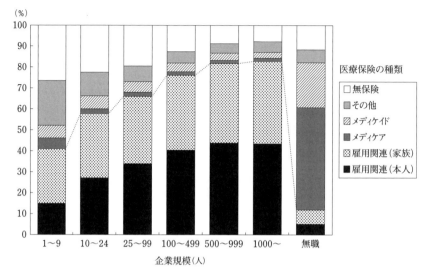

【図3-1】アメリカ医療保険の範囲（企業規模別）

資料）U. S. House, Committee on Ways and Means（1993）Table 30 より作成.

険の提供が市場の動向に左右される可能性があることを意味している．とりわけ，企業福祉の縮小と雇用構造の二極化傾向が見られるようになってきた1980年代以降，中間層にも失業や医療保険喪失のリスクが及んでいた．この点について，表3-2で確認してみよう．

まず，クリントン政権前の1979年から1989年の間の雇用主提供医療保険の適用範囲（coverage）の推移をみると，1979年の69％から1989年の61.5％へと7.5ポイントの減少である．

これを給与階層別にみると，1979年から1989年にかけて，最高分位では89.5％から84.7％へと4.8ポイントの減少にすぎないが，中間分位では74.7％から67.5％へと7.2ポイントの減少，最低分位ではが11.5ポイントの減少となっている．このことから，低中所得層において雇用主提供医療保険の適用対象外となる被用者が増加していたことがわかる．

また学歴別に見ると，1979年から1989年にかけて，高校卒業者では69.6％から61.2％へと8.4ポイント減少している一方で，大学卒業者でも79.6％から75.0％へと4.6ポイント減少している．従来，雇用主提供医療保険の対象とさ

第 3 章　租税支出と雇用主提供民間医療保険

【表 3-2】雇用主提供医療保険のカバー率

	年	1979	1989	1995	2000	2004	変化 1979～2004
全被用者		69.0%	61.5%	58.5%	58.9%	55.9%	－13.1%
人種	白人	70.3%	64.0%	61.7%	62.7%	59.8%	－10.5%
	黒人	63.1%	56.3%	53.0%	55.4%	54.1%	－9.0%
	ヒスパニック	60.4%	46.0%	42.1%	41.8%	39.7%	－20.7%
学歴	高卒	69.6%	61.2%	56.3%	56.2%	52.5%	－17.1%
	大卒	79.6%	75.0%	72.1%	71.3%	68.5%	－11.1%
給与5分位	最低分位	37.9%	26.4%	26.0%	27.4%	24.4%	－13.5%
	第二分位	60.5%	51.7%	49.5%	50.9%	46.0%	－14.5%
	中間分位	74.7%	67.5%	62.9%	63.9%	61.5%	－13.2%
	第四分位	83.5%	78.0%	74.0%	73.7%	70.6%	－12.9%
	最高分位	89.5%	84.7%	81.5%	79.9%	77.5%	－12.0%

注）民間部門で最低週 20 時間，年間 26 週を働く 18～64 歳の賃金労働者．
資料）Mishel, Bernstein and Allegretto（2008）p.135 より作成．

れてきた大学卒業者の中でも医療保険を失う潜在的リスクが生じてきていたことがわかる．

　さらに人種別に見ると，1979 年から 1989 年にかけて，ヒスパニック系が 60.4％から 46.0％へと 14.4 ポイントの減少と最も大きく，黒人系が 63.1％から 56.3％へと 6.8 ポイントの減少，白人系でも 70.3％から 64.0％へと 6.3 ポイントの減少であった．

　クリントン民主党政権は，1980 年代の共和党政権下で生じた企業福祉の縮小と雇用構造の二極化傾向によって生じた無保険者の増加を批判していたが，従来の雇用主提供医療保険を強制するかたちで医療保険制度を変革することで，白人系中間層とともに非白人系の低中所得層からの支持調達をも意図していた[10]．さらに医療給付の範囲を包括給付としたのも，大部分の中間層が民間保険に加入している状況では，それに遜色ない高度なサービスを提供しなければ，医療保険改革に中間層の支持が得られないと判断したからであった[11]．

---

10) Schneider（1994）．Skocpol（1996）は，国民皆保険の問題について，民主党内の民族間対立を解消するような問題であったと指摘している．
11) Starr（1995）pp. 20-31.

【表3-3】保健連合（Health Alliance）の財源と使途

年	1996	1997
財　源	56	174
連邦政府以外から	43	136
保険料（雇用主拠出）	30	93
保険料（家計拠出）	10	30
メディケイド（州負担分）	2	6
州による維持努力（maitenance of effort）拠出	2	6
連邦政府から	12	38
保険料補助金（対雇用主・家計分）	9	30
メディケイド（連邦負担分）	3	8
その他連邦支払	a	a
使　途	56	174
医療プランへの支払	54	168
医療教育の査定（assesment for Medical Education）	1	2
Alliance 管理	1	4

注1）aは500百万ドル未満．
　2）メディケア（高齢者・障害者），別の連邦医療制度（軍人・退役軍人・先住民）は，そ
資料）U. S. Congressional Budget Office (1994a) Table 2-5, p. 38 を修正．

第4節　クリントン医療保険改革案の財源面の概要

　ここでは，クリントン政権の医療制度改革案を財源面について焦点を絞って確認しておこう．包括的な医療給付を受けるための財源構造についてあえて単純化すれば，強制拠出の保険料に連邦政府等の政府資金を加えたものとなっていることがわかる．

　まず，大規模雇用主は医療プランとの直接契約を行い，中・小規模雇用主と個人は地域医療保健連合（Health Alliance）を設立し，医療保険プランと契約する．そしてこれらの財源は，強制拠出義務のある保険料として，雇用主が被用者の保険料コストの80％を，被用者が残り20％を拠出する．例えば地域医療保健連合では，表3-3にあるように，1996年には「連邦政府以外から」の項目にある保険料（雇用主拠出）が300億ドルと，保険連合の財源560億ドルの53.6％を占め，保険料（家計拠出）が100億ドルと保険連合の財源560億ドル

第3章　租税支出と雇用主提供民間医療保険

(単位：10億ドル)

1998	1999	2000	2001	2002	2003	2004
458	558	580	623	660	695	732
348	421	436	461	477	493	513
239	290	300	318	327	338	352
76	92	94	99	104	107	110
17	20	21	22	24	25	27
16	20	20	21	22	23	24
110	137	144	162	183	201	219
82	102	108	123	142	158	173
22	27	28	30	32	33	36
6	8	8	9	9	10	10
458	558	580	623	660	695	732
441	537	558	599	635	668	705
6	8	8	9	9	10	10
11	13	14	15	16	17	17

のまま継続．

の17.9％を占めている．つまり，保険連合財源の71.5％を強制保険料として雇用主・家計から徴収することを想定していたことがわかる．

その一方で，強制拠出の保険料によって生じる雇用主・家計の負担増に配慮すべく，連邦政府資金によって拠出額の負担を軽減する措置も見られる．例えば，表3-3にある「連邦政府から」の項目にある保険料補助金で，1996年には90億ドルと保険連合の財源560億ドルの16.1％を占めている．具体的には，保険料の拠出上限を総報酬支払額の7.9％と設定し，それを超える場合に連邦政府から政府資金を投入する措置である．これは，製造業のように既に多くの保険料拠出を行っている企業等に配慮したものであった．また，小規模企業（被用者75名未満）には，フルタイム相当の被用者年間給与総額に応じ，被用者の総報酬額の3.5％から7.9％の保険料を拠出することとし，規定された負担限度額を超えた額には連邦政府からの政府資金を投入する措置もあった．さらに自営業者には，連邦個人所得税で保険料拠出額の100％を所得控除として付与していた．小規模企業・自営業者は資金面の制約から医療保険提供割合が低

いことも意識した案であったことがうかがえるであろう．

　この改革で留意すべきは，①医療給付の範囲を包括給付としたこと，②すべての雇用主に対して被用者の医療保険への拠出を義務づけたこと，その一方で③拠出義務の伴う負担を軽減すべく，政府資金による補助金を投入すること，④従来の制度である高齢者向けのメディケアは当面そのまま維持しつつ，低所得者向けのメディケイドについては，段階的に新しい医療保険制度に統合してゆくことを構想していた点であろう．そして，それらの措置によって，無保険者の削減，転職時のポータビリティーの確保を図ろうとしたのである．これらの改革の前提には，マネジド・ケア等によって国民医療費の膨張を抑制することが必要不可欠とされていた点は言うまでもない．

　以上のように，この改革を財源面で捉えると，強制拠出の保険料と連邦政府の政府資金によって保険連合等を組織し，雇用主の段階で医療保険の提供と被用者の加入を促そうとしたと言える[12]．言い換えれば，従来のように任意の形での「社会政策目的の租税優遇措置」を伴った保険料拠出のスタイルから，保険料拠出を上限つきで義務化し，保険料の拠出資金が不足する場合には，政府資金で補助を行う方式への転換である．つまり，クリントン政権の医療保険改革案は，これまでの「隠れた福祉国家」の一部を「見える福祉国家」化する試みでもあった．

第5節　クリントン医療保険改革案と議会公聴会

　先に指摘したように，クリントン政権の想定は，現役世代や退職世代に対する家計・企業の債務を政府部門でも引き受けるというものであった．とすれば，この改革による家計・企業の医療費負担の変化が問題となったことは言うまでもない．

---

[12]　雇用主が医療保険を提供している企業の適格被用者のうち，実際に医療保険に加入した被用者の比率（医療保険加入率）は，企業規模別にほとんど変わらないとの指摘もある（Gruber (2002) pp. 42-43）．

第 3 章　租税支出と雇用主提供民間医療保険

(1) 1994 年 2 月 3 日：下院歳入委員会公聴会

　この公聴会の主たる議論は，クリントン政権案による医療保険提供の義務化によって，企業の保険料拠出額がどのように変化するかであった．このような問題が議題となる背景は，医療保険に関して，企業・産業間のコスト・シフティングが問題となっていたからである[13]．

　一般的にアメリカの雇用主提供医療保険では，ある企業 A の被用者のみならず，被用者の家族（配偶者・扶養者）も給付対象者となっている．これは，被用者の配偶者や扶養者が医療保険を提供している他の企業 B での被用者となっていても，他の企業 B の保険には加入せず，企業 A の被用者の配偶者・扶養者として企業 A の保険に加入することができることを意味している．

　例えば，夫の勤務する大規模企業 A では給付内容の良い医療保険を給付し，妻や子供が勤務している小規模企業 B では給付範囲が狭い医療保険を提供している場合を考えてみよう．この場合，小規模企業 B に勤務する妻や子供は，夫の勤務する大規模企業 A の医療保険に加入したほうが，良い医療給付を受けることができるので，夫の家族として大規模企業 A の保険に加入するであろう．

　これは，本来，小規模企業 B が小規模企業 B の被用者（妻や子供）に対して負担すべき医療給付のコストを，大規模企業 A の被用者（夫）の家族給付という形で大規模企業の負担として転嫁（シフティング）している状況を示している．

　クリントン政権案は，このような企業・産業間のコスト・シフティングを拠出強制と給付内容の包括化によって解消することをも意図していた．問題となったのは，産業別の負担はどのように変化するのかといった点であったが，表 3-4 のように，推計によってはクリントン政権案の想定とは異なり，全産業で 289 億ドルの保険料負担が増加するとの指摘もあり，議論を一層複雑化した．

---

13)　連邦政府から民間へのコスト・シフティングもある．その内容は，メディケア・メディケイドの不払いによって，その資金を回収すべく他の民間保険料が引き上げられることによって，結果として医療費が増加するというメカニズムである．クリントン政権は，医療保険コストを吊り上げた責任が主として保険会社にあるとして批判したが，保険会社はそもそも民間保険料が増大したのは，連邦政府から民間部門へのコスト・シフティングがある点を強く主張した．

【表3-4】クリントン政権案による産業別負担の変化

	純変化（10億ドル）		被用者一人当たり変化の平均（ドル）
		割合	
建設業	1.6	6%	243
製造業	-2.1	-7%	-96
運輸・通信・公益	-4.3	-15%	-628
卸売業	-0.7	-2%	-177
小売業	17.1	59%	1,167
サービス業	15.0	52%	576
金融業	0.8	3%	127
その他	1.5	5%	334
産業合計	28.9	100%	319

資料）U. S. House, Committee on Ways and Means（1994）p. 12（NRF提出資料）を加工．

① 雇用主サイドの見解

まず，従来のコスト・シフティングにおける負担者と受益者の負担の変化という点に着目し，表3-4で改革によって保険料負担が減少する製造業（21億ドル）と保険料負担が増加する小売業（171億ドル）・サービス業（150億ドル）の主張を確認したい．

1) 製造業

製造業の代表格である，GMやFordやChryslerといった加盟企業を持つ，全米自動車製造者協会（American Automobile Manufacturers Association，以下，AAMAとする）は，クリントン政権案で負担が減少すると予測される中で，下記のような意見書を提出している[14]．

> 「アメリカの製造業の医療コストを28%増加させているコスト・シフティングの負担は，政府が労働者や退職者に対して医療保険を提供しているグローバルな競争相手と競争をしなければならない現状では，受け入れ難く，持続可能性がない．……AAMAのメンバーは，被用者と働いていない被用者の子供のための給付コストを，すべての雇用主が拠出するという要求を強く支持する．これが，雇用主提供医療保険制度において包括給付（universal coverage）を達成するための本質的な要素である」

---

14) U. S. House, Committee on Ways and Means（1994）pp. 310-312.

第3章　租税支出と雇用主提供民間医療保険

　AAMAの主張で注目すべきは，①すべての雇用主に拠出を強制することを基本とし，②給付対象者のうち家族への給付を労働していない扶養者に限定している点である．これを言い換えれば，家族が他の雇用主の被用者となっている場合には，他の雇用主に医療保険提供を義務づけることに重点を置いている．
　AAMAに参加する企業は，古くから医療保険を被用者とその家族に提供してきたので，その医療コスト負担に苦悩していた．そしてそのコスト負担が国際価格競争力の点からも悪影響を与えているといわれていた．そこで，自らへのコスト・シフティングを回避すべく，雇用主による医療保険の提供義務づけに賛成していた．

2) 小売業・サービス業

　次に，小売業やサービス業等の産業について確認しておこう．アメリカ小売連盟（National Retail Federation）のCEOであるブレナン（Brennan）は，クリントン政権案で負担が増加すると予測される中で，以下のように反対の姿勢をとっていた[15]．

> 「クリントン政権案は，小売業に170億ドルの負担増を強いるが，これは全産業での負担増加額290億ドルの59％を占めている．この提案では，小売業やその他の労働集約産業の労働コストが著しく増加してしまう．……小売業は雇用の拡大を計画しているが，このような負担の増加で雇用の拡大は不可能となってしまうであろう．……労働集約産業や低収益産業は，雇用主拠出の義務化によって生じるコスト増を吸収できない．結果として，クリントン政権案は労働者の医療保険適用範囲を拡大するが，労働者の雇用が犠牲となる」

　クリントン政権案による拠出・給付の雇用主への義務化が，雇用に悪影響をもたらすとの主張である．

②被用者サイドの見解

　今度は，被用者サイドの主張を確認してみよう．小売・サービス産業の被用

---

15)　U. S. House, Committee on Ways and Means（1994）p. 7.

者の組合である連合食料・商業労働者国際ユニオン（United Food and Commercial Workers International Union, 以下, UFCW とする）は, 下記のように, 包括給付や拠出義務化といった雇用主への強制によって, コスト・シフティングを抑制することに支持を表明している[16].

「コスト・シフティングは結果として, 多くの産業に不公正で競争上の不利な状態をもたらしてしまう. それらの産業では, 保険を提供している雇用主が, 被用者に保険を提供しないか, 標準以下の保険しか提供しない雇用主を補助しているからである. ……雇用主への強制がなければ, 企業は給付範囲を制限し続けるか, 競争圧力に応えるべく医療給付をすべて廃止してしまうであろう. ……UFCW の主要部門である小売業は, 医療保険について喫緊の問題を抱えている. 商務省によれば, 小売業の被用者の 32.9％のみが雇用主に医療保険の提供を受け, 22.8％が無保険者であり, 残りの約 45％が配偶者の雇用主を通じて提供を受けるか, 両親によって提供を受けている自営業である. 対照的に, 製造業の被用者の 74.6％は雇用主によって医療保険が提供されている. ……UFCW の見積では, ウォルマートや K マートは, 1993 年だけで 10 億ドル以上の医療コストを他の雇用主にシフトしている. ウォルマートや K マートといった巨大企業に対するこれらの不平等で不公正な補助金があるので, 現行の雇用主提供医療保険制度は崩壊に瀕している」

小売業・サービス業は, 従来から雇用主医療保険の提供が少ない, または提供はされているが給付範囲が狭いといった問題が指摘されてきた. そのような中で雇用主に提供すべき医療保険の給付範囲の包括化と医療保険の加入を義務づけるクリントン案は, 小売・サービス業の雇用主からの反対は受けるが, 中低所得層が多く非白人系も多いこれらの産業の被用者からは支持を受けていた.

③ 小　括

以上のように, 雇用主拠出の義務化によって負担が増加するのは, 従来は製造業等にコスト・シフティングを行って成長してきた小売業やサービス産業であった.
クリントン政権の医療保険改革における対立論点を, 企業・産業間のコス

---

16) U. S. House, Committee on Ways and Means (1994) pp. 346-349.

第3章 租税支出と雇用主提供民間医療保険

ト・シフティングの立場から位置づけると，製造業からサービス産業へと産業構造が転換してゆく中で，いかに産業間の利害対立を調整して国民統合を行うかが問題となっていたことがわかる．すなわち，医療保険改革によって国際競争力の観点からコスト・シフティングの負担者であった製造業などの伝統的重厚長大産業の負担を軽減する一方で，コスト・シフティングの受益者であったサービス産業等の新興産業の活動を阻害しない範囲で負担増大を図るという調整である．

(2) 1994年2月6日：上院財政委員会公聴会

1993年秋にクリントン政権案が公表されてから数ヶ月の間は，各利益集団等の推計によって，クリントン政権案の産業別負担の変化等に関する個別的な議論が行われることが多かった．しかしこの公聴会で議会予算局（CBO）による推計が公表され，クリントン政権案とは別の形で連邦政府や保険連合を含んだ財政面の全貌が明らかにされたことで，以後の議論は全体的な財政赤字との関連も強く意識されるようになっていった．

議会予算局（CBO）のDirectorであるライシャワー（Reischauer）は，表3-5を用いながら連邦財政への影響について，以下のように述べている[17]．

「クリントン政権が見積を提示した最終年度の2000年に，クリントン政権とCBOとの純費用の見積の違いは480億ドルある．概ねその半分，または250億ドルは，CBOが雇用主への保険料補助を高く見積っているためである．雇用主保険料への補助の高い見積は，CBOがクリントン政権の想定と異なって，保険料の上昇率を15％ほど高くなると考えていること，企業間の平均給与額の分散に関してより望ましいと考えた見積方法によっていることに起因している」

2000年度のクリントン政権の予測した財政収支は380億ドルの黒字であったのに対し，CBOの見積では100億ドルの赤字であった．CBOは，この差額480億ドルの約半分の250億ドルが，連邦政府の政府資金による雇用主への保険料補助の過少計上にあることを指摘したのである．つまり，CBOはクリン

---

[17] U. S. Senate, Committee on Finance (1994a) p. 4.

【表3-5】クリントン政権の医療保険改革が連邦財政に与える影響

(単位:10億ドル)

年	1995	1996	1997	1998	1999	2000
クリントン政権が予測した財政収支	11	3	-7	-5	18	38
カフェテリアプランからの医療保険プランの除外	0	0	-4	-6	-6	-5
企業保健連合 (corporate Alliance) の雇用主への課税	0	-2	-3	-4	-4	-4
雇用主への保険料補助	0	-2	-6	-17	-22	-25
家族への保険料補助	0	1	1	1	1	a
州への維持努力支払 (Maitenance-of-effort-payments)	0	a	a	-2	-3	-3
メディケア医薬品給付 (drug benefit)	0	1	-1	-1	-1	-2
長期ケア給付 (benefit)	0	a	-1	-1	-1	-1
社会保障給付 (Social security)	0	a	a	-1	-2	-2
その他	-1	-1	1	3	-2	-6
CBO が予測した財政収支	10	0	-21	-32	-21	-10

注) a は 500 百万ドル未満.
資料) U. S. Congressional Budget Office (1994a) Table 2-4, p. 36 を修正.

トン政権による医療費抑制に対する見積の甘さを指摘したのである.

　このような CBO の指摘に対して,クリントン政権案に批判的な共和党議員たちは敏感に反応した. そもそもクリントン政権案で連邦政府による保険料補助の財源として想定していたのは,歳出面ではメディケイド・メディケア支出の削減,歳入面では保険料支払いの減少による法人所得税・個人所得税・社会保障税の増加,タバコ消費税の増税などであった. 仮に,保険料の上昇によって連邦補助金が必要となった場合,連邦政府が連邦税の増税を行うのではないかといった懸念,保険料拠出上限自体を撤廃するのではないかといった懸念,そもそもクリントン政権案では国民医療費の抑制が困難なのではないかといった懸念等を表明した.

　これに対して,ミッチェル (Mitchell) 上院議員 (民主党,メイン州選出) は,クリントン政権案への議会予算局 (CBO) の見解をライシャワーに対して,再確認している[18].

　「(ミッチェル上院議員) すべてのアメリカ人が保険に加入する. (改革をしない場合と比

---

18) U. S. Senate, Committee on Finance (1994a) p. 24.

べて：引用者注）財政赤字が減少する．GDP に占める国民医療費の額が減少し，アメリカの労働者の給料が年間 900 億ドル増加する．それで正しいですね．
　（ライシャワー）それがわれわれの到達した結論です」

　以上のように，CBO はクリントン政権案の連邦補助金の過少見積は指摘したものの，概ねクリントン政権案には肯定的な評価を行っていた．しかし，多くの国民にとって，財源面での負担の不確実さは，医療保険改革に対する不安材料となった側面は否定できない．

(3) 1994 年 4 月 26 日：上院財政委員会公聴会

　1994 年 4 月 26 日に開催された上院財政委員会公聴会での論点は，①財政赤字の中で，現行制度上，法人所得税のみならず個人所得税も社会保障税も非課税となっている雇用主による付加給付への課税の可否とその課税方式，②課税に伴う医療費抑制効果の有無などであった[19]．モイニハン（Moynihan）委員長（民主党，ニューヨーク州選出）の最初の発言が，この公聴会の概要を端的に要約している[20]．

「委員会で提案されている医療保険改革案の多くは，雇用主提供医療保険の租税優遇措置に制限を加えている．この委員会では，これらの提案の長所・短所や医療ケア消費者のコスト意識を増すようなその他の代替案について議論する．……いずれにしても，われわれには余剰資金がない．……下院歳入委員会議長ロステンコスキー（Rostenkowski）がハーバード大学公共医療学部の公開討論会で述べたように，クリントン大統領が希望するような医療給付を行うのであれば，現在提案されている手段よりも明確な新たな課税が必要である」

　先にみた CBO の指摘のように，財政赤字の中でクリントン政権案を達成するには，追加の財源が必要であった．そこで，追加財源を獲得するための課税

---

19) U. S. Congressional Budget Office（1994b）では，考慮要件として，①租税政策の目標達成（適切な所得の測定，納税者間の公平，税収確保），②健康ケア政策の目標達成（医療ケア対象範囲の拡大，医療ケア費用の統制，個人に対する医療保険の購入補助），③連邦租税および医療政策法との調整，④その他の問題（地域への影響，執行上の問題）を挙げている．

20) U. S. Senate, Committee on Finance（1994b）pp. 1-2.

【表3-6】民間医療保険と税制：現行法と改革案の比較

		現行法	クリントン政権案 S1757（Mitchell案-D） S1775（Moynihan案-D）
雇用主	医療ケア支出の控除	損金算入	現行法の維持
	医療ケア支出への個別消費税	規定なし	現行法の維持
個人（被用者含む）	被用者の雇用主提供医療ケア支出の取り扱い	所得税と社会保障税が非課税（上限なし）．	・包括給付部分（cost-sharing含む）は非課税． ・付加的給付は課税（所得に含む）． ・カフェテリアプランで医療ケアを提供できない．
	自営業の医療ケア支出の所得控除	25％の所得控除（自己および配偶者・扶養者）． 1994年1月以降は期限切れで停止中．	・原則100％の所得控除（包括給付の範囲）． ・100％控除が効果的になるまで25％控除を継続．
	医療費控除	項目別控除を選択し，医療ケア支出（自己および配偶者・扶養者）がAGIの7.5％を超過した額	現行法の維持
	医療ケア支出に対する税額控除	規定なし	現行法の維持
	医療貯蓄口座（Medical Saving Account, 以下，MSA）	規定なし	現行法の維持

注） *1 平均最低保険料（Applicable Dollar Limit. 以下，ADL）：医療ケア地域での標準給付の保険料のうち，安い
　　 *2 超過医療支出は，Accountable Health Plan（以下AHP）の給付範囲に帰属しない全ての支出．
　　 *3 対象は連邦の適格医療保険プラン（医療保険料とその他の支出）．
資料）U. S. Congress, Joint Committee on Taxation（1994b）より作成．

方式の検討を行っていたとも言うことができる．しかし，このような検討は，理論的にも政策的にも整合性をもっていた面がある．

　租税理論の視点からすれば，クリントン政権案のように，医療保険の給付範囲の包括化や保険料の拠出の義務づけを行うと，これまで国民の医療保険の加入促進という社会政策目的を達成するために行ってきた付加給付の非課税措置

第3章　租税支出と雇用主提供民間医療保険

その他の提案		
S1579（Breaux案-D）	S1770（Chafee案-R）	S1743（Nickles案-R）
現行法の維持	損金算入を限定（ADL(*1)の範囲内）．	現行法の維持
超過医療支出額（*2）の34％．	現行法の維持	現行法の維持
非課税範囲の拡大（パートナーシップのパートナーやS法人の出資被用者への医療ケア支出）．	・非課税の上限はADL． ・個別の制限は，登録者の年齢に基づく分類によって適用．	課　税
・原則100％の所得控除（AHP給付の範囲）． ・1994年は25％を継続．	・原則100％の所得控除（適格医療プランの給付の範囲）． ・100％控除が効果的になるまで25％控除を継続．	現行法の維持（おそらく改定が必要）
・総所得から控除（AHP給付の範囲）． ・控除額は他の事業体からの給付（雇用主・政府等）で減額． ・その他の医療支出の取り扱いは，同左．	・原則，総所得から控除（適格医療プラン給付の範囲）． ・控除額は他の事業体からの給付（雇用主・政府等）で減額． ・その他の医療支出の取り扱いは，同左．	項目別控除の廃止
現行法の維持	現行法の維持	還付可能税額控除（*3）．
現行法の維持	・規定あり ・MSA拠出の控除可能額は，個人用ADLが高額療養費プランへの支払保険料を超えた額．	・規定あり ・MSA拠出の25％を税額控除（還付不可）．

ほうか半分までの保険料の平均額に設定．

という，租税優遇措置が不要になる．

　また，医療費の高騰抑制という政策的観点からも，租税優遇措置が不要となれば，雇用主段階と被用者段階の両方で非課税となっていた保険料拠出部分が課税されることになるので，コスト意識が高まる可能性があったのである．

　表3-6は公聴会で議論となった各提案について比較している．議論となった

付加給付への課税方式は，大きく分けて雇用主段階で課税を行う方式と被用者段階で課税を行う方式の2つが論じられていた．

クリントン政権案（ここではS1757（ミッチェル案）とS1775（モイニハン案））では，雇用主の保険料拠出を義務化し，雇用主による付加給付のうち包括給付の部分は現行法と同様に非課税とするが，包括給付部分を超える部分にはその超過部分に対して個人段階で個人所得税と社会保障税を課税するものであった．

チェイフィー（Chafee）案では，雇用主の保険料拠出を任意としつつ，標準給付の保険料のうち，安いほうから半分の保険料の平均額（ADL）を超える額については，雇用主段階でも個人段階でも課税するものであった．ブロー（Breaux）案では，雇用主の保険料拠出を任意としつつ，雇用主の付加給付のうち超過支出額を超えるものについて，雇用主段階で34％の個別消費税を課税するものであった．ニクルス（Nickles）案では，雇用主の保険料拠出を任意としつつ，雇用主による付加給付の全額について，個人段階で個人所得税と社会保障税を課税するものであった．

以上のような課税案に対して，公聴会では①雇用への影響，②公平性の問題，③執行可能性，④医療費の削減可能性等の議論が行われた．ここでは特にクリントン政権案に対する利害関係者の議論をみておきたい．

①雇用主の見解

まず，雇用主の見解について確認しておこう．クリントン政権案のように保険料拠出が義務化されると，雇用主にとっては，これまで任意の法定外福利費であった被用者医療保険への支出が強制の法定福利費に変化することを意味していた．加えて，医療費高騰を抑制する等の目的のために保険料拠出の損金算入が制限されると，法人所得税の負担も増加する可能性がある[21]．この点について，経営者円卓会議（ビジネスラウンドテーブル）は，公聴会には出席していないものの，以下のような意見書を提出している[22]．

---

21) 付加給付に対する課税の効果の未確定さは，議会予算局（CBO）の租税分析補佐官マーカス（Marcuss）が，「雇用主提供医療保険の提供に課税上限を設定する影響は，短期的にはその税収がどのように利用されるかに依存しており，長期的には課税上限や医療保険市場の改革がどれだけ医療保険の質を維持しながら医療費を抑制できるかに依存している」として短期的効果と長期的効果に区分しながら指摘している（U. S. Senate, Committee on Finance（1994b）p. 14）．

第3章 租税支出と雇用主提供民間医療保険

「雇用主が被用者のために提供している医療保険のコストは，伝統的な法人所得税の課税原則のように，全額損金算入されるべきである．さらに，雇用主による全額損金算入措置は，医療サービスの過剰利用のインセンティブではない．……数百年前に議会が決定したのは，連邦政府は法人の所得に対して課税するべきであり，収入に課税するのではないということであった．……議会が所得に課税することを望む限り，委員会は損金不算入措置を拒絶するべきである．……損金算入措置は，同額の現金給与の支払いにかえて被用者に医療保険を提供する補助金またはインセンティブになっていない．雇用主にはその他の付加給付に同様の控除が付与されているからである」

ビジネスラウンドテーブルは，法人所得税の所得概念やその他の付加給付の取り扱いに着目して，チェイフィー案のような医療保険料の損金不算入案に反対していた．興味深いのは，その一方でクリントン政権案での保険料拠出の強制について積極的には触れていない．ビジネスラウンドテーブルを構成するような大企業は，総支払報酬の7.9％に上限設定された保険料拠出によって，国際価格競争力の視点から不利といわれる巨額の保険料負担が軽減されることを望んでいた側面がうかがえる．

②被用者の見解

次に，被用者の見解について見ておこう．クリントン政権案のように雇用主の保険料拠出を義務化することは，これまで医療保険の提供を受けていなかった被用者にとっては歓迎されることであった．しかし，被用者の受ける付加給付に対して新たに課税が行われることは，手取り収入が減少することを意味していた．この点について，アメリカ労働総同盟・産業別労働組合会議（AFL-CIO）傘下のサービス被用者国際労働組合（Service Employees International Union，以下，SEIUとする）で公共政策ディレクターを務めるコナトン（Connerton）は，以下のように述べている[23]．

「雇用主提供医療保険の提供に課税することに伴う，明確なコストと不明確な便益を考えると，議会は大部分の勤労家族が不利にならずに医療サービスの包括給付の資金

---

22) U. S. Senate, Committee on Finance (1994b) pp. 145-146.
23) U. S. Senate, Committee on Finance (1994b) p. 55.

を賄えるように，課税とは別の方法を考えるべきである．全米労働総同盟のSEIUとすべての労働者組織は，支払能力に応じた広い範囲（broad-based）の資金調達を支持している．その方法には，すべての雇用主が被用者の医療保険のコストのために拠出する義務を負うことを含むが，（被用者が受けている付加給付を非課税とする従来の措置を：引用者）制限することは含まれていない」

労働組合は，雇用主による強制拠出には賛成するが，被用者への付加給付の非課税措置を制限し，課税対象とすることには反対であった．付加給付に対して新たに課税が行われることは，被用者の手取り収入が減少する可能性があったからである．

結果として，この公聴会で提案された，税制上の雇用主の拠出上限の導入や被用者の非課税措置の制限という方向性に，雇用主も被用者も賛成することはなかった．というのも，雇用主段階と被用者段階の両方で非課税となっていた保険料拠出部分が課税されることになるからである．このことは，中間層にまで恩恵があるとされる「社会政策目的の租税優遇措置」の廃止を意味するので，彼らも望まなかったとの評価もできる．

(4) クリントン医療改革案不成立の要因

以上のように，医療保険改革案に関連する複数の委員会での議論がなされたものの，結局1994年9月にクリントン政権案は審議未了で不成立となった．若干ではあるが，その要因を整理しておこう．

第一に，クリントン政権案は経済システムからの反対にあった．民間保険会社は保険料の統制に対して反対し，製薬会社は医薬品価格の統制に対して反対するといった形で，政府の統制に対する各利益団体からの反対があった[24]．クリントン政権案の批判者は，政府案が依拠する市場原理と政府の規制という二要素のうち，政府の規制という要素のみをとらえ，同案と「大きな政府」との同一化を追及したのである[25]．

第二に，クリントン政権は社会システムからの不安を緩和できなかった．経済不況と財政赤字という状況のもとでは，クリントン政権案は家計の負担が変

---

24) 藤田（2000）287-293頁．
25) Skocpol（1996）pp. 134-143.

第3章 租税支出と雇用主提供民間医療保険

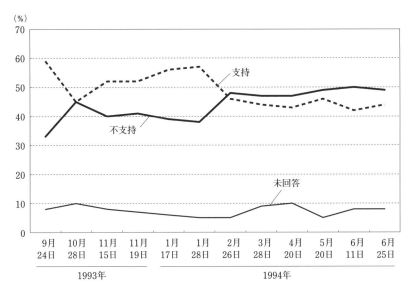

【図3-2】クリントン政権の医療保険改革案への評価の推移

資料）Skocpol（1996）Table 1 より作成．

化することで，いままで以上に負担が増加してしまう懸念もあった．このような国民の懸念は，議論を進めれば進めるほど深まっていった．この点は，図3-2 のクリントン政権の医療保険改革案に対するギャロップの世論調査にも現れている．

1993 年 9 月 23 日の大統領演説時点では支持 59％，不支持 33％と，支持が不支持の 2 倍弱にもなる支持を受けていた．しかし，1994 年 1 月以降に議会公聴会での本格的審議が進んでゆくと，不支持の割合が高まり，1994 年 6 月 25 日の時点では，支持 44％，不支持 49％と支持層の割合が 50％を切り，不支持層の割合が支持層の割合を超えてしまっていたのである．

第三に，経済システムと社会システムとを調和させ，統治するはずの政治システム，とりわけクリントン政権が，政策策定過程に不案内であったことが挙げられる[26]．

第1章で確認したように，アメリカ議会では，法案は通常その内容に関連の

---

26) 西村編（1995）1-12 頁．

ある各委員会（さらに小委員会）によって，それぞれの委員会の権限の範囲に関連のある部分が切り取られて審議される．このことは，法案が包括的であればあるほど，各委員会で審議される各部分のバランスが重要となるが，そのバランスを取ることは容易ではない．にもかかわらず，クリントン政権は分割審議の困難な，極めて包括的な法案を提出してしまったのである．

　また，民主党内が一枚岩にはなれず，議会内での多数派形成に失敗したこともその要因となっている．1994年11月に中間選挙を控えた議員たちには，実施のための財源の見通しが不透明で，財源確保のための増税の可能性があるクリントン政権案を支持することは，得策ではなかったとも言えるであろう．

　最後に，医療保険改革と税制の観点から考えてみよう．クリントン政権案のように，医療保険の給付範囲の包括化や保険料の拠出の義務づけを行うと，社会政策的な目的をもって行ってきた付加給付の非課税措置という租税優遇措置が不要になる．このことは，特に白人中間層以上の層にまで恩恵があるとされる「社会政策目的の租税優遇措置」の廃止を意味するので，彼らも望まなかったのである．

第6節　医療保険債務の個人へのシフト

　1994年9月に審議未了で医療保険改革案が不成立になった直後の11月の中間選挙では，民主党が敗北した．このことは，大統領が民主党で議会が共和党という，分割政府の時代に入ったことを意味している．

　1995年1月に始まった104連邦議会での民主・共和党の激しい対立争点は，メディケアへの支出削減策等の社会保障改革・福祉改革であった．議会の主導権を握った共和党は，1995年11月にメディケア支出の削減と大型減税を含む均衡予算法を成立させたが，クリントン大統領は1995年12月に拒否権を発動しこれに対抗し，国民もそれを支持していた[27]．雇用主により現在および将来の医療給付が削減される可能性がある中で，共和党案のようにメディケア支出を削減するということは，支持しかねるものであったと言えよう．

---

27)　砂田（2000）53-57頁．

第3章　租税支出と雇用主提供民間医療保険

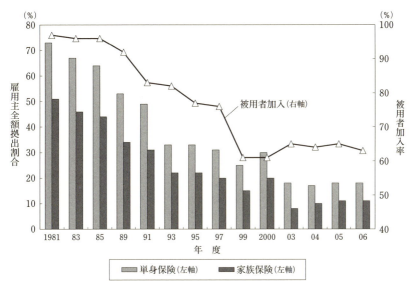

【図3-3】雇用主全額拠出割合と被用者加入率の推移（中・大規模企業）

注）被用者：フルタイム労働者，企業：フルタイム労働者100名超の企業．
資料）U.S. Depertment of Labor, Bureau of Labor Statistics, *Employer Costs for Employee Compensation*, 各号より作成．

　これらメディケア等の公的医療の範囲をめぐる争いは，裏返せば民間医療保険も問題が依然として解消できていないことを示しているとみることができる．図3-3は，①雇用主が医療保険を提供している企業の現役被用者のうち，実際に医療保険に加入している被用者の割合を示した「被用者加入率」と，②雇用主が提供している医療保険に，雇用主のみで保険料等の全額を拠出している「雇用主全額拠出割合」が示してある．

　一見して「被用者加入率」によって，現役被用者の加入割合が減少していること，「雇用主全額拠出割合」によって，雇用主が全額拠出している割合も減少していることが確認できる[28]．「被用者加入率」の減少は，被用者のうち保険に加入していない者（無保険者の一部）が1980年代以降に増加してきたことを示している．また，「雇用主全額拠出割合」の減少は，雇用主による被用者

---

28)　留意すべきは，現役被用者の現在の医療給付と将来の医療給付の両者に対する加入率である．

【表3-7】雇用主全額拠出の減少要因（1982〜1996年）

要　因	寄与率（％）
医療費の高騰	47
HMOの普及	32
租税補助金の増加	14
メディケイドの対象拡大	9
合　計	100

（資料）Gruber and McKnight（2003）Table 5, p. 1102 より作成.

拠出の求めに応じた保険加入被用者が増加していることを示している．

先に確認したように，雇用主と被用者の租税負担という側面に着目した場合，雇用主による全額の保険料拠出は，租税負担の軽減というメリットを双方にもたらす．にもかかわらず，雇用主はそれを回避し，被用者に負担を求め，被用者はそれを受け入れているように見える．その要因は何か．表3-7で確認してみよう[29]．

雇用主全額拠出の減少要因の中で寄与率が一番高いのは，「医療費の高騰」である．これは医療費の高騰を原因に，雇用主が被用者にも拠出を求めた側面が強いことを示している．また，二番目に寄与率が高い「HMOの普及」は，健康維持組織（HMO）の普及で伝統的出来高払い制度の保険よりも安価な保険を被用者に提供できることになったことにより，雇用主が被用者に拠出負担を求めることを被用者が受け入れた側面を示している．さらに「租税補助金（tax subsidy）の増加」は，クリントン政権案の廃案で継続されることになった雇用主提供医療保険に関連する租税補助金によって，被用者の利益も継続されたので，被用者自身でも負担を受けいれた側面を示している[30]．

既に確認したように，雇用主提供医療保険に対するアメリカの租税政策では，雇用主・被用者それぞれの租税負担を租税優遇措置によって軽減している[31]．

---

29) 以下は，Gruber and McKnight（2003）pp. 1092-1102 の分析に依拠している．
30) 「メディケイドの対象拡大」は，被用者が医療扶助を利用できるようになったことによるもの．なお，Reich（2007=2008）p. 50, pp. 80-86（訳書 68 頁, 108-116 頁）は，1970 年代後半からの企業の福利厚生の減少には，労働組合等の組織影響力の低下が伴っていること，そして組織影響力の低下の背景には，経済構造の競争的市場化とともに，権力が投資家と消費者にシフトしたことがあること等を指摘している．
31) ここでの雇用主の租税負担の軽減は，社会保障税を意識している．

第 3 章　租税支出と雇用主提供民間医療保険

これによって，雇用主が医療保険を提供し，被用者が雇用主から提供された医療保険に加入するような状況を意図してきたからである．確かに，1990 年代は雇用主拠出の金額が増加していたので，租税優遇措置によるメリットは存在していた．しかし，雇用主による保険料の拠出が巨額になると，租税優遇措置のメリットを大幅に相殺しない範囲で，雇用主が被用者にも負担を求めた側面が見て取れる．

つまり，医療費の高騰による保険料の増加に直面した雇用主は，保険料拠出の総額そのものを縮小したというよりも，保険の提供は継続しつつも，被用者一人当たりへの拠出額を縮小しながら，その縮小分について被用者に負担を求めていったのである[32]．

むすび

本章では，クリントン政権期の医療保険改革案と税制との関係について，法人企業（雇用主）の立場から検討した．クリントン政権は，1980 年代の企業福祉の縮小と雇用構造の二極化によって生じた無保険者の増加を批判し，雇用主によって任意に提供される医療保険を柱とするアメリカの制度を変革しようとした．その背景には，中間層にも失業や医療保険喪失のリスクが及んでいたこと，雇用主が確定給付債務として退職後に医療保険を提供する場合に顕在化させることを強制する会計基準の導入があったこと等があげられる[33]．伝統的産業にとっては，グローバル化した経済の中でこれらの労働債務は，コスト競争上で不利になることは明らかであった．仮にこれらの債務を削減するには，金融・資本市場が好調になるか，医療保険制度そのものが変更される必要があった．

クリントンは 1993 年 9 月，医療保険改革によって雇用主による医療保険の

---

32)　人件費総額に占める法定外福利費（医療費）の比率は，退職者の増加や保険料上昇により，1990 年代後半に再び上昇している．なお，医療費高騰抑制の観点からマネジド・ケアが重要となるが，本章では紙幅の制約上，触れないことにする．

33)　債務（ストック面）からのアプローチについては，関口（2007a，2010a）を参照されたい．関口（2010a）では，企業の労働債務（ストック）の視点からエンロン社と GM 社の雇用主提供医療保険と雇用主提供医療年金保険を比較している．

提供（法定外福利費）を政府が義務化（法定福利費化）する一方で，保険料拠出に連邦補助を行う形で，企業債務の一部を公的債務に引き取る提案をした．いわば，「隠れた福祉国家」の「見える福祉国家」化である．雇用主レベルでは製造業等の伝統的産業の医療給付債務を軽減することで支持を調達し，被用者レベルでは白人系中間層や非白人系の低中所得層からの支持を調達することで，国民統合を図ろうとしたのである．医療給付の範囲を包括給付としたのも，大部分の中間層が民間保険に加入している状況では，それに遜色ない高度なサービスを提供しなければ，医療保険改革に中間層の支持が得られないと判断したからであった．しかし，議会公聴会の議論では，様々な反対にあった．例えば，成長産業となってきたサービス業などの労働集約産業では，被用者はこの改革を歓迎していたが，雇用主はコスト・シフティングができなくなることから生じる負担増を懸念して反対した．

クリントン政権案のように，医療保険の給付範囲の包括化や保険料の拠出の義務づけを行うと，社会政策的な目的をもって行ってきた付加給付の非課税措置という租税優遇措置が不要になる．このことは，特に白人中間層以上に恩恵があるとされる社会政策目的の租税支出の廃止を意味するので，彼らも望まなかったとの評価もできる．

包括的な医療保険改革による国民統合に頓挫すると，クリントン政権は個別的な改革により国民統合を図る一方で，金融・資本市場も意識しながら，被用者（個人）段階での租税負担の軽減を模索するようになっていった．この点については，次の第4章で詳しく論じることにしたい．

第4章　税制から見た医療・年金資金の個人積立口座化

第1節　問題意識

　本章では，クリントン政権による医療保険改革が頓挫した後から，ブッシュ Jr. 政権における医療・年金保険制度と関連する税制について，特に個人積立口座の設定に関連する家計段階での「社会政策目的の租税優遇措置」について検討する[1]．このような視点から分析をするのは，従来の研究に対する，下記のような問題意識からである．

　第一に，アメリカでは，国によっては政府部門の社会保障債務とされている分野の債務が，民間部門の債務となっている傾向がみられる[2]．第3章で確認したように，そのような債務を負担している民間部門では，近年，雇用主が被用者（個人）に負担を求める傾向がみられる．とはいえ，単に雇用主による債務シフト（法定外福利費の削減）が被用者・個人に対して行われているのではなく，保険内容に選択権を与えると同時に，「社会政策目的の租税優遇措置」によって負担軽減を図る形で対応している．にもかかわらず，従来の研究ではこのような視点を正面から取り扱ったものが見受けられない．

　第二に，アメリカの医療・年金資金の個人積立口座化と税制との関連に関する従来の研究では，Baicker, Dow and Wolfson（2006）のように，主として保

---

[1]　制度の詳細については，五嶋（2006）および渡瀬（2008）が参考になる．
[2]　債務（ストック面）からのアプローチについては，関口（2007a, 2010a）を参照．関口（2007a）では，メディケアと関連の深い民間企業の任意の退職後医療給付債務について，社会保障年金と関連の深い民間企業の任意の退職年金給付債務との比較を行いながら，その特徴を整理している．

険料や給付費用（フロー）に着目したものが多く，Keiso, Weygrandt and Warfield（2004）のような企業会計における年金給付債務や医療給付債務（ストック）の議論との関連を視野に入れたものは極めて少ない．

第三に，個人口座化に伴う租税政策については，Auerbach（2009）等のような拠出時・運用時・給付時に着目した規範的分析の結論を利用して，議論が行われる傾向がある．しかし，個人口座化も，個人口座の様々な制度設計（拠出の強制と任意，口座の管理，資産運用の指示）や優遇措置の要件が異なっているため，制度の仕組みを意識した実証的な分析も必要である[3]．

第四に，一般的に医療・年金への「社会政策目的の租税優遇措置」の目的は，医療に備えた貯蓄あるいは老後に備えた貯蓄を促進することにあるとされる．そのため，医療・年金資金の個人口座化に伴う租税政策の効果の議論では，McCarthy and Pham（1995）のように，貯蓄を促進するかを評価基準として実証研究を行う論文も見られる．しかし，他の貯蓄との代替関係も意識する必要がある．

表4-1にあるように，国民貯蓄率は，「社会政策目的の租税優遇措置」が対象としている民間部門の貯蓄率のみならず，公共部門の貯蓄率の影響を合わせたものである[4]．つまり，単に民間の貯蓄率を引き上げる政策を意識するのみならず，公共部門（社会保障年金等）の貯蓄を引き上げる政策との関連を意識する必要がある．

第五に，個々の租税優遇措置を確認してみると，単に医療・年金資金の確保というのみならず，副次的効果もある．例えば，民間部門の貯蓄と社会保障年金の積立金（貯蓄）は，両者が一体となって資本市場で運用される．表4-1にあるように，1990年代は民間貯蓄が減少する一方で，社会保障年金の貯蓄が増加しており，社会保障年金の将来の枯渇予測を背景に，社会保障年金の貯蓄

---

3) 例えば，個人口座化を民間部門の領域で行う場合と，公共部門の領域で行う場合とで，どのような所得層を対象にするかは，相違が出てくる．第1章で確認したように，1990年代以降は所得層が二極化している．このような中で国内のバランスを確保するという「国民統合の論理」を意識する視点でもある．

4) グリーンスパンは「家計の貯蓄が増えるとは，家計の消費が減ることを意味し，おそらく，その結果として企業の利益が減り，企業の貯蓄が減少することになる．そしてそれに関連して法人税が減少し，政府貯蓄が減少する．……貯蓄と投資のあらゆる要素は複雑に絡み合っており，因果関係は明確でない」としている（Greenspan（2007=2007）p. 349（訳書，下巻131頁））．

【表 4-1】部門別貯蓄率の推移（対 GDP 比）

年	民間部門	公共部門		国民貯蓄率
		社会保障年金	社会保障年金以外	
1962～1965	9.4	−0.1	−0.7	8.6
1966～1970	8.7	0.4	−1.3	7.8
1971～1975	9.1	0.2	−2.1	7.2
1976～1980	9.8	−0.2	−2.7	6.9
1981～1985	9.0	−0.1	−4.6	4.3
1986～1990	6.5	0.7	−4.5	2.7
1991～1994	6.3	0.8	−5.1	2.0

資料) Gramlich (1997) p. 151.

を株式に投資して運用収益率を向上させるべきとの議論もあった．そのため，租税優遇措置の副次的な効果も視野に入れた議論を行う必要がある[5]．

以上のような問題意識のもとで，本章では，被用者・個人に焦点を合わせて，1990年代以降の医療・年金資金の個人口座化に対する租税政策の意図とその実態について，各所得層を意識しながら検討する．その際，全体像を把握する観点から社会保障年金改革および社会保障年金改革で議論された社会保障年金の一部個人口座化の議論も取り扱う．

第2節　医療・年金資金の積立と租税支出

図4-1に示した租税支出は，民間医療・年金向けの租税支出の推移を示したものである．租税支出は実現した租税政策と必ずしも連動しているものとは言えないものの，各政権の租税政策の意図を知る上では参考になる[6]．

図4-1にあるように，全般的傾向として1980年代では民間年金向けの租税

---

5) 第2章で確認したように，社会保障年金の積立金は非市場性国債にのみ投資される．しかし，本章で確認するように，社会保障年金の資金によって株式への運用が始まると，アメリカ国内の金融・資本市場への影響に関する懸念が出された．外国によるドルの保有とアメリカへの外国資本の流入に悪影響をもたらし，間接的に対外的な「準備通貨国の論理」に抵触する可能性があるからである．

6) 租税支出は，個々の租税優遇措置の相互の影響を考慮していない点にも留意が必要である．また，図4-1は法人所得税と個人所得税に関する租税支出の合計であり，社会保障税における租税支出は含まれていない．

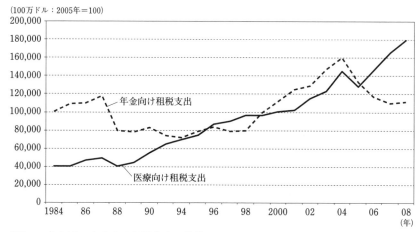

【図4-1】医療・年金向け租税支出の推移

注) 1991〜94年は資料未入手（93, 94年は95年度を利用）. 2006年以降は名目値.
資料) U. S. Office of Management and Budget, Executive Office of the President of the United States より作成.

支出が多いが，1980年代後半以降に民間医療向けの租税支出が持続的に増加し，2000年代の後半に民間医療向け租税支出が民間年金向け租税支出を逆転している．とりわけ，近年の民間医療向け租税支出の増加は，現在のアメリカが抱える問題と政権の姿勢を浮き彫りにしていると言えるであろう．

第3章で確認したように，雇用主が被用者のために付加給付（フリンジ・ベネフィット）を拠出する場合，その金額は法人所得税の課税ベースから除かれ，原則として社会保障税と個人所得税の課税ベースには含まれない[7]．つまり，3つの税は現金給与の場合に比して，連邦財政に対して減収という同一方向での影響を与える．これに対して，本章で検討する被用者自身が民間医療・年金資金を積立拠出する場合，社会保障税の課税ベースから拠出額を控除しないが，個人所得税の場合は課税ベースから拠出額を控除するものと控除しないものとで分かれる[8]．つまり，医療・年金資金の個人口座への積立によって，社会保

---

[7] 第2章でも確認したように，401 (k) のような適格年金への雇用主拠出の場合は，拠出額が繰延報酬として社会保障税の課税ベースに加算される．そのため，401 (k) への雇用主拠出は社会保障税を減少させない (Beam and McFadden (2006) p. 591).

[8] 例えばIRA（拠出控除）と Roth IRA（拠出時非控除）の相違である.

障税は変化を受けず,個人所得税は減収という形で連邦財政が影響を受けることがある[9]．

以上のように,雇用主が被用者への付加給付として拠出を行う時点での税収は,法人所得税・社会保障税・個人所得税ともに減収となるので各税目の税収は同じ方向に動くと言えるが,被用者が個人口座へ拠出する時点の税収は,社会保障税は変化を受けず,個人所得税では減収の場合もある．これらの相互関連をも意識しつつ,以下では主として1990年代以降の民間医療保険・年金資金の個人口座への積立にかかる租税支出の制度改正の意図とその実態について検討してみたい．

第3節　医療貯蓄と所得課税の実態

(1) 医療保険への租税政策の背景

第3章で見たように,民間医療保険の中心的存在である雇用主提供医療保険の領域では,医療費の高騰による保険料の上昇に直面していた．この状況に際し,雇用主は保険の提供は継続しつつも,被用者一人当たりへの拠出額を縮小してその縮小分について被用者に負担を求めていった．しかし,1990年代前半までは不況期にあったため,被用者が拠出することも容易ではなかった．図4-2にあるように,アメリカ医療保険の柱である雇用主提供医療保険の被用者の加入率も69.2%（1987年）から63.5%（1993年）へと減少していく[10]．それに伴い公的医療（メディケイド）が8.6%（1987年）から12.7%（1993年）へと増加し,無保険者も14.8%（1987年）から17.3%（1993年）に増加した．

これに対して,クリントン政権期の1990年代後半には好景気も手伝って,被用者拠出も容易となり,雇用主提供医療保険の被用者の加入率も63.5%（1993年）から69.3%（2000年）へと増加した．しかし,2000年以降のブッシュJr.政権期には景気後退とともに加入率が69.3%（2000年）から63.5%（2007年）へと低下し,その後はほぼ低下傾向にある[11]．このような雇用主提供医療

---

[9]　さらに医療に関しては,医療費控除がある．この点については,五嶋（2010）を参照．
[10]　これは,人件費（付加給付）の削減圧力による企業債務の被用者へのシフトである．

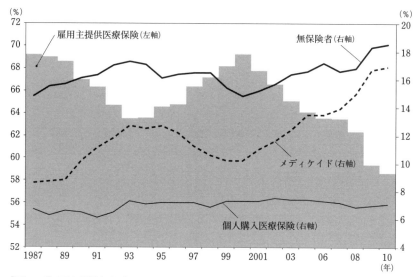

【図4-2】医療保険加入率（非老齢者）の推移

注1）重複加入のため合計が100％を超える．
 2）1994年までと1995年以降が連続していない．
資料）Fronstin（1998, 2011）より作成．

保険への未加入も，個人購入医療保険やメディケイドによってカバーできれば無保険者は増加しないが，それらにカバーされない無保険者は2000年代に14.8％（2000年）から18.5％（2010年）へと増加傾向にある．

本節で検討するのは，主として1990年代後半のクリントン政権期と2000年代以降のブッシュJr.政権期における民間医療保険と税制の関連である．

(2) クリントン政権期の医療保険への租税政策

①メディケイド等への対応

国民皆保険構想の挫折後の1994年11月の中間選挙では，共和党が上院・下院で過半数を占め，大統領が民主党で議会が共和党主導という，いわゆる分割

---

11) 長谷川（2010）151-164頁は，全被用者の中で医療給付プログラムを持つ雇用主に雇用されている被用者の割合（被提供率）は1990年代末まで増加傾向にあったが，全被用者の中で雇用主提供医療保険に加入している被用者の割合（加入率）は，1990年代後半以降徐々に低下していることを指摘している．さらに加入率の規定要因を「加入率＝有資格率（eligibility rate）×受給率（take-up rate）」として，加入率低下の要因分析をしている．

第4章　税制から見た医療・年金資金の個人積立口座化

政府となった．以降，クリントン大統領は議会共和党の圧力にさらされる．このような中でクリントンは，社会福祉の改革については1996年に共和党の主張する要扶養児童家族扶助（AFDC）から貧困家族一時扶助（TANF）へという形での改正に同意した．しかしその一方で，医療制度については，メディケイドのブロック補助金化には抵抗して公的医療の最後の砦を確保し[12]，子供向けには児童医療保険制度をも導入した．そして残る勤労世代の無保険者に対しては，租税負担の軽減を通じて個人レベルでの保険加入を促進しつつ，医療費高騰にも対応しようとしたのである．

②民間医療保険への租税優遇措置

1996年の小規模事業雇用保護法（The Small Business Job Protection Act of 1996）では，自営業者による民間医療保険拠出の控除枠を50％から80％に引き上げる規定を設けている．言うまでもなく，自営業者の民間医療保険加入を促すことを意図している．

さらに，同年の医療保険の継続性および説明責任法（Health Insurance Portability and Accountability Act of 1996）では，伝統的IRAから医療費支払い資金の早期引き出しを認め，さらに医療貯蓄口座（Medical Saving Account，以下，MSAとする）の導入等を行った．伝統的IRAからの早期引き出しの緩和措置は，引き出し制限を緩和することで，国民が必要とする医療の需要を満たせるように意図したものである[13]．また，医療貯蓄口座（MSA）は，自営業者と被用者50名未満の小規模企業で無保険となっている被用者に対象者を限定しつつ，口座への拠出要件に低保険料であるが医療費自己負担額の上限が高い民間医療保険（高額免責保険）に加入することを義務づけていた[14]．

高額免責保険と医療貯蓄口座（MSA）を組み合わせた意図には，①相対的に安価な保険料である高額免責保険と租税優遇措置のある医療貯蓄口座を組み合わせることで，医療保険への加入と医療費支出に備えた貯蓄を促進すること，

---

12) 砂田（2000）50頁．阿部（2006），根岸（2006）も同様の視点から評価している．
13) 伝統的IRAでは，59.5歳までの早期引き出しには，通常の所得課税に加えてペナルティー税がかかるが，医療費のための早期引き出しにはペナルティー税がかからないように改正した．
14) 拠出者は雇用主か被用者のいずれか一方に限定されている（Beam and McFadden（2006）pp. 324-328）．

②高額免責保険の普及によって個人に効率的な医療を選択する動機づけを行うこと，③個人口座により医療費への意識を高め，医療費を抑制すること，④個人口座とリンクさせ，雇用流動化による携行可能性の確保を容易にすること等にあった．これは，医療費の高騰や小規模企業の雇用主が医療保険を提供できていない現状に，クリントン政権が配慮した措置でもある．

個人所得税の課税上の取り扱いは，個人口座への拠出時に所得控除，運用時の運用益を非課税とする点は，次節で検討する伝統的IRA等の年金関係の貯蓄口座に類似するが，個人口座からの医療費引き出しをも「非課税」とする措置は，年金貯蓄口座以上の優遇措置となっている[15]．また，個人口座への拠出時には，個人所得税では拠出額を所得控除とするため減収となるが，社会保障税では控除しないため税収に影響を与えない．第2章で確認したように，医療保険加入には市場メカニズムを利用しつつも，メディケア財政や社会保障年金財政の逼迫を可能な限り回避する姿勢を示すことで「国民統合の論理」に対応する側面を有している．

それと同時に留意すべきは，医療貯蓄口座に預け入れられた資金が，租税優遇措置の恩恵を受けながら金融・資本市場で運用される点にある[16]．医療貯蓄口座は，分割政府のもとで，個人レベルでの医療費管理を徹底させるべきだとする共和党の主張の色彩が強いとも言えるが，医療費支出のための貯蓄を促すという目的は，直接的には「国内貯蓄不足」への対応策として，また間接的には「準備通貨国の論理」への対応策としての側面も有している．

(3) ブッシュ Jr. 政権期の医療保険への租税政策

①メディケイド等への対応

ブッシュ Jr. 政権になっても無保険者の問題等が解消されたわけではなかった．そのためブッシュ Jr. 政権は，メディケアやメディケイドの維持と漸進的な改善を行いつつ，その重点を民間医療保険への加入促進においた．

---

15) さらに医療費控除もある．
16) 資金運用を通じて金融・資本市場と関連を持つ階層が増加していく（金融セクターの活動拡大）．このことは同時に，金融市場が安定的に推移すれば，国民貯蓄率の引き上げが可能となるが，ひとたび金融市場が不安定になると，国民の医療支出のための資金すら危機にさらすことを意味していた．

まず，メディケイドについては，2000年代前半の州政府の財政危機に際して，2003年3月の雇用・成長租税負担調整法（Jobs and Growth Tax Relief Act of 2003）で短期的に州財政への援助を行っている．しかし，2004年の予算教書では従来のメディケイドへの援助を廃止して，ブロック補助金化することを提案した．さらに2006年2月に成立した2005年財政赤字削減法（Deficit Reduction Act of 2005）では，2006年から2010年の5年間に約500億ドルの義務的支出削減のうち，メディケイド改革によって114億ドル削減することを定めた[17]．総じて言えば，連邦政府はメディケイド支出の抑制を行う政策を展開している．

　一方，メディケア（高齢者向け公的医療保険）については，2003年のメディケア処方箋薬に対する改善・近代化法（The Medicare Prescription Drug Improvement and Modernization Act of 2003）において，処方箋薬をメディケアの対象に加えつつ，一般歳入の繰入によるメディケアの拡大には歯止めをかける措置を講じ，メディケア・パートBについて高所得層への政府の補助率を引き下げた．この法案の中で創設された健康貯蓄口座（Health Saving Account，以下，HSAとする）に対する租税優遇措置が，個人レベルでの民間医療保険の加入促進を促すための税制改革である．

②民間医療保険への租税優遇措置

　健康貯蓄口座（HSA）は，医療費資金を貯蓄するための個人口座を設定し，高額免責保険に加入すれば，租税優遇措置を付与する点で，クリントン政権期に創設された医療貯蓄口座（MSA）に類似している[18]．また，一方でメディケア財政や社会保障年金財政の逼迫を回避するというシグナルによって「国民統合の論理」に対応し，他方で「国内貯蓄不足」の解消を図ることで「準備通貨国の論理」に対応するという形で，両者の側面の調和を図っている点も類似している．

　しかし，決定的に異なるのは，医療貯蓄口座（MSA）よりも，適用対象者を拡大している点にある[19]．具体的には，健康貯蓄口座（HSA）では，適用対象者を主に小規模企業の被用者に限定していた医療貯蓄口座（MSA）より拡大し，

---

17) 阿部（2006）．
18) 医療貯蓄口座（MSA）と健康貯蓄口座（HSA）の比較については，関口（2007a）110-114頁．

現役世代全般にした[20]．このことは，ブッシュ Jr. 政権の民間医療保険加入に伴う租税政策のターゲットが，主として現役世代であることを意味している．

(4) 民間医療保険への租税政策の効果と実態

一般的に，高額免責保険への加入を前提に，医療貯蓄口座や健康貯蓄口座といった個人貯蓄口座に対して「社会政策目的の租税優遇措置」を付与するのは，無保険者の医療保険への加入，医療費のための貯蓄促進，医療費高騰の抑制等を意識してのことである．ここでは，無保険者の医療保険への加入に焦点を合わせて租税政策の実態を確認してみたい．

①無保険者の動向

まず，表 4-2 で現役世代（非老齢）の無保険者の数の推移を確認してみると，1991 年には 36.3 百万人であったが，2005 年には 46.1 百万人へと，9.8 百万人の増加である．

次に，無保険者（非老齢）に占める所得層別の割合を確認してみると，所得層 40,000 ドル未満の貧困・低所得層の無保険者の人数は 2005 年で 63.5％を占めているため，無保険者は貧困・低所得層に多いと言える[21]．しかし，1990 年代以降の傾向で特徴的なのは，40,000 ドル以上の所得層での無保険者の割合の変化である．具体的には，1991 年の 17.1％から 2005 年の 36.9％へと，19.8 ポイントも増加している点である[22]．

これまで無保険者の特徴は，主として貧困・低所得層でも公的医療扶助の対象とならない層の問題であった．しかし，1990 年代以降の傾向は，無保険者

---

19) 雇用主と被用者が拠出を同時に行うことが認められ，高額自己負担額の上限も引き下げられている（Beam and McFadden（2006）pp. 330-333）．
20) Steuerle（2004）p. 230 は，「単純なことではあるが，コストに対処する方法には——個人が負担するにしても，健康維持組織（HMO）のような中間組織を利用するにしても，一部メディケアで行われているような政府による価格・質の統制を強化するにしても——誰もが納得するようなものはない．医療貯蓄口座（MSA）は個人が負担を行うアプローチの一つである」と指摘している．
21) ただし，貧困・低所得層からメディケイドでカバーされる傾向があることに留意が必要である．なお，1991 年の無保険者の割合は，所得層 40,000 ドル未満が 83.2％を占めていた．
22) インフレ調整していないが，その傾向を把握することはできるであろう．

第4章　税制から見た医療・年金資金の個人積立口座化

【表4-2】医療保険未加入者（非老齢人口）の推移：人種別・所得層別

		年	1991	1994	1997	2000	2003	2005
非老齢人口（百万人）①			218.1	228.1	236.1	242.7	252.6	257.4
全無保険者（百万人）②			36.3	40.9	39.4	38.4	44.7	46.1
		白人	21.0	22.1	23.0	18.8	21.5	22.0
		黒人	6.6	6.4	7.1	6.3	6.7	6.8
		ヒスパニック	7.0	9.2	10.5	10.7	13.1	14.0
		その他	1.7	1.7	2.6	2.6	3.3	3.4
無保険者率（②／①×100）			16.6%	17.3%	18.3%	15.8%	17.7%	17.9%
無保険者	所得層（家族）	5,000ドル未満	12.1%	11.4%	11.6%	10.7%	11.4%	16.7%
		5,000〜9,999	14.0%	11.4%	8.8%	6.8%	5.8%	
		10,000〜14,999	15.4%	14.7%	12.5%	10.7%	10.1%	17.4%
		15,000〜19,999	12.9%	12.2%	10.9%	10.4%	9.8%	
		20,000〜29,999	18.2%	17.5%	17.9%	17.7%	17.4%	16.5%
		30,000〜39,999	10.5%	11.4%	11.8%	12.0%	12.5%	12.6%
		40,000〜49,999	6.6%	7.1%	8.6%	8.6%	8.1%	9.1%
		50,000ドル以上	10.5%	14.2%	18.1%	23.4%	24.6%	27.8%
		合計	100.0%	100.0%	100.2%	100.0%	100.0%	100.0%
	貧困ライン	0〜99%	28.9%	28.2%	26.5%	24.2%	24.8%	24.7%
		100〜124%	18.2%	17.5%	16.7%	15.6%	15.9%	14.8%
		125〜149%						
		150〜199%	13.8%	14.5%	13.9%	12.5%	13.6%	14.3%
		200〜399%	39.1%	39.8%	42.9%	47.4%	45.9%	46.2%
		400%以上						
		合計	100.0%	100.0%	100.0%	100.0%	100.0%	100.0%

資料）Fronstin（2003）Figure 13 等を加工．

がメディケイドの対象外となることの多い中間層にまで拡大していることを示している．このような傾向は，貧困ラインを200％以上超える層の人数が，1991年には39.1％であったものが，2005年には46.2％と7.1ポイントも増加していることからも見て取れる．

このような無保険者の問題をさらに複雑にしているのは，人種間の加入状況の相違でもあった．再び表4-2で，無保険者に占める各人種の構成をみると，非老齢人口が1991年の218.1百万人から2005年の257.4百万人へと増加傾向にある中で，非白人，とりわけヒスパニック系の無保険者の数は，1991年の7百万人から2005年の14百万人へと2倍も増加していることが確認できる[23]．

総人口が増加している中で，無保険者の数を著しく増加させた非白人系（ヒスパニック系等）にも対処する必要があったのである．

②低所得層の無保険者

このような中で，健康貯蓄口座（HSA）は，無保険者を保険加入へと導くことができたのであろうか．ここでは，表4-3により，健康貯蓄口座（HSA）による民間医療保険への加入促進の側面について検証してみよう．

2004年度から2005年度にかけて，最低所得層（15,000ドル未満）と最高所得層（200,000ドル以上）では，申告件数・控除額ともに増加している．しかし，最低所得層では全所得層に占める申告数の割合（占有率）が7.0％から3.7％へと約3ポイント減少している一方で，最高所得層（200,000ドル以上）では16.5％から17.4％へと約1ポイント増加している．また，申告件数の伸び率（対前年度）を見てみると，低所得層では28％増，最高所得層では154％増と，相対的に見て高所得層の伸び率が著しい．また，控除額の伸び率（対前年度）も，最低所得層では81％増，最高所得層では183％増と，相対的に見て高所得層の伸び率が著しい．高所得層にとっては，健康貯蓄口座は金融商品の一種として利用されているのである．

つまり，健康貯蓄口座（HSA）を利用している層で中心をなすのは高所得層であり，低所得層の利用はそれほど伸びていない．この点に関して，表4-4で無保険者（全世代）と個人所得税の適用税率との関係に着目してみると，無保険者の過半数（55％）が税率0％の適用区分にあり，これに税率10％の適用区分まで含めると，無保険者の約70％に達している．

つまり，民間医療保険への加入促進という政策意図に対する効果として見てみると，健康貯蓄口座（HSA）に対する「社会政策目的の租税優遇措置」の付与は，無保険者の70％を占める低所得層に対しては減税の恩恵が及ばず，効果的であるとは言えない[24]．

事実，図4-3にあるように，医療向けの租税支出は持続的に増加しているものの，無保険者（全世代）の推移を見る限り，民間医療保険への加入（拠出）促

---

23) その他，属性別（性別，学卒別等）に様々な特徴があるが，本章では割愛する．

第4章 税制から見た医療・年金資金の個人積立口座化

【表4-3】所得層別：健康貯蓄口座の利用動向

所得階層	2004年			
	申告数		HSA控除額	
	件	占有率	千ドル	占有率
15,000ドル未満	6,169	7.0%	8,233	4.6%
15,000～30,000未満	10,236	11.6%	14,137	7.9%
30,000～50,000未満	13,816	15.7%	18,590	10.3%
50,000～100,000未満	25,179	28.6%	49,499	27.5%
100,000～200,000未満	18,215	20.7%	46,659	25.9%
200,000ドル以上	14,494	16.5%	42,891	23.8%
全所得層	88,109	100.0%	180,009	100.0%

所得階層	2005年			
	申告数		HSA控除額	
	件	占有率	千ドル	占有率
15,000ドル未満	7,905	3.7%	15,544	3.2%
15,000～30,000未満	22,587	10.7%	30,142	6.2%
30,000～50,000未満	29,368	13.9%	53,587	11.0%
50,000～100,000未満	64,290	30.4%	134,317	27.5%
100,000～200,000未満	50,710	23.9%	133,559	27.3%
200,000ドル以上	36,904	17.4%	121,632	24.9%
全所得層	211,764	100.0%	488,781	100.0%

資料）U. S. Department of the Treasury, *Statistics of Income Individual: Income Tax Returns*, 各年度版より作成.

【表4-4】個人所得税の限界税率別：無保険者の割合（2003年）

税率区分	無保険者	
		占有率
0%	55%	55%
10%	16%	71%
15%	23%	94%
27%	5%	99%
30～39%	1%	100%

資料）Glied and Remler (2005) Figure 1を加工.

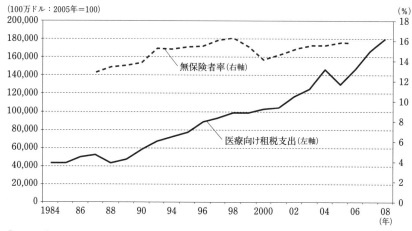

【図4-3】医療向け租税支出と無保険者（全世代）の推移

注) 1991～94年は資料未入手（93, 94年は95年度を利用）．2006年以降は名目値．
資料) U. S. Office of Management and Budget, Executive Office of the President of the United States より作成．

進に成功しているとは言い難い状況である．

　以上のように，健康貯蓄口座（HSA）に「社会政策目的の租税優遇措置」を付与するという方式では，低所得層に多い無保険者が節税効果の恩恵を得にくく，さらに自己負担も高額となってしまうため，民間医療保険に加入する誘因とはなりにくい．その一方で，健康貯蓄口座（HSA）による医療費高騰の抑制に関しては，Baicker, Dow and Wolfson（2006）らの研究のように，その抑制効果を認める者も多い[25]．そのように考えると，民間医療保険に対するブッシュ Jr. 政権の当初の租税政策の重点は，無保険者問題の解決よりも，医療費自己負担額の上限が高い高額免責保険加入による医療費高騰の抑制にあったとの

---

[24] 2006年6月28日に開催された下院公聴会において，コリンズ（Collins（Commonwealth Fund））は以下のように述べている．「健康貯蓄口座は現在直面している無保険者の問題を解決できない．現在の法制下では，健康貯蓄口座によって保険に加入できる可能性があるのは，100万人未満に過ぎない．というのは，そもそも無保険のアメリカ人の71％は所得税率の区分が10％かそれ以下であり，健康貯蓄口座から生じる租税節約はほとんどないからである．現実には，健康貯蓄口座を拡大する提案は，団体保険市場を分断し，無保険者を増大させる」（U. S. House, Committee on Ways and Means（2006）p. 42）．
[25] 2004年より実施された健康貯蓄口座（HSA）によって，医療費抑制には効果があったという実証研究もなされている（Baicker, Dow and Wolfson（2006））．

評価も可能であろう．

(5) 医療保険と税制改革案

しかし，ブッシュ Jr. 政権も無保険者の問題を放置することはできなかった．そのようなブッシュ Jr. 政権の姿勢は，2006 年 1 月の「2007 年予算教書」における，健康貯蓄口座への税制改革案にも確認することができる[26]．従来は，個人口座を用いて医療費高騰を抑止する姿勢が強く示されていたが，2007 年予算教書では，低所得層に多い無保険者問題にも対処しようという姿勢を打ち出している[27]．この点に関し，キャロル（Carroll）財務省租税分析担当副次官補の 2006 年 9 月 26 日の上院財務委員会の小委員会における次のような発言が，その概要を端的に指摘している[28]．

「大統領の医療改革案は，雇用主提供医療保険と個人が高額免責医療保険を直接購入する場合とで取り扱いを同じにし，双方の高額免責医療保険の自己負担額と保険料支払額との取り扱いを同じにする．……．大統領の提案は，健康貯蓄口座（HSA）をより累進的にしている．低所得者は，低所得者にターゲットを絞った還付可能な税額控除を通じて，また，社会保障税（年金・メディケア）部分に対する還付可能な税額控除を通じて，より多くの租税支出の便益を受け取る」

この提案は，民間の高額免責医療保険と健康貯蓄口座（HSA）を組み合わせることで，医療保険高騰を抑制するという意図を有している点は，従来と同じである．今回の提案で特徴的なのは，①低所得層に多い無保険者問題にも対処しようという姿勢を打ち出している点[29]，②そのために雇用主提供医療保険に

---

26) 2006 年 1 月の「2007 年予算教書」では，①健康貯蓄口座への拠出限度額を引き上げること，②雇用主提供医療保険と個人購入医療保険との取り扱いを同一にすること，③還付可能税額控除（Health Insurance Tax credit）を導入すること等を提案した．特に，医療に関する還付可能税額控除は，2002 年に医療保険拠出税額控除（Health Coverage Tax Credit）として既に導入されていたが，その対象者が限定されていた．そこで，対象者を低所得者全般に拡大しようとしたのである．なお，医療保険拠出税額控除は，2004 年の大統領選での中低所得層の無保険者に対する還付可能税額控除提案の背景となる制度であった（Dorn, Varon and Pervez (2005) p. iii）．
27) さらに，2007 年 1 月の「2008 年予算教書」では，雇用主提供保険と個人購入保険との不均衡是正を目的に，雇用主や個人の拠出額の控除を制限する提案を行った．いずれも実現に至らなかったが，民間医療保険に対する租税制度上の問題点を意識した提案であった．
28) U. S. Senate, Committee on Finance, Subcommittee on Health Care (2006) pp. 59-60.

よる個人口座の利用と個人保険による個人口座の利用の両者で，租税負担の水準をあわせ，雇用主提供医療保険から個人による保険購入への流れを作ることを鮮明にしている点にある．具体的には，健康貯蓄口座（HSA）を利用して個人保険市場で高額免責保険を購入した低所得者に対し，還付可能税額控除を導入する案を示していることにある[30]．

　この点については，アメリカ財務省から提出された所得層別の租税支出の便益の状況（図4-4），とりわけ雇用主が健康貯蓄口座（HSA）への拠出と保険料を負担している「雇用主提供医療保険（HSA 拠出 1,600 ドル）」と，個人が健康貯蓄口座（HSA）への拠出と保険料を負担している「ブッシュ Jr. 案 A（HSA 拠出 1,600 ドル）」と比較して見ると，一目瞭然になる．

　第一の特徴は，概ね年間所得が 45,000 ドル以下の所得層への租税支出の便益は，「ブッシュ Jr. 案 A（HSA 拠出 1,600 ドル）」のほうが多い点にある．この部分が，ブッシュ Jr. 政権が低所得層に多い無保険者問題に対処しようという姿勢を示している部分でもある．具体的には，低所得者が医療保険を購入できるように，所得基準等による還付可能税額控除を提案し，低所得層に租税便益を付与している．

　第二の特徴は，概ね年間所得が 45,000 ドルを超えると「雇用主提供医療保険（HSA 拠出 1,600 ドル）」と「ブッシュ Jr. 案 A（HSA 拠出 1,600 ドル）」が同じ租税支出の便益を享受している点にある．その要因は，雇用主提供医療保険と個人保険購入の場合とで租税負担が同一になるように，個人保険を購入した被用者（個人）に租税便益を付与していることにある．具体的には，個人保険を購入した被用者（個人）の社会保障税の負担を，還付可能税額控除によって軽減している．

　雇用主提供医療保険として雇用主が被用者の健康貯蓄口座（HSA）への拠出や高額免責保険の保険料支払を行う場合，被用者（個人）はその部分に対して個人所得税も社会保障税も課税されない．他方，被用者が健康貯蓄口座

---

29) ただし，中間層やヒスパニック系に拡大している無保険者への対応という明確な意思があるわけではない．

30) 税額控除の金額は，高額免責保険購入者の所得に応じて算出され，支払保険料の 90% 以下等の上限金額を設けるとしていた．

第4章　税制から見た医療・年金資金の個人積立口座化

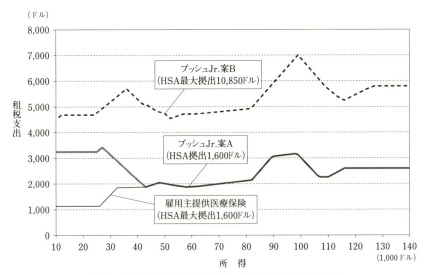

【図4-4】健康貯蓄口座（HSA）の所得階層別租税支出
：現行租税法とブッシュ Jr. 大統領案の比較

注）前提：夫婦（35歳）・子供2人．所得は給料のみ．年間保険料6,200ドル．健康貯蓄口座への拠出が1,600ドル（または最大10,850ドル）．
資料）U. S. Senate, Committee on Finance, Subcommittee on Health Care（2006）Hearing（財務省提出資料）．

（HSA）へ拠出や高額免責保険の保険料支払を行う場合，被用者はその部分に対して個人所得税は課税されないが，社会保障税が課税されている．

そこで，被用者が健康貯蓄口座（HSA）へ拠出や高額免責保険の保険料支払いを行う場合の社会保障税の負担を軽減するために，個人所得税の還付可能税額控除を行うのである．それにより，雇用主提供保険と個人保険との租税負担上の取り扱いを同一にでき，さらにメディケアや社会保障年金の財源となる社会保障税にも影響を与えずにすむ[31]．

第三の特徴は，全般的に見てみると，「ブッシュ Jr. 案 A（HSA 拠出 1,600 ドル）」に低所得者向けの還付可能税額控除がなければ，「雇用主提供医療保険

---

[31] 現行租税法上では，個人の健康貯蓄口座への拠出（最終的には自己負担額）と保険料支払いの際には，既に社会保障税は差し引かれている．提案のように改正しても，個人の健康貯蓄口座への拠出と保険料支払い以前に生じている両者の社会保障税に対して税額控除を認めることになるので，両者の間の取り扱いも同じになる．

(HSA 拠出 1,600 ドル)」と同様に，高所得層になればなるほど租税支出の便益が増加する傾向にある点にある．特に，ブッシュ Jr. 政権が促進しようとしていた，個人による保険購入と健康貯蓄口座への拠出という案に着目すれば，還付可能税額控除の組み合わせのない場合には，低所得層への恩恵が著しく少ないという点が再確認できるであろう[32]．

第4節　年金貯蓄と所得課税の実態

(1) 年金保険への租税政策の背景

前節まで確認した民間医療保険の領域において雇用主提供医療保険への加入率が低下していったのと同じように，民間年金保険の領域でも雇用主提供年金保険に対する被用者の加入率が，伝統的な「確定給付型」から 401(k) 等の「確定拠出型」へという雇用主提供年金保険の内部変化を伴いながら，減少していた[33]．

しかし，アメリカにおいて雇用主提供年金保険が雇用主提供医療保険と異なるのは，雇用主提供医療保険の変化は，現役世代を含むアメリカ医療保険における主要領域の変化であるのに対し，雇用主提供年金保険の変化は，アメリカでの退職後所得保障の分野における複数の柱の中の一つの変化である点である．言いかえれば，アメリカにおいて雇用主提供年金保険の議論が雇用主提供医療保険の議論と異なるのは，給付対象者の大半が退職世代であること，賦課方式の社会保障年金をも視野に入れた議論が必要な点等にある[34]．

[32) Gruber (2005) はメディケイド等の公的医療の対象範囲拡大のほうが，租税政策で民間医療保険への加入を促進する場合よりも低コストですむと推定．しかし，アメリカの政治家にとって医療保険の対象拡大のためには，租税政策の活用が選択肢であり続けるであろうとして，租税政策の枠内で議論を進め，雇用主対象の税額控除が最も効率的で，被用者対象の税額控除が非効率であると主張する．
33) 企業の年金給付債務（退職給付債務）の観点からは，今福 (1996) を参照．
34) 雇用主提供医療保険についても退職世代への給付についてはメディケアとの関連を意識する必要はあるが，雇用主提供年金保険における社会保障年金との関連のほうが，その必要性が高い．社会保障年金と雇用主提供年金保険との年金給付調整制度（インテグレーション）については，渋谷 (2005) 第Ⅲ巻 285-286 頁を参照．

表4-5にあるように，65歳以上の高齢者の所得構成を確認すると，所得構成で最も割合が高いのは社会保障年金であり，それに稼得収入，財産所得が続き，雇用主提供年金保険を含む民間年金は4番目の位置づけにある．

また，2006年における所得層別構成比を見てもわかるとおり[35]，雇用主提供年金保険を含む民間年金保険による所得構成比が高いのは，中間分位の10.1％，第四分位の13.2％と中所得層においてである．しかし，中間分位および第四分位においても雇用主提供年金保険を含む民間年金による所得は，社会保障年金を補完する第二の退職後所得としての位置づけである．一方，低所得層では社会保障年金が82.5％を占め，次に公的扶助が7.5％となっており，高所得層では稼得所得が41.3％を占め，次に財産所得が20.8％といった具合に，所得層別に異なった所得構成となっている．

本節では，年金資金の積立を促進すべく，個人貯蓄口座に「社会政策目的の租税優遇措置」を付与する租税政策を中心に検証するが，その過程で社会保障年金をも視野にいれた議論を行う．むろん社会保障年金は低所得層の退職後所得の柱であるから，低所得層をも視野に入れた議論となることは言うまでもない．

(2) クリントン政権期の年金保険への租税政策

①民間年金保険への優遇措置：1996～1997年

1996年の小規模事業雇用保護法（The Small Business Job Protection Act of 1996）では，伝統的個人退職口座（Individual Retirement Account, 以下，伝統的IRAとする）の適用対象を無職配偶者にも拡大し，さらに，中小企業の被用者に対するSavings Incentive Match Plans for Employee（以下，SIMPLEとする）の導入等を行った．

まず，伝統的IRAは1974年のエリサ法を根拠に，個人の退職貯蓄を促進す

---

35) 第一に，社会保障年金は最低分位では所得の82.5％を占めているが，所得層が高まると割合は低下し，最高分位では17.6％にまで低下する．第二に，稼得収入は最高分位で41.3％と大黒柱であるが，所得層が低くなると低下し，最低分位では1.6％にすぎない．第三に，財産所得（個人所得）は，最高分位で20.8％と最も高く，所得層が低くなると割合が低下し，最低分位では3.3％にまで低下する．第四に，雇用主提供保険を含む民間保険は，中間分位で10.1％，第四分位で13.2％と割合が高い．

第Ⅱ部　国内租税政策の論理

【表 4 - 5】所得源泉別構成比

所得源泉（65歳以上）		2000年	2002年	2004年	2006年
稼得収入		23.1	24.9	26.3	27.8
退職所得	社会保障年金	38.4	39.4	38.6	36.7
	鉄道年金	0.5	0.3	0.5	0.2
	公務員年金	8.2	8.8	9.0	8.1
	民間年金	9.2	9.9	10.2	9.6
個人貯蓄（財産所得）		17.5	13.6	12.6	14.9
公的扶助		0.7	0.7	0.6	0.6
その他		2.3	2.4	2.1	2.1
合　計（％）		100.0	100.0	100.0	100.0
人　数（千人）		25,230	26,219	26,865	27,421

資料）U. S. Social Security Administration, Office of Retirement and Disability Policy より作成．

る目的で，雇用主の提供する適格退職年金に加入していない被用者を対象に導入された「確定拠出型」年金である．個人所得税の課税上の取り扱いは，個人口座への拠出時に所得控除，運用時非課税，給付時に「課税」する貯蓄控除型である．つまり，租税論上は給付時まで個人所得税の課税を繰り延べる，消費課税（支出税）タイプの課税形態であり，所得課税に比して貯蓄を阻害しないと言われる[36]．貯蓄資金は金融・資本市場を通じて運用され「国内貯蓄不足」に対応する側面も有している．

また，個人所得税において拠出時に所得控除を行う手続きは，社会保障税の課税ベース算定時には考慮しないので，個人所得税の減収と被用者負担の社会保障税がリンクしない．これは伝統的 IRA の拠出プランが社会保障年金財政の収入に直接影響を与えないことを意味している．つまり，第 2 章で確認したように，市場メカニズムを利用しつつも，社会保障財政の逼迫を可能な限り回避する姿勢がみられる．

次に SIMPLE の導入の意図は，中小企業における「確定拠出型」の伝統的IRA 等への加入を促すこと，そして，雇用形態の変化による携行可能性の確

---

36) 社会保障年金と民間年金保険に関する課税については，関口（2011）およびそこでの参考文献を参照されたい．

第4章 税制から見た医療・年金資金の個人積立口座化

(単位:%,千人)

2006年における所得層別構成				
最低	第二	中間	第四	最高
1.6	3.4	8.7	18.1	41.3
82.5	79.4	64.9	45.0	17.6
0.3	0.5	0.3	0.2	0.2
1.0	3.4	5.6	10.8	8.8
2.5	5.0	10.1	13.2	9.3
3.3	4.9	7.7	10.0	20.8
7.5	1.7	0.5	0.2	0.1
1.3	1.5	2.3	2.5	2.0
100.0	100.0	100.0	100.0	100.0
5,482	5,486	5,482	5,485	5,485

保や貯蓄促進を実現することにあった[37]．その背景には，制度設計上の問題から，伝統的 IRA や 401(k) 等が中小企業の被用者には活用されていなかったことがある[38]．そこで SIMPLE は，対象者を被用者100名以下の小規模企業で，他の雇用主提供年金保険を導入していない企業の被用者としつつも，被用者が設定する IRA に対して雇用主と被用者の両者の拠出を可能にし，その上限を伝統的 IRA よりも高く設定する等の措置がとられた[39]．

　個人所得税の課税上の取り扱いは，伝統的 IRA や 401(k) と同じ貯蓄控除型で，租税論上の給付時まで個人所得税の課税を繰り延べる，消費課税（支出税タイプ）の課税形態である．また，個人所得税において拠出時に所得控除を行

---

[37] Stiglitz (2003=2003) p. 189 (訳書240頁).「経済諮問委員会は，3つの目的を持っていた．無駄な処理コストを減減して経済を効率的にすること，会社に年金制度の提供を奨励して高齢者の経済保障を高めること，労働者への退職年金の確保を奨励して国民貯蓄を増やすことである」．
[38] 具体的には，①中小企業では伝統的 IRA に対して雇用主のマッチング拠出が少ないこと，②小規模企業向けの Simplified Employee Pension (以下，SEP とする) も，高額給与を得ている被用者に優遇がないかをチェックする，非差別テストのクリアが困難であること，③雇用主提供年金である 401(k) も，非差別テストのクリアが困難で運用コストも高いこと等があげられていた．SEP は，自営業や小規模企業の雇用主が，被用者のために IRA 口座を開設するが，被用者は拠出できないものである (Beam and McFadden (2006) pp. 686-687).
[39] さらに，労働省への年次報告書や非差別テストを不要にして事務負担の軽減を行ったのである．

う手続きは,社会保障税の課税ベース算定時には考慮しないので,個人所得税の減収と被用者負担の社会保障税がリンクしない.つまり,この課税方式も年金貯蓄を促進し「国内貯蓄不足」に対応しつつ,社会保障財政の逼迫を回避するというシグナルを出すことで,「国民統合の論理」との調和を図っている.

1997年の納税者負担救済法(The Tax Payer Relief Act of 1997)は,1994年11月の中間選挙で共和党が上院・下院で過半数を占め,大統領が民主党で議会が共和党主導という,いわゆる分割政府になって初めて成立した大規模な減税法案であった[40].民間年金保険への税制改革案としては,伝統的IRAの適用範囲の拡大と,Roth IRAの導入が指摘できる.いずれも貯蓄に対する優遇措置を拡大することで,民間年金保険への加入を促進し,資本形成を高めることを意図した政策である.

第一に,伝統的IRAの改正では,伝統的IRAと雇用主提供年金保険とに重複加入している者に対する所得限度額(調整総所得(AGI)限度額)を引き上げた.これは,1986年税制改革で回帰を志向した「雇用主提供年金保険に加入していない者に対する所得保障」という,伝統的IRAの本来の趣旨から再び後退するものであった[41].言いかえれば,そのように本来の趣旨から後退させてまで,民間年金保険への加入促進と貯蓄形成を意図した改正であったとも言いうる.

第二に,Roth IRAの導入は,伝統的IRAとは異なる「確定拠出型」の新たな拠出の選択肢を提供することを意図していた[42].Roth IRAの適用対象者は,夫婦で年間16万ドル以下の調整総所得(AGI)という所得制限があり,拠出限度額は伝統的IRAへの拠出額と合計して年間2,000ドルまでに制限される.しかし,伝統的IRAのような雇用主提供年金加入者への所得制限はなく,最低給付の引出義務もない.

個人所得税の課税上の取り扱いは,伝統的IRA(貯蓄控除型)とは異なり,拠出時に「課税」,運用時に非課税,給付時に「非課税」とする貯蓄収益非課

---

40) 共和党が議会の支配権を握って2年半,ついに成立させた減税法案である.民主党や大統領の意見も入れている改正のため複雑になっている(Pollack(2003)pp. 89-90).人的資本に着目して教育投資を意識した政策等も導入しているが,本章では紙幅の制約から割愛する.
41) 1980年代に成立した企業IRAと401(k)との競合・変容については,吉田(2002)参照.
42) 個人IRAとRoth IRAについては,野村(2001)参照.

税型である[43]．その特徴は，口座拠出時に所得控除がないので，個人所得税を前倒しする形で調達でき，財政赤字の早期削減に寄与する点にある．また，素朴な租税論では貯蓄控除型と貯蓄収益非課税型の等価性も主張されるが[44]，貯蓄収益非課税型の Roth IRA は，超過利潤が生じると想定以上の優遇措置となる[45]．というのは，キャピタル・ゲインなどで想定する割引率を超えた収益（超過利潤）が生じる場合，これに対する課税機構が欠落しているからである．

このように捉えると，Roth IRA 導入の背景には，①分割政府での議会共和党による資産性所得減税への圧力があったこと，②1990 年代までの大衆の資産形成と「小貯蓄者」化[46]にとって，景気回復時の超過収益の「非課税」が魅力であったこと，③連邦財政を早期に均衡させるためには，早期の税収確保が可能となる方式が受け入れやすいものであったこと，なども指摘できる．

②社会保障年金改革：包括的貯蓄口座

連邦財政黒字に転換しつつある中の 1997 年 1 月，社会保障諮問委員会で検討していた社会保障年金に関する 3 つの改革案が，最終報告の形で提出された[47]．実は，クリントン政権では，将来見込まれる社会保障年金の枯渇問題に対応するため，1994 年 3 月から社会保障諮問委員会を開催し，この時期まで社会保障年金について検討を加えていたのである．

委員会の諮問を受けたクリントン大統領は，1999 年 1 月の一般教書演説や 2 月の大統領予算案で，今後 15 年間の統合予算黒字に関連させる形で，①約 60

---

43) 包括的所得税論による確定給付と支出税論による Roth IRA の共通点は，拠出時に課税され，運用時の運用益が非課税，引き出し時に拠出額が非課税となる点にある．相違点は，引き出し時の運用益への課税の有無にある．確定給付型は課税し，Roth IRA は非課税となる．
44) 例えば Auerbach（2009）等．この点に関し，神山（2007）は従来の議論を再考し，政府の割引率が市場利子率（正常収益率）よりも小さい場合，政府の税収としては Roth IRA（貯蓄収益非課税型）よりも伝統的 IRA（貯蓄控除型）のほうが望ましい可能性を示唆している．
45) この方式は，被用者拠出の社会保障税の課税ベースに影響を与えない．つまり，市場メカニズムを利用しつつも，社会保障財政の逼迫を可能な限り回避する姿勢がみられる点はこれまでと変わらない．
46) 渋谷（2005）第Ⅲ巻 259-297 頁．
47) U. S. 1994-1996 Advisory Council on Social Security（1997）．案の一つは，2029 年に見込まれる社会保障基金の枯渇を先伸ばしすべく，現在は非市場性国債（特別国債）のみに投資している積立金のうち，40％をより高い収益が見込まれる株式に投資するというものであった．

％（約2兆8,000億ドル）を社会保障年金財政の再建にあて，支払能力を20年以上延長させるとともに，特別国債（非市場性国債）への投資に限定している積立金の運用の一部を民間部門に投資すること，②約15％をメディケア財政の再建にあて，支払能力を10年以上延長させること，③約12％を社会保障年金の外側に新たに包括的貯蓄口座（Universal Saving Account，以下，USAとする）の創設にあてること等を提案した[48]．オン・バジェットの連邦基金から，オフ・バジェットの社会保障年金信託基金への繰入等があるため，全体像の把握が難しい．

しかし，表4-6によれば一目瞭然である．その全貌は，今後15年間に見込まれる財政黒字4兆9,000億ドルが，提案によって3兆5,000億ドルに減少するというものであった．つまり，差額の1兆4,000億ドルだけ財政黒字を取り崩して財政支出を拡大させるもので，そのうち5,000億ドルが個人貯蓄口座の一つである包括的貯蓄口座（USA）に対する政府補助金であった．

包括的貯蓄口座（USA）は，既存の社会保障信託基金とそれへの拠出である社会保障税はそのままにして，任意の個人年金貯蓄口座を創設するものである．口座への拠出は，政府の自動拠出，個人の任意拠出，個人拠出に対応する政府のマッチング拠出によりなされ，口座資金の管理は政府が行い，運用は投資オプションの中から個人が選択するというものであった[49]．個人所得税の課税上の取り扱いは，口座への拠出時は政府拠出分が非課税で個人拠出分が課税される．また，運用益は非課税であり，引き出し時は引き出し金額の85％を課税し，15％を非課税とする．15％非課税は，個人拠出分の拠出時課税分の金額を引き出し金額の15％とみなして，非課税とするというものである．

注目すべきは，社会保障年金とは別枠で，あえて政府補助という形で政府が強く関わり，付加的な任意の個人積立口座の設定を企図した点である．クリントン大統領は1999年4月14日に包括的貯蓄口座（USA）の目的や効果について，以下のように指摘している[50]．

---

48) 財政余剰の見積の上方修正等の関係で，一般教書と予算案とで若干割合に変化がある．
49) Clinton（1999）．
50) Clinton（1999）．

第 4 章　税制から見た医療・年金資金の個人積立口座化

【表 4 - 6】予算計画（2000～2014 年）

(単位：兆ドル，財政年度)

	オン・バジェット	オフ・バジェット	統合予算
現行のベースライン（OMB）：①	2.2	2.7	4.9
政府予算：②	-5.2	3.8	-1.4
新規支出（New Spending）	-1.4	0.0	-1.4
包括的貯蓄口座（USA）への支出	-0.5		-0.5
国防その他への支出	-0.5		-0.5
債務元利払い増加	-0.4		-0.4
社会保障年金信託基金への移転支出	-2.8	2.8	0.0
信託基金への利払い	-1.0	1.0	0.0
新規予算収支：①＋②	-3.0	6.5	3.5

資料）U. S. House, Committee on Commerce, Subcommittee on Finance and Hazardous Materials（1999）p. 99（グリーンスパン FRB 議長提出資料）．

「包括的貯蓄口座（USA）は，本当に退職後の保障を普遍的にし，雇用主から年金保険が提供されず，自身でも貯蓄できない低中所得層の労働者に対しても適用を拡大する．……現行制度の退職貯蓄プランでは，年間所得 100,000 ドル未満の家庭には，租税便益の 3 分の 1 しか提供されていない．……50,000 ドルの家庭へは 7％にすぎない．……包括的貯蓄口座（USA）では，租税便益の 80％が，年間所得 100,000 ドル未満の家庭にもたらされる」

クリントンが問題視したのは，社会保障年金以外に退職後所得がほとんどない低所得層であり，彼らに政府資金を用いつつ貯蓄を促すことであった[51]．いわば政府補助という形での「見える福祉国家」化である[52]．先に確認したように 65 歳以上の高齢者の中で，低所得層の所得構成は，社会保障年金を中心に

---

51) Clinton（2004=2004）p. 843（訳書，下巻 583 頁）は，「（包括的貯蓄口座（USA）と呼ばれる新しい年金政策は：引用者），剰余金の 11％を用いて，年金口座を開設した個人に税額控除を設け，低所得者に対して積立金の一部を援助するものであった．低所得世帯を援助し，ゆとりを与える提案としては，おそらく過去最大になるものであろう」としている．
52) 一方で共和党からの社会保障年金の個人口座化の圧力を意識しつつ，他方で社会保障年金の外側で財政黒字の財源を利用する形で所得再分配をも組み込んだ個人口座を創設し，結果として従来の社会保障年金の役割を維持・強化することを意図していたものと評価できる．

【表 4-7】 家計金融資産：人種別

(単位：千ドル (1996 年基準))

	51〜61 歳		70 歳以上	
	平均値	中位値	平均値	中位値
白　人	76.3	15.6	72.6	23.4
黒　人	5.9	0.0	12.8	0.0
ヒスパニック	9.1	0.0	10.6	0.0

注) 51〜61 歳 (1992 年)，70 歳以上 (1994 年).
資料) Council of Economic Advisers (1999) Chart 4-13 より作成.

していた．クリントンはそのような低所得層に対する追加的な退職貯蓄プランとして，包括的貯蓄口座を設けることを構想していたと言える．これに加えて，大統領経済白書で明らかにした，人種間の投資行動の相違を意識していたこともうかがえる[53]．

表 4-7 のように，白人系は金融資産への投資は平均値で 76.3 千ドル (51〜61 歳)，72.6 千ドル (70 歳以上) と金額が多いが，非白人系では黒人が 5.9 千ドル (51〜61 歳)，12.8 千ドル (70 歳以上)，ヒスパニックが 9.1 千ドル (51〜61 歳)，10.6 千ドル (70 歳以上) と金融資産への投資額は少ない[54]．中位値に至っては，白人系が 15.6 千ドル (51〜61 歳)，23.4 千ドル (70 歳以上) に対して，非白人系は 0 と，非白人系の金融資産への投資は非白人系のごく一部に限られていることがわかる．このような状況の中で，クリントンは包括的貯蓄口座 (USA) では，3 つの投資選択プランを示し，金融資産への投資が相対的に少ない非白人系が，政府によって管理・運営される年金プランの中で金融資産に投資できるようにしたとも言える．

以上のように，包括的貯蓄口座 (USA) は，貯蓄形成を支援するという点では民間部門における年金資金の個人口座化と同じベクトルにあるが，財政黒字を財源にしていること，連邦公務員向けの確定拠出型年金制度である定期積立

---

[53] Council of Economic Advisers (1999) p. 167 では，「人種・民族間の収入と所得の格差は，富の格差に比べて小さい．白人系高齢者の中位家計所得は，黒人系とヒスパニック系高齢者の家計所得の約 2 倍であるが，富については，5 倍である．金融資産の保有格差はさらに広がる」としている．

[54] 後に確認するように，白人系の財産所得が多いのは，金融資産への投資が多いことにも起因している．

第4章　税制から見た医療・年金資金の個人積立口座化

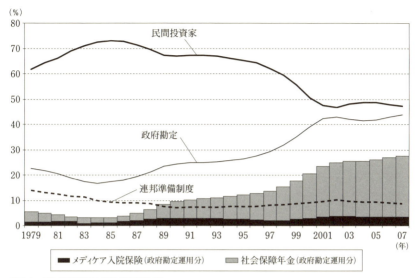

【図4-5】連邦債の保有残高比率

注）その他（満期債・利子無債，政府機関債（政府勘定・民間投資家））は記載省略（割合算定には含んでいる）．
資料）U. S. Department of Treasury, *Treasury Bulletin*, 12月号の各年度版より作成．

預金（Thrift Saving Plan）と同様の仕組みを考えているため，政府により管理されている点等は異なっている[55]．特に著しく異なるのは，包括的口座を開設できる対象を，主として社会保障年金以外には退職後所得がほとんどない低所得層にしている点である．

③社会保障年金改革：積立金の株式運用

　1999年の社会保障年金改革に関する大統領案に対して，包括的貯蓄口座（USA）以上に議論が盛んになっていたのは，社会保障年金の将来的な枯渇予測への対応策であった．図4-5にあるように，1990年代は主として市場性国債を保有する民間投資家の割合が減少する一方で，主に非市場性国債を保有す

---

55) 定期積立預金（Thrift Saving Plan）は，連邦公務員に対する確定拠出型貯蓄プランである．社会保障年金改革案が定期積立預金を参考にしていることが多いため，議会公聴会では，複数の選択肢から個人が投資選択ができ，政府が個人口座を中央管理することによって管理運営コストの抑制が可能であり，投資理事会を創設し政治判断から独立した管理・運用ができる等の長所が指摘される．

る政府勘定の割合が増加しており，政府勘定の増加の多くの部分は，社会保障年金による運用増である．つまり，1990年代の市場性国債残高の抑制が実現できたのは，一般基金が黒字化したことに加え，社会保障年金信託基金に余剰資金（積立金）があり，その運用が非市場性国債に限定されてきたことが影響している．しかし，社会保障年金の将来的な枯渇予測が生じると，そのような構造での対応は困難となる．そのような意識のもとで，当面の対応策が議論されたのである．

議論がなされたのは，①連邦基金の一般財源を社会保障年金信託基金に繰り入れる提案に対する賛否，②これまで非市場性国債に投資を限定してきた社会保障年金の積立金の運用を一部変更し，一定割合を株式で運用して収益率を高めるという提案に対する賛否であった．この点に関し，アメリカ財務省のサマーズ財務副長官は，1999年2月25日に下院商業委員会公聴会において，クリントン案の意図に関して，以下のように述べている[56]．

「大統領案の構成要素のうち，財政黒字を留保して信託基金に拠出するというのは，政治的にも持続可能なかたちで，国の債務を実質的に削減するので，国民貯蓄（national savings）を増加させる．……株式投資の議論は，国民貯蓄を増加させるという議論ではない．……われわれの政権は，国家経済のパフォーマンスの次元でなく，純粋に社会保障年金という次元で，株式投資が最善の道だと考えている」

サマーズは大統領案を2つに分けて説明している．一つは，社会保障年金信託基金への繰入に関する説明である．連邦基金からの繰入資金を用いて社会保障年金信託基金が非市場性国債（特別国債）を購入することで，社会保障年金財政の維持・安定化に貢献する．と同時に，連邦基金が特別国債の発行による資金を用いて市場性国債（一般債）を償還することで，民間貯蓄の増加を通じて国民貯蓄の増加にも貢献するとの主張である．このような形で国民貯蓄の増加に貢献することは，「準備通貨国の論理」にも整合的であった．

もう一つは，社会保障年金信託基金の積立金運用の一部を，非市場性国債（特別国債）の購入ではなく，株式の購入にあてることに関する説明である．サ

---

[56] U. S. House, Committee on Commerce, Subcommittee on Finance and Hazardous Materials (1999) pp. 126-127.

第4章　税制から見た医療・年金資金の個人積立口座化

マーズは，株式運用によって社会保障信託基金の収益が増加しても，民間投資家の収益の減少として相殺されることから国民貯蓄には影響しないとしつつも，将来的に枯渇が予測される社会保障年金信託基金での黒字が増加することの意義を主張している．

議会公聴会での多くの懸念は，後者の社会保障年金信託基金の積立金運用の一部を株式投資に向ける提案に対するもので，投資意思決定に政治的圧力がかかる可能性を懸念するもの，非効率な投資でむしろ収益率が低下することを懸念するもの，結果として国民全体の生活水準が低下することを懸念するもの等であった．例えば，連邦準備理事会（FRB）のグリーンスパン議長は，社会保障年金積立金の株式運用に関して，以下のように批判的に述べている[57]．

「社会保障年金が国債から株式へ投資をシフトすれば，民間部門の投資家は国債を購入せざるを得ず，（その時点では：引用者）国債金利の上昇と株式価格上昇に伴う期待リターンの低下が生じるかもしれない．……債券価格と株価がどのようになるかの正確な予測は難しい．しかし，マクロ経済分析では，ポートフォリオの予測は複雑ではない．社会保障年金が国債から株式へ投資をシフトしても，国民貯蓄に影響を与えない．……社会保障年金の投資リターンの増大は，もっぱら民間ポートフォリオ投資のリターン減少に相殺される．……株式の効率的な市場価格形成は，投資に対する貯蓄の最適配分に重要な役割を果たしてきた．社会保障年金基金による大規模な株式投資は，そのプロセスを阻害しうる．……社会保障年金（の株式投資：引用者注）を政治的圧力から隔離する制度創設の可能性には疑念がある．このような圧力は，直接的であれ間接的であれ，資本市場を最適ではない状態にし，経済の効率性を減じ，生活水準を引き下げる．……約束された給付実現のために，民間から社会保障年金への資源の移転が必要であれば，直接的に社会保障税を増税するか，一般財源を社会保障年金信託基金に繰り入れれば良い」

グリーンスパンは短期的視点と長期的視点の2つの視点から批判している．一つは，社会保障年金の積立金の運用を非市場性国債から株式にシフトすると，短期的に国債金利が上昇するとの批判である．第2章で確認したように，社会保障年金信託基金等の積立金（基金残高）の投資対象を非市場性国債に限定す

---

[57]　U. S. House, Committee on Commerce, Subcommittee on Finance and Hazardous Materials (1999) pp. 80-81.

ることで，市場性国債の発行額を相対的に引き下げ，全体としての国債管理コストを軽減する構造になっていた．

しかし，社会保障年金の積立金運用を非市場性国債から株式にシフトすると，国債の発行規模が一定であれば，非市場性国債への運用資金の減少を通じたルートで，市場性国債の利回り上昇を招く可能性を秘めている．そのような形で国債発行の資金調達コストが上昇する事態は，「ドルへの信認」を維持し，外国資本がドル資産を低収益率でも保有するような構造等をいかに維持・継続するかを意識する対外的な「準備通貨国の論理」からすれば，たとえ短期的であっても回避すべきものであった[58]．

もう一つの視点は，社会保障年金の積立金の運用を非市場性国債から株式にシフトすると，マクロモデル上では長期的には国民貯蓄への影響がないが，現実には国民にマイナスの影響をもたらす可能性があるとの批判である．政治的圧力から隔離する制度創設の可能性には疑念があり，政府部門による株式投資に非効率性があると考えていたからである．

株式運用は国民貯蓄には影響しないとするクリントン政権に対し，グリーンスパンは株式運用の非効率性によりむしろ国民貯蓄が減少することを恐れていた．このような国民貯蓄減少への配慮は，「準備通貨国の論理」を意識した反対でもあった．グリーンスパンは，そのようなリスクを犯すのではなく，社会保障信託基金が枯渇するのであれば，直接的に社会保障税の引き上げ等で対応すれば十分との立場をとっていた．

以上のような議論を経た社会保障年金改革案は，1999年度中の成立には至らず，また2000年の大統領選挙においてゴア候補の提案に引き継がれたものの，実現には至らなかった．

(3) ブッシュ Jr. 政権期の年金保険への租税政策

①社会保障年金改革

ブッシュ Jr. 政権になっても，社会保障年金財政の将来的な枯渇問題は未解

---

[58] このような立場は，従来の財務省の立場でもあった．これまで財務省は年金積立金の株式運用案に対して，「財務省短期証券への多大な需要がなくなったら，財務省の債務にかかる金利が高くなる」との懸念を表明していたという（Stiglitz（2003=2003）p. 197（訳書248頁））．

決のままであった．社会保障年金の改革については，2001年5月に社会保障委員会を設置し，報告書が提出された[59]．そこで示された社会保障年金改革案では，社会保障年金制度の枠内に「確定拠出型」の任意の個人口座を設定するもので，クリントン政権での個人口座の利用に想定していた規模に比して，個人口座を利用する規模がはるかに大きく，年金制度の中で中心的役割を期待していたものであった．

具体的な制度設計は，現在の社会保障税の雇用主負担はそのままにしつつ，被用者負担分 6.2％のうち 4％分を個人口座に拠出し，仮に個人口座を設定しなければ，4％分が減額された形で従来の確定給付部分のみ給付を受けるというものであった．さらに，個人口座は政府による管理であり，運用の選択肢も限定されたものであった[60]．個人所得税の課税上の取り扱いは，個人口座への拠出時には所得控除（非課税），運用時非課税，引き出し時に課税するもので，所得課税の枠内で評価すると「社会政策目的の租税優遇措置」となる．つまり，この政策は租税支出による「隠れた福祉国家」の方向性を推し進めるものであった．

②民間年金保険への租税優遇措置

就任当初のブッシュJr. 大統領のスタンスは，クリントン政権から引き継いだ財政黒字を納税者に還すというものであった．それが，2001年6月の経済成長および減税調整法（Economic Growth and Tax Relief Reconciliation Act of 2001）であった[61]．この法案の中に，民間年金保険への加入を促すための減税措置をも盛り込み，退職に備えた貯蓄を増加させることを鮮明に打ち出している．もう少し内容を確認してみよう．

第一に，伝統的 IRA（貯蓄控除型）と雇用主提供年金保険の一形態である401(k)の両者について，拠出限度額を段階的に引き上げた．特に，50歳以上

---

[59] U. S. President's Commission to Strengthen Social Security（2001）．
[60] 佐藤隆行（2006）139頁は，ブッシュJr. 政権の改革案を，個人口座が政府による管理や運用選択肢の限定を予定していたことから，「一般的なイメージで語られる「民営化」とは異なり，はるかに規制に強いもの」と評価している．
[61] 当初この退職貯蓄優遇制度は，2011年までの時限立法であったが，2006年の年金保護法（Pension Protection Act of 2006）により恒久化されている．

については追加拠出（catch-up contribution）を認めて，その許容額を段階的に引き上げることとした62)．

第二に，これまで個人での拠出のみが認められていたRoth IRA（貯蓄収益非課税型）が，雇用主提供年金保険の領域においてRoth 401(k)として導入されることが決議され，2006年から実施されることになった．Roth 401(k)の課税上の取り扱いは，Roth IRAと同様に，貯蓄収益非課税型である．この方式は，従来の貯蓄控除型の雇用主提供年金保険である401(k)に加える形で，新たな貯蓄の選択肢を提供する趣旨で導入されたものである63)．

第三に，貯蓄者税額控除（Saver's Credit）を創設した．その内容は，一定の所得水準以下の低所得層が，伝統的IRAや401(k)に拠出した場合，その拠出額の一定割合を，個人所得税の税額控除として認めるものである64)．これは，低所得層が伝統的IRAや401(k)等の適格口座に拠出するのを促進するとともに，低所得層への配慮を示すシグナルとして導入された措置でもあった．

(4) 民間年金保険への租税政策の効果と実態

①所得層別の民間年金保険への加入率の実態

これまでクリントン政権およびブッシュJr.政権における年金資金確保のための租税政策の概要を確認してきた．今度は，統計データによって，1990年代後半以降の民間年金保険への加入に関する租税政策の効果について確認してみよう．表4-8は所得層別・民間年金保険プラン別の加入率の推移が示されている．

第一に，1990年代後半以降の民間年金保険への加入率に関して，全所得層・民間保険プラン合計で確認してみると，概ね50％前後で安定しているので，一見すると大きな変化が見られない．しかし，所得層別や各プラン別に見てみると，興味深い変化が確認できる．

第二に，所得層別に確認してみると，民間年金保険への加入率がもともと高

---

62) これらの措置による引き上げ完了後は，インフレ調整を適用する．伝統的IRA（貯蓄控除型）では，雇用主提供年金加入者に適用される所得制限の引き上げとインフレ調整も行う．
63) Roth IRAとの主要な相違点は，拠出に際して所得制限がないこと，最低給付の引き出し義務がある等である．
64) その実態については，野村（2010）を参照されたい．

【表4-8】所得層別・プラン別：民間年金保険への加入率の推移

			Under $20,000	$20,000 to $39,999	$40,000 to $79,999	$80,000 to $119,999	$120,000 to $159,999	$160,000 and Over	全所得層合計
就業者数（千人）		1997	37,370	28,700	37,641	16,866	6,345	6,476	133,397
		2000	36,157	28,990	37,095	18,153	7,414	8,375	136,183
		2003	38,805	30,551	37,249	19,028	7,266	7,910	140,809
		2006	41,453	31,913	38,559	19,785	7,921	9,925	149,555
加入率合計（％）		1997	17	48	65	76	81	78	51
		2000	16	45	62	74	80	80	50
		2003	17	46	63	76	82	81	50
		2006	17	47	65	77	81	81	52
雇用主提供年金	小計（①+②）	1997	16	45	61	71	73	64	47
		2000	14	41	57	68	72	67	45
		2003	14	42	59	70	74	70	46
		2006	16	44	60	71	75	70	47
	雇用主全額拠出型（①）	1997	12	25	26	21	17	13	20
		2000	10	21	21	19	16	13	17
		2003	10	21	22	19	16	13	17
		2006	11	21	22	21	17	14	18
	401(k)（②）	1997	4	20	35	50	56	51	27
		2000	4	20	36	49	56	54	28
		2003	4	21	37	51	58	57	29
		2006	5	23	38	50	58	56	29
個人	小計（③+④）	1997	2	5	7	7	10	16	6
		2000	2	5	9	14	18	17	8
		2003	2	5	9	12	16	13	8
		2006	2	6	9	12	16	10	7
	伝統的IRA（③）	1997	2	5	7	7	10	16	6
		2000	1	3	5	6	7	12	4
		2003	1	3	5	5	6	10	4
		2006	1	3	4	4	6	10	3
	Roth IRA（④）	1997	—	—	—	—	—	—	—
		2000	1	2	4	8	11	5	4
		2003	1	2	4	7	10	3	4
		2006	1	3	5	8	10	—	4
自営業		1997	<1	<1	1	1	3	8	1
		2000	<1	<1	1	1	2	7	1
		2003	<1	<1	1	1	3	7	1
		2006	<1	<1	<1	1	2	7	1

注1) IRA=個人退職口座
 2) 自営業の加入プランはSIMPLE,SEP，適格プラン。
 3) 全額雇用主拠出型（確定給付型含む）と401(k)の両者に加入している場合，従前の型のみカウントしている。
 4) 調整総所得＋貯蓄プラン非課税拠出額－ＩＲＡからの課税分配所得
 5) －：1997年は制度施行前のため該当なし，2006年は制度適用対象外のため該当なし。
資料）U. S. Congressional Budget Office (2011) TableA3 より作成。

かった最高所得層（160,000ドル以上）では，加入率が78％（1997年）から81％（2003年）へと3ポイント増加している．一方で，もともと加入率の低い低所得層（20,000ドル未満）では，加入率が17％（1997年）から17％（2006年）へと変化が見られない．

　第三に，各プラン別に加入率の推移を確認してみよう．まず，雇用主提供年金保険（①＋②）について全所得層の合計加入率は，1997年の47％から2000年の45％へと2ポイント減少したが，2006年には47％へと回復している．そのため，一見するとそれほど変動がない．しかし，雇用主提供年金の内部を各プラン別に見てみると，「確定拠出型」401(k)（②）の全所得層の合計加入率が，27％（1997年）から29％（2006年）と2ポイント増加している．その一方で，「確定給付型」を含む全額雇用主負担（①）の全所得層の合計加入率が，20％（1997年）から18％（2006年）へと2ポイント減少している．

　つまり，雇用主提供年金保険をプラン別に見ると，雇用主が給付額を保障する責任を負わない「確定拠出型」401(k)が増加し，雇用主が給付額を保障する責任を負う「確定給付型」や雇用主が全額拠出するタイプが減少している．

　さらに，雇用主提供年金保険の各プランを所得層別に見てみると，「確定拠出型」401(k)（②）は160,000ドル以上の高所得層で51％（1997年）から56％（2006年）へと5ポイント増加している一方で，「確定給付型」を含む全額雇用主負担（①）は20,000ドル未満の所得層で12％（1997年）から11％（2006年）へと1ポイントの減少である．

　つまり，雇用主提供年金保険をプラン別・所得層別に見ると，雇用主が給付額を保障する責任を負わない「確定拠出型」401(k)の加入率が高所得層で増加し，雇用主が給付額を保障する責任を負う「確定給付型」や雇用主が全額拠出するタイプの加入率が，低所得層で減少している．

　次に，民間個人年金保険（③＋④）の全所得層における加入率は，1997年の6％から2000年の8％へと2ポイント増加し，2006年は7％で1ポイント減少するので，一見するとそれほど変動がないように見える．しかし個人年金保険をプラン別に見てみると，1997年から2000年の2ポイント増加の大部分は，Roth IRA（④）の新設に伴う増加であったことが確認できる[65]．そのRoth IRAの加入率を所得層別に見てみると，加入率が高いのは高所得層であり，

低所得層での加入率は1%程度にすぎない[66]．その意味では Roth IRA という租税優遇措置の導入により，民間年金保険への加入が促進されたのは高所得層であると言える[67]．

先にみたように，民間年金保険に対する「社会政策目的の租税優遇措置」の意図は，IRA 等の年金保険への加入促進と貯蓄促進であった．この点，高所得層では加入促進という租税政策の意図の一角を達成しているとの評価も可能であるが，低所得層では政策意図を達成できたとは言い難い．加えて，高所得層の加入率が増加したとしても，加入者自身の貯蓄（純資産）が増加しなければ，もう一つの政策意図である家計の貯蓄は増加しない．この点について次に確認してみたい．

②租税政策と家計貯蓄の動向

図4-6は1975年以降の年金向け租税支出と家計の貯蓄額の推移を示している．1980年代前半は年金向け租税支出の額と家計貯蓄額が対応していたが，1990年代後半以降になると租税支出を拡大させてきたにもかかわらず，家計貯蓄額はほぼ一貫して低下傾向にあることがわかる[68]．

このような家計貯蓄額の減少傾向に対して，資産効果により消費を増やして貯蓄を減少させているのであって，租税優遇措置の効果としては退職後への備えとしての貯蓄を増加させているとの主張もある．確かに退職プラン資産のみに着目すれば，その金額は増加している[69]．

しかし他方で，高所得層の民間年金保険への加入によって預金資産が増加しているにすぎず，高所得層は与信能力も高く借入れも行うことで，純資産（貯

---

65) U. S. Congressional Budget Office (2007) pp. 6-7.
66) 所得層別にみた場合，160,000ドル超の区分の最高所得層では17%（2000年）から10%（2006年）へと6ポイントの減少で，そのうち Roth IRA の減少は5ポイントにのぼっている．これは，Roth IRA が2001年に伝統的 IRA で改正されたような拠出制限の物価調整を行っていないため，適格者が減少したことに起因している．
67) 最後に自営業者の合計加入率は，各年度にそれほど変動がなく，一般的傾向を見出せない．つまり，租税政策の意図はそれほど達成されていないと言えるであろう．
68) U. S. Senate, Special Committee on Aging (2005) でのアーバン・インスティテュート（Urban Institute）のスターリ（Steuerle）の指摘．ここでの貯蓄とは，資産から負債を控除したネットの貯蓄である．
69) Federal Reserve Board (2006).

第Ⅱ部　国内租税政策の論理

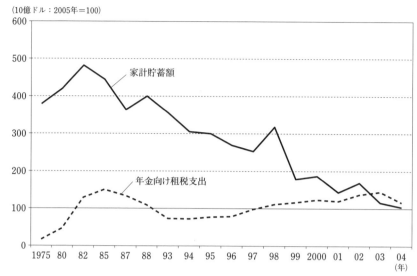

【図4-6】年金向け租税支出と家計貯蓄額の推移

注) 1993年以前は年度の計上間隔が空いている.
資料) U. S. Senate, Spacial Committee on Aging (2005) Hearing (スターリ (Urban Institute) 提出資料).

蓄額) は減少しているとの主張や，タックスシェルターの利用が可能な高所得層が各貯蓄商品間で有利なものにシフトする一環で利用されているにすぎないとの主張もある[70].

つまり，租税優遇措置の家計貯蓄額への影響は，理論的にも実証的にも明確ではない[71]．いずれにしても，統計上の数値を見る限り，租税優遇措置によって租税優遇プランへの加入率が増加する層も存在したが，家計の貯蓄は増加していない．このことは，「対外純債務の増加」する中で，租税政策によって「国内貯蓄額の減少」を改善するという「準備通貨国の論理」に対応する政策目的が，必ずしも達成されていないことを示している．

---

70) McCarthy and Pham (1995), Bernheim (2002) 等．
71) Slemlod and Bakija (2008) pp. 127-131. 理論的には，所得効果と代替効果の大きさに依存する．

(5) 年金保険と税制改革案

近年,「低所得層が租税優遇措置を利用して将来のために貯蓄をするようにしたほうが,家計貯蓄を引き上げるのに効果的なのではないか」との主張がなされるようになっている[72]。貯蓄性資産の保有残高そのものが多く,タックスシェルター商品として租税優遇措置を上限まで利用する高所得層よりも,貯蓄そのものが少ない低所得層に対して,貯蓄をすれば租税優遇措置を利用できるようにしたほうが,効果的という考え方である.

実際,表4-9を用いて拠出限度額の上限まで拠出を行っている加入者の割合に関し,2000年における最高所得層と最低所得層で確認してみると,401(k)は最低所得層では2%,最高所得層では29%,伝統的IRAでは最低所得層で49%,最高所得層で93%,Roth IRAでは最低所得層では59%,最高所得層では82%となっている.

つまり,どのプランにおいても高所得層では限度額上限まで拠出している割合が高く,低所得層ではその割合が低い.このことは,低所得層では年金保険に加入していたとしても,租税優遇措置を上限額までは利用し切れていない実態を示している[73]。このような低所得層の問題を一層複雑にしているのは,人種別にも状況が異なることにある(表4-10).

先に確認したように,65歳以上の高齢者の所得構成の順位は,社会保障年金,稼得収入,個人貯蓄(財産所得),雇用主提供年金保険を含む民間年金が続いている.人種別には,白人系は財産所得の比率が高く,社会保障年金所得の比率が低いのに対して,非白人は社会保障年金の比率が高く,財産所得の割合が低い.非白人の中では,特にヒスパニック系は,社会保障年金の比率と公的扶助の割合が高く,民間年金の割合が相対的に少ない.

言いかえれば,社会保障年金は黒人系やヒスパニック系といった非白人系の構成比が高く,財産所得は白人系の構成比が高い.「社会政策目的の租税優遇措置」によって加入促進を図っている民間年金は,ヒスパニック系の構成比が

---

72) Gale, Iwry and Orszag (2005), U. S. Senate, Special Committee on Aging (2005) 等.
73) このことが意味するのは,貯蓄額の増加やインフレへの対応を意図した1990年代や2001年の拠出限度額の引き上げによりメリットを多く受ける層は,高所得層であるということである.

【表4-9】所得層別・プラン別：限度額上限まで拠出した加入者割合の推移

			Under $20,000	$20,000 to $39,999	$40,000 to $79,999	$80,000 to $119,999	$120,000 to $159,999	$160,000 and Over	全所得層合計(%)
雇用主提供保険	401(k)	2000	2	1	1	4	11	29	6
		2003(前)	1	1	2	7	16	41	9
		2006(前)	1	1	3	9	21	51	12
		2003(後)	<1	<1	1	3	8	28	5
		2006(後)	<1	<1	1	2	7	27	5
個人	伝統的IRAs	2000	49	55	63	76	79	93	70
		2003(前)	50	51	67	78	84	97	71
		2006(前)	46	51	68	79	89	98	73
		2003(後)	26	33	45	66	75	92	55
		2006(後)	21	25	40	59	74	92	52
	Roth IRAs	2000	59	51	54	67	75	82	62
		2003(前)	52	46	54	65	74	81	60
		2006(前)	52	51	58	65	78	n.a.	62
		2003(後)	40	31	39	49	56	65	44
		2006(後)	32	31	35	40	52	n.a.	39
自営業	SEP	2000	32	24	17	18	22	24	21
		2003(前)	41	21	25	38	40	46	35
		2006(前)	42	32	33	39	44	49	41
		2003(後)	29	6	9	14	13	21	14
		2006(後)	23	14	14	15	19	18	16
	SIMPLE	2000	6	1	3	13	12	26	9
		2003(前)	10	3	6	15	27	34	12
		2006(前)	11	3	7	19	35	50	17
		2003(後)	5	<1	1	4	5	11	3
		2006(後)	5	1	1	3	6	14	4

注1)（前）：EGTRRA = Economic Growth and Tax Relief Reconciliation Act of 2001 適用前の拠出限度額を基準にした場合.
 2)（後）：EGTRRA = Economic Growth and Tax Relief Reconciliation Act of 2001 適用後の拠出限度額を基準にした場合.
 3) SEP : Simplified Employee Pensions
 4) SIMPLE：Savings Incentive Mach Plans for Employee
 5) 所得層：調整総所得＋貯蓄プラン非課税拠出額 － IRA からの課税分配所得
資料）U. S. Congressional Budget Office（2011）Table A12 より作成.

【表 4 - 10】 老齢者の所得構成比（人種別）

		年	2000	2002	2004	2006	2008	2010
	老齢人口（65歳以上：千人）		25,230	26,219	26,865	27,421	28,921	29,640
		白　人	22,111	22,700	23,121	23,536	24,746	25,268
		黒　人	2,286	2,418	2,565	2,624	2,770	2,873
		ヒスパニック	1,502	1,604	1,741	1,902	2,123	2,257
老齢者の所得構成比（％）	稼得収入		23.1	24.9	26.3	27.8	29.7	30.2
		白　人	22.8	24.6	25.8	27.7	29.2	30.0
		黒　人	23.3	24.1	28.1	24.9	29.3	30.2
		ヒスパニック	24.1	30.4	30.9	34.9	32.9	38.1
	退職所得	社会保障年金	38.4	39.4	38.6	36.7	36.5	36.7
		白　人	38.3	39.4	38.6	36.4	36.4	36.5
		黒　人	43.9	44.4	42.4	43.3	41.4	40.7
		ヒスパニック	47.3	44.2	47.2	41.3	42.7	42.0
		鉄道年金	0.5	0.3	0.5	0.2	0.3	0.4
		連邦公務員年金	8.2	8.8	9.0	8.1	8.8	9.2
		民間年金	9.2	9.9	10.2	9.6	9.4	9.0
		白　人	9.4	10.1	10.3	9.7	9.5	8.9
		黒　人	9.3	8.2	9.7	8.8	9.8	10.2
		ヒスパニック	7.5	6.2	7.9	5.7	6.3	5.5
	財産所得		17.5	13.6	12.6	14.9	12.7	11.4
		白　人	18.3	14.2	13.2	15.6	13.5	12.1
		黒　人	5.5	4.7	5.5	6.9	4.8	3.4
		ヒスパニック	7.5	6.3	4.8	7.7	6.7	3.7
	公的扶助（Cash public assistance）		0.7	0.7	0.6	0.6	0.6	0.5
		白　人	0.5	0.5	0.5	0.4	0.4	0.4
		黒　人	1.8	1.8	1.9	2.1	1.5	1.5
		ヒスパニック	3.8	3.6	3.0	2.5	2.5	2.1
	その他（Other）		2.3	2.4	2.1	2.1	2.1	2.6
	合　計		100.0	100.0	100.0	100.0	100.0	100.0

資料) U. S. Social Security Administration, Office of Retirement and Disability Policy より作成。

【表4-11】 貯蓄者税額控除の効果：個人所得税減少の分配効果 (2005年)

現金所得層 (2005年基準)	個人所得税減少の配分割合			
	現行（還付不能）		還付可能に変更	
		累積		累積
10,000ドル以下	0.0%	0%	10.1%	10%
10,000～20,000	14.7%	15%	32.3%	42%
20,000～30,000	25.3%	40%	28.9%	71%
30,000～40,000	22.2%	62%	15.7%	87%
40,000～50,000	16.2%	78%	5.0%	92%
50,000～75,000	20.0%	98%	3.6%	96%
75,000～100,000	0.6%	99%	0.9%	97%
100,000～200,000	0.6%	100%	1.3%	98%
200,000～500,000	0.2%	100%	0.2%	98%
500,000～1,000,000	0.0%	100%	0.0%	99%
1,000,000ドル超	0.0%	100%	0.0%	100%

注) 適用対象を拡大して還付も行う場合，追加的に30億ドルの歳入ロスと仮定．
資料) Burman, Iwry and Orszag (2005) Table 5, 8.

低い[74]．

　このような状況へのブッシュJr.政権の対応姿勢は，2001年6月の経済成長および減税調整法における貯蓄者税額控除の導入にも現れている．ただこの政策は，民間年金保険に加入する低所得層をターゲットとしたものであるが，必ずしも人種間の相違を意識したものではなく，その対象も低所得者全般ではない．あくまでもブッシュJr.大統領が公言した，財政黒字をすべての「納税者」に戻すという観点から行われた減税措置であった．そのため，低所得層への対応として設けられた貯蓄者税額控除も，納税が可能な低所得者のみを対象にしており，それに加えて金額的な規模も小さい．

　貯蓄者税額控除の導入初年度にあたる2002年を見てみると，税額控除を申請した納税者のうち約43％が，自身の租税債務の金額よりも算定した税額控除額の金額のほうが大きいため，全額控除できていない[75]．また，表4-11の2005年度の状況を見ても，30,000ドル未満の低所得層に対する税額控除は，

---

74) このことは，「社会政策目的の租税優遇措置」による民間年金への加入促進は，人種毎に異なる効果をもたらす可能性があることを示している．
75) Koenig and Harvey (2005).

第 4 章　税制から見た医療・年金資金の個人積立口座化

貯蓄者税額控除全体の 40％にすぎない．

　そこで，多くの論者から，低所得層への対応であれば，現在の貯蓄者税額控除の規模を拡大しつつ，還付可能な税額控除に転換すべきとの主張がなされているが[76]．問題はそれらの財源をどこから調達するかにある．

むすび

　本章では，クリントン政権による医療保険改革が頓挫した後から，ブッシュ Jr. 政権における医療・年金保険制度と関連する税制について，主として個人レベルに焦点を合わせて検討した．

　クリントン政権は 1994 年 9 月に包括的な医療保険改革による国民統合に頓挫し，さらに 11 月に中間選挙で分割政府という状況の変化に直面した．そのような中で，医療や年金といった制度内部の個別的な改革により，一方で金融・資本市場によるルートでの国民貯蓄の改善を意図しつつ，他方で国民統合を図るような租税政策を行うようになってゆく．

　採用された租税政策は，個人貯蓄口座に個人レベルの租税負担軽減を組み合わせることで，医療・年金保険への加入を促進，医療・年金資金への貯蓄促進，資金の携行可能性の維持，雇用流動化に対応する形での保険継続性の確保等を意図していた．とりわけ個人口座による課税方式は，理論的には所得課税と消費課税のハイブリッド型の形態をとっているものが多く，それらの「社会政策目的の租税優遇措置」の導入，中でも高所得層向け租税支出を拡充すればするほど，アメリカ租税制度の消費課税化が進行していくと主張される．

　個人口座への拠出は，社会保障年金財政やメディケアなどの公的医療財政の収入に直接影響を与えない．社会保障税の課税ベースには影響を与えないからである．つまり，「社会政策目的の租税優遇措置」で民間保険への加入を促進する一方で，社会保障年金財政やメディケア財政の逼迫を回避するメッセージも組み込まれている．

---

76)　Gale, Iwry and Orszag（2005）は，仮に貯蓄者税額控除を還付可能税額控除に変更し，金額も追加的に 30 億ドル拡大した場合，貯蓄者税額控除全体の 71％が年間現金所得 30,000 ドル未満の低所得層に配分できるようになると試算している．

しかし，クリントン政権とブッシュ Jr. 政権による個人口座に対する「社会政策目的の租税優遇措置」の導入あるいは拡充は，必ずしも同一の方向であるとは言えない．

医療保険の領域について，クリントン政権では雇用主提供医療保険から漏れ，無保険となっている自営業や中小企業の被用者の医療保険への加入促進を意図していた．これに対して，ブッシュ Jr. 政権では，雇用主から個人への医療債務のシフトを「社会政策目的の租税優遇措置」の積極化によって緩和する過程で，主として医療費高騰に対応することを意図していた．

年金保険の領域では，クリントン政権は，中小企業の被用者加入を意図する一方で，あえて政府が強く関わる政府補助という形で，社会保障年金とは別枠で，付加的な任意の個人口座の設定を企図した．クリントンが問題視したのは，社会保障年金以外に退職後所得がほとんどない中低所得層に政府資金を用いつつ貯蓄を促すことであった．いわば，「見える福祉国家」化を試みた側面である．これに対して，ブッシュ Jr. 政権では社会保障年金改革も民間年金保険改革も個人口座の利用を企図した（「オーナーシップ社会」）．クリントン政権が社会保障年金の枠外で「見える福祉国家」化を試みたのに対して，ブッシュ Jr. 政権は社会保障年金制度の枠内に，規模を拡大した任意の個人口座の設定を企図し，租税支出による「隠れた福祉国家」の拡充を試みたのである．

医療・年金保険の個人口座に預け入れられた資金は，租税優遇措置の恩恵を受けながら金融・資本市場で運用されるので，金融・資本市場に資金が流入することになる．クリントン政権やブッシュ Jr. 政権は，雇用主から個人にシフトする医療・年金債務の負担を「社会政策目的の租税優遇措置」によって軽減しつつ，個人貯蓄口座を用いて貯蓄促進を図ると同時に，金融市場への資金流入を企図した（「準備通貨国の論理」）．

しかし，拠出上限の制限緩和等の形で行われる「社会政策目的の租税優遇措置」の積極化は，中高所得層に恩恵をもたらす傾向がある．そのような所得水準の相違とともに，人種間の相違という複雑性も抱える．人種別にみると白人系は金融資産への投資傾向があるため，金融資産へあまり投資をしないヒスパニック系や黒人系といった非白人低所得層に比して，個人口座に対する租税優遇措置の受益を多く受ける傾向がある．そこで，還付可能税額控除等によって

低所得層向け租税支出を拡充し，中低所得層の保険への加入と貯蓄を促す方向が模索されたが，財源問題に直面している（「国民統合の論理」）[77].

---

77) 2005年の大統領諮問委員会報告（President's Advisory Panel on Federal Tax Reform (2005b) p. 115）では，貯蓄促進税制については，現行制度のもとでの複雑で重複する貯蓄誘因を与える諸制度を，簡素で効率的な①職場貯蓄口座，②退職貯蓄口座，③家族貯蓄口座の3つの貯蓄口座に統合する提案を行っている．また，還付可能税額控除については，児童税額控除を人的控除と概算控除とともに新たな家族税額控除に統合し，勤労所得税額控除は家族税額控除と関連づけ，就労税額控除に組み替えることを提案している．

第5章　勤労所得の資本所得化と税制
　　──ストック・オプション制度

第1節　問題意識

　ストック・オプションとは，企業が被用者と役員に対して，将来の特定期間に，特定の価格で，当該企業の株式を取得する権利を付与する制度であり，雇用面からみれば，「株式報酬」という企業の支払い報酬の一形態である．

　ストック・オプションは，企業の「現金報酬」に代替する「株式報酬」という点で，第3章と第4章で確認してきた「法定外福利費」以上に，企業のキャッシュ・フローや業績に関連する余地が大きい．また，「現金報酬」のような労働市場での分配を，「株式報酬」として金融・資本市場での分配に転換することで，企業の人件費が金融・資本市場との関連を一層強めていったことを象徴する制度でもある．さらに，これらの議論は企業の人件費というフローに関する議論として共通しているが，実はいずれも企業の労働債務（繰延債務）というストックの認識に関する問題でもある．

　本章では，ストック・オプション制度と税制の関係について，法人企業と個人（被用者等）の両者に焦点を合わせた分析を行う．このような視点から分析をするのは，従来の研究に対する，下記のような問題意識からである．

　第一に，従来のストック・オプション税制に関する研究では，Bittker and Lokken（1999）やBankman, Griffith and Pratt（2002）等のように，株式報酬の受取側である個人所得税に関するものが多く，Jaquette, Knittel and Russo（2003）のように，支払側である法人所得税をも意識して，個人所得税と法人所得税という両者の視点から検討するものは多くなかった．

第二に，日本におけるアメリカのストック・オプション税制の研究では，川端（1997），渡辺（2003）といった優れた研究があり，またストック・オプション会計の研究では，アメリカの企業会計上の債務性（繰延報酬としての退職後医療・年金給付債務との類似性）や費用性（費用計上の可否）に関する論争が，野口（1994）や大塚（1995）によって紹介されていたが，アメリカにおいて租税制度の取り扱いが会計制度と異なることになった背景については，その詳細が明らかにされていなかった．

　第三に，その影響もあって，アメリカにおける Hanlon and Shevlin（2002）のような形で租税制度と会計制度との関連が意識されず，日本では税制と会計それぞれの領域で個別に議論されていた傾向がある．言いかえれば，株式が発行され，流通する資本市場の信頼性を確保するのは会計制度であり，ストック・オプションにおけるキャピタル・ゲインが実現するのもその資本市場であるにもかかわらず，租税制度と会計制度・資本市場の関連を意識した研究が少なかった．

　これらは，租税制度内部での相互関連や，租税制度と会計制度の相互関連が正面から意識されていないことに起因している．フローに関して議論が集中し，企業の労働債務（繰延報酬）等のストックの側面からの議論が希薄になっていたのもそのためである．

　以上の問題意識のもと本章では，ストック・オプション制度の仕組みを説明し，そのような制度の形成過程を連邦議会公聴会における一次資料の検討を通じて把握する．そして，ストック・オプション制度の利用実態と特徴を分析し，それが連邦財政に与えた影響を確認する．

第2節　ストック・オプションと租税制度・会計制度の相互関連

　図5-1でストック・オプションの基本的な仕組みを確認しておこう．それは，時の経過に従ってストック・オプションの「権利付与」時，「権利確定」時，「権利行使」時，「株式売却」時に分けて考えることができる．

　まず，「権利付与」段階では，付与対象者，内容，権利確定のための条件（3年連続勤務等）などが示される．一般的に「権利付与」時点では，株価より権

第5章　勤労所得の資本所得化と税制

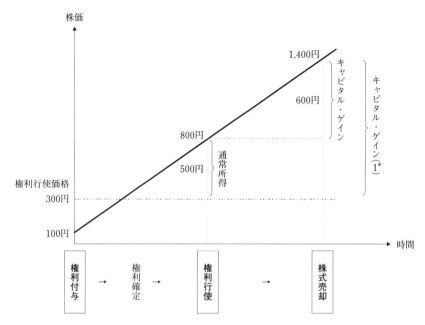

【図5-1】ストック・オプション制度の概要

注）*1 適格ストック・オプションのケース．
資料）筆者作成．

利行使価格が高く設定される．というのも，ストック・オプションは，その後の株価上昇を織り込んで付与するからである．図には権利行使価格は300円，株価は100円という仮定で示してある．

次の「権利確定」段階では，権利が付与された後，3年勤務等により実際に株式購入の権利が確定する[1]．さらにその次の「権利行使」段階では，実際に被用者が会社に対し行使価格を払い込み，株式を取得する．図に示したように株価800円に対し，払込価格300円とすると，被用者は500円の経済利益を得ている．

最後の段階である「株式売却」では800円で取得した株を1,400円で売却し，600円のキャピタル・ゲインを得る．以上がストック・オプションの基本的な

---

[1] Crimmel and Schildkraut（2001）pp. 16-17 は権利付与から権利確定までの期間の平均は3年が多く，失効期間は10年が多いとの結果を提供している．

仕組みである．

　しかし，租税制度と会計制度の取り扱いは，それぞれ区別の仕方が異なっている．具体的には租税制度は適格ストック・オプションと非適格ストック・オプションとで区別し，会計制度は原則法（FAS123号）と容認法（APB25号）とで区分している．特に複雑になるのは法人企業段階での取り扱いであり，各法人企業がどの方式を採用したかが問題となる．

　これらの方式については，次に個人の取り扱いとともに確認するが，あらかじめ結論を先取りすれば，多くの法人企業は租税制度では非適格ストック・オプションを，会計制度ではFAS123号の容認法（従来のAPB25号＋注記）を採用した．そこで，表5-1で1990年代の各制度の具体的内容と採用状況について確認しよう．

(1) 租税制度の概要と租税制度間の相互関係

　まず，租税制度について見てみよう．適格ストック・オプションは，オプション付与に際して株主の承認を得ることや，付与する権利行使価格を付与時の時価（株価）以上にする一定の厳格な要件を満たしたストック・オプションである[2]．歴史的には1950年の制限的ストック・オプション（64年廃止）の導入に始まり，1964年の適格ストック・オプション（1976年に廃止），1981年からの奨励型ストック・オプションとの3形態があるが，要件が厳格化されたり緩和されていたりするのみで，租税制度上の特徴にはほとんど変化がない[3]．

　現在の租税制度上の特徴を前出図5-1で確認すれば，①個人所得税が権利行使時に課税されず売却時にまで繰り延べられ，「売却価格（1,400）－付与時の権利行使価格（300）＝ 1,100」が全額キャピタル・ゲインとして課税される点，②キャピタル・ゲインであるため個人所得税の適用税率が通常所得よりも優遇される点，③法人所得税の計算に際し，法人企業はどの段階においても損金算入できない点にある．加えて，1986年改正以降は，④個人段階での「権利行使時の株価（800）－付与時の権利行使価格（300）＝ 500」について，個人AMT（Alternative Minimum Tax：代替ミニマム税）を負担することになってきた

---

[2] 現在の正式名称はIncentive Stock Option（ISO）で，1981年に導入された．
[3] アメリカのストック・オプション制度の歴史的変遷については，川端（1997）37-51頁参照．

第5章 勤労所得の資本所得化と税制

【表5-1】租税制度と会計制度

(1)適格ストック・オプション（Incentive Stock Options：ISO）

	租税制度		会計制度（付与する企業側の処理）	
	個人所得税	法人所得税	FAS123（原則）	FAS123（容認：APB25）
権利付与時	―	―	人件費認識（*1）	人件費認識（*2）
権利確定時	―	―	―	―
権利行使時	―	―	―	―
株式売却時	キャピタル・ゲイン 売却価格－権利行使価格	―	―	―

(2)非適格ストック・オプション（Nonqualified Stock Options：NOSO）

	租税制度		会計制度（付与する企業側の処理）	
	個人所得税	法人所得税	FAS123（原則）	FAS123（容認：APB25）
権利付与時	―	―	人件費認識（*1）	人件費認識（*2）
権利確定時	―	―	―	―
権利行使時	通常所得（給与所得） 行使時株価－権利行使価格	損金算入（人件費）	―	―
株式売却時	キャピタル・ゲイン 売却価格－行使時株価	―	―	―

注1）*1 権利付与時点での権利の価値＝オプション価格決定モデル（ブラック・ショールズ等）〈公正価値基準法〉．報酬コストは役務提供期間で均等配分（相手勘定は資本剰余金）
  2）*2 権利付与時点での権利の価値＝付与時点の市場価格－権利行使価格〈本源的価値法〉．通常は「権利付与日の株価」＜「権利行使価格」のためゼロ．
資料）著者作成．

点も指摘しておくべきであろう[4]．

　他方，非適格ストック・オプションは，適格ストック・オプションのように一定の厳格な要件を満たす必要のないストック・オプションである[5]．歴史的には適格ストック・オプション導入以前の1923年から存在したが，租税法上

---

4) 1986年税制改正による個人AMTの改正で奨励型のメリットが薄れた．
5) 正式名称はNonqualified Stock Option（NOSO）である．

は1969年の内国歳入法83条により経済的利益の所得税上の取り扱いが明確化され，法人企業は内国歳入法162条により経済的利益に相当する額について損金算入できる[6]．

　租税制度上の特徴を前出図5-1で確認すれば，①個人所得税が繰り延べられることなく2つの段階で，すなわち権利行使時に「権利行使時の株価（800）－付与時の権利行使価格（300）＝500」が通常所得（受取報酬・給与）として課税され，売却時に「売却価格（1,400）－権利行使時の株価（800）＝600」がキャピタル・ゲインとして課税される点，②法人所得税では権利行使時に個人所得税で課税された金額と同額（500）が控除（支払報酬・給与）される点にある．さらに，③個人段階で権利行使時に認識された通常所得（500）は，個人AMTの負担はないが，社会保障税の課税ベースに含まれ，社会保障税を負担する必要がある．ここでは，社会保障税は資産所得が非課税であること，にもかかわらず資産性所得に近いストック・オプション行使による所得は，通常所得として社会保障税の課税対象となっていたことを指摘しておきたい[7]．

　さて，実際の採用状況を確認すると，非適格ストック・オプションによる付与が78％で，適格ストック・オプションによる付与が31.2％と，約8割の法人企業が非適格ストック・オプションを採用していた[8]．非適格ストック・オプションの採用が多い要因は，適格ストック・オプションに比して要件が緩やかである点，適格ストック・オプションのように複雑な個人AMTの申告を行う必要がない点，法人企業サイドでの損金算入が認められている点がある．法人企業にとっては権利行使価格よりも株価が上昇すればするほど，権利行使時の損金算入額を大きくすることができ，個人にとっては，権利行使後に株価が上昇し，売却できればキャピタル・ゲイン優遇措置を受けることができる仕組みであった．

---

6) 川端（1997）37-51頁，渡辺（2003）67-75頁．
7) ただし，社会保障税（社会保障年金税・メディケア税）のうち，社会保障年金税は課税上限があるため，課税ベースの増大が社会保障税収の増大に直結するものでもない点には留意が必要である．
8) Crimmel and Schildkraut（2001）p.13. 両者の制度を同時に付与している企業があるため，合計が100％を超過する．なお，Hall and Liebman（2000）は，非適格ストック・オプションの採用割合を95％と推定し，Sullivan（2000）は80～90％と仮定している．

このことは，株式を受ける側にとっては株価上昇による報酬増加の可能性には上限がないものであり，法人企業にとっても株価上昇による損金算入増加の可能性が広がる仕組みであることを意味していた[9]．

つまり，権利行使による個人のストック・オプション所得（報酬・給与）は，個人所得税の増収と同時に法人所得税の減収をもたらす．この関係がストック・オプション行使による報酬を媒介にした，個人所得税と法人所得税との相互関連である．

(2) 会計制度の概要と租税制度との相互関連

次に会計制度についてみよう．まずはオプション価値の測定方法として，本源的価値法と公正価値法の2つを説明しておく必要がある．本源的価値法は，オプション価値算定時点の「権利付与時の株価 − 付与時の権利行使価格」として算定される．一方，公正価値法は，本源的価値のみならず時間的価値をも含めて測定する方法であり，ブラック・ショールズ・モデル等のオプション価格理論モデルにより算定される．

上述のように，会計制度上はFAS123号のもとで原則法と容認法が存在している．まず，原則法とは付与したオプションの価値を，公正価値法により測定する方式である．公正価値の測定日は権利付与日であり，権利付与時に生じる可能性が高いといわれる本源的価値がゼロの場合（「権利付与時の株価」<「付与時の権利行使価格」）でも，オプションの時間的価値はつねに存在することになる．したがって，この方式によった場合には付与時から会計の報酬費用が損益計算書に計上される．

一方，容認法とは従来のAPB25号で認められていた本源的価値法を採用することを認めつつ，公正価値法による見積純利益と1株当たり見積利益を注記事項とする方式である．APB25号による本源的価値の測定日も権利付与日であるが，本源的価値がゼロ（「権利付与時の株価」<「付与時の権利行使価格」）となる場合，権利付与に伴う報酬費用は損益計算書には計上する必要がない[10]．つまり，容認法を採用し，本源的価値がゼロの場合には従来通り損益計算書で

---

9) ただし，役員が行使した場合，法人企業の損金算入には一定の制限がある．

は給与・報酬費用を計上する必要がない．単に注記情報として，公正価値法を採用した場合と同等の情報を開示するのである．

Tang and Conroy（1998）によれば実際の採用状況は，サンプル法人企業150社のうち1社も原則法である公正価値評価法を採用しておらず，法人企業の大半は，通常は損益計算書に費用計上されない容認法を採用していた[11]．

最後に，多くの法人企業で採用された租税制度上の非適格ストック・オプションによる法人所得税の課税所得と会計制度上の容認法による会計利益との関係について考えておこう．会計制度上は給与・報酬費用を損益計算書に計上しないことで会計利益を減少させないが，租税制度上は法人所得税の算定時に給与・報酬費用が損金算入されるので課税所得は減少する．このことは，法人所得税は減少するが，会計利益が増大するので株価上昇に寄与する可能性を示している．この関係が，ストック・オプション制度における報酬を媒介にした，法人企業における会計制度と租税制度の相互関連である．

第3節　クリントン政権期のストック・オプション改革案と議会公聴会

次に，租税制度と会計制度とが上記の関係となるまでのプロセスについて，政策論理を視野に入れつつ議論してみたい．

第1章で確認したようにアメリカの租税制度は，主に連邦議会の下院歳入委員会，上院財政委員会，両院協議会で議論される[12]．これに対して会計制度は，議会から相対的に独立した証券取引委員会（Securities and Exchange Commission, 以下，SECとする）の支持を受け，民間による独立した会計基準の設定主体である財務会計基準審議会（Financial Accounting Standards Board, 以下，FASBと

---

10) ここでは行使価格と株式数が付与日に確定している条件確定（固定）型ストック・オプションを前提としている．行使価格の変動する変動型ストック・オプションについては，APB25号でも報酬費用の計上を要求している．

11) スタンダードアンドプアーズ社によれば，ストック・オプションを採用しているS&P500の企業の中で，1990年代に公正価値法を採用する企業は，ボーイングとウィンディクシー・ストアーズの2社にすぎない．

12) Steinmo（1993=1996）pp. 135, 140-142（訳書176, 182-185頁）は，アメリカ政治の特徴として政治権限の分立や小委員会政治を指摘している．

する）が具体的作業を行う[13]．もちろんそれぞれの政策形成過程で利益集団の圧力を受けるであろうが，議会の関与が異なっていることがわかるであろう．会計制度の形成過程において，議会はSECに対しFASBの策定した会計基準を規制する権限を与えるのみであり，原則として議会が法律制定をすることによって，FASBの基準設定過程に対して干渉することはない．しかし，ストック・オプションについては，会計制度の形成過程の途中で議会が介入する事態となった．そこで，まず，経済的・社会的・政治的背景についてみてみよう．

FASBではすでに1984年3月の時点で，1972年に導入したストック・オプション会計基準APB25号の見直しを検討課題にしていた．アメリカ公認会計士協会等からAPB25号では固定型ストック・オプションと変動型ストック・オプションとの間に会計処理の首尾一貫性がないとして再検討の要請を受けていたからである．その結果，1988年にはストック・オプションを報酬費用として認識すべきであるという合意がなされたものの，測定方法の合意までには至らなかった[14]．そして1988年以降のFASBはストック・オプションの測定方法を検討するというよりも，それを含むより広い概念である負債証券と持分証券の区分に関するプロジェクトを優先させてしまった．そのため，ストック・オプションの会計基準については，1990年8月にストック・オプション等の自社株に対するコール・オプションは持分証券とすることを決定したという進展はあったが，それ以外にはほとんど成果がなかった．

しかし図5-2にあるように，1980年代中盤以降の株価上昇の中で役員報酬が巨額化してきたことに対する社会的批判が高まり，それをうけて議会がSECとFASBによる会計制度の形成プロセスに干渉してきた．議会公聴会での議論展開をみていこう．

---

13) 1938年に民間のアメリカ公認会計士協会（AICPA）が開設した会計手続委員会を起源として，1973年に財務会計基準審議会（FASB）が設立された．一方，日本では2001年7月にアメリカのFASBを参考に民間の設定主体として財務会計基準機構（FASF）が設立されたが，その起源は1948年に政府（経済安定本部）に設置された企業会計制度対策委員会である．戦後から2000年までにおける日本の会計基準設定主体の変遷等については，関口（2001）参照．
14) ストック・オプションの性格を負債とするか持分とするかで測定方法が異なるためである．

第Ⅱ部　国内租税政策の論理

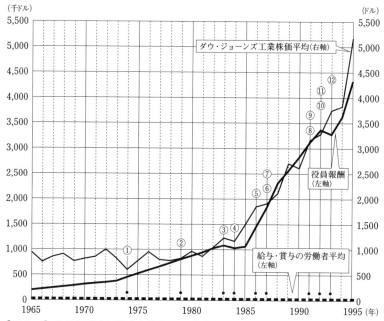

【図5-2】役員報酬の巨額化と株価への連動

① 1974：Michel Bergerac の報酬は，Revlon 社が ITT 社からの新社長を150万ドルの契約金で求めたときに，100万ドルの大台を超えた．
② 1979：Chrysler 社の新社長 Lee Iacocca は，年間給与1ドルで1年過ごした．同時に40万株を購入するオプションを得た．
③ 1983：William Agee は，株式公開買い付け後に Bendix 社を退社したが，大企業の CEO の中で巨額のゴールデンパラシュート（5年間で390万ドル）を得た最初の人物となった．
④ 1984：議会は過大なゴールデンパラシュートを制限する意図で法を制定したが，その制定自体が逆効果——新たな高い水準を設定することになった——であった．
⑤ 1986：新法案が多くオプションを単年度で付与した場合に租税優遇措置を認めたため，オプションの付与が大量に行われた．
⑥ 1987：Iacocca 氏が最初に巨額のオプション付与を受けた：給与と賞与の15.34倍に等しい82万のオプション．
⑦ 1987：ジャンク債の王様 Michael Milken は，給料と賞与で5億ドルを受領し，史上最高額の所得者となった．
⑧ 1991：U. S. Surgical Corp 社の社長 Leon Hirsch は，給与と賞与の125.6倍となる，史上最大のオプションの付与を受けた．
⑨ 1991：Cocacola 社の会長 Roberto Goizueta は，譲渡制限付株式100万株を受領し，同様の株式報酬では史上最高額であった．
⑩ 1992：SEC は委任状における厳しい開示規定を発行したが，同僚の役員報酬が容易にわかるようになったことから，役員報酬の高額化を間接的に助長した．
⑪ 1992：Walt Disney 社の会長 Michael Eisner は低額のストック・オプションを大量に行使し，345万株を売却して1億2,690万ドルの税引前所得を実現した．
⑫ 1993：新たな租税法は100万ドルを超える上級役員報酬の損金算入を制限したが，逆に役員報酬の水準を引き上げた．
注）＊譲渡制限株式，ストック・オプションの付与時の価値及びその他の長期報酬を含んだ合計額．
資料）Wall Street Journal（1996）Executive pay, April 11, R 4.

第5章　勤労所得の資本所得化と税制

(1) 1992 年 1 月 31 日：上院政府問題委員会公聴会

まず，小委員会の委員長であったレビン (Levin) 上院議員 (民主党, ミシガン州選出) はこの公聴会の目的について以下のように述べている[15].

> 「この公聴会は，役員ストック・オプションに対する連邦政府の政策が，いかに支払額と業績との関連を喪失させているか，いかに CEO (経営最高責任者) に自社株を継続保有させる誘因を弱めているか，いかにオプション報酬の規模と金額を覆い隠しているかを明らかにする」

そして，ストック・オプションに対するこれまでの議論の現状について，FASB と SEC に対し下記のような不満を述べる．

> 「8 年もの間，FASB は会計実務を変更すると約束してきたが，依然として実現しておらず，SEC も無駄に傍観していた．SEC は法人企業が株主に対し，委任状 (Proxy Statement) と呼ばれる文書の中で，トップ役員 5 名の報酬総額を毎年報告するように要求している．しかし，その中では現金報酬は開示されるが，権利未行使のストック・オプションについて開示はされない」

以上のような指摘の後，レビン議員は 2 つの処方箋を示している[16]．一つは連邦政府がストック・オプションを直接規制する方法であった．しかし，この方法は市場と株主が法人企業を統制するという資本市場の原則に反することを自らも指摘している．もう一つはレビン議員自身の法案で，主たる内容は法人企業では租税制度上は損金算入されるため，会計上も費用計上を強制するというものである．そもそも，ストック・オプション批判の源泉は，巨額化してきた役員報酬に対するものである．それは，この公聴会の議題「隠れた役員報酬——ストック・オプションの連邦での取り扱い」が象徴している．レビン議員の論理は役員報酬の巨額化の原因はストック・オプションにあり，株主のチェ

---

15) U. S. Senate, Committee on Government Affairs, Oversight of Government Management (1992) p. 26.
16) U. S. Senate, Committee on Government Affairs, Oversight of Government Management (1992) pp. 2-3.

ック機能が働かないのは，ストック・オプションが会計上費用計上されていないことに起因するというものであった．言いかえれば，株主に対して開示できれば，その後は市場の論理で解決に向かうと考えていたのである．

一方，レビン議員のSECに対する批判（企業が株主に対し役員報酬を開示している委任状にストック・オプション報酬の記載を要求していないという内容）に対し，SEC委員長シュッツェ（Schuetze）は「レビン上院議員の法案を含め，役員報酬の開示に関する多数の提案を検討中である」と回答し[17]，議会が会計制度形成プロセスに干渉することについて，下記のような見解を述べた[18]．

「50年以上もの間，SECは民間セクターとともにアメリカの会計原則を発展させる政策に従事してきた．このアプローチは役員ストック・オプションに関する会計基準の発展にも継続されるべきで，SEC規則や規制によるべきではない」

また，もう一方の当事者であるFASB副委員長ライセンリング（Leisenring）は，「われわれは現在，ストック・オプション報酬に関連している負債持分（liability equity）発行の概念の最終公表に向けて作業している．1992年後半にも，株式報酬会計に関する特定問題の検討を再開する」[19]としてFASBの活動を説明した．

この議会公聴会は，ストック・オプションの費用計上について長期間議論しているにもかかわらず依然として結論に至っていないFASBとSECに対する不満から開催されたものであった．ここでは全般的傾向として，租税制度の変

---

[17] さらに，歴史的にストック・オプション報酬を会計上費用計上してこなかった要因として，1950年以来の租税法の影響やAPB25号設定時点でもオプションの測定方法と評価時点の問題が未解決であったことも指摘した（U. S. Senate, Committee on Government Affairs, Oversight of Government Management (1992))．租税法上，役員・被用者が租税優遇措置を受ける際には，権利行使価格が付与日の株価を上回ることを条件の一つにしていたが，会計制度上は，1953年のARB43号も1972年のAPB25号も，権利行使価格が付与日の株価を下回っている場合に費用計上を要求していた．つまり，租税法上の優遇措置の要件に合致させると，結果的に会計制度も費用計上しないことになる．

[18] U. S. Senate, Committee on Government Affairs, Oversight of Government Management (1992) p. 31.

[19] U. S. Senate, Committee on Government Affairs, Oversight of Government Management (1992) p. 36.

第5章 勤労所得の資本所得化と税制

更という視点はあまりみられないが，現在の法人企業での租税制度の取り扱いに会計制度を近づけるため会計制度上は株式報酬を認識することでは一致していた点，そのタイミングや認識方法の合意は見られない点を指摘しておこう．

このような議会からの圧力をうけつつ FASB はストック・オプションに関するプロジェクトを 1992 年 2 月 26 日に再開した．また，SEC 自身も 1992 年 10 月に新たな役員報酬の開示規則を発効させた．その内容は，上位 5 名の経営者に対し付与されたストック・オプションの行使価格や数等を委任状に開示させるものであった．とはいえ，これらの動きによっても議論が収束することはなかった．

(2) 1993 年 1 月 28 日：レビン上院議員の法案

1993 年 1 月 20 日にクリントンが大統領に就任してからもストック・オプション問題は議会を巻き込んで展開し，相次いで法案が提案された．代表的な提案がレビン法案（費用計上に賛成）とリーバーマン（Lieberman）法案（費用計上に反対）であった．まず，1 月 28 日に上院に提出されたレビン上院議員の法案の考え方についてみてみよう[20]．

> 「アメリカ企業が役員に提供している巨額の報酬は，企業利益，被用者の解雇，外国競争者の行動とは全く関連していない．この事実はアメリカ経済，雇用そして将来の繁栄の打撃になる．ストック・オプションはこの問題の片棒を担いでいる」

すなわち実際の経済や経営に関係せず巨額化している役員報酬とストック・オプションの問題を指摘している．法案の内容は，上述の 1992 年公聴会におけるレビン議員の主張と同じであり，役員報酬の巨額化の要因を会計制度と租税制度の取り扱いが相違しているストック・オプションに求めていた．それでもなお，法案を提出した理由を以下のように述べている．

> 「特定の会計基準の公布を連邦の立法化により行うことは，理想的な方法ではない．

---

[20] U. S. Senate (1993a).

何度も申し上げているように，私の望みはFASBまたはSECが自分達の望む行動をとることだ．しかしFASBは問題を認識しながら10年放置し，連邦の立法化なしに行動を起こすと約束した期限からは1年経過し，FASBにもSECにも改訂規則の公表への具体的な進展がない」

すなわち，この法案提出は前年の公聴会以降も進展の見られないFASBとSECへの不満からのものであった．そして，この法案審議から約2ヶ月後の1993年4月8日FASBは，ストック・オプションを付与日の公正価値で測定することを決定した．

(3) 1993年6月29日：リーバーマン上院議員の法案

次に，1993年6月29日に上院に提出されたリーバーマン議員（民主党，コネチカット州選出）の法案を見てみよう．確かに，この法案は会計処理の観点からすれば，費用計上を提唱するレビン法案に反対している．しかしこの法案で注目すべきは，この法案の目的・対象および租税政策である．まず，この法案の目的について，以下のように述べている[21]．

「この法案は，報酬の一部をストック・オプションで受ける被用者を全産業で増加させ，アメリカ企業の競争力と収益性を刺激する．加えて，被用者ストック・オプションに対する現行の懲罰的な租税法上および会計上の取り扱いを改正し，ストック・オプションを通じて購入した被用者が株式を保有し続けるような強力な租税インセンティブを創出して長期保有の資本割合を高める．アメリカの公共政策は，株式報酬プログラムを広範囲に利用することで被用者参加を刺激・奨励すべきである」

この法案はアメリカ経済活性化のために被用者の経営参加を促すことを目的に，租税優遇措置を組み込んだストック・オプションを利用しようとしていた．その際，「中小企業がエンジンであり，燃料は被用者ストック・オプション制度である」と述べていることからわかるように，全被用者，言いかえれば大企業の被用者のみならず中小企業の被用者についても配慮していた．続けて，ス

---

21) U. S. Senate (1993b).

トック・オプション税制に関する改革案を以下のように述べている．

「企業が望めば非適格ストック・オプションでの損金算入を継続できる．しかし，損金算入を断念して労働力に広くオプションを自発的に与える企業は，成果型ストック・オプション（Performance stock option, 以下，PSO とする）という新たなオプションを被用者に提供することができる．PSO は行使時には被用者に課税せず，株式を取得した後も継続保有する租税インセンティブを与える．適格要件を満たすには，少なくとも PSO の半分は，IRS（内国歳入庁）の定義で「過大報酬の被用者ではない」ことを満たさなければならない．このオプションは，最低 2 年間の保有期間を経過した株式を売却する被用者のキャピタル・ゲインのうち半額を非課税にすることで，キャピタル・ゲインの取り扱いに関する優遇を本質的に回復する．このような強力な租税インセンティブにもかかわらず，新たな形態のオプションはアメリカ財務省にとって歳入減少とならない．むしろ歳入増加となるが，それは奨励ストック・オプション（本章の用語では適格ストック・オプション：引用者注）と同様，PSO が行使時に雇用主の損金算入を認めないからである」

この改正案は従来のストック・オプションの取り扱いを残したまま，新制度である PSO（成果型ストック・オプション）の導入により被用者の株式取得と保有継続を促進しようとしている．その実質は，従来の適格ストック・オプションの更なる寛大化，すなわち，被用者に株式保有を促しながら 1986 年税制改正で強化されたキャピタル・ゲイン課税を緩和することを意図したものであった[22]．

この改正案（PSO 案）では適格ストック・オプションと同様，損金算入が認められていない．しかし当時の FASB は，租税法上の取り扱いに関係なく会計上法人企業に費用計上を求めようとしていた．これをオプションの付与を行う法人企業から見ると，両者の調整がないと PSO を導入する企業が租税法上は損金不算入となる一方で，会計上は費用計上となり不利になってしまうことになる．

そこで PSO 案では FASB の費用計上案を SEC が承認しないように求め，両者の調整を行おうとしている．

---

[22] PSO 案では行使段階の個人 AMT の廃止を提案している．

確認すべきは,「FASB のストック・オプション会計の取り扱いは,抽象的な会計理論の観点としては擁護しうる」が,「公共政策,雇用創出,競争の観点からは,不必要で通常以上に破壊的である」としている点,つまり,あくまでも政策上の観点から費用計上を阻止しようとしている点である.

ここでは,レビン法案とリーバーマン法案の異同についてまとめてみたい.両者ともストック・オプションの会計処理について議論し,SEC が FASB の決定過程に積極的に干渉すべきことを主張している点は共通している.しかし,指摘すべきは,両者のベクトルの相違である.

第一に,想定しているストック・オプション付与対象者が相違している.レビン法案では大企業の役員(CEO 含む)であったが,リーバーマン法案では中小の新興企業を含む全被用者であった.

第二に,租税制度上の取り扱いが違っている.レビン法案では従来の租税制度の改正までは想定していないが,リーバーマン法案では租税制度を改正し,被用者に株式保有させることでアメリカ経済を活性化させようとした.

第三に,SEC による FASB への干渉要求の理由および会計制度上の処理の相違である.レビン法案では早期に費用計上を行うために SEC の干渉を要求するものであったが,リーバーマン法案では FASB が行おうとしている費用計上を SEC の干渉により阻止するものであった.この干渉要求の背景には想定する租税上の処理の相違がある.レビン法案では法人企業が租税法上損金算入できる状況を想定し,リーバーマン法案では法人企業が損金算入できない状況を想定していたのである.

(4) 1993 年 8 月:OBRA1993 における税制改正

クリントン大統領は就任初年度の 1993 年 8 月の包括財政調整法(OBRA93)で税制改正を行った.本章での関係から注目すべきは,役員報酬の損金算入制限で,その内容は,100 万ドルを超える役員報酬について,内国歳入法 162 条 (m) 項の所定の要件を満たさない限り,法人企業の損金算入を認めないというものであった.このような措置が導入されたのは,巨額化する役員報酬を抑止する意図があったからである[23].高額な役員報酬は,現金報酬にもストック・オプションによる株式報酬にも適用されるので,これらの報酬は法人所得税の

計算上，損金算入が制限されることになる．ただし，その制限を解除して損金算入を可能とすることもできた．その条件の一つに，株主による事前承認があることは興味深い[24]．というのは，役員報酬の巨額化に対して金額基準によって一律に歯止めをかける一方で，歯止めを緩めるための措置として，資本市場による監視メカニズムを利用する規定を制度の中に埋め込んでいるからである．

ここでは少し視点を変えて，1993年の税制改正とストック・オプションの関連について法人企業の立場から考えてみたい．今回の改正で役員に対する支払報酬の損金算入の制限が強化されたものの，被用者に対する支払報酬の損金算入は従来のとおり基本的には制限されることはない．

したがって，被用者に対し法人企業が非適格ストック・オプションを付与した場合，法人所得税額の減少と追加的現金報酬の抑制により二重の意味で現金流出を抑えることも可能となる．

つまり，報酬制度，具体的には株式報酬制度の一つであるストック・オプションの観点から見ると，クリントン政権の意図した役員報酬の高騰抑止のための政策は，株価が上昇した場合，企業の報酬政策として役員へのストック・オプション付与よりも，被用者へのストック・オプション付与を拡大させる可能性を秘めていたとも言えるであろう[25]．

(5) 1993年10月21日：上院銀行住宅都市問題委員会公聴会

8月のOBRA93によるクリントン政権の対応によっても，ストック・オプションに関する議論がおさまることはなかった．とはいえ，議論の内容については従来とは若干ニュアンスが異なってきた．公聴会開催に際してブラッドリー（Bradley）上院議員（民主党，ニュージャージー州選出）の発言した内容が，この公聴会での代表的な見解であった．

「この公聴会はアメリカのCEOが多くの報酬を受け取っていることを議論する場では

---

23) Stiglitz（2003=2003）p.178（訳書227頁）．
24) その他の要件については，黒田（1999）69頁参照．
25) 渋谷（2005）第Ⅲ巻259-270頁は，1990年代までには大衆の資産形成と「小貯蓄者」化が進行していたことを指摘している．

ないことを言わせていただきたい．役員報酬を規制するのであれば，経営陣に対抗する株主の手段を強化すべきだ．開示を強化し，委任状や取締役の承認過程を改善すべきなのだ．この方向の要求として，近年のSECの要求（1992年10月の委任状による開示内容強化のこと：引用者注）は誉めるべきものである．近年の予算法案（OBRA93のこと：引用者注）はまた，役員報酬の損金算入の上限規制を含んでいる．これら2つの手段が機能する機会を提供すべきなのだ．皮肉にも，FASBの提案（費用計上を含んだ93年6月30日の公開草案のこと：引用者注）は意図したものと反対の効果を有している．犠牲となるのは，一般被用者である．FASB提案の負担は，わが国のハイテク部門を不釣合いに凋落させる．さらに悪いことに，中小企業に大打撃を与える」

この主張は，巨額化する役員報酬への対応として，開示については1992年10月のSECによる委任状の充実の要請で解決し，租税制度については1993年8月の改正で解決済みとの立場であった．問題はFASBの費用計上により情報通信産業などのハイテク産業と起業家企業（公開準備会社）に大きな打撃を与え国際競争力をも低下させ，その結果，雇用にも影響を与えることであった．先にみたリーバーマン上院議員は，この公聴会で「実際，ストック・オプションにより恩恵を受ける大多数はアメリカの中間所得層であり，高所得層ではない」と主張し，「100人以下の被用者の企業のうち90％が，各被用者それぞれにオプションを付与している」と強調した（図5-3）．

次に費用計上により影響を受けるとされた，産業界の見解についても見てみよう．中小企業で構成されるAssociation of publicly traded companiesのミラー（Miller）は下記のように述べている[26]．

「アメリカ中小企業の全世界的規模の競争は，FASBによる会計基準の変更の影響を受けるであろう．多くの企業は低所得層の被用者へのオプションの付与を制限するようになり，企業の将来に重要な影響を与える被用者にのみ発行するようになるだろう」

さらに，大企業の経営者団体である全米製造者協会（NAM）のメリカン（Melican）は以下のように述べている[27]．

---

26) U.S. Senate, Committee on Banking, Housing, and Urban Affairs, Securities (1993) p. 69.
27) U.S. Senate, Committee on Banking, Housing, and Urban Affairs, Securities (1993) p. 71.

第5章　勤労所得の資本所得化と税制

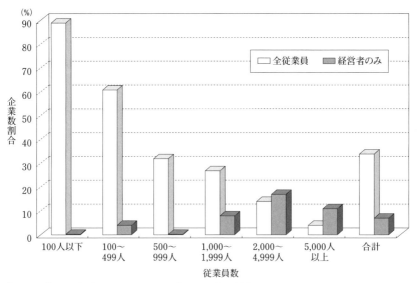

【図5-3】企業規模とストック・オプション付与割合

資料）U. S. Senate, Committee on Banking, Housing, and Urban Affairs, Securities（1993）p. 92 より作成．

「NAM は 1,000 の大企業の協会員に調査を実施した．仮に FASB 案が採用された場合，52％がストック・オプションを廃止するか，対象者を制限すると回答してきた．……これは例外ではない．FASB が退職後医療給付会計を採用したとき，私の勤務している会社は新規採用者に退職後医療給付を廃止した」

　すなわち産業界は中小企業も大企業も費用計上に反対であった．ストック・オプションを付与している法人企業の視点から見てみると，会計制度上の付与時点で費用計上という規定は，利益水準を引き下げることになるからである．彼らは導入すればアメリカ経済や被用者の雇用へのマイナスの影響があると主張していた．さらに，その結果として，ストック・オプションの付与が縮小されるとも主張していた．

　一方，労働者団体の代表であるアメリカ労働総同盟・産業別労働組合会議（AFL-CIO）は，下記のように FASB の立場を基本的に支持していた[28]．

「AFL-CIO は，FASB がストック・オプションの権利付与時に公正価値で費用計上することを企業に求めるという FASB の立場を全面的に支持する．……われわれがこの問題を捉える視点は，財務諸表の開示により投資と委任投票責任が影響を受ける組合年金基金の受託者としての視点と，勤務する企業の財務状況を知る必要がある組合員としての視点である．……FASB が最近の退職後医療費の費用計上を正当化した原理が，企業に将来負担をもたらすストック・オプションの付与にも直接関連している．退職後医療給付債務と役員報酬債務（Executive Compensation Liabilities）とで異なる取り扱いをする正当な理由がない．（しかし：引用者注）評価方法が複数あることは，単一の評価方法で費用計上すべきであるという AFL-CIO の立場とは一致しない」

すなわち，ストック・オプションは「役員報酬債務」であり，第3章で検討したように，企業の債務という点では，1992年に多くの企業が早期適用した退職後医療給付会計における債務と同様であると考えたのである．退職後医療給付会計は組合側にも医療費削減圧力等の影響が及んだが，今回のストック・オプションは役員対象の債務であることから組合員に直接的影響は少ない．むしろ，組合年金基金受託者の立場と労働者の立場を考慮する AFL-CIO からすれば，役員報酬債務（株式報酬費用）を開示させる必要があったと言えよう．ただ，FASB 案によるオプションの算定方法が複数あったため，その点を批判していたにすぎない．

以上のように，FASB 案に対して批判がなされたが，その批判の程度は様々であった．これに対して，FASB 案に対する支持者の見解についても確認してみよう．一貫してストック・オプションの費用計上を主張してきたレビン議員は，表5-2 を提示しながら，以下のように述べている[29]．

「FASB の規定はストック・オプションを他の報酬と同様に，企業の支出として認識することを提案している．おわかりのように，ストック・オプションは今日，企業の帳簿上支出として取り扱われていない『唯一の』報酬形態になっている」

---

28) AFL-CIO から FASB 宛の書簡（レビン議員提出資料）．U. S. Senate, Committee on Banking, Housing, and Urban Affairs, Securities（1993）pp. 48-49.

29) U. S. Senate, Committee on Banking, Housing, and Urban Affairs, Securities（1993）p. 13.

【表5-2】 報酬に関する会計処理

会計上の費用計上	会計上の非費用計上
契約締結賞与(Signing Bonus)	ストック・オプション(新株予約権)
給　与	
年間賞与	
成果賞与	
株式付与(Stock Grants)	
成果株式付与(Performance Stock Grants)	
制限付株式付与(Restricted Stock Grants)	
想定株式付与(Phantom Stock Grants)	
株式増加益権(Stock Appreciation Rights)	
健康保険	
生命保険	
社用車	
クラブ会費	
貯蓄プラン支払	
特恵的退任手当支払(Golden Parachute Payments)	
退職金支払	
退職者医療給付	
役員報酬(Director Fees)	

資料）U. S. Senate, Committee on Banking, Housing, and Urban Affairs, Securities (1993) p. 24（レビン議員提出資料）.

　ストック・オプションの恩恵を受けるのは大企業とその役員であること，租税制度の変更はなく費用計上を行うべきであること等に関しては，これまでのレビン議員の主張に変化はない．ただ今回の主張が異なるのは，ストック・オプションが他の報酬と同様に業績によって付与される報酬である点を強調しながら費用計上を主張した点にある．

　そのような強調点が加わったのは，FASBがレビン議員の主張と同じ費用計上の方針を明らかにしたからである．事実，レビン議員の主張も，議会がFASBに干渉すべきとするこれまでの主張から，「われわれ（議会のこと：引用者注）はFASBに反対するために干渉すべきではない」[30] という形で，議会がFASBに干渉すべきではないという主張に変化している．

　しかし，このようなレビン議員の見解は，この公聴会では少数意見であった．レビン議員の見解のなかでも特に攻撃されたのは，ストック・オプションによ

---

30) U. S. Senate, Committee on Banking, Housing, and Urban Affairs, Securities (1993) p. 19.

り恩恵を受けているのが役員であるという主張に対するものであった[31]．

最後に，今回の公聴会で批判の矢面にたたされたFASBの副委員長ライセンリングの見解を見ておこう[32]．

「望ましくない影響をもたらす会計基準を導入すべきでないと主張する者がいる．その主張では，まず雇用創出，アメリカ競争力の強化，起業の促進が望ましいことになる．われわれは，経済目標が最もよく達成されるのは，直接的には補助金，租税政策等によると考えている．他方，資本市場は，政策促進目的で作成されたものではなく，政策担当者への情報提供目的で作成された偏見のない財務諸表により円滑に機能する」

景気拡大や雇用拡大といった経済政策は補助金や租税政策で行うべきであり，会計制度を用いるべきではないという考えを述べた．さらに，ストック・オプション費用計上の議論も1994年3月に公開公聴会を予定していることから最終段階に入っていることを強調し，議会がFASBの会計基準制定プロセスに干渉しないよう求めている[33]．

このような論争の中で，クリントン政権は一方で議会の介入による直接的な会計基準の立法化は回避するのが望ましいとしつつも，他方でFASBの提案がアメリカのハイテク企業の競争力を弱体化させるのは遺憾であるとの意見表明を行っていた[34]．というのは，クリントン政権内部でもストック・オプション制度に対する意見の対立が見られたからである．当時，大統領経済諮問委員会の委員長であったStiglitz（2003=2003）は，後に以下のように述べている[35]．

「バトルの一方にいたのが，証券取引委員会（SEC）……大統領経済諮問委員会……財

---

31) レビン議員はストック・オプションによる利益を受ける98％が役員であり，被用者は2％にすぎないと主張した．しかし，ボクサー（Boxer）上院議員は98％の中には中間所得層（30,000〜40,000ドルの報酬）が含まれている点を批判している（U. S. Senate, Committee on Banking, Housing, and Urban Affairs, Securities（1993）p. 22）．
32) U. S. Senate, Committee on Banking, Housing, and Urban Affairs, Securities（1993）pp. 62-63.
33) U. S. Senate, Committee on Banking, Housing, and Urban Affairs, Securities（1993）p. 63.
34) Beresford（1995）p. 56.
35) Stiglitz（2003=2003）p. 11（訳書31頁）．

第5章 勤労所得の資本所得化と税制

務会計基準審議会(FASB)であった．……しかし，もう一方の側には強力な敵……財務省……商務省……国家経済会議……党派を超えた議員……であった」

　政権内部において，費用計上に批判的な立場にあったことは，「準備通貨国の論理」を強く意識する財務省や国家経済会議の立場からすれば，整合的なものであると言えるかもしれない．仮に，ストック・オプションの権利行使に伴う費用を計上するとなると，資本市場に悪影響を与える可能性があったことは否めないからである．
　このようなバトルの最中の1994年，クリントン政権となって最初の中間選挙が行われ，共和党が勝利した．特に，徹底したハイテク推進派で規制反対派のギングリッジが下院議長に登用されたこと等によって，当初FASBが提案した費用計上案は完全に妥協的なものとなった[36]．
　1995年10月にFASBが公表した最終の会計基準（FASB123号）では，損益計算書への公正価値による費用計上を原則とするが，容認規定を設けているからである．その内容は，従来のAPB25号に加えて財務諸表の注記で公正価値による費用計上と同等の内容を開示しさえすれば，損益計算書への公正価値による費用計上を不要とするというものであった[37]．
　以上のように，当初，役員報酬の巨額化への社会的批判がストック・オプションにも向けられていた．その点からすれば，確かにFASBの費用計上論は市場の透明性からすればきわめて正論であった．しかし情報通信産業等が産業構造の転換期に主要セクターになりつつあった状況下では，結果として費用計上せずに株価上昇を梃子に外国資本の流入等の形で経済成長を促進するベクトルのほうが強かった．そのため，FASBによる会計上の費用計上論は注記情報での開示にとどまってしまったとも言えよう[38]．

---

36) Stiglitz (2003=2003) pp. 117-118（訳書155頁）．費用計上に対して反対意見の多かった連邦上院議会では翌1994年になって，FSABに対しストック・オプション会計基準の改訂作業中止を求める採決を行った．
37) Stiglitz (2003=2003) p. 118（訳書155頁）．最終的にFASBに妥協案を呑ませたのはレビット（SEC委員長）であった．
38) FASBは，2004年12月にストック・オプション付与時に費用計上を義務づける改訂財務会計基準第123号（Statement of Financial Accounting Standards No. 123 (R)：Share-Based Compensation）を公表した．

第Ⅱ部　国内租税政策の論理

　加えて，ストック・オプションの付与対象者が一部の最富裕層から富裕層一般や中所得層にまでも広がり，景気が拡大すると，ストック・オプションへの批判も弱まっていった．株式の大衆化と良好な資本市場により，ストック・オプション制度の恩恵が中間層まで享受できる可能性が高まり，「国民統合の論理」との調整が容易になっていたとも言える．

　そのような状況を象徴する税制改正が，第2章でも確認した，長期キャピタル・ゲインの税率を20％に引き下げる内容を含む，1997年の納税者負担救済法（The Tax Payer Relief Act of 1997）の成立である．

　この改正は資産性所得への租税負担を引き下げるものであったことから，連邦税制の消費課税シフトの一例とされることもある．確かに，この法案はクリントン政権の主張ではなく，分割政府のもとでの共和党の強力な主張との妥協の産物であった[39]．クリントン政権はこのような形での減税が，長期的に見れば財政赤字に寄与してしまうと考えていたからである[40]．そのことは，1997年納税者救済法案（長期キャピタル・ゲインの適用税率の20％への軽減法案）作成の最終段階で，ルービン財務長官が軽減範囲を狭めることを意図して，証券の保有期間を12ヶ月から18ヶ月に延長することを主張して抵抗していたことからも見て取れる[41]．

　しかし，1997年のキャピタル・ゲイン税率引き下げは，結果として高所得層に恩恵があるにもかかわらず，中低所得層からも支持された．中低所得層の被用者が，資本市場から所得（配当およびキャピタル・ゲイン）を享受できる構造を，租税支出を用いて政府が支援するようにも見えたからである．この点についてもStiglitz（2003=2003）は，以下のように述べている[42]．

---

[39]　「財政赤字額が1993年の2,900億ドルに比して80％減少していたので，合意された予算は基本的には，私の主張による中間所得層向け減税や共和党の要求による株式譲渡益税の減税を含む，進歩的な内容となった」（Clinton（2004=2004）p. 761（訳書，下巻453頁））．

[40]　Rubin and Weisberg（2003=2005）p. 378（訳書493頁）は，「キャピタル・ゲイン税を引き下げれば投資が活発化するという権威ある学説もない．実際，株式市場への投資が飛躍的に増大したのは，1997年のキャピタル・ゲイン税率引き下げの数年前のことだった．……キャピタルゲイン税と市場の動きに相関関係はない．一方，キャピタルゲイン税の減税は長い年月の間に少しずつ財務省の負担となり，投下資本の社会的分配が税金主導で歪められてしまう恐れがある」とも述べている．

[41]　Pollack（2003）p. 91.

第5章　勤労所得の資本所得化と税制

「(政治家たちは：引用者注)規制緩和はどのような形でも全国民の利益になると信じさせたのに加え，アメリカの中産階級やそれ以下の階級に対し，キャピタル・ゲイン減税からも利益が得られると信じさせた」

第4節　ストック・オプションの実態

本節ではアメリカ労働省資料等から作成した表5-3などにより，ストック・オプションの実態について把握してみたい[43]．

(1) 被用者人員規模別の特徴

表5-3の「規模」の欄にあるように，サンプル企業の中でストック・オプションを付与している企業の割合(付与率)を被用者の人員規模別に見ると，被用者100人以下の企業で21.0％，被用者100人以上の企業で30.5％と，比較的人員規模による差異は小さい．この点は，上述の議会公聴会でストック・オプションの費用計上を反対していた主張と整合的な側面がある．

また，被用者の中でストック・オプションが付与されている被用者の割合(付与率)を被用者の人員規模別に見ると，被用者100人以下の企業で3.7％，被用者100人以上の企業で6.2％と，人員規模の大きい被用者100人以上の企業のウェイトが若干高いことが確認できる．それ以上に，平均付与額の人員規模による差異が大きく，被用者100人以下の企業で36,973ドル，被用者100人超の企業で126,131ドルと，人員規模の大きい被用者100人超の企業が被用

---

[42] Stiglitz (2003=2003) p. 176 (訳書225-226頁)．「ウォール街と不動産業界の貪欲さ，……政府の規模縮小という最終的な目標のために大歓迎した保守派の政治勢力，そこに取り入って選挙資金を融通してもらおうとするリベラル派の政治家——これらすべてが支えとなって，アメリカ史上最もひどい逆進減税となった1997年のキャピタル・ゲイン減税法案は通過した．……これらの勢力の多くは，……アメリカの中産階級やそれ以下のクラスに対し，キャピタル・ゲイン減税からの利益が得られると信じさせた」．

[43] Crimmel and Schildkraut (2001)はこの調査データをより詳細に提供している．なお表5-2には①1999年の単年度であること，②ブラック・ショールズ・モデルによる権利付与時点のストック・オプションの金額を示すが税収に影響を与える権利行使時点の金額ではない等，数々の資料上の制約がある．

【表5-3】 ストック・オプション制度の実態（1999年：公開企業）

		企業数	付与率（％） 全従業員数	平均付与数（株）	＠平均付与価格（ドル）	平均付与価額（ドル）
全企業または全従業員		22.1	5.3	2,931	33.58	98,423
規模	従業員100人以下	21.0	3.7	1,566	23.61	36,973
	従業員100人超	30.5	6.2	3,546	35.57	126,131
報酬・給与	役員		19.6	15,533	35.1	544,432
	従業員（除：役員）		5.0	1,967	32.7	64,341
	35,000ドル未満		2.2	315	21.6	6,791
	35,000～49,999ドル		4.9	534	19.4	10,370
	50,000～74,999ドル		10.2	1,693	10.3	17,404
	75,000ドル以上		26.8	4,825	40.2	194,110
地域	北東部	—	3.8	2,541	44.79	113,811
	南部	16.3	5.8	720	18.77	13,514
	中西部	15.7	4.8	3,201	—	—
	西部	16.2	6.6	5,636	33.92	191,173

注1) —：報告なし．または公表水準に合致していない．
 2) 付与額はブラック・ショールズ・モデルにより算出している．
資料) Crimmel and Schildkraut（2001），U. S. Depertment of Labor, Bureau of Labor Statistics（2000）より作成．

者100人以下の企業の約4倍になっている．

(2) 給与金額規模別の特徴

次に「報酬・給与」の欄をみると，役員の中でストック・オプションを付与されている割合（付与率）は19.6％，平均付与額は544,432ドルである．これに対して被用者全体の付与率は5％，平均付与額は64,341ドルにすぎない．つまり，ストック・オプションは，付与率，付与額ともに役員に対するものが大きい[44]．

また，被用者内部でみると，被用者の中でストック・オプションを付与されている割合（付与率）は給与層75,000ドル以上では26.8％，平均付与額は194,110ドルである．これに対して，給与層35,000ドル未満では付与率が2.2

---

[44] The American Compensation Associationの1997年の調査では，ストック・オプション採用企業のうち，経営陣へ付与が92.8％，管理職・専門職への付与が60％，一般被用者への付与が19.9％である．

%，平均付与額が6,791ドルである．全米平均給与金額が43,389ドルであるから[45]，被用者への付与率と平均付与額は相対的に中高給与層に集中していることを示している．

以上のように，ストック・オプションは，役員や中高給与層の被用者に比較的集中的に付与されており，特に役員への付与額が平均的に大きい．しかし他方で，付与額は大きくないものの全米平均給与43,389ドル以下の35,000ドル未満の被用者に対してもストック・オプションが付与されている事実もあることに，新興企業（小規模企業）にも用いられていた傾向を見てとることも可能である[46]．

1990年代後半のストック・オプションの影響は，賃金水準にも現れている．注目すべきは，「失業率」の減少（＝雇用の拡大）と1999年からの「名目賃金成長率」の低下の並存である．

図5-4にもあるように，単位時間当たりの「名目賃金成長率」は1990年代前半に下落したが，1995年の1％前後を底にして1998年には6％にまで上昇し，1999年から2000年にかけて若干減少している．一方「失業率」は1992年に7％まで上昇したがそれ以降は漸減し，1990年代後半には3％にまで低下した．

1990年代後半の「名目賃金成長率」の高位安定は，景気拡大による現金報酬の増加やストック・オプション行使による給与所得の増加等の影響である．しかし1999年に「名目賃金成長率」が低下する要因は何か．

それは，単位当たり賃金の定義におけるストック・オプション関連所得の取り扱いに起因している．賃金に反映するのはストック・オプションの権利行使による給与所得であり，ストック・オプションの権利付与による価値は反映していない．

この点に関して，給料・賞与に占めるストック・オプションの付与額と行使額の割合を示す図5-5を確認すると，ストック・オプションの権利付与額と権利行使額の割合は1990年代を通じて順調に増加している．しかし，1998年を

---

45) U. S. Department of Commerce（2002）No. 607.
46) このことは1990年代後半にストック・オプション付与額に占めるトップ役員5名の割合が減少している状況と整合する（Mehran and Tracy（2001）Figure3）．渋谷（2005）第Ⅲ巻259-270頁も参照．

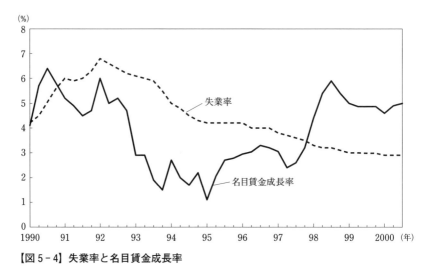

【図5-4】失業率と名目賃金成長率

資料）Mehran, Hamid and Joseph Tracy（2001）Figure 1.

頂点に権利行使額の割合は減少している．つまり1999年以降は権利行使が減少しているので，給与・賃金として認識される所得が減少していることになる．それが「名目賃金成長率」の減少としてあらわれた一つの要因である[47]．

(3) 地域別の特徴

最後に，前出表5-3における「地域」をみてみよう．北東部のデータに欠落があるが，サンプル企業数のうちストック・オプションを付与している企業数の割合（付与率）については，ほぼ15％前後と，地域的な偏りがみられない．

しかし被用者の中でストック・オプションを付与されている割合（付与率）は西部地域が6.6％とやや高く，平均付与額では西部地域が平均191,173ドルと突出している．

すなわちストック・オプション制度は全米に普及していたが，中でも西部地域での普及が進んでいたと言える．とりわけ極西部地域にあるシリコンバレー等に集中するハイテク産業では，多くの被用者にストック・オプションを付与

---

47) Mehran and Tracy（2001）の実証分析では，ストック・オプションの付与額で調整した賃金上昇率は1998年以降も減少していない．

第5章　勤労所得の資本所得化と税制

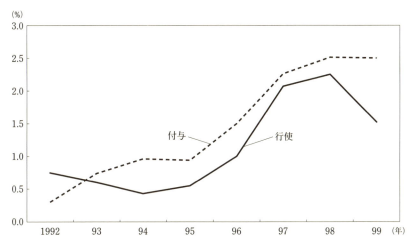

【図5-5】給料・賞与に占めるストック・オプション付与額と行使額の割合

資料）Mehran, Hamid and Joseph Tracy（2001）Figure 2.

したことがうかがわれる．

第5節　連邦財政と税収への影響

　本節ではストック・オプション制度が連邦財政に与えた影響について検討したい．財政や税収への影響を見るには，課税ベースに影響を与える「権利行使」により発生した所得金額のデータが必要となる．しかし，それに関する包括的な統計数値は公表されておらず，したがってその影響も明確ではない．

　ただ，上述のストック・オプションに関する会計基準の改正により，1995年以降のストック・オプション所得については，ある程度の推計が可能となった[48]．ここではJaquette, Knittel and Russo（2003）に依拠しつつ，個人所得税と法人所得税に分けて検討したい．なお本節の(1)〜(3)では主として

---

[48] 例えば，1999年のストック・オプション所得に関してMehran and Tracy（2001）は1,160億ドル，Desai（2002）は750億ドル，Jaquette, Knittel and Russo（2003）は1,041億ドルと推定している．また，2000年に関しDesai（2002）は1,060億ドル，Jaquette, Knittel and Russo（2003）は1,106億ドルと推定している．

権利行使によるストック・オプション所得とストック・オプション控除との関連に着目し，(4) ではストック・オプション行使による株式取得後に生じるキャピタル・ゲインにも視野を広げることにしたい．

(1) 個人所得税と法人所得税への影響

表5-4をみると，一見して「推定給与所得（非適格，市場全体）」に示されているストック・オプション所得が急速に拡大していることが確認できる[49]．ストック・オプション所得による個人所得税の推定増収額について，「個人所得税額①」を見ると，1997年の184億ドルから2000年の最大470億ドルと約2.5倍増となっている．他方，ストック・オプション所得が法人所得税の税収に与えた影響について「法人所得税の軽減額（②B：損失企業を除く）」をみると，1997年の164億ドルから2000年の373億ドルと軽減額が約2.2倍増加している．

しかしストック・オプション控除による法人所得税の減収は，連邦財政にとって実質的には減収ではなかった．というのは，ストック・オプション所得による個人所得税の増収が，それ以上だった可能性が高いからである．最下段にあるとおり，ストック・オプション所得による個人所得税増収額の法人所得税減収額（絶対値）に対する割合（①／②B）は，1997年に112.3％であり，2001年には159.2％にまでなっている．これに，株式売却のキャピタル・ゲインによる個人所得税増収が加わることを考えれば，法人所得税の減収を打ち消すに足る個人所得税の増収があったことがわかるであろう．

(2) 主要産業別の影響

表5-5で各産業別に2000年時点における法人所得税の減収効果をみよう．まず，右から2列目にある「SO控除／控除前課税所得」の項目は，権利行使に伴う損金算入（ストック・オプション控除）が法人所得税の課税ベースの算定時に認められなかった時の課税ベースを分母に，権利行使に伴う損金算入（ストック・オプション控除）を分子にした指標である．これは，権利行使に伴う損

---

[49] 推定の前提条件については，Jaquette, Knittel and Russo (2003) p. 9 参照．

第5章　勤労所得の資本所得化と税制

【表5-4】ストック・オプションの影響額

(単位：億ドル)

年度		1997	1998	1999	2000	2001
	サンプル企業数	611	624	628	610	596
	株式分割調整前：行使数	2.7	3.0	3.1	3.6	2.7
	加重平均価格差額：行使時	159.1	205.1	295.6	308.1	257.4
	推定給与所得（サンプル）	433.0	605.0	912.0	1,106.0	684.0
	（×）非適格ストック・オプションの割合	97.0%	97.0%	97.0%	97.0%	97.0%
	（÷）サンプル時価／市場全体時価	85.0%	85.0%	85.0%	85.0%	85.0%
	推定給与所得（非適格，市場全体）	494.0	690.1	1,041.0	1,262.0	781.0
個人所得税	推定給与所得	494.0	690.1	1,041.0	1,262.0	781.0
	個人所得税の限界税率	37.3%	37.3%	37.3%	37.3%	37.3%
	個人所得税額（①）	184.3	257.4	388.3	470.7	291.3
法人所得税	推定ストック・オプション控除	494.0	690.1	1,041.0	1,262.0	781.0
	法人所得税の限界税率	35.0%	35.0%	35.0%	35.0%	35.0%
	法人所得税の軽減額（②A）	172.9	241.5	364.4	441.7	273.4
	推定ストック・オプション控除（除：損失企業）	469.0	622.0	918.0	1,068.0	523.0
	法人所得税の限界税率	35.0%	35.0%	35.0%	35.0%	35.0%
	法人所得税の軽減額（②B：損失企業除く）	164.2	217.7	321.3	373.8	183.1
税収	個人所得税額／法人所得税額（①／②A）	106.6%	106.6%	106.6%	106.6%	106.6%
	個人所得税額／法人所得税額（①／②B）	112.3%	118.2%	120.9%	125.9%	159.2%

注）サンプル企業：S＆P 500 または NASDAQ100 インデックスに含まれる SEC 対象企業．
資料）Jaquette, Knittel and Russo（2003）Table 1-3 より作成．

金算入が認められた場合に，課税ベースがどれだけ縮小されるかを示した指標とも言える．つまり，法人所得税率に差異がないと仮定すれば，間接的に権利行使に伴う損金算入が法人所得税の納付額（減収）に与えた影響を示した指標と言いかえることもできる．

　建設業のように権利行使に伴う損金算入（ストック・オプション控除）が法人所得税の納付額（減収）にほとんど影響を与えていない産業（0.0％）から，コンピューターおよび周辺機器産業（77.9％）のように著しく納付額（減収）に影響を与える産業まで，多様性のあることが確認できる．

　しかし，その多様性も既存産業とニューエコノミー産業といわれる情報通信関連産業（表中では網部分）とに区分すると，一定の特性がみてとれる[50]．その区分を行ったのが下段の「内訳」である．この項目を参照しながら情報通信関

第Ⅱ部　国内租税政策の論理

【表5-5】ストック・オプションの産業別特徴（2000年）

(単位：億ドル)

産業名	市場価値	付与額	税引前利益 ①	行使時のSO控除 ②	課税所得 ③	(A)=②/(②+③) SO控除÷控除前課税所得	(B)=②/① SO控除÷税引前利益
鉱業	1,795	21	139	9.0	55.0	14.1%	6.5%
公益業	3,632	36	193	4.0	158.0	2.5%	2.1%
建設業	82	2	14	0.0	11.0	0.0%	0.0%
製造業							
食品・衣料	5,529	66	380	16.0	254.0	5.9%	4.2%
林業・製紙業	1,532	23	113	3.0	75.0	3.8%	2.7%
石油・石炭業	4,722	24	577	9.0	469.0	1.9%	1.6%
化学薬品	17,382	211	601	127.0	282.0	31.1%	21.1%
プラスチック・ゴム・金属・機械	2,649	67	181	19.0	125.0	13.2%	10.5%
コンピューターおよび周辺機器	9,576	444	170	180.0	51.0	77.9%	105.9%
通信機器	4,009	295	74	65.0	35.0	65.0%	87.8%
半導体その他	5,910	291	218	110.0	180.0	37.9%	50.5%
電器その他	2,456	76	120	19.0	5.0	79.2%	15.8%
運輸	2,845	42	321	20.0	155.0	11.4%	6.2%
家具その他	1,020	24	53	5.0	27.0	15.6%	9.4%
卸売業	1,789	43	85	19.0	58.0	24.7%	22.4%
小売業	7,424	82	345	39.0	273.0	12.5%	11.3%
運送業	1,584	15	146	6.0	56.0	9.7%	4.1%
情報産業							
出版（ソフト除く）	820	22	45	4.0	84.0	4.5%	8.9%
ソフトウェア	7,567	357	117	144.0	124.0	53.7%	123.1%
動画および放送	4,431	123	62	43.0	26.0	62.3%	69.4%
電気通信	7,092	303	455	46.0	201.0	18.6%	10.1%
情報・データ処理	1,080	84	-76	28.0	25.0	52.8%	-36.8%
金融・不動産・レンタル産業							
預金信用仲介業	7,217	132	626	25.0	334.0	7.0%	4.0%
非預金信用仲介業	5,067	99	404	35.0	240.0	12.7%	8.7%
証券その他	2,472	78	264	56.0	158.0	26.2%	21.2%
不動産保険、レンタル	6,068	59	383	21.0	306.0	6.4%	5.5%
コンピューターシステムデザイン	1,965	75	129	15.0	122.0	10.9%	11.6%
経営指導・調査	1,014	20	47	6.0	24.0	20.0%	12.8%
健康ケア	553	6	28	4.0	23.0	14.8%	14.3%
サービス・ホテル業	849	20	66	5.0	39.0	11.4%	7.6%
その他	5,728	39	258	24.0	73.0	24.7%	9.3%
合　計	125,858	3,181	6,537	1,106.0	4,103.0	21.2%	16.9%
内訳　情報通信産業	37,199	1,849	1,087	588.0	738.0	44.3%	54.1%
その他の産業	88,659	1,332	5,450	518.0	3,365.0	13.3%	9.5%

資料）Jaquette, Knittel and Russo（2003）Table 5 を加工。

連産業の特性を列挙すれば，①市場規模（37,199億ドル）は全体の市場規模の約30％にすぎないものの，ストック・オプションの付与額は全体の約60％を占めていること，②法人所得税の納付額の減少する効果は44.3％と大きいこと，③仮にストック・オプション控除の金額が会計上費用計上されるとすれば，利益の54.1％が減少することである．

　留意すべきは，ほとんどの法人企業が権利行使に伴う租税制度上の損金算入（ストック・オプション控除）による法人所得税の減収効果と会計制度上の人件費未計上による会計利益の増加の効果という，租税制度と会計制度のメリットを享受できたことである．そして，そのメリットを大いに受けたのは，産業構造の転換期に主要セクターになりつつあった，情報通信関連産業だった．

(3) 連邦財政への影響

　次に図5-6を使って，ストック・オプション税収が連邦財政へ与えたインパクトを検討しよう．まず「個人所得税（SO控除後）」は，現実の連邦個人所得税収からストック・オプションの権利行使に伴う推計された給与所得への課税による税収を除いた後の連邦個人所得税の税収を示している．

　資料の制約上1997年以降しかわからないが，1997年から2001年までのストック・オプションの権利行使に伴う推計された給与所得への課税に伴う税収が，現実の連邦個人所得税収に与えた増収効果は，現実の連邦個人所得税収の約2.5～4.5％程度である．

　他方，「法人所得税（SO加算後）」は，ストック・オプションの権利行使に伴う控除による法人所得税の減収額を加算した後の法人所得税の税収を示している．ストック・オプションの権利行使に伴う控除による法人所得税の減収額を加算することで現実の「法人所得税」の減少傾向が修正されることがわかる．つまり，好景気にもかかわらず，1990年代後半に連邦法人所得税の税収が鈍化した要因の一つに，ストック・オプション制度による権利行使の存在が推察できる．

　法人所得税の減収効果を考えれば，ストック・オプションの権利行使がな

---

50) ニューエコノミー産業とオールドエコノミー産業との区分に明確な定義はない．ここでは，ハイテク企業などの情報通信関連産業を主たるニューエコノミー産業と捉えている．

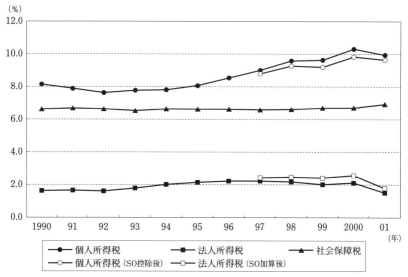

【図5-6】連邦税収の対GDP比

注1）個人所得税（SO控除後）＝現実の連邦所得税収－ストック・オプションによる個人所得税増収額
 2）法人所得税（SO加算後）＝現実の連邦法人所得税収＋ストック・オプションによる法人所得税減収額
資料）表5-4およびU. S. Department of Commerce, Statistical Abstract of the United States, 各年度版より作成.

かった場合の法人所得税収（「法人所得税（SO加算後）」）に比べて，ストック・オプション控除によって約8〜15％も減収している．

つまり，ストック・オプションの権利行使が連邦税収に与えた影響は，現実の連邦所得税収の約2.5〜4.5％の増収効果がある一方で，現実の連邦法人所得税収の8〜15％の減収効果が推定されている．このことは，ストック・オプションの権利行使がアメリカ連邦税制の基幹税である両者に与えた影響は，決して小さいとは言えないものであることを示している．

ただし，これらの増収はキャピタル・ゲイン税収とストック・オプション税収という資本市場依存型の不安定な税収構造によってもたらされていた．そのため，景気が後退局面に突入した時に，資本市場依存型の税収構造の不安定性が顕在化した．それだけでなく，労働市場における株式報酬の支払い自体が，金融市場に左右されるものであることも明確に意識されるようになったのである．

(4) 税収増加の一要因

　第2章第5節で確認したように，個人所得税は1990年代の諸立法により累進性が強化された一方で，最高税率と長期キャピタル・ゲイン優遇税率（最高20％）との格差は拡大した．そのため1986年税制改革以降に凍結されていたキャピタル・ゲインは，売却を通じて実現されていった．

　このように株価上昇による個人所得税の増収のメカニズムには，1990年代の累進性強化や長期キャピタル・ゲイン優遇措置という租税制度の影響も指摘できる．しかし，株価上昇による個人所得税収の増収メカニズムには，法人段階での会計制度の影響もある．会計制度も，資本市場での株価変動に影響を与える一つの要因になっているからである．ここでは主として会計制度とキャピタル・ゲイン税収との関連をフローとストックの視点から確認してみよう．

　第一に，法人段階のフロー（課税所得と会計利益）の視点からみると，租税制度上は，ほとんどの法人が非適格ストック・オプションを採用しているため，ストック・オプション行使時に個人所得税で給与所得と把握された額だけ法人所得税の課税ベース算定の際に損金算入できた．これに対して会計制度上は，ほとんどの法人が容認法をとっていることから，支払報酬として損益計算書に費用計上していない．そのため1990年代は法人企業の会計利益と課税所得が乖離し，会計利益が課税所得よりも大きくなる傾向が強まったことは，先に指摘したとおりである．

　第二に，法人段階のストック（貸借対照表）の視点からみると興味深い事実が浮き彫りとなる．図5-7の1990年代後半をみてみると，「新株発行純額」が減少（自己資本が減少）する一方で，「負債純増加額」は増加するという，対照的な動きがある．

　結論を先取りすれば，その要因は法人企業が資本市場に流通する自己株式を市場から取得したこと，自己株式取得のための資金を，内部資金と負債によって調達したことにある．

　まず，企業が自己株式を取得する目的としては，一般的には，株主へ利益配当，買収の予防，ストック・オプション行使への準備等がある．1998年時点では取得目的の6割がストック・オプション行使への準備との調査結果もある．

205

第Ⅱ部　国内租税政策の論理

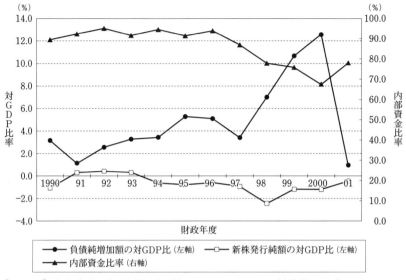

【図5-7】負債純増加率・新株発行純額（対GDP比）および内部資金比率

注1）左目盛：負債純増加額と新株発行純額の対GDP比
　2）内部資金比率＝内部資金／資本的支出×100％
資料）Federal Reserve Board（2005）より作成．

　この点に関して，確かにストック・オプション行使に際し，法人企業は新株発行でも対応できる．しかしそれは法人にとって，発行済株式数が増加することを意味し，株式価値の希薄化（1株当たり利益の減少）から株価の上昇を阻害する恐れがあった．そこで，発行済株式の増加を抑制すべく，法人企業は既発行の自己株式を資本市場で購入し，その株式をストック・オプションの権利行使者に付与していた．

　1990年代後半のように株価が上昇傾向にあるときに，資本市場で取得した自己株式を権利行使者に付与したのであれば，通常は法人企業の「新株発行純額」（自己資本）は増加することはあっても，減少することはないであろう．しかし，現実には「新株発行純額」は減少している．このことは，法人企業が，株価が上昇している自己株式を，ストック・オプションが行使された以上に，市場から取得したことを意味している．

　さらに，自己株式取得のための資金調達の方式には，内部資金も考えられる．

しかし,「内部資金比率」の急激な減少に見られるように,法人の内部資金が不足していた.1990年代後半には設備投資が活発化したからである.そのため,負債による資金調達が選択された.

つまり,法人企業の「新株発行純額」が減少(自己資本が減少)する一方で,「負債純増加額」が増加したのは,法人企業が負債によって調達した資金を用いて,資本市場で株価の上昇している自己株式を,ストック・オプションが行使された以上の数で,取得したことによっている.

以上の法人段階のフロー(損益計算書)とストック(貸借対照表)の検証で確認できるのは,会計制度自体が資本市場での資産価格変動に影響を与える一要因となっており,その資産価格の変動が税収に影響を与えているというメカニズムである.

1990年代後半において,フロー面では会計利益が増大し,ストック面では自己株式取得等により自己資本が減少していた.この2つの現象は,資本市場で着目される指標に影響を与える.

例えば,株式投資の指標とされる株主自己資本利益率(=会計利益/自己資本;Return On Equity:ROE)の上昇や,1株当たり利益(会計利益/(発行済株式数-自己株式数);Earnings per share:EPS)に影響を与える.今回は,「会計利益が増加」し,「自己資本が減少」したので必然的にROEが増加する.このような会計制度上の数値によるROEやEPSの増加は,株式等の思惑買いを促進し,さらなる株価上昇へと導く一要因となっていた可能性も否めない.

確かに,株価上昇がストック・オプション税制を通して法人所得税を減少させる一方で,個人所得税の税収(キャピタル・ゲイン税収やストック・オプション税収)を増加させている.ここでは,それらに加えて会計制度上の指標が,資本市場に影響し,株価上昇をもたらし,キャピタル・ゲイン税収等の個人所得税を増加させるというメカニズムの存在を指摘しておきたい.

むすび

本章では,ストック・オプション制度と税制の関係について法人企業と個人(被用者等)の両者に焦点を合わせた分析を行った.ストック・オプションは,

雇用面からみれば，企業の支払報酬の一形態であり株式報酬とも呼ばれるが，現金報酬（給与所得）のような労働市場での分配を，株式報酬として金融・資本市場での分配に転換しているものである．

当初，役員報酬の巨額化への社会批判の一環として，ストック・オプション制度にも批判が向けられた．そのためクリントン政権になった1993年に，高額な役員報酬（ストック・オプション含む）を法人所得税の課税ベース算定上，損金不算入にした．このことは，役員以外の被用者にストック・オプションが付与される契機にもなった．租税制度上，非適格ストック・オプションの場合，権利行使で個人に生じる通常所得（報酬・給与）が，個人所得税の増収効果をもたらす一方で，法人所得税の減収効果をもたらす．

議会公聴会ではストック・オプションに関する企業会計制度が議論となっていた．そこでは，退職後医療給付等と同様に人件費であるとして費用計上に賛成する立場（財務会計基準機構）と，退職後医療給付会計導入による金融・資本市場への悪影響への懸念と金融市場を梃子に人件費を抑制できる報酬制度というメリットを維持する観点から費用計上に反対する立場（株価の形成される伝統企業とキャッシュのない新興産業）とが対立していた．

このような対立が生じた背景には，法人企業の会計制度上の処理と租税制度上の処理の相違，具体的には，権利付与者によるストック・オプションの行使時に，会計制度上は給与・報酬費用を認識しないので法人企業の会計利益は減少しないが，租税制度上は給与・報酬費用が損金算入されるので法人企業の課税所得は減少するという相違があったからでもある．財務会計基準機構（FASB）の費用計上論は市場の透明性を基準とすれば正論であったが，産業構造の転換期に情報通信産業等が主要セクターになりつつあった状況下では，株価上昇を梃子に経済成長を促進するベクトルのほうが強く，結果として企業会計上は費用計上しないことになった[51]．

一方，家計レベルでは，付与対象者が一部の最富裕層から富裕層一般や中所得層にまでも広がり，そこに景気拡大も加わったこともあり，当初あったストック・オプションへの批判も弱まっていった．そのため，従来であれば高所得

---

51) アメリカ国内の金融・資本市場の活況は，外国によるドルの保有とアメリカへの外国資本の流入をもたらすため，間接的に対外的な「準備通貨国の論理」に合致している．

第5章　勤労所得の資本所得化と税制

層向け租税支出として反対を受ける資産性所得への租税負担引き下げという，1997年税制改正での合意に至ったのである．言いかえれば，株式の大衆化と良好な資本市場により，ストック・オプション制度の恩恵が中間層まで享受できる可能性が高まり，低中所得層には自分たちに向けられた租税支出の拡充としても認識された点で，従来よりも「国民統合の論理」と「準備通貨国の論理」との調整が容易になっていたとも言える．

　家計レベルでストック・オプション行使時に生じる所得は，法人所得税の減収を招く一方で，累進税率とあいまって個人所得税の税収確保に寄与した側面があった．ストック・オプション所得は，分類上，通常所得とされるが，行使時点の時価と付与された権利行使価格の差額という性質を考えると，租税法上の解釈はともかく，その実態は資本所得に近いものであるとも考えられる．そのように考えると，1990年代後半は株価上昇やストック・オプション行使と相まって，個人所得税が資本所得（キャピタル・ゲイン）税的な色彩を強めた時代であったとも言える．このことは，1990年代後半の個人所得税の増収が主としてキャピタル・ゲイン税収とストック・オプション税収という金融・資本市場依存型の不安定な構造によってもたらされていたことを意味している．

　2000年代に入ると，ストック・オプション制度を積極的に利用していたエンロン[52]やワールドコムの破綻により，役員へのストック・オプションの付与やストック・オプション会計の内容への不信感が高まり，さらにストック・オプションが本来の目的から外れた形で利用されている実態が明らかにされ，一層ストック・オプションへの風当たりが強くなった．

　このような状況の中で，2004年12月公表の改訂財務会計基準第123号によってストック・オプション付与時の費用計上が義務化された．そして近年は人種別あるいは男女別にわけた付与対象者の開示の拡充要求等によって，市場メカニズムによる牽制を期待している状況にある[53]．

　これら開示の改正はストック・オプション税制と直接関連するものではないが，ストック・オプション制度を補完する改正として位置づけることができる．明確に区分できるものではないが，前者のストック・オプション付与時の費用

---

52) エンロンにおけるストック・オプションの実態については，関口（2006a）を参照．
53) Mehri and Berk（2002）．

計上への変更は，直接的には安定した金融・資本市場を志向し，間接的には対外的な「準備通貨国の論理」に影響を与えることが，後者の人種別や性別等の開示によって公正・透明性のある付与対象者の選考過程や付与の受益者を特定する動きには，対内的な「国民統合の論理」への配慮がみてとれる．

　ストック・オプション税制と直接関連するのは，オバマ政権の開始時から示されている，高所得層への課税強化の方針である．このような方針は，ブッシュ Jr. 政権によって一層消費課税的になった資産性所得への課税を修正する方向で，つまり高所得層向け租税支出を廃止してゆくことで，所得課税への回帰を図り，対内的な「国民統合の論理」の強化を意図した動きとも言える．

第Ⅲ部

国際租税政策の論理

第6章　経常収支の赤字と国際租税政策
　　──輸出促進と国内資金還流政策

第1節　問題意識

　1990年代以降の世界のグローバル化の中で，アメリカは経常収支赤字を計上し続けている．しかし，1990年代後半以降に関して経常収支の内訳を確認してみると，アメリカの貿易収支は一貫して赤字を計上し続けているが，その一方で，海外への直接投資による収支を示す直接投資収支は黒字を計上している．

　従来のアメリカの経常収支赤字の研究では，Mann（1999）やCline（2005），そしてHiggins, Klitgaard and Tille（2005）のように，国際金融論の世界において「経常赤字の持続可能性」といった形で，フローとストックの両面から様々な議論がなされてきた[1]．そして，Roubini and Mihm（2010=2010）らのように，国際金融論の立場からアメリカの財政赤字の削減や民間貯蓄率の引き上げも提唱されている．

　また，アメリカの経常赤字に関連する政策形成過程の研究では，Stehmann（2000）のように，GATT／WTOの領域における輸出補助金等の議論との関連で，主として通商政策の形成過程として取り扱われる傾向があった．

　一方，Brumbaugh（2004b）のように経常収支赤字と租税政策との関連を意

---

[1]　アメリカの対外資産は外貨建て株式が多く，為替リスクを有するが，収益率が高いのに対して，アメリカの対外債務はドル建て債券が多く，為替リスクがなく，資金調達コストも低い．そのため，ネットの収益率もプラスの状態にある限りは持続可能性があるとの議論である．しかし，評価損益を加味するにしても，次第に経常収支赤字の持続可能性に疑問が呈されるようになっている．岩本（2007, 2009）を参照．

識したものは，必ずしも多くない[2]．財政学や租税論・租税法の領域においては，Hufbauer and Assa（2007）や Economic Recovery Advisory Board（2010）のように，全世界主義（全世界所得課税・外国税額控除方式）や領土主義（国外所得免除方式）に関する理論的研究や現状把握に主たる問題関心が向けられてきた．このような問題意識から，経常収支赤字とアメリカ税制との関連を意識的に分析してみると，2つの検討すべき興味深い事実が浮き彫りになる．

一つは，貿易収支と税制との関連である．U. S. Congress, Joint Committee on Taxation（2003c）によれば，全輸出高に占める輸出促進税制を伴う輸出高の割合は，1987年に24.2％，1992年に24.7％，1996年に33.6％と概ね25％～35％を占めてきた[3]．このことは，貿易赤字に直面した連邦政府が，税制上でも何らかの対策をとってきたことを意味している．経常収支赤字の問題を租税制度との関連で議論するとすれば，アメリカの貿易収支と税制の関係を分析する必要がある．

もう一つは所得収支と税制との関連である．図6-1にあるように，アメリカ企業の国外実効税率（国外所得に占める外国税額の割合）は，一貫して減少傾向にある[4]．にもかかわらず，後掲図6-8にあるように，対外直接収益（国外所得）は増大している．このような傾向に対して，対外直接投資から生じた収益に対して，アメリカ企業がアメリカ税制の対象になることを回避している可能性があることを指摘する論者もいる[5]．経常収支赤字の問題を租税制度との関連で議論するとすれば，アメリカの所得収支と税制の関係も分析する必要がある．

本章では，はじめに国際租税制度の原則と経常収支の関連を把握することを

---

2) 増井（2001），中村（2005），本庄（2006a，2006b）等がこの点について取り上げている．
3) U. S. Congress, Joint Committee on Taxation（2003c）p. 61.
4) この点については後に触れる．近年，アメリカ親会社と海外子会社という法人グループの関係を海外親会社とアメリカ子会社という法人グループの関係に転換する，法人の逆移籍（Corporate inversion）が問題となっている（詳細は U. S. Department of the Treasury, Office of Tax Policy（2002）を参照）．ここでは，法人の逆移籍の本質が，アメリカの法人所得税の課税所得を，全世界合算所得から領土内所得のみへと縮小することにある点を指摘しておくにとどめる．
5) Sullivan（2002）．ただし，アメリカの全世界所得課税・外国税額控除方式とサブパートF規則という制度の枠組みを考慮すると，国外実効税率が直ちに全社的な全世界レベルの租税負担を暗示するものではない．

第6章　経常収支の赤字と国際租税政策

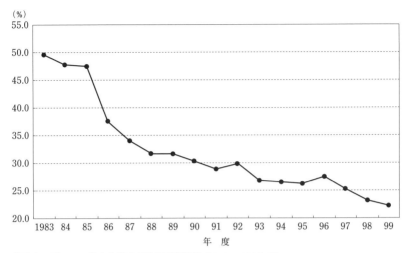

【図6-1】アメリカ企業の国外実効税率（1983～1999年度）

注）国外実効税率＝外国税額／国外所得で算出
資料）Sullivan（2002）Figure 1.

意識して，国際租税制度の概要と税額算定構造を説明する[6]．その際，国際的に活動する法人への課税（国際資本所得課税），つまり全世界主義（全世界所得課税・外国税額控除方式）から領土主義（国外所得免除方式）へのシフトの租税論議を意識する．次に，1990年代以降の輸出促進税制の実態を確認する．最後に，議会公聴会における議論から，輸出促進税制と対外直接投資収益への課税に関する政策形成過程を検証する．その究極の課題は，「対外純債務の増大（経常収支赤字の増加）」や「国内貯蓄不足」に直面して採用した，アメリカの国際租税政策の意図を描き出すことにある．

6）　外国税額控除を利用した輸出促進の規定として863（b）がある．この規定は，棚卸資産の輸出から生じた所得の源泉地の判定に関する所得源泉ルールである．その内容は，アメリカ国内で国外向けに製造された棚卸資産が，アメリカ国外に販売された場合には，アメリカ国外に販売された棚卸資産の輸出所得の源泉地は，50％がアメリカ国内で，残りの50％がアメリカ国外源泉所得とするものである．863（b）の意図は，アメリカ国内での製造を要件とし，それを輸出する場合を要件にしていることからもわかるように，アメリカ国内での製造活動と国外への輸出活動を奨励することである．しかし，本章では議論を明確にするために割愛する．

第2節　アメリカの国際租税制度

アメリカの能動的所得に対する国際租税制度は，全世界主義（国外所得は国内所得と合算した上で課税する方式）を原則としつつ，例外的に領土主義（領土内の所得のみに課税し，領土外の所得には課税しない方式）を採用する形で，2つの矛盾する制度を併存させてきた．

(1) 原則的課税方式：全世界主義

アメリカでは，居住法人の全世界所得を課税対象とすることを原則としている．したがって，企業が外国に子会社を設立して進出し，進出国での所得（国外所得）を本国親会社に送金すれば，国際的二重課税が生じる．というのは，外国で外国法人所得税が課税され，外国子会社が本国親会社に配当を行えば，本国での課税ベースに算入されて本国法人所得税が課税されるからである．アメリカでは国際的二重課税を排除すべく，外国子会社が国外所得を配当した場合に，配当金に対応する税額を親会社に外国税額控除として控除を認めている．

このような形で採用されている全世界合算課税・外国税額控除方式では，国内企業と国外進出企業の所得が，最終的には同じアメリカの税率に直面することになるので，資本輸出の中立性や国内的公平が確保できる．具体的に図6-2を用いて確認しておこう．

図6-2は，アメリカ親会社が，外部から550で原材料を仕入れ，それに直接労務費125を加えて，外国子会社に752で販売している（利益77）．次に，外国子会社は，親会社から752で仕入れた製品に直接労務費225を加えて，外国の会社に1,000で輸出している（利益23）．そして最後に，外国子会社は，税引後の利益（21.85）をアメリカ親会社に全額配当すると仮定している．

この場合，親会社と外国子会社の納税額を合算した値は34（＝子会社現地納付1.15＋アメリカ親会社納付32.85（＝34－1.15））となるので，アメリカ親会社と外国子会社の合算所得100に対して，アメリカの法人税率34％を乗じたものと租税負担が等しくなる．

しかし，見方をかえてみると，この方式では，国外進出企業がアメリカより

第6章　経常収支の赤字と国際租税政策

アメリカ親企業		被支配外国子会社(CFC) ：低税率国		外国第三者企業 ：高税率国	
輸出売上	752	輸出売上	1,000	売上	3,000
△仕入	−550	△輸入仕入	−752	△輸入仕入	−1,000
△直接労務費	−125	△直接労務費	−225	△直接労務費	−500
輸出所得	77	輸出所得	23	利益	1,500
		外国税率	5%	外国税率	50%
		△外国税額	−1.15	△外国税額	−750
受取配当	21.85	利益 (税引後)	21.85	利益 (税引後)	750
外国税額 (グロスアップ)	1.15				
課税所得	100				
US税率	34.0%				
△US税額	−34.0*				
外国税額控除	1.15				
利益 (税引後)	67.15				
		租税負担合計	34.00		

【図6-2】全世界主義課税制度：被支配外国子会社（CFC）

注）* 100 × 34%（US税率）= 34
資料）筆者作成．

も低税率の国に進出しても，本国アメリカに配当を行うと，アメリカの税率と外国の税率の差に相当する分を，本国アメリカに追加納付することになる．つまり，アメリカ国外に進出した企業の視点から見れば，低税率国に進出した場合の外国での租税負担は少ないが，その所得を本国親会社に配当すれば，本国で追加納付が生じるので，全社的な租税負担軽減というメリットが享受できない．

　低税率国に進出して租税負担軽減のメリットを全社的に享受するためには，外国子会社が本国親会社に配当せずに低税率国に留保すればよい．もし，アメリカの親会社に配当せず，低税率の国に留保して再投資を継続すれば，そこで生じた投資収益は低税率の国で課税されるのみとなり，アメリカ親会社と外国子会社の税率差分の追加課税を恒久的に繰延べることができるからである．

　そこで，アメリカ親会社が，外国子会社の所得を意図的に配当償還せずに課税を繰り延べる租税回避行為や，当初から課税繰延を意図して外国子会社に所得移転する租税回避行為が行われた．アメリカ政府は，外国子会社における意図的な留保に対し，本国親会社へのみなし配当（サブパートFの外国基地会社所

得等）として合算課税する規定を設け[7]，外国子会社への所得移転に対しては，移転価格税制を強化することで対処してきた[8]．言いかえれば，基本的には外国税額控除方式の範囲内で，その大枠を崩すことなく改正を行ってきた．

しかし，近年のアメリカの議論では，アメリカが所得課税の枠内で原則として採用する全世界主義課税方式（外国税額控除方式）が，軽課税に服した外国所得を本国に送還することに対し，ディスインセンティブを与えているとの主張がなされている[9]．そこで主張されるのが，領土主義課税方式である．

(2) 例外的課税方式：領土主義

領土主義課税方式とは，能動的な国外所得を本国の課税対象から除外する方式である[10]．図6-3の数値例で確認してみよう．

図6-3も図6-2と同じく，アメリカ親会社が，外部から550で原材料を仕入れ，それに直接労務費125を加えて，外国子会社に752で販売している（利益77）．次に，外国子会社は，親会社から752で仕入れた製品に直接労務費

---

[7] 被支配外国法人（CFC）とは，アメリカの株主が直接・間接に法人の課税年度中に議決権を有する株式または株式の価値の50％超を保有している外国法人をいう．また，サブパートF所得とは，サブパートF規則において本国親会社の課税所得に合算すべきと列挙されている所得であり，アメリカでは租税法上で受取利子，配当，キャピタル・ゲイン等の受動的所得に限定している．

[8] アメリカにおけるサブパートF税制の法的構成や国際課税の学説の展開については，渕（2009）を参照されたい．これらの対処にもかかわらずGrubert（2012）は，低税率国への所得移転により，課税所得に占める国外所得の比率が高まっていることを指摘している．エンロン社の事例を用いた課税繰り延べによる租税回避ついては，関口（2007b）を参照されたい．

[9] 全世界所得主義・外国税額控除方式は，一定の条件のもとで，資本輸出中立性の考え方と親和的である．一定の条件については，増井・宮崎（2008）143-144頁を参照．なお，外国子会社での利益の留保を，実現ベースの所得税制を採用することから生じる課税繰り延べの問題としてとらえる場合，対応策としては，①理論的な資本輸出中立性を達成する発生ベースの完全合算方式（full inclusion system）にするか，②実現ベースを維持しつつも考え方を資本輸入中立性に切り替えた領土主義方式（territorial system）にするかが議論の対象となってくる．この点に関し，U. S. Congress, Joint Committee on Taxation（2008），増井（2008），浅妻（2009），増井（2011）等を参照．オバマ政権の企業税制改革案については，脚注66を参照．

[10] 国外所得を免除する領土主義課税方式は，一定の条件のもとで，資本輸入中立性の考え方と親和的である．一定の条件については，増井・宮崎（2008）145頁を参照．なお，資本輸出中立性（capital export neutrality）や資本輸入中立性（capital import neutrarily）という視点以外に，国家中立性（national neutrality），資本保有者中立性（capital ownership neutrality），国家保有者中立性（national ownership neutrality）という視点があるが，ここでは論じない．Devereux（1990）やDesai and Hines（2003）等を参照されたい．

第6章　経常収支の赤字と国際租税政策

アメリカ親企業		被支配外国子会社（CFC） ：低税率国		外国第三者企業 ：高税率国	
輸出売上	752	輸出売上	1,000	売上	3,000
△仕入	−550	△輸入仕入	−752	△輸入仕入	−1,000
△直接労務費	−125	△直接労務費	−225	△直接労務費	−500
輸出所得	77	輸出所得	23	利益	1,500
		外国税率	5%	外国税率	50%
		△外国税額	−1.15	△外国税額	−750
受取配当 （非課税）	21.85	利益 （税引後）	21.85	利益 （税引後）	750
利益	98.85				
US税率	34.0%				
△US税額	−26.18*				
外国税額控除	—				
利益（税引後）	72.67	租税負担合計	27.33		

【図6-3】領土主義課税制度：被支配外国子会社（CFC）

注) ＊77 × 34%（US税率）＝ 26.18．
　　アメリカで領土主義課税を採用した場合を仮定した数値例．
資料）筆者作成．

225 を加えて，外国の会社に 1,000 で輸出している（利益 23）．そして最後に，外国子会社は，税引後の利益（21.85）をアメリカ親会社に全額配当すると仮定している．

　この場合，親会社と外国子会社の納税額を合算した値は 27.33（＝子会社現地納付 1.15 ＋ アメリカ親会社納付 26.18）となるため，図 6-2 の全世界課税方式での租税負担額 34.00 よりも小さくなる．つまり，領土主義の場合には，全世界主義に比べて 6.67（＝（税引後配当 21.85 ＋ 外国税 1.15）× 34% − 外国税 1.15）だけ租税負担が軽減されている．

　その理由は，領土主義課税の場合には，外国子会社の利益 23 が外国税率で課税されるのみで，外国税額控除後の 21.85 が配当としてアメリカ親会社に還流しても，アメリカで追加的な納付は生じないのに対して，全世界主義課税の場合には，外国税額控除後の 21.85 が配当としてアメリカ親会社に還流すると，アメリカの税率（US税率）で 23（＝税引後配当 21.85 ＋ 外国税 1.15）が課税され，そこから外国税額を控除した 6.67（＝ 23 × 34% − 外国税 1.15）をアメリカで追加的に納付する必要があるからである．このようなことから，領土主義の場合には，軽課税に服した外国所得を本国に送還することに対してディス

【表6-1】領土主義と全世界主義（2005年時点）

領土主義 （国外所得免除）	全世界主義 （外国税額控除）
オーストラリア*	チェコ
オーストリア	アイルランド
ベルギー	日本
カナダ*	韓国
デンマーク	メキシコ
フィンランド	ニュージーランド
フランス**	ポーランド
ドイツ	イギリス
ギリシャ*	アメリカ
ハンガリー	
アイスランド	
イタリア**	
ルクセンブルク	
オランダ	
ノルウェー	
ポルトガル*	
スロバキア	
スペイン	
スウェーデン	
スイス	
トルコ	

注1) *租税条約による免除
 2) **95％免除
資料) The President's Advisory Panel on Federal Tax Reform (2005b) Table A.2 より作成。

インセンティブを与えないのに対し，全世界主義ではディスインセンティブを与えるとされる[11]。

表6-1にあるように，2005年時点において，アメリカは全世界主義により課税しているのに対し，EU諸国は領土主義課税方式を採用している国が多い[12]。

このことは，アメリカとヨーロッパにある親会社が第三国に子会社を設立し，

---

11) 領土主義課税で独立企業間原則が厳格に適用されないと，輸出所得の大部分を免税のオフショア支店に集中させることもできる（Brumbaugh (2004a) p.4）。
12) U. S. Department of the Treasury (2007) pp.12-14．2009年に日本とイギリスは領土主義に移行している。

輸出を行う場合に相違が生じることを意味する．アメリカ親会社の外国子会社の所得は，アメリカ親会社に送金すれば，アメリカ本国で法人税が課税される．これに対して，ヨーロッパ親会社の外国子会社の所得の場合，ヨーロッパ親会社に送金しても本国での法人税は課税されない．そのため，全世界主義を採用するアメリカの企業グループが，領土主義を採用するヨーロッパの企業グループよりも活動が阻害されるという主張がアメリカの財界からなされてきた．

　そのような状況を改善すべく，アメリカは原則として全世界主義を採用しつつ，例外的に領土主義を採用してきた．その典型が，輸出促進税制である．次節では，所得課税の枠内で展開された輸出促進税制の内容と政策意図を確認してみたい．

第3節　経常収支と輸出促進税制：政策意図と概要

　誤解を恐れずに簡潔に述べれば，輸出促進税制の意図は，領土主義課税の要素である国外所得への課税免除（サブパートF不適用）を部分的に採用し，国内製造業（輸出企業と在外子会社保有企業）を優遇することにあった．自由貿易の重要性を主張するアメリカが，輸出促進税制を採用する際の対外的な説明の論理は，EU諸国の採用する領土主義課税が認められるのであれば，アメリカの採用する領土主義的税制も正当であるというものであった．

(1) 内国国際販売法人（DISC）

　代表的な輸出促進税制は，1971年のニクソン政権期に創設された，内国国際販売法人（Domestic International Sales Corporation，以下，DISCとする）である[13]．ここで意識するのは，全世界主義課税を原則的に採用する中で，領土主義課税に近い課税方式を設けた背景である．端的に言えば，当時のアメリカの国際収支の悪化を含む，経済問題を緩和することにあった[14]．当時，固定相場制のもとで，アメリカの国際収支の悪化（経常赤字と資本流出）が注目され，それがドルに対する厳しい圧力となっていた．アメリカの採用した対処法は，ド

---

13) DISC導入までは輸出取引法人（Export Trade Corporation：ETC）制度があった．
14) Brumbaugh（2004b）．

ル・金の交換停止と10％の輸入関税であったが，その政策の一部として DISC 制度があったのである．

DISC 創設の目的は，アメリカ企業の輸出を促進すること（貿易赤字解消），アメリカ企業が海外市場で販売する製品をアメリカ国内で製造するのを奨励することにあった．また，対内的には，DISC はアメリカが原則的に採用している全世界主義課税のもとで発生している課税繰延のメリットに対抗するようにもデザインされていた．全世界主義課税を原則的に採用することで生じている課税繰延のメリットによって，アメリカ企業が在外子会社を設立して外国生産を行うインセンティブにもなっていると考え，DISC によってアメリカ国内企業が輸出品生産を行う投資インセンティブを与えることで，繰延のインセンティブに対抗しようとしたのである[15]．むろん対外的には，領土主義課税を行っている他の国が輸出業者に与えている税制上の優位性に対抗することも意図していた[16]．

DISC は，アメリカ親会社の輸出販売会社として，アメリカで生産された製品等の輸出によって所得を得る内国法人である．DISC は，アメリカ親会社のペーパーカンパニーであり，親会社と DISC とによる輸出純所得（合算課税所得）は，DISC に多く配賦（allocation）されるように，アメリカで一般的な所得分割（dividing income）の手法である独立企業間価格（arm's-length pricing method）とは異なる特別規定にしている．さらに，DISC に帰属する所得は，アメリカ親会社に配当（みなし配当含む）されるまで，特別規定によって課税が繰り延べられる．このような特別規定によって，アメリカ国内で生産された製品等を親会社から DISC が購入し，それを DISC から輸出する際に，租税メリットが生じるようにしていた．図6-4で確認してみよう．

図6-4も図6-2や図6-3と同じく，アメリカ親会社が，外部から550で原材料を仕入れ，それに直接労務費125を加え，内国販売法人には752で販売している（利益77）．次に，内国販売法人は，親会社から752で仕入れた製品に直接労務費225を加えて，外国の会社に1,000で輸出している（利益23）．ただし，税法上，内国販売法人の税引後の利益（23）の半分が，アメリカ親会社

---

15) Brumbaugh (2004b) p. 3.
16) Brumbaugh (2004b) p. 4.

第6章　経常収支の赤字と国際租税政策

	アメリカ親企業		内国国際販売法人（DISC）		外国第三者企業：高税率国	
売上		752	輸出売上	1,000	売上	3,000
△仕入		−550	△仕入	−752	△輸入仕入	−1,000
△直接労務費	−125	△直接労務費	−225	△直接労務費	−500
所得	77	DISC 輸出所得	23	利益（税引前）	1,500
US 税率	34.0%	US 税率（繰延）	0%	外国税率	50%
△US 税額	−26.18*1	△US 税額（繰延分）	0.0*3	△外国税額	−750
△US 税額（みなし配当分）	−3.91*2				
利益（税引後）	46.91	利益（税引後）	23.00	利益（税引後）	750
		租税負担合計	30.09		

【図6-4】内国国際販売法人（DISC）

注1）*1 輸出所得 77 × 34%（US 税率）
　2）*2 みなし配当 × 34%（US 税率）＝ −3.91，みなし配当（11.5）＝ DISC 輸出所得（23）× 50%
　3）*3 未分配所得 × 0（US 繰延税率），未分配所得（11.5）＝ DISC 輸出所得（23）× 50%
資料）Hufbauer and Rooij（1992）pp. 193-194 の記述をもとに作成．

に配当されたとみなされる（みなし配当）．

　この場合，輸出純所得（合算課税所得）100 に対して納付額が 30.09（＝ 26.18 ＋ 3.91）であるから，平均実効税率は 30.09％と，全世界主義課税の 34％（アメリカ法定税率）に対して，3.81％軽減されていることがわかる．数値例では，輸出純所得 100 に対して課税繰延額（未分配所得）は 11.5 であるから，課税繰延割合は 11.5％である．

　以上の数値例では，アメリカ親会社と DISC を合計した租税負担額は 30.09 である．これに対して，図6-2 の全世界主義課税方式におけるアメリカ親会社と外国子会社を合計した租税負担額は 34.00，図6-3 の領土主義課税方式における租税負担額は 27.33 であった．つまり，この数値例でみる限り，DISC 税制は，純粋な領土主義課税よりも租税負担が大きいが，全世界主義課税よりも租税負担が軽減されていることになる．

　このことは，DISC 税制が，領土主義課税に近い形で，全世界主義課税と純粋な領土主義的課税の間で揺れ動く性格であることを示唆している．

　EC 諸国は，アメリカ国内での輸出所得に対する直接税の繰延期間が不確実であるため，DISC は輸出補助金であるとして，GATT に提訴した．アメリカは，領土主義課税の下では，外国販売支店（foreign sales branches）が課税さ

ておらず，EC 諸国では独立企業間価格が厳格に適用されていないので，領土主義制度は輸出支援をしているとして反論し，さらに，もし領土主義課税が適法なら DISC も適法だと主張した[17]．この問題の最終決着はつかなかったものの，アメリカは DISC に代わる制度を 1984 年に制定した．それが次に見る外国販売法人（Foreign Sales Corporation，以下，FSC とする）である．

(2) 外国販売法人（FSC）

外国販売法人（FSC）制度は，アメリカの輸出業者がアメリカ国内で製造された製品を，外国の法律またはアメリカ属領の法律に準拠して設立された外国法人（子会社）を通じて輸出する場合，外国子会社所得の一部をアメリカの法人所得税の課税対象から除外できる制度である[18]．

外国販売法人（FSC）の意図は，DISC 同様，アメリカ国内での製造活動と国外への輸出活動を奨励することである．そのことは，アメリカ国内での資産製造を要件とし，それを輸出する場合を適格輸出資産（qualified export assets）として，FSC 税制が適用できる一つの要件にしていることにも反映されている．

しかし，FSC は DISC とは異なり，アメリカ国外に設立する必要があり，さらに，外国での経営管理の要件や外国での経済過程（economic process）の要件等を定め，結果としてかなり複雑な規定となっている[19]．このような複雑な規定となったのは，FSC 税制が GATT の規定との整合性を意識していたからである[20]．特にアメリカ政府は，「GATT 加盟国が，その領土外の経済活動で生じた輸出所得に対する課税を求められない」との規定を意識していた．というのは，アメリカが外国販売法人（FSC）制度を制定したのは，領土外の活動で生じた輸出所得の一部非課税にすることを目指していたからである．アメリカ企業の競争相手である EU 諸国で採用されている国外所得免除方式が，

---

17) Brumbaugh (2004b) p. 2.
18) 外国子会社の所得のうち配当所得に対して外国税額控除を行う原則的な課税ではないということ．FSC は外国子会社であるが，適格要件を満たす場合，サブパート F の適用が免除される．
19) Doernberg (1997=2001) 訳書 12 章を参照．
20) U. S. Congress, Joint Committee on Taxation (2003c) p. 79. 第一に，GATT 加盟国は，その領土外の経済活動で生じた輸出所得に対して課税をする必要がない．第二に，関連会社間（related firms）の所得配賦（allocating income）には，独立企業間価格が適用されるべきである．第三に，GATT は，国外源泉所得の二重課税を緩和する手段を禁止していない．

第6章　経常収支の赤字と国際租税政策

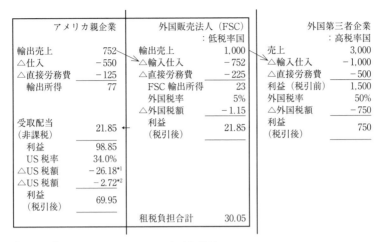

【図6-5】外国販売法人（FSC）：行政価格法（23％法）

注1）　*1 77 × 34％（US税率）＝ 26.18
　2）　*2 課税国外取引所得 × 34％（US税率）＝ 2.72
　　　課税国外取引所得 ＝（77＋23）× 23％ × 8/23＝8（合算輸出所得の8％）
　　　非課税国外取引所得 ＝（77＋23）× 23％ × 15/23＝15（合算輸出所得の15％）
資料）Doernberg（1997＝2001）pp. 255-256 の記述をもとに作成．

GATT／WTO違反とされておらず，この点でアメリカの輸出産業が競争上不利な立場にあるとの認識もあったのである．

　ここでは，図6-5によって，選択されることの多い行政価格法（23％法）を数値例で説明しておこう[21]．図6-5も図6-2, 図6-3と同じく，アメリカ親会社が，外部から550で原材料を仕入れ，それに直接労務費125を加えて，外国子会社である外国販売法人に752で販売している（利益77）．次に，子会社で

---

[21]　FSCは租税優遇事業体なので，便益の規模は，FSCにどれだけの所得を配賦（allocate）することが許されているかに依存している．DISCと同様，FSCの所得配賦規定では，独立企業間価格法よりも多くFSCに所得を配賦できる行政価格法（administrative pricing method）がある．行政価格法の下では，企業は23％法（合算輸出所得の23％を外国販売法人の所得とする方法）と1.83％法（国外取引総収入（foreign trade gross receipt）の1.83％を外国販売法人の所得とする方法）を選択できる．FSCに配賦された所得のうち，免税対象となる部分は，企業の利用した所得配賦方式に依拠している．行政価格法を採用した場合には15/23，移転価格法を採用した場合には30％が課税免除となる．最後の要素として，FSCの親会社は，子会社であるFSCからの受取配当の100％控除が許されている．つまり，FSCからの配当は，他の外国法人から受け取る課税対象となる配当とは，異なる取り扱いとなっている．

ある外国販売法人は，親会社から752で仕入れた製品に直接労務費225を加えて，外国の会社に1,000で輸出している（利益23）．最後に，外国販売法人は，税引後の利益（21.85）をアメリカ親会社に全額配当するとしている[22]．

まず，FSCの納税額は，FSCの課税所得が23で所在地の税率が5％であるとして，1.15（＝23×5％）である．ここでは，FSCは税引後の利益21.85を全額親会社に配当している．次に，アメリカ親会社の納税額は，3つに分けて算定することができる．1つ目が，親会社単独で計算した輸出所得77に対する納税額26.18（＝77×34％）である．2つ目が，FSCからの配当21.85に対する納税額0（＝100％の受取配当控除）である．3つ目が，FSCの課税国外取引所得に対する納税額2.72である．3つ目の納税額の算定が，FSCに関連する納税額の計算で説明を要する点である．

行政価格法（23％法）を採用した場合，FSCの国外取引所得（foreign trade income）は，合算輸出所得100（＝77＋23）に23％を乗じた額23となる．そのうちアメリカ親会社で課税されるFSCの課税国外取引所得は，国外取引所得23に8/23を乗じた額8となり，これにアメリカの税率34％を乗じた額2.72が，FSCの課税国外取引所得に対する納税額である．一方，アメリカ親会社で非課税となるFSCの国外取引所得は，FSCの国外取引所得23に15/23を乗じた15（＝23×15/23）となる[23]．合算輸出所得100に対して非課税額は15であるから，非課税割合は15％である[24]．つまり，FSCとアメリカ親会社の合算輸出所得100（＝77＋23）のうち，15が非課税となるFSCの国外取引所得で，残りの85はアメリカ親会社の課税所得となる．

以上の数値例では，アメリカ親会社とFSCを合計した租税負担額は30.05

---

[22] 外国販売法人が行った適格な国外取引収入に起因する税務上の利益剰余金（Earnings and Profits）がアメリカ親会社に分配されると，アメリカ親会社では100％の受取配当の益金不算入が認められている．また，外国販売法人の所得，外国販売法人のアメリカ事業に実質的に関連した所得から発生する税務上の利益剰余金の分配に関しては，受取配当益金不算入割合が70％に制限されている（八田・小森（2005）245頁）．なお，ここでは，アメリカ親会社と外国販売法人（FSC）が実現した合算輸出所得100（＝77＋23）の23％を，外国販売法人（FSC）の国外取引所得23（＝100×23％）に一致させている．

[23] 脚注20参照．非課税所得部分15が課税されるのは，最終的にアメリカ親会社以外の株主に配当されるときである．

[24] 輸出所得の15％から30％に対して課税免除している．この割合はDISCの課税繰延割合よりも，やや小さい（Brumbaugh（2004b））．

である．これに対して，図 6-2 の全世界主義課税方式におけるアメリカ親会社と外国子会社を合計した租税負担額は 34.00，図 6-3 の領土主義課税方式における租税負担額は 27.33 であった．つまり，この数値例でみる限り，FSC 税制は，純粋な領土主義課税よりも租税負担が大きいが，全世界主義課税に比べて 3.95（＝非課税 15 × 34％－外国税額 1.15）だけ租税負担が軽減されている[25]．

このことは，FSC 税制も DISC 税制同様に，領土主義課税に近い形で，全世界主義課税と純粋な領土主義的課税の間で揺れ動く性格であることを示唆している．

注目すべきは，アメリカの国際租税制度が原則として全世界主義課税・外国税額控除方式を取りながらも，外国販売法人（FSC）税制では部分的に国外所得免除方式を導入することで，少しでも輸出面で「ヨーロッパと同等の条件」を確保しようとした点である．

第 4 節　クリントン政権期の輸出促進税制の実態

既に確認したように，外国販売法人（FSC）を通じた輸出高は，アメリカの総輸出高の 30％前後を占める[26]．さらに，製造業では，1990 年代後半になると，50％弱が FSC を通じた輸出となっていた[27]．本節で確認するのは，外国販売法人（FSC）の特徴や外国販売法人（FSC）のアメリカ親会社の特徴である．

(1) 外国販売法人（FSC）の設立地

まず，表 6-2 で外国販売法人の設立場所と売上高の推移を確認しておこう．端的に言えば，①アメリカ属領やタックスヘイブン諸国に FSC を設立してい

---

25) 別の視点から言えば，アメリカ親会社の課税所得は，輸出から生じた 77 に FSC の課税国外取引所得 8（＝23－15）を合算した 85 であり，それにアメリカ法人税率 34％を乗じた額 28.9（＝26.18＋2.72）をアメリカ政府に納付する．
26) アメリカ国内法人の利益に占める外国販売法人（FSC）利益は 1.5％にすぎない（U. S. Congress, Joint Committee on Taxation（2003c）p. 59）．親会社からの受託販売が全体の 70％，残りが親会社からの仕入れによる輸出売上である．
27) Desai and Hines Jr.（2001）．

【表6-2】外国販売法人の地域別輸出高

	外国販売法人（FSC）の総売上					
	1987年		1992年		1996年	
	(百万ドル)	割合 (%)	(百万ドル)	割合 (%)	(百万ドル)	割合 (%)
USバージン諸島	46,893	55.6	95,615	62.8	108,929	38.1
バルバドス	4,635	5.5	17,814	11.7	87,200	30.5
グアム	16,553	19.6	21,924	14.4	42,028	14.7
ジャマイカ	5,394	6.4	3,959	2.6	9,149	3.2
オランダ	10,299	12.2	10,353	6.8	25,159	8.8
その他	506	0.6	2,588	1.7	13,437	4.7
合　計	84,280	100	152,253	100	285,902	100

資料）Desai and Hines（2001）Table 4 より算定．

ること，②これらの地域の税率は低いこと，③所在地売上高の割合は，外国販売法人の総売上高の増加とはほとんど関連ないこと等が確認できる．

　外国販売法人の設立場所は，USバージン諸島やバルバドスといった，現地での法人税率が低いかゼロであり，配当に関する源泉徴収を課していないような[28]，アメリカ属領かタックスヘイブン諸国であることが確認できる．また，外国販売法人の総売上高は，1987年の842億ドルから1996年の2,859億ドルへと9年間で340％も増加している．

　所在地別に見てみると，1996年の売上高2,859億ドルのうち，USバージン諸島1,089億ドル（38.1％）を筆頭に，バルバドス872億ドル（30.5％），グアム420億ドル（14.7％）となっている．

　改めて，外国販売法人が，一方で外国に設立することで国外源泉所得に配分できる余地を確保して親会社の租税負担を軽減しつつ，他方で税率の低い地域に設立して外国販売法人自体の租税負担をも軽減する仕組みであることが確認できる．

(2) アメリカ親会社との関係

　次に，1996年に2,859億ドルの売上がある外国販売法人（FSC）とそれを設立したアメリカ親会社の規模との関係について，表6-3で確認してみよう．

---

28) Doernberg（1997=2001）訳書247頁．

第6章　経常収支の赤字と国際租税政策

【表6-3】外国販売法人の利用状況：親会社の総資産別（1996年）

FSC親会社資産規模	外国販売法人（FSC）				FSCの親会社数	
	総売上（百万ドル）	割合	申告社数	割合		割合
0～10万ドル未満	4,405	1.5%	639	14.6%	638	15.6%
10万～25万ドル未満	109	0.0%	35	0.8%	35	0.9%
25万～50万ドル未満	1,237	0.4%	57	1.3%	57	1.4%
50万～100万ドル未満	74	0.0%	23	0.5%	23	0.6%
100万～500万ドル未満	1,021	0.4%	290	6.6%	290	7.1%
500万～1,000万ドル未満	1,446	0.5%	363	8.3%	363	8.9%
1,000万～5,000万ドル未満	7,824	2.7%	882	20.2%	882	21.6%
5,000万～1億ドル未満	7,499	2.6%	415	9.5%	415	10.2%
1億～2.5億ドル未満	16,975	5.9%	497	11.4%	487	11.9%
2.5億ドル以上	245,311	85.8%	1,162	26.6%	894	21.9%
合計	285,902	100%	4,363	100.0%	4,084	100.0%

資料）Desai and Hines（2001）Table 5.

　FSCの売上高2,859億ドルの85.8%（2,453億ドル）が，親会社の資産規模が2.5億ドル以上の最も大きい区分に集中している．つまり，アメリカ親会社の資産規模が大きいほど，子会社である外国販売法人の輸出売上高が大きい．

　また，外国販売法人の申告数は4,363社，親会社の数は4,084社と外国販売法人の数のほうが多い．このことは，アメリカ親会社の中には複数の外国販売法人を設立している会社があることを示している．

(3) アメリカ親会社の産業

　さらに，アメリカ親会社の属している産業について確認しておこう．表6-4は外国販売法人から配当を受け取ったアメリカ親会社について，産業別に示している．

　アメリカ親会社の属する産業を確認するのに，あえて外国販売法人から配当を受け取ったアメリカ親会社に着目するのは，外国販売法人からの受取配当が，親会社において益金不算入になる規定を意識してのことである．外国販売法人が行った適格な国外取引収入に起因する税務上の利益剰余金（Earnings and Profits）がアメリカ親会社に分配されると，アメリカ親会社では100%の受取配当の益金不算入が認められていた[29]．この場合，外国販売法人の所得は，ア

【表6-4】外国販売法人からの受取配当を報告した親会社の産業（1999年）

	受取配当額		企業数	
	（百万ドル）	割合		割合
製造業	12,156	88.6%	1,426	75.6%
うち輸送設備	3,912	28.5%	81	4.3%
うちコンピュータおよび電子製品	3,130	22.8%	288	15.3%
うち化学	1,700	12.4%	130	6.9%
うち機械	1,018	7.4%	196	10.4%
うち電気設備等	405	3.0%	104	5.5%
情報産業	747	5.4%	55	2.9%
専門・科学・技術的サービス業	179	1.3%	54	2.9%
鉱業	149	1.1%	20	1.1%
卸売業	136	1.0%	190	10.1%
小売業	111	0.8%	19	1.0%
持株会社	73	0.5%	23	1.2%
金融および保険	69	0.5%	14	0.7%
農林水産業	30	0.2%	33	1.7%
建設業	6	0.0%	24	1.3%
その他	58	0.4%	28	1.5%
合計	13,714	100%	1,886	100%

資料）U. S. Congress, Joint Committee on Taxation (2003c) Table 7, 9.

メリカ国内に非課税配当として還流できる資金の額とみることができる．

　1999年に外国販売法人からアメリカ親会社が受け取った配当総額は137億ドルである．このうち，88.6%（121億ドル）が製造業に属している．特に製造業の中でも，輸送設備産業が39億ドル（28.5%），コンピュータおよび電子製品産業が31億ドル（22.8%）と続いている．企業数で見ても，外国販売法人からアメリカ親会社が配当を受け取った企業数は全産業で1,886企業である．このうち，75.6%（1,426企業）が製造業に属している．つまり，外国販売法人のアメリカ親会社が属する産業は，受取配当額でも企業数でも製造業が圧倒的に多い．

　製造業での利用が多いということは，この制度の当初の意図，すなわち，アメリカ製造業の国内製造活動と輸出活動を奨励する目的を少なからず達成していたとも言えるであろう．

29）　外国販売法人のアメリカ事業に実質的に関連した所得から発生する税務上の利益剰余金の分配に関しては，受取配当益金不算入割合が70%に制限されていた（八田・小森（2005）245頁）．

(4) アメリカ親会社の企業名

　最後に，個別企業名を確認し，これまで確認してきた外国販売法人の親会社の特徴を明確にしてみたい．表6-5は，1999年の年次報告書で外国販売法人による租税便益を開示しているSEC企業300社のうち，1991年から2000年の累計便益が大きいものから上位30社を示している．

　第一位のボーイング社は航空機製造業である．1991年から2000年までの間の外国販売法人を利用した便益は1,206百万ドルで，純所得11,380百万ドルの10％もの規模になっている．また，第二位のジェネラルエレクトロニック社は複合企業であるため，産業を特定しにくい．しかし，外国販売法人を利用した便益は1,154百万ドルと大きい．このことを考えると，アメリカ国内で製造したものを輸出する際に，積極的に利用したことが推察できる．さらに，アメリカ製造業の象徴的存在である自動車関連産業に着目すると，GMの子会社で軍需産業を中心に行っているGMヒュージエレクトロニクス社の外国販売法人利用による便益が158.2百万ドル（11位／300社中），クライスラー社の便益が27.6百万ドル（25位／300社中）となっている．

(5) 小　括

　以上のように，①外国販売法人の設立地は，税率の低いアメリカ属領やタックスヘイブンであること，②外国販売法人のアメリカ親会社の産業は，大規模製造業であるという特徴が明らかになる．つまり，外国販売法人の利用産業をみる限り，この制度の当初の意図，すなわち，アメリカ製造業の国内製造活動と輸出活動を奨励するという意図は，一定程度は達成されていたと言える．ただしそれは，アメリカ政府が「強いドル政策」を掲げた結果，打撃を受ける輸出産業に配慮せざるを得なかった側面でもあることに留意が必要であろう．

【表6-5】 FSC便益累計額の上位30社（1991〜2000年）

(単位：百万ドル，%)

		FSC便益 ①	純所得 ②	1991〜2000 (①/②比)	1991〜1995	1996〜2000
1	ボーイング社	1,206.5	11,380.0	10.6%	8.8%	11.7%
2	ジェネラルエレクトロニック社	1,154.8	71,206.0	1.6%	1.7%	1.6%
3	モトローラ社	551.0	8,906.0	6.2%	3.0%	10.8%
4	Honeywell社	459.0	9,176.0	5.0%	6.4%	4.8%
5	キャタピラー社	432.6	6,442.0	6.7%	−131.6%	4.7%
6	シスコシステム社	313.9	9,063.0	3.5%	4.0%	3.4%
7	Applied社	252.7	5,027.1	5.0%	3.5%	5.3%
8	Monsanto社	198.7	3,092.0	6.4%	4.2%	11.0%
9	Archer社	198.3	4,395.0	4.5%	2.9%	5.7%
10	Raytheon社	164.9	5,985.7	2.8%	1.7%	4.1%
11	GMヒュージエレクトロニクス社	158.2	10,697.6	1.5%	5.8%	1.1%
12	オラクルシステム社	157.9	3,675.7	4.3%	2.6%	7.2%
13	International Paper社	115.9	4,008.0	2.9%	3.4%	2.5%
14	Dover社	115.0	2,793.0	4.1%	2.5%	8.7%
15	ConAgra社	107.1	3,520.0	3.0%	3.7%	2.8%
16	Georgia社	89.0	3,148.0	2.8%	2.3%	3.1%
17	Eastman社	84.0	2,161.0	3.9%	2.2%	5.1%
18	RJRナビスコ社	80.0	5,895.0	1.4%	4.6%	4.6%
19	Cummins社	76.0	969.5	7.8%	3.3%	11.8%
20	Teradyne社	73.8	1,293.2	5.7%	3.4%	6.5%
21	Textron社	68.9	5,098.2	1.4%	2.3%	1.0%
22	Parker社	57.3	1,913.3	3.0%	4.1%	2.7%
23	Compuware社	41.6	1,186.1	3.5%	6.2%	3.1%
24	York社	38.8	513.2	7.6%	−760.6%	5.9%
25	クライスラー社	27.6	830.6	3.3%	2.0%	4.1%
26	Brunswick社	26.8	694.0	3.9%	3.2%	4.2%
27	St. Jude社	26.5	895.0	3.0%	1.4%	5.0%
28	Tektronix社	26.5	735.5	3.6%	7.3%	2.7%
29	Nordson社	25.9	434.6	6.0%	6.1%	5.8%
30	Albemare社	25.4	704.4	3.6%	3.6%	3.6%
	30社合計	6,354.6	185,838.7	3.4%	3.3%	3.6%

資料）Oyola（2001）Table 5.

第6章　経常収支の赤字と国際租税政策

第5節　クリントン政権の対応と議会公聴会

(1) 概　況

1997年11月18日，EUは外国販売法人（FSC）の規定が非合法的な輸出補助金に当たるとして，WTOに紛争パネルの新設を要求した[30]．EUの主張は，①アメリカ政府の外国販売法人（FSC）の所得を一部非課税としている状況は，WTO協定での補助金の定義である「支払われるべき政府歳入を徴収しないこと」に該当していること，②外国販売法人（FSC）がタックスヘイブンの活用を促進していること，③外国販売法人（FSC）の多くが行政価格法を採用し，独立企業間価格法を採用していないこと等であった．

新設されたWTOの紛争パネルは1999年9月17日，外国販売法人の規定がWTO協定に反するとの最終裁定を下した[31]．これに対してアメリカ政府は即座に提訴したが2000年2月24日，WTO控訴機関（上級委員会（Appellate Body））は，やはりFSCが「WTO違反の輸出補助金」[32]であると判定し，2000年10月1日までに改善するように勧告した．

(2) FSC廃止勧告への対応

クリントン政権の財務長官のサマーズは，WTOによる改善勧告がなされた当日，直ちに下記のような意見を表明した[33]．

「私は，WTO上級委員会（Appellate Body）によるパネル裁定（pannel's ruling）への支持表明に失望している．外国販売法人（FSC）の規定は，ヨーロッパ諸国の租税制度と同等の環境を創出するものとして広く受け取られており，アメリカのビジネス界に

---

[30] 以下，Desai and Hines Jr.（2001）pp. 59-60に依拠している．
[31] アメリカ政府はWTO勧告に対して1999年10月28日に正式に提訴するも1999年11月2日にはいったん撤回し，26日には再提訴した．
[32] その理由は，FSCが輸出に課税しているアメリカの通常の方法からの例外措置であるためであった（Brumbaugh（2004b））．
[33] 以下，U. S. Department of the Treasury（2000c）．

は重要なものである．われわれはヨーロッパ諸国，ビジネス界，議会と緊密に作業を行い，建設的な解決策を導くつもりである」

サマーズは，外国販売法人（FSC）が，輸出面で「ヨーロッパと同等の条件」を確保する規定であることを強調している[34]．このような立場をクリントン政権が維持したのは，「強いドル政策」を掲げたルービン財務長官の後任であるサマーズ自身も，「強いドル政策」の継続を掲げており[35]，それによって打撃を受ける輸出産業に配慮せざるを得なかった側面があるからである．さらに，クリントン政権の貿易政策を担当するアメリカ商業代表部（trade representative）のバシェフスキー（Barshefsky）は，下記のように述べている．

「われわれは上級委員会の裁定に強く反対する．われわれの意見は依然として，外国販売法人（FSC）がアメリカのWTOに対する義務と全く矛盾していないと考えている．われわれはWTOに対する義務を尊重し，アメリカの企業や労働者がヨーロッパの企業や労働者に競争上の不利をもたらさない解決策を追求する．双方の関係にダメージを与える，あるいはアメリカとEUの活動範囲の進展を妨げるようなケースを認めることは，アメリカの利益でもヨーロッパの利益でもない」

バシェフスキーはアメリカがWTO条約を遵守することを強調している．事実，2000年5月，クリントン政権はEU代表にFSCの代替案を示したが，それは後に制定される域外所得（Extraterritorial Income．以下，ETIとする）規定の基礎になっているものであった．基本的アプローチは，租税便益を輸出所得から国外活動による所得へと拡大することによって，WTO規定を順守することであった．

以上のように，クリントン政権では，アメリカの「輸出競争力の維持」と「WTO条約の順守」との両立という困難なアプローチを選択し，輸出促進税制を存続させようとしていた[36]．このような意識の下で，アメリカ議会が承認

---

34) 増井（2001）529-530頁，浅妻（2010）781-783頁．
35) National Post, May 17, 1999. サマーズ（財務長官在任期間1999.7.2～2001.1.20）も，昇格報道時にはルービンの強いドル政策の継承があるかが話題になったが，アジア太平洋財務大臣会議において「ルービン財務長官と私が何度も述べてきたように，強いドルはアメリカの国益にかなう」と述べた．

第 6 章　経常収支の赤字と国際租税政策

し，クリントン大統領が 2000 年 11 月 15 日にサインしたのが域外所得（ETI）規定である．

(3) 域外所得（ETI）規定：EU と WTO

ETI 規定は，WTO に違反しない形で FSC 税制の便益を維持することを意図したものであった．ETI 規定は域外所得をアメリカの課税から免除（exclusion）するが，域外所得とその他の概念の連鎖により，免除する所得をアメリカ企業の輸出と国外活動に伴う所得に制限することを継続していた[37]．ETI 規定は，WTO が FSC の黒判定の際の根拠とした，「FSC が一般的に輸出に課税しているアメリカの租税慣習の例外であるため，補助金である」との指摘を意識している．

ETI は FSC とは異なり，適格要件として，外国法人を通じて輸出販売をすることを要求していない．アメリカ法人が免除の適用を直接受けることができるので，FSC 規定にあるような，特別な受取配当の非課税規定の必要もない[38]．

また，ETI は，FSC が子会社を設立してその所得を特定する（サブパート F の外国基地所得は適用しない）のに対して，子会社を設立せず，輸出取引から生

---

36) これに対して，EU 代表は，租税便益は依然として輸出を条件にしているので，WTO 違反であり，仮に立法化されても，それは WTO ルール違反であると述べた（Brumbaugh（2004b））．
37) 概念の連鎖における第一のリンクは，適格国外取引資産（qualifying foreign trade property）である．FSC の輸出資産（export property）と異なり，適格国外取引資産（qualifying foreign trade property）の一部は，アメリカの外で製造できる．しかし，適格外国取引資産の価値の 50％超はアメリカの外で付加できない．第二のリンクは，国外取引総収入（foreign trading gross receipts）で，適格国外取引資産の売却またはリースから生じ，FSC の総収入（gross receipts）に相当する．FSC と同様，企業は経済過程（economic process）を国外で行っていれば，国外取引総収入のみを稼得していると取り扱われる．しかし，FSC 規定にあった，国外管理要件はない．第三のリンクは，国外取引所得（foreign trade income）で，国外取引総収入（foreign trading gross receipts）に起因する課税所得である．この国外取引所得の特定部分を適格国外取引所得（qualifying foreign trade income）といい，適格国外取引所得に対して，課税免除を付与している．域外所得免除額の算定方法は，①国外取引総収入（foreign trading gross receipts）の 1.2％，②国外取引所得（foreign trade income）の 15％，③国外取引総収入（foreign trading gross receipts）の下で行われた外国経済過程に帰属する所得の 30％のいずれか大きいものを選択する．
38) ETI 規定では，便益を受けた外国法人は，アメリカ法人のように課税されることを選択できるとしている．このメカニズムは，サブパート F の適用可能性を排除している（Brumbaugh（2004b）pp. 9-10）．

235

じる所得を特定している．

このように，クリントン政権は，これまでのように輸出所得を含みつつも，SCM 合意で禁止されている「輸出を条件にしている（export contingent）」規定としない形で，FSC のような租税便益を維持しようとした．言ってみれば，ETI も形を変えた輸出促進税制であり，クリントン政権が輸出促進税制を維持しようとする姿勢は，これまでと一貫しているとみることができる．図 6-6 で確認してみよう．

図 6-6 は，アメリカ企業が，外部から 550 で原材料等を仕入れ，それに直接労務費 350 を加えて，外国の会社に 1,000 で輸出している（国外取引所得 100）．ここで説明を要するのは，アメリカ企業の納税額である．

アメリカ企業の納税額は，国外取引所得（foreign trade income）と域外所得免除（ETI exclusion）によって算定した課税所得にした金額に法人税率を乗じて算定する．アメリカ親会社で非課税となる域外所得免除額は，アメリカ企業の国外取引総収入 1,000 に 1.2％を乗じた 12（＝1,000×1.2％）となる．そのため，アメリカ企業の納付額は，国外取引所得（100）から域外所得免除（12）によって算定した課税所得（88）に法人税率 34％を乗じた 29.92 となる．国外取引所得 100 に対して非課税額（域外所得免除額）は 12 であるから，非課税割合は 12％である[39]．

以上の数値例では，アメリカ企業の租税負担額は 29.92 である．これに対して，図 6-2 の全世界主義課税方式におけるアメリカ親会社と外国子会社を合計した租税負担額は 34.00，図 6-3 の領土主義課税方式における租税負担額は 27.33 であった．つまり，この数値例でみる限り，ETI 税制は，純粋な領土主義課税よりも租税負担が大きいが，全世界主義課税に比べて 4.08（＝非課税 12×34％）だけ租税負担が軽減されている．

このことは，ETI 税制も FSC や DISC 税制と同様に，領土主義課税に近い形で，全世界主義課税と純粋な領土主義的課税の間で揺れ動く性格であることを示唆している．

2000 年 11 月 17 日，EU は直ちに WTO に提訴した．アメリカの主張は，

---

[39] 概ね適格国外取引所得の 15〜30％をアメリカの課税から免除している（Brumbaugh（2004b）p. 9）．

第6章　経常収支の赤字と国際租税政策

	アメリカ企業		外国第三者企業：高税率国
国外取引総収入	1,000	売上	3,000
△売上原価	−550	→輸入仕入	−1,000
△直接労務費	−350	直接労務費	−500
国外取引所得	100	利益（税引前）	1,500
US 税率	34%	外国税率	50%
△US 税額	−29.92*1	△外国税額	−750
利益（税引後）	70.08	利益（税引後）	750

【図6-6】域外所得（ETI）免除：国外取引総収入の1.2%法

注) *1 |国外取引所得（100）−域外所得免除（12）|×34%（US税率）
　　域外所得免除＝国外取引総収入×1.2% = 12
資料) 筆者作成.

ETIはアメリカの一般的課税慣行の例外でもなく，また輸出を条件にしているものでもない，というものであった．仮に，ETIが輸出補助金であるとしても，外国所得に対する二重課税を緩和する手段であり，SCMの注記59に含まれるWTO規定で認められたものであると主張していた．

第6節　ブッシュ Jr. 政権の対応と議会公聴会

(1) 概　況

しかし，ブッシュ Jr. 政権期に入った2001年8月20日，WTOパネルは，①ETIがアメリカの一般的な課税慣行の例外であり，輸出を条件にした租税便益であること，②二重課税のリスクにある通常の所得よりも所得便益の範囲がかなり広いので，二重課税回避のための措置ではないとの判定を下した．ブッシュ Jr. 政権は，2001年10月10日，ETIに関するパネル判定を不服として上訴したが，WTO上級委員会（Appellate Body）は，2002年の1月，パネル裁定の指摘を支持した．つまり，ETIも黒判定となったのである[40]．

ETIがGATT違反と判定されたことは，これまで維持してきた輸出促進税制の継続が困難になってきたことを意味している．つまり，「全世界所得課税

---

40) Brumbaugh (2004b) pp. 9-10. アメリカの租税法学者によるETI批判については，McDaniel (2004) を参照．

方式を採用しているアメリカの基本政策の再考を促す契機としている」[41]という指摘にもあるように，原則的には全世界主義課税方式をとりながら，輸出促進税制のような領土主義課税方式を加味した税制を採用することで，調整してきたアメリカの国際租税制度の維持が，難しくなってきたのである．2002年2月27日の下院歳入委員会におけるアメリカ財務省のアンガス（Angus）国際租税顧問による発言が，そのような状況を象徴している[42]．

「租税制度の変更という問題に関して，WTOルールによるWTOの分析を前提にすると，重大な変更が必要であり，単にFSCやETI規定を複製する法律では，基準に達しないと考えている」

(2) 2002年8月11日：下院歳入委員会公聴会

このような状況の中で，2002年8月11日，下院歳入委員長トーマス（Thomas，共和党，カリフォルニア州選出）は，法案（H. R. 5095）を提出したが，その意図について，以下のような説明がある[43]．

「アメリカ企業，特に国際市場で活動している企業に対するアメリカ税制の不公平さと負担は，大多数の他の国のものよりも大きなものとなっている．……WTOによってFSCとETIの税制が違法な輸出補助金で，非競争的税制であると判定されたことは，アメリカの税制は本質的な改革を必要としていることを示している．それゆえ，下院歳入委員会はアメリカとアメリカ企業の国際競争力を改善するようにデザインされた包括的税制改革パッケージを開発した」

この法案は，ETI法の再設計というよりも，単なる廃止法案であった．と同時に，国外で活動しているアメリカ企業に対して，国際市場でのアメリカ企業の競争条件を改善するように，広範な減税措置を行うことを提案していた[44]．

---

41) Ault（2002）pp. 177, 185.「なぜならこれらの優遇税制は，国外所得免除方式を部分的に取り入れるものだからである」（増井（2009）101頁）．
42) U. S. House, Committee on Ways and Means（2002）p. 17.
43) http://waysandmeans.house.gov/legacy/fullcomm/107cong/hr5095/hr5095summary.htm

第 6 章　経常収支の赤字と国際租税政策

しかし，この法案は，多方面から批判を受けた[45]．例えば全国貿易評議会 (National Foreign Trade Council) は，この法案の減税措置が ETI 規定の廃止の代替措置になっていないことを批判している．また，議会民主党と数名の共和党員は，この法案がアメリカ国内の製造業にペナルティーを与える一方で，外国で活動しているアメリカ企業に恩恵を与えるものであると批判している．その背景には，アメリカ国内企業に影響を与える FSC/ETI 廃止への対応が，国内の雇用問題として問題となっていたことがある．

このころ，EU は WTO に対して，ETI 規定への制裁措置として，アメリカ製品の輸入に制裁金 40.43 億ドルを課すことへの承認を求めていた．アメリカは，EU 輸出に対するアメリカ企業の租税便益は 95,600 万ドルにすぎないと主張したが，WTO 仲裁人（WTO arbitrators）は，2002 年 9 月 30 日，EU の要求どおりの満額である 40.43 億ドルの輸入制裁金を課すことを認めていた．

(3)　2003 年 1 月 28 日：上院財政委員会公聴会

この公聴会は，2002 年 12 月に前任者のオニール（O'Neill）財務長官が更迭され，スノー財務長官（Snow）が財務長官に任命される 2 月 3 日直前のものであった．多様な議論がなされたが，ここではスノー財務長官の為替政策への姿勢や FSC/ETI に対する姿勢に関して取り上げてみたい．ブッシュ Jr. 政権の為替政策に関して，スノー財務長官は以下のように述べている[46]．

「この数十年間の好況期におけるドルに関する一貫した政策がある．私はこれを支持する．私は強いドルを好む．それはアメリカの国益である．強い通貨は，為替相場で信頼性ある交換手段となり，人々が保有を選択する安定した価値保蔵手段として機能する．十分な成長促進的（pro-growth）な経済政策と自由かつ開放的な市場への公約は，強いドルの基礎である」

クリントン政権においては，「強いドル」政策がとられてきたが，ブッシュ

---

44)　その概要は，外国税額控除とサブパート F 規定の変更，外国関連者からの過度な借入による支払利息の損金算入（earning stripping）の制限，法人逆移籍（corporate inversion）の制限等であった．
45)　Brumbaugh (2004b) p. 11.
46)　U. S. Senate, Committee on Finance (2003a) p. 27.

Jr. 政権もその路線を継承し，スノー財務長官自身もそれを意識していることを強調している．これに対して，公聴会では，このようなアメリカの「強いドル政策」の一方で，他国の為替レート切り下げ政策がアメリカの貿易赤字に影響を与えているとの懸念が表明された[47]．これに対するスノー財務長官の回答は，必ずしも明確ではなく，従来の一般的な回答を行ったにすぎない[48]．

しかし，この公聴会よりさかのぼること5ヶ月前の2002年9月，WTO上級委員会において，FSC/ETI に対する制裁措置が認められていた．そのため，スノー財務長官による「強いドル政策」を継続するという意思表明は，「強いドル政策」の継続で打撃を受ける可能性のある輸出産業や国内雇用への不安材料にもなっており，FSC/ETI問題の政府を挙げての対応を求める議員の発言もあった[49]．これに対して，スノー財務長官は，以下のように述べている[50]．

> 「私はできるだけ効果的にそのプロセスにかかわることを約束する．この問題は，大統領の優先事項である．大統領は今年度の会期中に，この問題に関する行動が起こされるのを見たいと思っている（would like to see action on it）．私は全面的に関与する．しかし，現在のところ，私はWTOの要求とわれわれの留意点との調整方法に関して，熟慮した考えを持っていないが，アメリカ企業の競争力を害さないものであることは確かである」

---

[47] U. S. Senate, Committee on Finance (2003a) p. 51.「(スノー (Snowe) 上院議員）貿易に関して，この数十年間の好況期における強いドルに関する継続した政策について言及しているが，それは確かに正しい．しかし，明らかに外国が自国の利益になるように為替レートを歪め，介入している国々に対して，どのように対処すべきなのか」．

[48] U. S. Senate, Committee on Finance (2003a) p. 135.「(スノー財務長官）財務省の見解を表明することはできないが，ドルの価値は，貿易赤字の大きさに影響を与える複数の要素の一つである．アメリカの貿易赤字は，根本的には，国内の貯蓄と投資の差異を反映している．アメリカの労働者と企業への最も効率的な支援は，アメリカ経済とグローバル経済の中での，持続的で強靭な成長だ．このような環境の中で，ブッシュ大統領による雇用および成長提案は，長期的な成長潜在性を高める一方で，景気後退リスクに対する短期的な支援を与えるようにデザインされている」．現実には，2002年から2004年にかけて米ドル安が進んでいた．つまり，米国通貨当局は「強い米ドル政策」を唱えながらも，米ドル下落に対しては静観していた（Benign Neglect「優雅なる無視」）．

[49] 上院財政委員会議長グラスリー（Grassley，共和党，アイオワ州選出）は，FSC/ETIの問題を解決するためには，民主・共和両党，上下両院のワーキンググループを創設することが必要であり，そこに財務省と通商代表部も参加することを求めた（U. S. Senate, Committee on Finance (2003a) p. 60)．

[50] U. S. Senate, Committee on Finance (2003a) p. 60.

第6章　経常収支の赤字と国際租税政策

2003年1月の時点でも，この発言からは，アメリカ企業の国際競争力との関連で議論するという方針はあるが，FSC/ETI廃止に関して具体的な案を有していないことが推察できる[51]．

(4) 2003年8月15日：上院財政委員会公聴会

8月に入り，公聴会では主に2つの論点が同時に議論されはじめた．一つは，輸出促進税制であるFSC/ETI税制を廃止することに伴って生じる，増収分の使途に関する議論であり，もう一つは，国際課税ルールの見直しの議論から派生して出てきた，領土主義的な1年限りの配当償還非課税制度導入の是非であった．輸出促進税制を廃止することに伴って生じる増収分の使途に関する論点は，増収分を国内製造業の減税に充てるのか，国際課税の改革でアメリカ多国籍企業（在外子会社を有するアメリカ企業）の減税に充てるのかというもので，主として国内雇用への影響を意識したものであった．

この点に関し，アレン（Allen）上院議員（共和党，バージニア州選出）は，国内企業への配慮を主張しつつ，以下のように述べている[52]．

> 「ETIやその原型であるFSCやDISCは，もともとアメリカの輸出業者の国際的な競争条件が同等になるように創設された．……ETIは適格企業の輸出財に対して，年間40億ドルの租税便益を与える一方で，アメリカで3,500万人の雇用を直接または間接的に支援していると主張されている．仮にETIが代替的で十分な立法措置なしに廃止されると，アメリカ企業やアメリカ労働者への便益が，必要とされているときに失われることになる．……ETI廃止立法は，一次国内生産を含むアメリカ輸出業者への

---

[51] U. S. Senate, Committee on Finance（2003a）p. 64. そのような財務省の姿勢を見て，ボーカス（Baucus）上院議員（民主党，モンタナ州選出）は，租税問題と貿易問題の両者を視野に入れた議論を行うことを求めている．「（ボーカス上院議員）これに関して，私はあなた（スノー財務長官：引用者注）にかなり積極的に行動してほしい．これは単に租税法の改正ではなく，WTOの貿易政策における変更だ．ご存じのとおり，周辺には大論争がある．グラスリー議長と私は一緒にこのワーキンググループを作り，そして，あなたたち財務省が，租税関連とWTO関連の両方の解決策を見つける手助けをするように促す．ご存知のように，あなたは政権によって相当な抵抗にあうだろう．彼らはWTOに行くことは望んでいない，多くの人が，彼らにとって余分な仕事だ．WTOは現状でも十分複雑だ．しかし，私が指摘したいのは，WTOルールはアメリカにとって非常に不公正であり，不公正のあるルールに褒美を与えるような，税制の変更を行うべきではない」．

[52] U. S. Senate, Committee on Finance（2003b）pp. 6-7.

第Ⅲ部　国際租税政策の論理

代替的規定と調和する租税規定を含むべきである」

　さらに，ハッチ（Hatch）上院議員（共和党，ユタ州選出）は，FSC/ETI廃止後に伴う増収分を多国籍企業への減税に充てると，これまで恩恵を得ていた国内製造業の負担増となることに懸念を表明している[53]．これに対して，海外に事業展開をしているダウケミカル社（化学会社）のハーン（Hahn）社長は，以下のように，国際課税制度そのものを，全世界主義から領土主義にする等の変更を求めつつ，アメリカ多国籍企業（在外子会社を有するアメリカ企業）にも恩恵が及ぶよう求めている[54]．

「ETI制度は，アメリカ基地企業（U. S.-based companies）が，アメリカと決定的に異なる，自国の好意的な課税ルールのもとで営業している外国企業との競争を手助けするために制定された．法案改正は，アメリカの財・サービスのための国際競争という目的を継続する必要がある．しかし，2003年4月11日の下院提案（Crane＝Rangel法案HR1769）では，国内製造業しか対象になっておらず，事実上，海外で営業するアメリカ企業にペナルティーを与えてしまう．このようなアプローチは間違っている．法案改正は，すべてのアメリカ企業と労働者の利益を考慮すべきだ」

　このような議論に対する財務省のオルソン（Olson）租税政策担当次官補の見解は，輸出促進税制の移行措置の必要性は認めるが，国内企業を助けるのか，多国籍企業を助けるのかという二者択一ではないとするが，ここでも具体的な制度の明示は留保し，それを議会に求めている[55]．

---

[53] U. S. Senate, Committee on Finance (2003b) p. 24.「（ハッチ上院議員）この委員会の大多数のメンバーは，WTOを尊重してFSC/ETI規定を廃止する必要があると考えている．しかし，われわれの多くが心配しているのは，現在この規定によって恩恵を受けている企業を助ける方法を探し，その結果廃止されたときに企業が大増税に直面しないようにできるかである．……それゆえ，われわれはアメリカの法人や企業がより生産的になるように，そして，グローバルに競争できるように手助けするような租税規定を成立させる努力をする必要がある．……財務省は国内企業だけを手助けする，あるいは多国籍企業だけに焦点を合わせるような法案が完全な解決策ではないということに賛成するか」．

[54] U. S. Senate, Committee on Finance (2003b) pp. 59-60.

[55] U. S. Senate, Committee on Finance (2003b) p. 24.

第6章　経常収支の赤字と国際租税政策

「(ハッチ上院議員)この委員会の大多数のメンバーは,WTOを尊重してFSC/ETI規定を廃止する必要があると考えている.しかし,われわれの多くが心配しているのは,この規定によって現在恩恵を受けている企業を支援できる方法を探すことができるか,その結果,廃止されたときに企業が大増税に直面しないようにできるかどうかについてである.……財務省は国内企業だけを支援する,あるいは多国籍企業だけに焦点を合わせるような法案が,完全な解決策ではないということに賛成するか.
(オルソン次官補)それが,FSC/ETI規定廃止のための完全な解決策ではないことは確かだ.われわれは,現在便益を受けている企業が軟着陸でき,現行のルールからすみやかに移行できるということを,明確にする必要がある」

この公聴会のもう一つの論点は,国際課税ルールの見直しの議論から派生して出てきた,領土主義的な1年限りの外国子会社からの配当償還非課税制度導入の是非であった.その内容は,被支配外国法人(Controlled Foreign Corporations,以下,CFCとする)からの受取配当を「アメリカ再投資プランを条件に」1年間に限り5.25%の税率で課税するもので,国外で活動するアメリカ多国籍企業への優遇措置であった.この措置は1年の時限的なものであったが,全世界主義課税・外国税額控除方式を取りながらも,子会社からの配当を非課税にすることで,一時的に国外所得免除方式を導入し,領土主義課税を採用する「ヨーロッパと同等の条件」を確保しようとしたものでもあった.

このような外国子会社からの配当非課税が主張されるのは,国内貯蓄不足の中で,アメリカの採用している全世界主義課税・外国税額控除制度に対して多くの批判があったからである.その内容は,外国子会社からの配当について,全世界主義課税・外国税額控除制度の下では,領土主義課税では生じない追加的租税負担を生じさせる場合があるというものである.

もともと収益率の高い対外直接投資収益(被支配外国法人(CFC)の留保利益)を国内に還流させると追加的に負担が生じるため,外国子会社は配当せずに留保し,その結果1990年代までに外国子会社での内部留保が累積したという主張である.そこで,対外直接投資収益を国内に還流させ,不足する国内貯蓄を補充し,対内投資を促進することを意図したのである.

まず,アメリカ多国籍企業の見解を確認してみよう.その一つであるヒューレットパッカード社のコステンボーダー(Kostenbauder)副社長は,下記のよ

うに外国企業との競争条件を意識して，領土主義的な課税方式を支持している[56]．

「これらは非常にアメリカ経済に助けになると考えている．一時的規定として描かれているが，永久効果を有するべき一時的規定だと考えている．……領土主義制度を適用している他の国は，本質的に同じタイプの所得に対して，5.25％ではなく0％で課税している．つまり，5.25％でさえ，外国の競争者がホーム国に現金償還した時に支払うレートよりも，高いレートで支払っている」

また，エンサイン（Ensign）上院議員（共和党，ネバダ州選出）は，下記のように，アメリカ国内に資金が還流すれば，投資に大きな便益があるのみならず，株式市場の刺激にもなり，その結果，雇用も拡大すると主張している[57]．

「一定の額が投資に回ることは疑いがない．しかし，一定の額は配当に回るだろう．私が言いたいのは，われわれが配当減税（2003年5月28日に成立した「雇用と経済成長のための減税調整法」（JGTRRA 2003）のこと：引用者注）を行ったのは，それが株式市場を刺激することを知っていたからだ．これは，株式市場に資金を戻す一つの方法で，その他の企業に資本を供給するのである．……私は，お金が必然的に外国に投資されているという事実を好んでおらず，少なくともアメリカに資金を戻し，アメリカで雇用を生み出すことができるように，アメリカで有効に機能するようにしたい」

領土主義的な1年限りの外国子会社からの配当償還非課税に対するオルソン財務省租税政策担当次官補の見解は，否定的（短期に対する疑念，還流資金の使途への疑念）であり，下記のように長期的に現行の全世界課税主義の改善を図ってゆく方向性を示唆していた[58]．

「この規定は，課税されない外国所得に対する税率を1年間のみ引き下げる．このような免税期間（Tax Holiday）は，われわれの国際課税ルールの問題を処理するのに最

---

56) U. S. Senate, Committee on Finance (2003b) p. 31.
57) U. S. Senate, Committee on Finance (2003b) pp. 4-5.
58) U. S. Senate, Committee on Finance (2003b) p. 11.

適な方法であるとは思わない．われわれは，長期的，永久的なベースでアメリカ企業の競争力を改善するようなことを行った方がより良いと考えている．……われわれは，その規定が提案どおりの刺激効果があるかに，疑問を持っている．……私が，われわれは明らかに外国税額控除の制限に対処する必要があると思う」

(5) 2003年9月18日：上院財政委員会公聴会

9月に入り，連邦議会においてこれまでの意見を集約するような，本格的な法案が出てきた．Grassley＝Baucus法案（S1637）の提出である．表6-6にあるように，この法案は2004年から2013年でみるとわずか281百万ドルの増税と，長期的にはほぼ税収中立となる案となっていることがわかる．その一つの柱は，「域外所得免除方式の廃止」に示されているように，輸出促進税制であるFSC/EIT税制を廃止し，それに伴って生じる増収分を「国内製造活動控除」として国内製造活動への減税に充てることであった．つまり，これまで財務省が求めてきたFSC/ETI廃止に対応する具体案が議員によって示されたのである．もう一つの柱は，「被支配外国法人（CFC）からの配当への時限的税率引下げ」にあるように，領土主義的な1年限りの外国子会社からの配当償還非課税制度を導入する案であった．

領土主義的な1年限りの外国子会社からの配当償還非課税制度については，後掲の図6-8に関連して取り上げるため，これまでの議論を踏まえた法案であることを指摘するにとどめ，ここでは輸出促進税制であるFSC/ETIの廃止に伴う措置について取り上げてみたい．

提案者のひとりであるボーカス（Baucus）上院議員（民主党，モンタナ州選出）は，FSC/ETI廃止に伴う増税分を，国内製造活動に対する減税に充て，雇用を維持・拡大するとの趣旨で，以下のように指摘している[59]．

「今日，われわれはアメリカにおける雇用創出・維持を支援する重要な一歩を踏み出す．……製造にかかわる雇用は，経済全体にとって重要だ．製造にかかわる雇用は，関連産業やその他の部門の雇用を生み出す．……今日，われわれは国内製造業のため

---

[59] U. S. Senate, Committee on Finance（2003c）pp. 1-2.

【表6-6】S1637の歳入への影響

(単位：百万ドル)

			2004〜08	2004〜13
議長案	域外所得免除方式の廃止に関連する規定		13,770	10,080
		域外所得免除方式の廃止	24,403	55,688
		国内製造活動控除	−10,633	−45,608
	一般的移行		−9,786	−9,786
	国際課税規定*		−5,646	−27,736
		外国税額控除の繰越（Carryforward）期間延長	−1,598	−7,092
		AMTの外国税額控除90%制限の廃止	−1,263	−2,964
		国内総損失の変換（recharacterize）	−737	−4,690
		利子費用配賦規定	—	−9,035
	相互作用		79	2,285
	歳入相殺規定*		10,368	25,168
		経済的実質原則および関連罰則の明確化（タックスシェルター阻止）	5,571	13,322
		エンロン関連のタックスシェルター規定	1,282	3,273
		逆移籍（inversion）取引への税務上の取り扱い	819	2,610
その他	その他の規定*		−8,984	−28,373
		被支配外国法人（CFC）からの配当への時限的税率引き下げ	−1,931	−3,769
		現在の製造者控除の修正	−2,450	−14,183
	その他歳入相殺規定		13,556	30,643
	発生しうる相互作用とその他調整に対する予備		—	−2,000
合　計			13,357	281

注）＊内訳は主要項目を示しているため，合計額は一致しない．
資料）U. S. Congress, Joint Committee on Taxation (2003a) pp. 1-7 より作成．

に減税する．さらに今日，われわれは国外で事業を行っているアメリカ企業のために課税を簡素化する．……われわれの法案は，輸出に付随した租税優遇措置を，輸出に付随しない租税優遇措置に変えるものである．この法案はWTO問題を解決する．われわれの法案は，FSC/ETI廃止から生じるアメリカ輸出産業の租税便益（Tax benefits）の喪失を，部分的には相殺する．さらにその上，すべてのアメリカ製造業に便益を与える．この重要な部門に必要とされる支援を与える」

国内製造業のみならず，海外に進出しているアメリカ多国籍企業にとっても，国際課税規定を簡素化する点で，有効な法案であることを説明している．

特に注目すべきは，国内製造業への減税措置である．この法案がこれまでの

第6章　経常収支の赤字と国際租税政策

輸出促進税制と異なっているのは，輸出せずに国内販売したとしても，国内製造したものであれば，所得控除できるという点にある[60]．つまり，輸出を補助して国内製造業に恩典を与える優遇措置から，国内製造業そのものの強化を行い，それによって間接的に国内売上も輸出売上も増加させる方式に転換したのである．その内容は，国内の製造者，生産者，農家に対する所得控除で，実質的に税率3％の削減を行うというものであった．もう少し図6-7で具体的に確認してみよう．

図6-7は，アメリカ企業が，外部から550で原材料等を仕入れ，それに直接労務費350を加えて，外国の会社に1,000で輸出している（適格製造活動所得100）．ここで説明を要するのは，アメリカ企業の納税額である．

アメリカ企業の納税額は，適格製造活動所得（Qualified Production Activities Income）と国内製造活動控除（deduction for domestic production activities）によって算定した課税所得に法人税率を乗じて算定する．アメリカ親会社で非課税となる国内製造活動控除の金額は，アメリカ企業の適格製造活動所得100に9％を乗じた9となる．そのため，アメリカ企業の納付額は，適格製造活動所得100から国内製造活動控除額9によって算定した課税所得91に法人税率34％を乗じた30.94となる．適格製造活動所得100に対して国内製造活動控除額は9であるから，非課税割合は9％である．ここでは，これを税率に換算すると，適格製造活動所得100に対して，3.06（＝9×34％）だけ租税負担を軽減しているから，確かに約3％の税率引き下げである．

以上の数値例では，アメリカ企業の租税負担額は30.84である．これに対して，図6-2の全世界課税方式におけるアメリカ親会社と外国子会社を合計した租税負担額は34.00，図6-3の領土主義課税方式における租税負担額は27.33であった．つまり，この数値例でみる限り，国内製造活動控除の規定は，純粋な領土主義課税よりも租税負担が大きいが，全世界主義課税に比べて3.06（＝非課税9×34％）だけ租税負担が軽減されている．このことから，国内製造活動控除税制もFSCやDISC税制と同様に，領土主義課税に近い形で，全世界

---

60) U. S. Senate, Committee on Finance（2003c）pp. 1-2.「（グラスリー上院議員）この減税はアメリカで製造しているすべての企業を対象とし，規模に関係がない．……これらの便益は，農業者，鉱業者，材木業者，その他のアメリカで生産物を製造，栽培，蒸留する人たちにも広がる」．

	アメリカ企業		外国第三者企業：高税率国
国内製造総収入	1,000	売上	3,000
△売上原価	−550	輸入仕入	−1,000
△直接労務費	−350	直接労務費	−500
適格製造活動所得	100	利益（税引前）	1,500
US 税率	34%	外国税率	50%
△US 税額	−30.94*1	△外国税額	−750
利益（税引後）	69.06	利益（税引後）	750

【図 6-7】国内製造活動控除

注）*1 ｛適格製造活動所得（100）−国内製造活動控除（9）｝× 34%（US 税率）
　　　国内製造活動控除＝適格製造活動所得 × 9% ＝ 9
資料）筆者作成．

主義課税と純粋な領土主義的課税の間で揺れ動く性格であることが確認できる．

この法案（S1637）は，最終的に上院で 2004 年 3 月 11 日に可決された．その後，下院案とともに両院協議会での調整を経て，2004 年雇用促進法（American Job Creation Act of 2004）の中に踏襲されて成立したのは，2004 年 10 月 22 日であった[61]．

むすび

本章では，1990 年代以降の経常赤字と国際税制の関係について，とりわけ，国際税制と貿易収支，所得収支との関連，特に例外的規定である領土主義の要素が強い輸出促進税制と対外直接投資収益への課税について検討した．アメリカの能動的所得に対する国際租税制度は，全世界主義（国外所得は国内所得と合算した上で課税する方式）を原則としつつ，例外的に領土主義（領土内の所得のみに課税し，領土外の所得には課税しない方式）を採用する形で，2 つの矛盾する制度を併存させてきた．

ブッシュ Jr. 政権期の 2002 年に WTO 違反となったのを契機に，これまでの原則的課税方式と例外的課税方式という，矛盾する 2 つの国際租税制度の改

---

[61] オバマ政権による企業課税改革案（脚注 66 参照）では，国内製造活動控除をさらに拡充し，実質的に製造業の実効税率を 28% から 25% に引き下げることを提案している（U. S White House and the Department of the Treasury（2012）p. 12）．この提案に対し，Graetz and Doud（2013）p. 381 は否定的である．

第 6 章　経常収支の赤字と国際租税政策

正に関する議論が一層活発になった．特に EU 諸国の多くが採用する領土主義課税方式に変更して「競争条件を同じにする（level the playing field）」という意識である．WTO 違反裁定を受けたブッシュ Jr. 政権は，当初，国際課税制度改革の中に，輸出促進税制である FSC/ETI 制度の廃止を位置づけることを企図していたが，最終的に 2004 年雇用促進法（American Job Creation Act of 2004）では，2 つの制度について改正を行った．この改正は，貿易収支と所得収支に関連するものであると同時に，アメリカ国内企業とアメリカ多国籍企業と外国企業とのバランスを意識したものとなっている．

　一つの改正が，貿易収支に関連するものであった．その内容は，2006 年で域外所得（ETI）免除制度を廃止し，2007 年から製品の輸出を問わず，アメリカで生産活動に従事しているすべての納税者に対して，適格製造活動所得の一定割合を，国内製造活動控除として適格製造活動所得から控除することを認める制度を導入するというものである．輸出促進税制である FSC/ETI 税制が廃止されることによって打撃を受ける輸出産業を意識した改正で，領土主義的税制によって，アメリカ国内企業とアメリカ多国籍企業のバランスを意識した改正である．確かに，優遇対象となる企業がこれまで配慮してきた輸出企業と必ずしも同じではないが，GATT／WTO で協定違反とされない範囲で，輸出補助金的な税制の色彩も維持しようとしている．

　そもそも変動相場制の下では為替レートの調節機能があれば，税制によって経常収支赤字を回復することには経済理論上は懐疑的である．変動相場制の下での輸出補助金は，自国通貨を増価させ，現地通貨を減価させる形で為替レートを調整し，租税便益による初期の輸出増は減少し，輸入は増加する．そのため究極的には，輸出便益は貿易収支には影響がなく，貿易の全般的規模が増加するにすぎなくなるからである[62]．

　にもかかわらず，輸出促進税制的な色彩を残しているのは，「強いドル」政策を採用する中での為替レートの調整機能への不信から，ETI 廃止に伴うアメリカ国内雇用の減少への不安が解消されないからである．とはいえ，WTO に違反するような政策は採用できない．そこで，従来の領土主義を部分的に採

---

[62] Brumbaugh（2004b）p. 4. 雇用についても，短期的には失業になるが，長期的には非輸出産業で失業が吸収されるとされる．

用することによる直接的な輸出補助を行って雇用を促進する政策から，国内製造活動の強化によって雇用を促進し，WTO に違反しない形で間接的に輸出補助を行う政策へと政策転換したのである．

　もう一つの改正が，所得収支に関連するものであった[63]．その内容は，被支配外国法人（CFC）からの受取配当を「アメリカ再投資プランを条件に」1 年間に限り 5.25％の税率で課税するもので，国外で活動するアメリカ多国籍企業への優遇措置であった．この措置は 1 年の時限的なものであったが，全世界主義課税・外国税額控除方式を取りながらも，子会社からの配当を非課税にすることで，一時的に国外所得免除方式を導入し，領土主義を採用する「ヨーロッパと同等の条件」を確保しようとしたものでもあった．

　このような外国子会社からの配当非課税が主張されるのは，国内貯蓄不足の中で，アメリカの採用している全世界主義課税・外国税額控除制度に対して多くの批判があったからである．その内容は，外国子会社からの配当について，全世界主義課税・外国税額控除制度の下では，領土主義では生じない追加的租税負担を生じさせる場合があるというものである．もともと収益率の高い対外直接投資収益（被支配外国法人（CFC）の留保利益）を国内に還流させると追加的に負担が生じるため，外国子会社は配当せずに留保し，その結果 1990 年代までに外国子会社での内部留保が累積したという主張である．そこで，対外直接投資収益を国内に還流させ，不足する国内貯蓄を補充し，対内投資を促進することを意図したのである．

　そもそも経済的刺激としての配当の国内還流増加の効果については，為替レートの調整と貿易への効果があるので，経済理論上は懐疑的である．外国子会社からの配当が増加すると，外国通貨からアメリカドルに交換されるので，ドルへの需要増が外国為替市場でドル高となる．その結果，外国の購入者から見てアメリカからの輸出品が相対的に高くなるので，アメリカの輸出が減少し，配当還流資金の経済への投入による刺激効果のすべてまたは一部を相殺するからである[64]．

---

63) 海外直接投資による収益（留保＋配当）は所得収支の構成項目であるため，所得収支への影響という点では，配当が増加した場合には配当源泉税分だけ赤字が増加する（U. S. Bureau of Economic Analysis（2006）p. 6）．

第6章　経常収支の赤字と国際租税政策

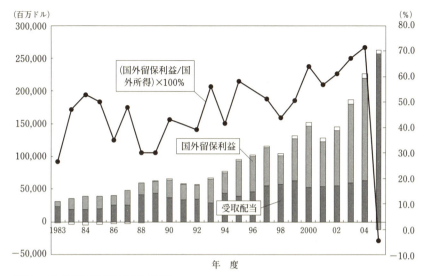

【図6-8】海外直接投資収益の動向

資料）U. S. Department of Commerce, Bureau of Economic Analysis（2006）Table 6 より作成。

　にもかかわらず，この政策を実施したのは，為替政策あるいは為替レートの調整機能への不信から，国外に留保された外国子会社の資金を現実に国内に還流させ，株式市場を刺激することを意識したからであった．つまり，この措置は，全世界主義課税・外国税額控除制度によって本国課税の繰延・回避のために生じたとされる国外留保利益の増加・累積に対する抜本的な改正ではなく，低税率国に留保されている資金を本国に一時的に還流させ，その資金でアメリカ国内投資を活発化させることを意図したにすぎない[65]．この点に関し図6-8を確認すると，国外所得（配当と国外留保利益の合計）に占める「国外留保利益」（再投資利益）の割合は，1980年代から徐々に上昇し，とりわけ1990年代後半のチェック・ザ・ボックス規定の導入後の上昇が著しい．

---

[64]　Brumbaugh（2003）p. 10. 現実にも，一時的ドル高になった．「2005年度中に確定した国外利益には，特別な優遇税率が適用されたため，本国送金用のドル買い需要が異常なほど膨らんだ」（Stiglitz（2006＝2006）p. 257（訳書375頁））．

[65]　2011年10月11日の上院小委員会での報告書によれば，2004年雇用促進法の実施によっても，アメリカ国内での雇用増や研究開発投資が加速しておらず，多額の国内資金還流を行った企業の留保率は，以前にも増して増加しているという（Thomas（2012）p. 40）．

ところが，2005年，この政策が実施されると大きく変化する．70％を超えた国外留保利益（再投資利益）の割合が一気にマイナスにまで落ち込むからである．「海外直接投資収益」の内訳を見ると，「国外留保利益」が著しく減少し，アメリカ本国への送金を示す「配当」が著しく増加していることがわかる．

2004年雇用促進法（American Job Creation Act of 2004）における2つの改正は，これまでの議論の一つの到達点であった．この改正の意図は，輸出を促進することで「経常収支の悪化（対外債務の増加）」の改善を図りつつ雇用を確保する一方で，国外からの資金流入によって「国内貯蓄額の減少」を補完し，対内投資や株式市場の活性化を図るという，これまでの政策の延長線上にあるものであった．言いかえれば，所得課税の枠内で「ドルの信認」を確保し，準備通貨国の地位を維持し続ける意図があったことは，もはや言うまでもないであろう[66]．

1990年代以降の国際課税の領域では，本章で検討した所得課税内部の議論（能動的所得に対する全世界主義と領土主義）のみならず，消費課税（特に仕向地主義（輸出非課税，輸入課税））の議論も盛んになっていった．この点については次章で検討することにしたい．

---

[66] オバマ政権の企業税制改革案では，法定税率を35％から28％へと引き下げた上で，国外所得（留保部分）の発生時に最低税率課税（国内配当時に外国税額控除付き）を行うことで，租税回避行為の抑制と税収を確保しつつ，対内投資の促進を図ろうとしている（U. S. White House and the Department of the Treasury (2012) pp. 13-15)．

第7章　グローバル化と消費課税論の台頭

第1節　問題意識

　1990年代以降のアメリカは，経済的には，ドルを媒介にした経済取引・金融取引が国際的な規模で拡大する中で，製造業からIT・金融サービス業等への産業構造の転換が進んだ．また，政治的には，冷戦が終結して国際的な対立構造が緩和される中で，民主党政権と議会共和党の分割政府の時代，そして再び共和党政権へという動きがみられた．さらに，社会的には，国民階層の二極化が進む一方で，国外からの移民も増加していった．

　本章では，世界的にグローバル経済化が進展したと言われる1990年代以降のアメリカの租税論・税制改革案について，企業段階と家計段階の課税ベースの内容に重点を置いた検討を行う．その際，単にアメリカ租税論や税制改革案の内容を個別に紹介するものではなく，租税論や税制改革案が提出された背景，意図，そして，それらの租税論・税制改革案が修正される要因について分析する．このような視点から分析をするのは，従来の研究に対する，下記のような問題意識からである．

　第一に，1990年代以降のアメリカの租税論・税制改革案に関する日本における紹介は，田近・油井（2000），森信（2005），林（2006）のように，内容を的確に紹介する点で有用なものもあるが，多くの論者は「所得課税の限界による消費課税シフト論」として一括し，税制改革案の背景や国際課税の議論をそれほど意識してこなかった傾向にある[1]．確かに，1990年代以降のアメリカでは，主として経済的側面を重視する観点から，消費課税へのシフトを主張した租税

論や税制改革案が多数出された．しかし，これらの主張は，一般的な説明にみられるような「アメリカ国内で貯蓄・投資を促進して経済成長を目指す」という単純なものではない．

第二に，また本国アメリカにおける租税論の紹介では，Musgrave（1996）のように公平・中立・簡素の観点から検証するものや，Council of Economic Advisers（2005）のように企業段階と家計段階の課税方式の理論的整合性を強調するものなどが多い．しかし，それぞれの租税論や税制改革案における具体的な課税ベースの議論になると，企業段階と家計段階の両者を意識する形で，詳細に検討されているとは言い難い．

以上のような問題意識のもとで，本章では，クリントン政権期の1995～1996年の租税論・税制改革案，ブッシュJr.政権期の2005年の報告書を検討する．なお，本章での焦点が，租税論・税制改革案が取り上げられるようになってきた背景と租税論・税制改革案の内容そのものを検討することにあり，現実の租税政策やその帰結については，これまでの章で詳しく検討してきたことをあらかじめ断っておきたい．

第2節　クリントン政権期の租税論・税制改革案の展開

(1) フラット・タックスとUSA税と付加価値税

クリントン民主党政権となって最初の中間選挙（1994年）では民主党が敗北した．これによって連邦議会では共和党が過半数を占める一方で，大統領は民主党という，いわゆる分割政府になった．本節で取り上げるのは，分割政府の状況にあった連邦議会公聴会で議論された税制改革案である．議会では主導権を握る共和党を中心に消費課税シフトを意図した多数の税制改革案が出され，クリントン民主党政権と見解が対立している状況にあった．

ここでは，表7-1に基づきながら，企業収益の分配構造に着目した検討を行

---

1) ここに言う国際課税の議論は，全世界所得主義課税や領土主義課税の対立に関するものもあるが，特に念頭にあるのは，Flat Tax, X Tax, USA Tax といった，租税理論の枠組みにおける国際課税の取り扱いである．

第7章 グローバル化と消費課税論の台頭

【表7-1】課税ベースの比較

企業段階		法人所得税 理論	法人所得税 現行法	USA tax	Flat tax	付加価値税
税率		—	35%	11%	17%	—
所得	売上高（財・サービス）	○	○	○	○	○
	受取利子	○	○	×	×	×
	受取配当	○	一部○	×	×	×
	キャピタル・ゲイン	○	○	×	×	×
	事業資産の売却益	○	○	○	○	○
控除	棚卸資産	売却時○	売却時○	取得時○	取得時○	取得時○
	資産のコスト回収	減価償却	減価償却	支出時○	支出時○	支出時○
	支払賃金・給料	○	○	×	○	×
	退職年金給付の掛金 (retire benefits)	○	○	×	○	×
	従業員医療費 (Employee health)	○	○	×	×	×
	租税（社会保障税も含む）	○	○	×	×	×
	支払利子	○	○	×	×	×

家計段階		個人所得税 理論	個人所得税 現行法	USA tax	Flat tax	付加価値税
税率		—	15〜39.4%	8, 19, 40%	17%	N/A
総所得	受取賃金・給料	○	○	○	○	N/A
	退職年金給付（含む内部積立）	発生時○	受取時○	受取時○	受取時○	N/A
	社会保障年金給付	○	一部○	一部○	×	N/A
	雇用主支払の医療ケア (health care)	○	×	○	×	N/A
	受取配当	○	○	○	×	N/A
	受取利子	○	○	○	×	N/A
	キャピタル・ゲイン	○	○	○	×	N/A
	事業・農業・パートナーシップ・S法人の所得	○	○	企業税	企業税	N/A
控除	IRA・貯蓄拠出（資産貯蓄額）	×	制限付○	無制限○	×	N/A
	医療費	×	制限付○	×	×	N/A
	州・地方税	×	○	×	×	N/A
	住宅ローン利子 (モーゲージ利子)	×	○	○	×	N/A
	慈善寄付金	×	制限付○	制限付○	×	N/A
	教育費	×	通常×	制限付○	×	N/A

注1) Flat Tax：Armey（共和）-Shelby（共和）案
 2) USA Tax：Nunn（民主）-Domenici（共和）案
資料）U. S. Congress, Joint Committee on Taxation（1996）pp. 89-91 を基に加工・修正.

う．ただしその焦点は，単に企業段階と家計段階の課税ベースに区分して分析することにあるのではなく，企業段階と家計段階をトータルで見た場合の課税ベースの内容に着目している点を，再度指摘しておきたい．

①現行所得課税との比較

まず，現行の所得課税（法人所得税と個人所得税との組み合わせ）と比較してみよう．一見して付加価値税，フラット・タックス，無制限貯蓄控除税（Unlimited Saving Allowance Tax，以下，USA税とする）という3つの消費課税論の特徴が，原則的には受取配当・受取利子・キャピタル・ゲインなどの貯蓄と投資からの正常収益（あるいは貯蓄）に対して，一切の課税を排除している点にあることがわかる．この点は「国内貯蓄額の減少」の改善を意識した側面と言うこともできる．もう少し詳細に見ておこう．

企業段階での特徴をあげると，①受取配当・受取利子・キャピタル・ゲインといった貯蓄・投資収益が非課税であること，②投資財が購入時に一括控除されているため減価償却費の計算が不要であること，③支払利子が損金不算入とされているため資金調達の中立性が確保されていること，④法人とその他の事業体との区分が必要ない等の特徴がある．

また，家計段階での特徴をあげると，フラット・タックスや付加価値税という2つの消費課税は，①受取配当・受取利子・キャピタル・ゲインといった貯蓄・投資収益が非課税のため，配当の二重課税が生じないこと，②キャピタル・ゲインの計算時に取得価格の保持が不要であること，といった特徴があり，③USA税は，貯蓄が消費されるまで無制限で非課税になっているという特徴がある．企業段階・家計段階いずれも，準備通貨国アメリカの立場から金融・資本市場を利用しながら，「国内貯蓄額の減少」の改善を図るという意図に整合的な側面がうかがえる．

②消費課税の枠内での比較

今度は，3つの消費課税の枠内で納税義務者と課税ベースの観点から比較してみよう．まず，納税義務者について確認してみると，付加価値税は企業のみであるのに対して，フラット・タックスとUSA税は，企業と家計の両者とな

第7章 グローバル化と消費課税論の台頭

っている.

　課税ベースについて確認してみると,付加価値税では消費型付加価値として企業段階のみに配分され,税率構造は比例税率を想定している.

　これに対して,フラット・タックス案[2]では,課税ベースが企業段階と家計段階の両者に配分されている点が付加価値税と異なるものの,企業・家計をトータルで見れば,課税ベースが付加価値税と同じ消費型の付加価値となっていることも確認できる[3].具体的には,企業段階では仕入高控除方式によって算定した付加価値から賃金を控除したものを課税ベースとし,家計段階では賃金(人的控除あり)を課税ベースにしている.税率構造は付加価値税と同じように,単一の比例税率(税率17％,改正後2年は20％)を想定している.これを租税負担の観点から見れば,家計の人的控除により付加価値税よりも累進性が保たれていることが指摘できる.

　さらに,USA税案[4]では,課税ベースがフラット・タックスと同じく企業段階と家計段階の両者に配分されるが,企業と家計それぞれに対し,消費を課税ベースにしている点が,フラット・タックスと異なっている.具体的には,企業段階の課税ベースが付加価値税と同じ消費型の付加価値となっているが,家計段階は付加価値税ともフラット・タックスとも異なり,賃金以外に貯蓄収益も加えて所得を算出し,そこから貯蓄を控除した消費に課税している.税率構造は,企業段階では付加価値税やフラット・タックスと同様,単一の比例税率(11％)であるが,家計段階では超過累進税率(8,19,40％.改正後2年は19,27,40％)を想定している.これを租税負担の観点から見れば,家計段階で累進税率を適用しているので,フラット・タックスよりも累進性を確保していることになる.

　以上のように,これら3つの消費課税の課税ベースは,企業・家計トータル

---

[2] 下院議員ディック・アーミー(Dick Armey, 共和党, テキサス州選出)と上院議員リチャード・シェルビー(Richard Shelby, 共和党, アラバマ州選出)による案.理論的にはHall and Rabushka (1985, 1995).

[3] 企業税としてみれば,金融勘定や株式に関する資金流出入を考慮しない,キャッシュ・フロー企業税(Rベース)である.詳細は,Meade and Institute for Fiscal Studies (1978) Ch. 12, 宮島 (1986).

[4] 上院議員サム・ナン(Sam Nunn, 民主党, ジョージア州)と上院議員ピート・ドメニチ(Pete Domenici, 共和党, ニューメキシコ州)の案.

で見ると，基本的には消費型の付加価値（＋消費）となっている．これが，1990年代以降アメリカの税制改革案や租税論での議論が消費課税にシフトしていると指摘されるゆえんである．しかし，本章では単に課税ベースの比較をすることに重点があるのではなく，フラット・タックスからUSA税に課税ベースの内容が変化した背景をも意識している．そこでまず，フラット・タックスについて検討し，続いてフラット・タックスからUSA税への変化に焦点を合わせてみたい．

(2) フラット・タックスの租税負担構造

①カリフォルニア州税務局による推計

まず，フラット・タックス導入による企業・家計への影響を確認してみたい．ここでは，検証データが極めて限られている中で，企業・家計への影響について興味深い分析を行った，カリフォルニア州税務局の資料を用いて確認してみたい．

表7-2によって，フラット・タックス導入によるカリフォルニア州への納付額の変化を見ると，81,661百万ドルから87,102百万ドルへと5,441百万ドルの増収になることが予測されていた．

注目すべきは，家計と企業の納税額の内訳の変化である．家計では66,325百万ドルから50,441百万ドルへと15,884百万ドル減少する．その一方で，企業は15,336百万ドルから36,661百万ドルへと増加する．つまり，家計の納税額は減少し，企業の納税額は増加する．企業と家計の納税割合の変化として見れば，家計が8割（現行法）から6割へと減少し，企業が2割（現行法）から4割へと増加する．ここでは表7-3によって納付額の増加した企業部門に着目し，その増加要因を確認してみよう．

第一の要因は，企業課税の対象範囲の拡大にある．フラット・タックスでは，C法人のみならず，パートナーシップやS法人にも企業課税の範囲が拡大し，現在は免税となっている組織の多くにも申告を求めている[5]．例えば，個人企業の事業主は，事業報酬分は企業税として，個人報酬分については家計税とし

---

5) United States Executive Office of the Pr. (1996) p. 94.

【表7-2】個人と企業の納付額の変化

(単位：百万ドル)

租税負担	現行法 ①	Flat Tax ②	差額 ②-①	変化 ②／①
個　人	66,325	50,441	−15,884	76%
企　業	15,336	36,661	21,325	239%
合　計	81,661	87,102	5,441	107%

資料）California Franchise Tax Board（1995）Table 2.

【表7-3】企業種類別納付額の変化

(単位：百万ドル)

企　業	現行法 ①	Flat Tax ②	差額 ②-①	変化 ②／①
C法人	10,654	16,841	6,187	158%
自営業	4,840	7,098	2,258	147%
パートナーシップ	2,113	4,801	2,688	227%
S法人	1,378	2,610	1,232	189%
その他	−3,649	5,311	8,960	N/A
企業合計	15,336	36,661	21,325	239%

資料）California Franchise Tax Board（1995）Table 2.

て納付することになっていた．

　第二の要因は，課税ベースの拡大にある．現行法で法人税が課税されているC法人に着目すると，10,654百万ドルから16,841百万ドルへと6,187百万ドル増加している．これは，フラット・タックスへの変更で雇用主拠出の医療保険料等のフリンジ・ベネフィットが課税ベースから控除されなくなること等に起因している．

　次に，企業の中でも納税額の大きいC法人について，収入規模別の納税額を表7-4で確認してみよう．収入規模の最も大きい区分にある企業の納税額の増加額（4,277百万ドル）は相対的に大きいが，変化率で見ると相対的に少ない（148%増）．一方，収入規模の最も小さい区分にある企業の納税額の増加額は相対的に小さいが，変化率は相対的に大きくなることが確認できる（334%増）．つまり，企業規模別に見た場合，フラット・タックス導入による企業の納付額の増加は，大規模企業ほど大きくなること，変化率は小規模企業ほど大きくなることが予測されていた．

第Ⅲ部 国際租税政策の論理

【表7-4】収入規模別納付額の変化（C法人）

(単位：百万ドル)

総収入（百万ドル）	企業数	現行法 ①	Flat Tax ②	差額 ②-①	変化 ②/①
0〜$1	194,357	184	614	430	334%
$1〜$2	29,228	125	437	312	350%
$2〜$10	31,218	556	1,213	657	218%
$10〜$20	5,677	218	444	226	204%
$20〜$50	3,483	336	479	143	143%
$50〜$100	2,060	391	536	145	137%
$100超	3,791	8,843	13,120	4,277	148%
C法人合計	269,814	10,653	16,843	6,190	158%

資料）California Franchise Tax Board（1995）Table 14.

　さらに，C法人の業種別の納付額について表7-5で確認してみよう．納付金額の増加が相対的に大きいのは製造業（2,072百万ドル）であるが，変化率は123%の運輸・通信業から180%増のサービス業といった具合に，業種別の変化のばらつきが大きいことが確認できる．つまり，業種別に見た場合，フラット・タックス導入による企業の納付額は，どの業種においても増加するが，その変化率は業種別にばらつきが大きい．ここでは，製造業等の伝統的産業の納付額が大きくなること，産業構造の転換の中で主要産業となってきたサービス業の納付額の変化率が大きくなること，等が予測されていたことを指摘しておきたい．

②アメリカ財務省による推計

　今度は，家計段階を含めた所得層別負担の変化について，アメリカ財務省による試算によって確認しておこう．カリフォルニア州税務局の推計では，フラット・タックス導入によってカリフォルニア州の税収は増加するという試算であったが，アメリカの国全体の税収を試算したアメリカ財務省による推計では，現行税制による税収の80%程度になると予測していた．その際，アメリカ財務省はフラット・タックスの税率を20%とし，企業の納付額を家計に帰着させた上で，フラット・タックスの分配効果を推計している（表7-6)[6]．

　一見して，家計の負担構造の変化が所得層別に異なっていることがわかるであろう．最高分位では，所得課税の廃止によって5,370億ドルの負担が軽減さ

第7章 グローバル化と消費課税論の台頭

【表7-5】業種別納付額の変化（C法人）

(単位：百万ドル)

C法人	企業数	現行法 ①	Flat Tax ②	差額 ②-①	変化 ②／①
農業・林業・漁業	7,254	191	327	136	171%
建設・鉱業	28,821	458	809	351	177%
製造業	34,436	3,719	5,791	2,072	156%
食品	1,523	155	257	102	166%
化学・石油	1,965	441	765	324	173%
電子機器	7,150	878	1,419	541	162%
運輸機器	1,205	1,010	1,467	457	145%
その他	22,593	1,235	1,883	648	152%
卸売・小売業	68,309	1,759	2,991	1,232	170%
運輸・通信業	7,148	2,149	2,643	494	123%
サービス業	123,847	2,377	4,280	1,903	180%
C法人合計	269,815	10,653	16,841	6,188	158%

資料）California Franchise Tax Board (1995) Table 13.

【表7-6】現行所得税・法人税（含むEITC）をフラット・タックス（20.8%）に変更した場合

(単位：10億ドル)

	現行法 課税後所得 ①	現行法の課税後所得に与える変化			改正後 課税後所得 ②：①+C	②／①
		所得税廃止 A：①に加算	Flat Tax 導入 B：①から減算	C = A + B		
最低分位	171	-5	-7	-12	160	93.6%
第二分位	431	10	-33	-23	408	94.7%
中間分位	698	60	-80	-20	678	97.1%
第四分位	1,092	127	-153	-27	1,065	97.5%
最高分位	2,693	537	-479	57	2,750	102.1%
全体	5,085	728	-752	-24	5,061	99.5%
上位10%	1,900	428	-349	79	1,979	104.2%
上位5%	1,372	341	-253	88	1,460	106.4%
上位1%	684	203	-123	80	764	111.7%

出所）U. S. Department of Treasury, Office of Tax Analysis (1996) を加工・修正.

れるが，フラット・タックス導入によって4,790億ドルの負担が増加するのみのため，全体として負担が570億ドル減少する．これは，主として家計段階の税率が最高累進税率39％から単一の比例税率20％へと低下したことに起因している[7]．また，中間分位では，所得課税の廃止によって600億ドルの負担が軽減されるが，フラット・タックス導入によって800億ドルの負担が増加するので，全体として負担が200億ドル増加する．これは，主として雇用主拠出の社会保障税と雇用主拠出の医療保険料が損金不算入となる影響を受けている．最後に，最低分位では所得課税の廃止によって50億ドルの負担が増加し，フラット・タックス導入によってさらに70億ドルの負担が増加するので，全体として負担が120億ドル増加する．これは，主として勤労所得税額控除（Earned Income Tax Credit，以下，EITCとする）の廃止による相対的負担の増加である．

　フラット・タックスに関するクリントン政権の立場は，財政均衡を目指す中で減税となるので問題があること，所得分配の点で問題があることを指摘するなど，批判的なものであった．特に所得分配の問題については，1995年6月に開催された下院議会公聴会でのアメリカ財務省租税政策担当次官補のサミュエルズ（Samuels）の発言が，端的に指摘している[8]．

「逆進性を解消することが，低・中所得層に追加負担を求めない消費課税を設計する際のカギになる．その観点から提案を分析すると，初めの問いが出てくる．この税は公平なのか？ 現行制度と比較して，誰が勝者となり誰が敗者になるのか？」

---

6) 企業のキャッシュ・フロー（自営業の労働所得を除く）は，概して資本所得によって負担されるものとしている．その他の仮定は，U. S. Department of Treasury, Office of Tax Analysis (1996) 参照．「静学分析」への批判については，Seidman (1997) p. 50以下参照．
7) 個人レベルでは資本所得を非課税扱いするので，諸集団にとって，個人に対する支払を資本所得の性格に置き換えようとするインセンティブが生まれるとの批判もある（United States Executive Office of the Pr. (1996) p. 94）．
8) U. S. House, Committee on Ways and Means (1995) p. 214.

第7章 グローバル化と消費課税論の台頭

(3) フラット・タックスから USA 税への修正

　USA 税は消費課税の一種であり，フラット・タックスとの共通点は，付加価値税のように仕入税額控除方式によって企業段階で税額確定・納付が完結する方式ではない点にある．つまり，USA 税もフラット・タックスも企業段階では仕入高控除方式を採用して税額確定・納付を行い，さらに家計段階でも税額確定・納付を行う2段階のスタイルを採用している点が共通している．しかし，特にUSA 税については，フラット・タックスを批判的・発展的に継承している点に配慮する必要がある．本章でその点に配慮するのは，USA 税による修正点には，理論的に精緻であると言われるフラット・タックスの抱える諸問題とその問題への対応手法によって，アメリカの抱える問題点が浮き彫りになる側面があると考えているからである．

①家計段階での修正

　まず，USA 税導入による家計の負担構造と納税額の変化について確認してみたい．表7-7にあるように，最低所得層では租税負担の75％が削減され，最高所得層では租税負担が4％増加する．つまり，所得層が低いほど租税負担が軽減され，所得層が高いほど租税負担が高まるようになっている．この点は，フラット・タックスへの変更では高所得層の負担が軽減されるという現行所得税からの批判に，USA 税が対処した側面である．

　また，USA 税は家計全体の納税額が増加も減少もしないように設計されている．USA 税では現状の法人税と所得税の税収比率（2割と8割）を変えないように配慮されているからである[9]．この点は，現行の所得課税からフラット・タックスへの変更が，現行制度における企業と家計の納付額の割合を変更させてしまうとの批判に対応したものである．

　以上のように，USA 家計税では現行制度に比較して納税額は変化しないが，租税負担構造がより累進的になるように構想されていた．それは，現行税制への配慮や国民階層の二極化への対応等，国内の国民統合を意識して修正した部

---

9) Seidman（1997）pp. 3, 9.

【表7-7】連邦所得税からの USA 家計税への変化

所得層（家計） （ドル）	租税債務の変化 （％）
0～10,000 ドル	−75％
10,000～20,000	−9％
20,000～30,000	−14％
30,000～50,000	−5％
50,000～75,000	変化なし
75,000～100,000	変化なし
100,000～200,000	3％
200,000 ドル超	4％

注1) Usa Tax は改正直後の2年間の税率（19, 27, 40％）で算定．
 2) 所得層（家計）は IRS 定義より広く，移転所得を含んでいる．
資料) Weidenbaum (1996) Table 4, p. 64.

分とも言いかえることができる．ここでは，課税ベースの内容に着目して，フラット・タックス家計税から USA 家計税への修正点について，もう少し詳細に確認してみたい．

　第一に，被用者拠出の社会保障税の取り扱いの修正である．フラット・タックス家計税では社会保障税は拠出時に課税されているので，給付時には課税ベースに算入されない．一方，USA 家計税では拠出時に社会保障税と同額の税額控除を認め，給付時にキャッシュイン・フローとして加算している[10]．注目すべきは，USA 家計税による社会保障税と同額の税額控除の措置である．この措置は，連邦税収の中で法人所得税をしのぐ規模になっている社会保障税への対応を明確にしていないフラット・タックスに対して，税収額を犠牲にしながらも，社会保障の財源である社会保障税収は確保しようとしている USA 税の意図が読み取れる．このような社会保障財源の確保という USA 家計税の配慮には，国内の国民統合を意識した側面がうかがえる．

　第二に，勤労所得税額控除（EITC）の取り扱いの修正である．フラット・タックス家計税では人的控除に集約して最低生活費の保障に対応するので，EITC を廃止している．一方，USA 家計税では，EITC を従来の形で維持することになっていた[11]．EITC は一見すると家計段階の問題であるが，企業の立

---

10) Seidman (1997) pp. 94-95.
11) Seidman (1997) pp. 4, 46.

場から見ると一種の企業への賃金補助金の性格も有している．つまり，EITCはクリントン政権で問題になった最低賃金の問題とも関連している[12]．

USA家計税でのEITCの維持も，二極化した国民階層の中での低所得層への対応，最低賃金制度の補完といった，現行制度上の社会政策目的の租税政策を保持しようとしている点で，国内の国民統合を意識した側面として指摘できる[13]．

第三に，住宅ローン利子や慈善団体への寄付金控除の取り扱いの修正である．フラット・タックス家計税ではこれらの措置を廃止にしているが，USA家計税では現状維持，つまり控除の存続を認めている．確かに，理論的には所得課税において適用される住宅ローン利子や慈善団体への寄付金といった付加的控除を消費課税で存続することは，消費課税という改革の方向とは異なるベクトルにある[14]．USA家計税がそれに反してこれらの措置を存続しているところに，USA家計税の国民統合を意識した側面がうかがえる．この措置は，中低所得者の租税負担を相対的に軽減して持ち家を促進する等，現行税制の社会政策的側面を維持した部分だからである．

②企業段階での修正

次に，フラット・タックス企業税からUSA企業税へという企業段階での修正点について，課税ベースの内容に着目しながら確認してみたい．

第一に，雇用主拠出の社会保障税の取り扱いの修正である．フラット・タックス企業税とUSA企業税の両者とも，企業段階で拠出する社会保障税を損金不算入項目としている点は共通している．しかし，USA企業税では，それに加えて企業段階で拠出した社会保障税に対応する額について，企業段階での税額控除も認めている[15]．USA企業税は企業段階での税額控除によって企業の

[12) 加藤（2006）321頁．
[13) 勤労所得税額控除は低所得層への社会保障税の打撃を緩和する側面も有している．
[14) 田近・油井（2000）186頁．
[15) 「大部分の改革案は社会保障税を無視している．社会保障税は税制一般に影響するだけでなく，特に低所得労働者に影響するところが大であるから，社会保障の役割を検討することなしには，有意義な税制改革を行うことはできない」との指摘（Zolt（1998）p. 150）に対する一つの対応策とも言える．

納税額を減らす一方で，社会保障の財源は減らすことなく社会保障税で確保しようとしている．この点も，国民統合を意識した側面として指摘できる．

　第二に，国際課税の取り扱いの変更である．表7-8で確認してみよう．USA企業税が採用した課税方式は，経済がグローバル化する中で次第に複雑になってきた移転価格税制の問題を解消するという点で，フラット・タックス企業税と比較した場合には魅力的である．しかし，それ以上に魅力的なのは，「経常収支の悪化（対外債務の増加）」に対応するような，USA企業税の国境税調整の方式であった．フラット・タックス企業税では，原産地原則に基づいて，輸入には課税しないが輸出には課税する課税方式を採用していたのに対し，USA企業税では，仕向地原則に基づいて，輸出売上を課税ベースの算定から除外し，輸入仕入れを課税ベースの算定に含めている点である[16]．特に，意識すべきは，その背景である．それは，貿易問題，とりわけ一層拡大しつつある「経常収支の悪化」への対応であるのみならず，準備通貨国のメリットを享受し続けるための税制面での対応でもあった点である．

　周知のように，GATT／WTO規定では，直接税の国境税調整を「禁じられた輸出補助金（a prohibited export subsidy）」としている．この取り扱いのもとでは，法人税は直接税とされるため，輸出時の還付が認められない．しかし，EUの付加価値税は間接税として輸出還付が認められている．この点に関しアメリカでは，「付加価値税を有するEU企業の製品に比較して，付加価値税を有しないアメリカの企業の製品は，国際価格競争力上不利である」との議論が古くからなされてきた．今回はそれに加えて，「資本流入」を図るための「強いドル」政策を採用するので，輸出産業をさらに疲弊させる可能性があった．そこで，輸出還付が行えるUSA企業税を導入することで，アメリカ企業の国際価格競争力を阻害せず，「経常収支の悪化」を改善することを意識した側面がうかがえる[17]．

---

16) U. S. Congress, Joint Committee on Taxation (1996) pp. 79, 83-84.
17) USA税は，直接的な被用者報酬にも間接的な被用者報酬にも控除を認めていないので，輸出と輸入の国境調整が可能である．フラット・タックスは，直接的な報酬に対して控除を認めるので，輸出と輸入の国境調整は不可能である（Christian (1995) p. 376）．また，Shaviro (2004b) pp.111-112は，直接税とされている税目の課税ベースを付加価値にしても，GATT／WTO違反ではないとしている．

【表7-8】企業段階：国際課税の比較

	現行法人税	Flat tax	Usa tax
1　国内製品の輸出を免税にするか？	×	×	○
2　国外製品の輸入を課税するか？	×	×	○
3　国外源泉の使用料を輸出売上から除外するか？	×	×	○
4　移転価格税制の問題を解消するか？	×	×	○

資料）U. S. House, Committee on Ways and Means（1996）p. 145.

　この点に関し，変動相場制のもとでは，理論上，貿易収支の不均衡が為替レートの変動によって調整されるはずであり，USA企業税で国境税調整を認めても，それほどの効果が見られないとの見解もある．しかし，現状では変動相場制のもとでかえってより直接的な政治介入を呼び起こすという逆説的な事態も見られるようになっている[18]．つまり，変動相場制のもとでの市場による為替レートの調整が，理論の想定通りに十分機能しているとは必ずしも言い難い．このような中で，企業課税が価格に転嫁し，USA企業税を法人税に代替するとすれば，輸出価格の低下によって輸出が促進される可能性がある[19]．

　このように考えると，USA企業税での国境税調整方式の採用は，グローバル化した経済の下で採用した「強いドル」政策によって輸出が減少し，結果として生じる「経常収支の悪化（対外債務の増加）」という問題を改善することで準備通貨国のメリットを保持する，という方向性に合致していたと言えるであろう．

(4) 消費課税論に基づく税制改革案の限界

　以上のように，これまで見てきた1990年代以降の消費課税シフト論の背景には，「国内貯蓄額の減少」のみならず，「経常収支の悪化（対外債務の増加）」もあった．特に，国内貯蓄額や外国資本の流入を確保し，それを国内および国外の金融・資本市場で運用することで，さらに増加させるメカニズムは，フラット・タックスでの貯蓄収益非課税，USA税での貯蓄無制限控除，国境税調整として表現されている．このような措置はアメリカ金融・資本市場を魅力的

---

[18]　加藤（2006）266頁．
[19]　Tait（1990）pp. 29-30. なお，付加価値税が新設される場合には，それによって国内価格が上昇するから，輸出促進になりにくいという見解がある（佐藤（1973）40頁）．

第Ⅲ部　国際租税政策の論理

にすることによって，外国資本が低収益率でもアメリカに流入することで，アメリカ国内の経済成長を促進してゆく構想と方向性が一致していた．

　しかし，これらの税制改革案が連邦議会で成立することはなかった．そもそもクリントン政権は，これら消費課税案に対して分配上の問題等を理由に，当初から批判的姿勢をとっていた．ここで確認するのは，「国内貯蓄額の減少」と「経常収支の悪化（対外債務の増加）」の改善という意識に基づく税制改革案が，必ずしも的確な回答を与えることができなかった，アメリカ国民や産業界の税制改革案に対する疑念の内容である．

　第一に，現行税制の民間年金・医療保険に対する課税の取り扱いを変更することへの疑念である．雇用主提供医療保険の拠出は，フラット・タックス企業税とUSA企業税ともに損金不算入であり，医療費控除もフラット・タックス家計税とUSA家計税ともに認められなくなる．加えて，USA企業税では，雇用主提供年金保険の拠出も損金不算入となっていた．これらの改正は，アメリカ税制が問題点を指摘されながらも維持してきた社会政策目的の租税優遇措置を廃止する側面を持っていた．

　Gruber and Poterba (1996) も指摘するように，これらの税制改革案による損金不算入措置によって，雇用主が民間保険を被用者に提供する誘因が少なくなり，雇用主提供保険の対象となっている被用者の割合が減少する可能性があった．特に，USA企業税は雇用主拠出の社会保障税の負担軽減のために導入する税額控除によっても，雇用主が民間保険を提供する誘因が少なくなるので，最も影響の出る可能性があった[20]．となると，公的医療保険等の社会保障制度の充実が求められるが，第3章で確認したように医療保険改革は，1994年に挫折した苦い経験を持っていた．

　つまり，これらの税制改革案による現行税制からの変更は，アメリカの社会保障と企業保障の位置づけを変化させる可能性があった．にもかかわらず，これらの税制改革案は，その対応を明確に示すことができなかったのである．

　第二に，現行税制の資本所得や金融セクターに対する課税の取り扱いを変更することへの疑念である．フラット・タックスもUSA税も共に，企業段階で

---

20) Gruber and Poterba (1996) p. 279.

第7章　グローバル化と消費課税論の台頭

受取利子・受取配当・キャピタル・ゲインといった資本所得を課税ベースから除外する．この点を利用して，企業段階での所得分類を金融所得に転換することで，租税回避を招いてしまうという疑念があった[21]．

また，フラット・タックスやUSA税での企業段階の取り扱いをそのまま金融セクターに適用すると，金融セクターの主たる事業から生じる金融収益を課税ベースから除外することになる．このことは，金融セクターは課税ベースが恒常的にマイナスになってしまうことを意味している．理論的にはフラット・タックスもUSA税も金融仲介サービスによる収益には，金融サービス以外の他のサービスへの課税の中立性の観点から課税するのが望ましいとの論調も多い．そこで，フラット・タックスもUSA税も金融セクターの金融サービス部分について課税対象にする方策が示される[22]．しかし，問題なのは，現実の金融商品の収益には運用収益と金融仲介サービスによるものとが混在しているため，金融仲介サービスを区分して課税するのが難しい点にある．

この点について，同じ消費課税ではあるが，仕入税額控除型の付加価値税を導入している国では，主として執行上の困難さから金融サービスへの課税を非課税にしている国もある．しかし，産業構造が転換する中で，金融セクターが成長産業になっているアメリカで，金融仲介収益全体を非課税に変更するということは，理論的にも他のサービス業との関係でも問題があるのみならず，国民感情からしても現実的には受け入れ難いという事情があったものと思われる．つまり，金融サービスに課税するという対応によっても，課税の困難性に対する疑念を解消することはできなかったのである．

第三に，現行制度上の輸出促進税制を変更することに対する疑念である．第6章で確認したように，アメリカは歴史的に外国税額控除制度の枠内で，輸出取引法人（Export Trade Corporation，以下，ETCとする），内国国際販売法人（Domestic International Sales Corporation，以下，DISCとする），そして外国販売法人（Foreign Sales Corporation，以下，FSCとする）へと輸出促進税制を変化させてきた[23]．しかし，「強いドル」政策を採用すると，国内の輸出産業が打撃を

---

21) Economic Report of the President (1996) p. 94.
22) 詳細は，U. S. Congress, Joint Committee on Taxation (1996) pp. 79, 84.
23) Desai and Hines Jr. (2001).

受け，経常収支が悪化する可能性があった[24]．そこで，一方で「強いドル」政策によって輸出が減少するリスクを負いながら，他方で既存の租税政策によって外国販売法人（FSC）等による輸出促進政策を維持することで，国内の輸出産業や経常収支の悪化に配慮していた[25]．これは，産業構造の転換によって，製造業等の重厚長大産業から金融業等のサービス産業へと重要産業がシフトしてゆく中で，「強いドル」政策や国内の貯蓄促進策によってメリットを受ける金融業と，「強いドル」政策によって打撃を受ける製造業等の輸出産業とのバランスを確保しようとしていた側面を反映している．

このような輸出促進税制の観点から見ると，フラット・タックスは輸出促進税制の廃止を意味し，USA税は輸出促進税制を仕向地原則の課税で代替することを意味していた．特に，USA税では，輸出売上に対して全般的に還付措置が適用されるので，これまでのような特定産業ではなく輸出産業全般となる．しかし，そのUSA税も，GATT／WTOで輸出還付が認められるような間接税とされるのか否か，という問題があった[26]．

結局，輸出促進税制の変更を意味していたフラット・タックスやUSA税という消費課税による税制改革案は，制度として導入されることはなく，現行の外国販売法人（FSC）による輸出促進税制が維持された[27]．輸出促進税制の問題は，両者の税が導入されなかった直接的原因ではない．しかし，現行の輸出促進税制が維持されたということは，フラット・タックスの採用で現行の輸出促進税制が廃止される事態が回避され，USA税の採用によって輸出還付を行うという点が，GATT／WTOで問題として取り上げられることが回避されたことの裏返しでもあると言えるであろう．

第四に，税制改革案の連邦所得課税（所得税・法人税）から連邦消費課税への転換によって税制が簡素化するとの主張への疑念である[28]．この疑念は，簡素

---

[24] アメリカは長らく，輸出業者に数十億ドル規模の優遇税制を実施してきた．これが貿易相手国を激怒させ，1998年に彼らは世界貿易機関（WTO）に提訴して勝利した．しかし，アメリカは助成を廃止しようとはせず，これをどうにかWTOの規則と両立できるようにする道を探った（Stiglitz（2003=2003）p. 112（訳書148頁））．

[25] 外国販売法人（FSC）による輸出促進税制については，増井（2001）を参照のこと．

[26] Avi-Yonah（1995）p. 916. 脚注17も参照．

[27] 外国販売法人（FSC）は2000年2月にWTOで違法裁定をうけ，議会は2000年11月ETI（域外所得免税）を制定した．詳しくは，第6章参照．

化によって生じる租税負担の変化の不明確さのみならず,移行期における二重課税の問題,連邦資産課税(遺産・贈与税)の位置付けの不明確さ,連邦税制が変更されることによる州・地方税制への影響の不明確さ等から生じていた.仮にこれらを考慮しようとすると,税制改正案は一層複雑になることは明らかであった[28].

この点に関し,アメリカ財務省も同じ疑念を抱いていた.租税政策担当次官補サミュエルズの下院議会公聴会での発言が,それを端的に指摘している.

「消費課税の提案を検討する場合,理論上の理想的な消費課税制度と現行の所得課税制度とを比較するのは適切ではない.むしろ,政治過程で出てくると予想される消費課税を分析すべきである.消費課税のもとでも非課税措置が作られ,それらの非課税措置は,各提案の経済的便益を減じて,複雑性を増すであろう」[30]

結局のところ,現行税制を所得課税から消費課税にシフトするときに生じる問題を解消しようとすると,現行税制と変わらない複雑性を抱える.第3章,第4章,第5章でも確認したように,そこで選択されたのは,所得課税を中心とした現行の租税体系を不完全ながらも維持しつつ,二極化する国民階層間の問題や産業構造の転換に伴う産業間の問題を解決していく方向性であった.

第3節　ブッシュ Jr. 政権期の税制改革案

ブッシュ Jr. 政権になっても,「国内貯蓄額の減少」と「経常収支の悪化(対外債務の増加)」という問題は継続していた.そこに追い打ちをかけたのが政府部門の「財政赤字」であった.特にこのような状況下での「対外純債務の増加」は,外国資本のアメリカへの流入が先細り,準備通貨国としてのメリット

---

28) 個人支出税の「主要な欠点は,複雑なことである.……納税者は,現行税制と同様,所得を計算することから始める.その後,借入を差し引いた貯蓄を計算する第二の手続きが加わり,複雑さがさらに増す」(Council of Economic Advisers (2005) p. 87).
29) 例えば,フラット・タックスの提案は相続・贈与税廃止を想定し,USA 税の 1995 年案は現状維持(Seidman (1997) p. 138)を想定している.
30) U. S. House, Committee on Ways and Means (1995) p. 216.

が失われるのではないか，という従来からの懸念が一層深まる要因にもなっていた．そこで，次第にアメリカからの対外投資で生じた国外所得に目をつけ，国外所得がアメリカに再び還流するのを阻害している要因があれば，それを取り除くことによって，国内投資の活性化を図る政策も行われるようになっていく．

ブッシュ Jr. 大統領は，2005年1月7日，簡素・公正および成長志向による税制改革の勧告を2005年7月31日までに提出することを求めて，大統領諮問パネルを設置した．本節で検討するのは2005年11月1日に財務省に提出された最終報告書 (Simple, Fair, and Pro-Growth: Proposals to Fix America's Tax System) における2つのプラン，すなわち「簡素な所得税案 (Simplified Income Tax Plan, 以下，SITPとする)」と「成長・投資税案 (Growth and Investment Tax Plan, 以下，GITPとする)」である．

(1) 2つのプランの基本的なアプローチ

2つのプランとも，税制の簡素化による法令順守費用の削減や租税回避の抑制による公平性確保という点では共通している．簡素な所得税案 (SITP) のアプローチは，所得課税を維持しながら税制の簡素化を図るというものであり，成長・投資税案 (GITP) のアプローチは，所得課税から消費課税にシフトすることで税制の簡素化を図るというものである．報告書は2つのプランの特徴について，以下のように述べている．

> 「2つのプランは，事業所得と資本所得に対する課税の取り扱いが異なっている．異なるアプローチを採用しているとはいえ，2つのプランは，アメリカ人が免税で貯蓄を行い，企業による生産的な投資への租税負担を軽減するという，共通の目標を共有している」[31]

両者ともアプローチは異なるものの，貯蓄を促進し，投資を阻害しないとい

---

31) President's Advisory Panel on Federal Tax Reform (2005b) p. xiv. Shaviro (2004b) は，簡素な所得税案 (SITP) や成長・投資税案 (GITP) に先立つ形で，課税ベースを付加価値としつつ，累進性を保持する方策を検討している．

う点で共通しているとしている．そしてこれらのプランにも単に「国内貯蓄額の減少」への対応だけではなく，「経常収支の悪化（対外債務の増加）」や所得分配面への対応を意識した側面が見られる．

本章の流れから興味深いのは，成長・投資税案（GITP）である．というのは，成長・投資税案（GITP）が，フラット・タックスの一種である X タックスを基本に組み立てられているからである[32]．X タックスは Bradford（1986）により提唱された．X タックスの課税ベースは企業段階と家計段階の両者に配分され，トータルで見ると消費型の付加価値となっている点は，フラット・タックスと同じである．しかし，家計段階の税率構造が単一の比例税率ではなく累進税率を適用している点が，フラット・タックスとは異なっている[33]．これを租税負担の観点から見れば，フラット・タックスに比べて，より累進性が保たれていることになる．この点も意識しつつ，表 7-9 によって，家計段階と企業段階の課税ベースの内容に着目して 2 つのプランを検討してみたい．

(2) 家計段階の課税

第一に，現行の個人所得税[34]と比較して，2 つのプランはアメリカ国内で稼得された資本所得に対する二重課税の軽減を行っている点が共通している[35]．アメリカ金融・資本市場を梃子にした国内貯蓄額の増加と経済成長を意識した側面である．

この点に関して，簡素な所得税案（SITP）の家計段階での取り扱いを確認すると，受取配当を非課税，アメリカ法人株式のキャピタル・ゲインの 75% を非課税にしている[36]．一方，成長・投資税案（GITP）の家計段階での取り扱いは，資本所得に対して一律 15% の比例税率を適用している．そもそも成長・投資税案（GITP）は，フラット・タックスの一種である X タックスを基本と

---

32) Burman and Gale（2005）p. 397.
33) Slemrod and Bakija（2008）pp. 238-239. 企業税としてみれば，金融勘定や株式に関する資金流出入を考慮しない，キャッシュ・フロー企業税（R ベース）である．
34) 現行税制では，配当とキャピタル・ゲインが最大 15% の税率で課税され，利子所得は通常所得に合算して課税されている（President's Advisory Panel on Federal Tax Reform（2005b）p. 159）．
35) President's Advisory Panel on Federal Tax Reform（2005b）p. 124.

【表7-9】課税ベースの比較

企業段階		法人所得税 理論	法人所得税 現行法	SITP	GITP	Flat tax
税率		−		31.5%	30%	17%
所得	売上高（財・サービス）	○	○	○	○	○
	受取利子	○	○	○	×	×
	受取配当	○	一部○	一部○	×	×
	キャピタル・ゲイン	○	○	○	×	×
	事業資産の売却益	○	○	○	○	○
控除	棚卸資産	売却時○	売却時○	売却時○	取得時○	取得時○
	資産のコスト回収	減価償却	減価償却	加速度償却	支出時○	支出時○
	支払賃金・給料	○	○	○	○	○
	退職年金給付の掛金（retire benefits）	○	○	○	○	○
	従業員医療費（Employee health）	○	○	制限付○	制限付○	×
	租税（社会保障税も含む）	○	○	○	×	×
	支払利子	○	○	○	×	×

家計段階		個人所得税 理論	個人所得税 現行法	SITP	GITP	Flat tax
税率		−		15, 25, 30, 33%	15, 25, 30%	17%
総所得	受取賃金・給料	○	○	○	○	○
	退職年金給付（含む内部積立）	発生時○	受取時○	受取時○	受取時○	受取時○
	社会保障年金給付	○	一部○	一部○	一部○	×
	雇用主支払の医療ケア（health care）	○	×	×	×	×
	受取配当	○	○	×	制限付○	×
	受取利子	○	○	○	制限付○	×
	キャピタル・ゲイン	○	○	制限付○	制限付○	×
	事業・農業・パートナーシップ・S法人の所得	○	○	一部企業税	一部企業税	企業税
控除	IRA・貯蓄拠出（資産貯蓄額）	×	制限付○	制限付○	制限付○	×
	医療費	×	制限付○	積立プラン有	積立プラン有	×
	州・地方税	×	○	×	×	×
	住宅ローン利子（モーゲージ利子）	×	○	税額控除	税額控除	×
	慈善寄付金	×	制限付○	制限付○	制限付○	×
	教育費	×	通常×	積立プラン有	積立プラン有	×

注1）Flat Tax：Armey（共和）- Shelby（共和）案
　2）SITPとGITPの企業段階の課税ベースは，大企業について記載している．
　3）報告書に特に記載のないものは，SITPは現行制度を継続するものとして，GITPは課税ベースの定義より判断して記載．
資料）表7-1および The President's Advisory Panel on Federal Tax Reform（2005b）を基に作成．

第7章　グローバル化と消費課税論の台頭

しているので，理論に忠実であれば，家計段階でも企業段階でも資本所得に直接的な課税をしないはずである．しかし，フラット・タックスで確認したように，理論的には整合的な資本所得の非課税であっても，それによって生じる所得分配面での不公平感をも解決できるものではない．つまり，家計段階で資本所得に対して比例税率15％で課税することにしたのは，資本所得非課税によって現実に生じる国民の不公平感を緩和する必要があったからである．金融・資本市場を梃子にして「国内貯蓄額の減少」を改善するという課題の実現と，それによって生じる可能性のある所得分配面での国民の不公平感とのジレンマを反映した修正点と言えるであろう．

　第二に，2つのプランは個人口座を設定し，その資金での運用を誘導する，社会政策目的（年金・医療・教育等）の租税政策が組み込まれている点が共通している．これも，アメリカ金融・資本市場を梃子にした「国内貯蓄額の減少」の改善と経済成長を意識した側面である．その特徴は，雇用主に保険加入のインセンティブを付与するような従来の租税政策から，個人段階で保険加入のインセンティブを付与するような租税政策へと変化している点にある．個人口座の積立金は，ファンド等を通じて金融・資本市場を通じて運用される．このことは，ブッシュ Jr. 大統領の言うオーナーシップ社会を表現している一方で，社会が金融・資本市場の影響を受けやすくなることをも意味している．ただ，第4章で確認したように，従来からこの個人積立方式は高所得層に有利であり，納税義務の生じない低所得層が利用できないという問題がある[37]．そこで，今回のプランでは，還付可能税額控除を活用することで低所得層への配慮を示している．これも，金融・資本市場を梃子にして国内貯蓄額を増加させるという課税の実現と，それによって生じうる所得分配面での国民の不公平感とのジレンマを反映した修正点と言えるであろう．

---

36)　正確には，配当は国内受取配当が100％非課税であり，国外源泉所得からの配当は国外所得免除方式の採用で結果的に非課税になる．利子については企業段階で支払利子が控除されているので，そもそも二重課税は生じていない．アメリカ法人株式のキャピタル・ゲインは，厳密には国外源泉所得に起因するものも生じるため，すべてを非課税とすると問題が生じる．そこで，便宜的に15％を国外源泉所得から生じるものとして，これを外国税額控除の対象としている（President's Advisory Panel on Federal Tax Reform（2005b）pp. 124-125）．なおブッシュ Jr. 政権による2003年の配当減税と法人税の国際的側面との関係については，吉村（2007）を参照．

37)　詳しくは，関口（2008）を参照．

(3) 企業段階の課税

　企業段階の課税は，2つのプランとも3年間の平均総収入に応じて，小企業・中企業・大企業に分類している．小・中企業の課税については，①現行制度と同様に，2つのプランとも個人事業者を家計段階での納付としている点は共通しているが，②現行制度や簡素な所得税案（SITP）とは異なり，成長・投資税案（GITP）のみ，パス・スルー事業体を企業段階での納付としていることを指摘するにとどめる．ここでは2つのプランの大企業への課税，特に国際課税と金融セクターへの課税について確認してみたい．

①国際課税

　まず，国際課税については，2つのプランともアメリカ企業の国外事業所得に対する現行の課税方式を変更している点が共通している．この変更は，「国内貯蓄額の減少」と「経常収支の悪化（対外債務の増加）」を改善するという，これまでの税制改革案の延長線上にある．

　その理由を理解するためには，このような変更が提案される背景を確認しておく必要がある．そもそも現行制度は，全世界所得課税制度を採用し，国外所得は国内所得と合算した上で課税する一方で，国外源泉所得に対応する税額については，外国で実際に支払われた税額の控除を認めている（外国税額控除制度）．従来から外国税額控除方式の問題点として，①課税繰り延べ問題（海外子会社がアメリカ親会社に配当せずに留保することで，アメリカの課税を繰り延べる問題）や，②外国活動におけるアメリカ企業の競争力阻害問題（アメリカ企業の子会社や支店が，低税率国進出の恩恵を受けることができない問題）等が指摘されてきた．しかし，先に述べたように，アメリカは基本的には外国税額控除方式の大枠を崩すことなく，その範囲内での改正を行ってきた経緯がある．このような国際課税の枠組みの中でも1990年代以降の税制改正の特徴は，①アメリカの対外投資から生じる国外所得がアメリカ国内に還流するのを促すこと，②「強いドル」政策のもとで打撃を受ける輸出産業に配慮して，GATT／WTOの「輸出補助金の禁止」違反とされない範囲で，輸出補助金的な税制を維持することにあったと言える．

第7章　グローバル化と消費課税論の台頭

例えば，第6章で確認したように，2004年雇用促進法（American Job Creation Act of 2004）ではこれらに関連するいくつかの改正を行っている．第一に，被支配外国法人（Controlled Foreign Corporation/Company，以下，CFCとする）からの受取配当を「アメリカ再投資プランを条件に」1年間に限り税率5.25％の課税としている．これは，被支配外国法人（CFC）の留保資金をアメリカ国内に還流させて，国内投資を促進しようとした側面である[38]．第二に，輸出所得を優遇する域外所得（Extraterritorial Income，以下，ETIとする）免除制度（2000年11月導入）を2006年で廃止し，2007年からは製品の輸出を問わずにアメリカで生産活動に従事している企業に対して，一定の所得控除を認める適格生産活動所得（Qualified Production Activities Income: QPAI）控除制度を導入することにした[39]．これは，GATT／WTOで協定違反とされない範囲で輸出補助金的な税制を維持しようとする側面である．そもそも域外所得（ETI）除外制度は，2000年2月に特定事業体である外国販売法人（FSC）の輸出所得に対する課税免除措置がWTOの違法裁定を受けてから制定したが，その域外所得除外制度も2002年にWTO違反とされたのである．第三に，外国税額控除のバスケット数の減少や限度超過額の繰越期間延長により，結果として限度超過額の彼此流用を容易にした．これは国外所得の課税免除を意味するので，事実上，輸出補助金的な税制改正と同じ性格を有している．

このような状況に対して報告書は，外国税額控除方式や輸出促進税制は現行税制を複雑化させていると考えていた．そこで，これを整理しつつ，「国内貯蓄額の減少」の改善を図る一方で，輸出を促進することで「経常収支の悪化（対外債務の増加）」の改善を図ることをも想定していた．いわば準備通貨国のメリットを享受し続けるための条件である．輸出拡大に伴う国内雇用の確保と経済成長を通じた「経常収支の悪化（対外債務の増加）」の改善である．この点について，2つのプランの対応を見ておこう．

簡素な所得税案（SITP）では，国外事業所得の課税免除方式を採用し，アメリカ法人の被支配外国法人（CFC）の能動的所得からの配当や外国支店の所得への課税を免除している．これによって，低税率の外国で活動するアメリカ企

---

[38]　被支配外国法人の留保所得等については，関口（2007b）．
[39]　本庄（2007）147-148頁．

業の租税負担削減により，競争力強化ができるとの趣旨である．理論的には，この方式を両国が取り入れた場合には，一定の前提のもとで経常収支の改善効果があると言われる[40]．これは，準備通貨国のメリットを享受し続けるための条件である，輸出拡大に伴う国内雇用の確保と経済成長を通じた「経常収支の悪化（対外債務の増加）」の改善に配慮している側面である．さらに報告書は，アメリカに配当として還流する場合の租税負担を軽減することは，アメリカへの利益の還流を促し，それが国内株主への配当増加につながると述べている[41]．これは「国内貯蓄の促進」に配慮している側面でもある[42]．

次に成長・投資税案（GITP）を見てみよう．先に指摘したように，成長・投資税案（GITP）は，フラット・タックスの一種のXタックスを基本にしている．しかし国際課税の取り扱いでは，フラット・タックス企業税とは異なり，USA企業税のような仕向地原則を採用している．先に見たように，GATT／WTO規定では法人税は直接税とされるため，輸出時の還付が認められていない．しかし，成長・投資税案（GITP）で採用した仕向地原則の企業課税が間接税であると判定されれば，輸出時還付，輸入時課税が認められる．その場合，為替レートの市場による調整が十分に機能しておらず，企業課税が価格に転嫁することを前提とすれば，現行の法人所得税に代替して成長・投資税案（GITP）での企業課税を導入すると，理論的には輸出価格の低下による輸出促進効果をもたらすことになる．これも，準備通貨国のメリットを享受し続けるための条件である，輸出拡大に伴う国内雇用の確保と経済成長を通じた「経常収支の悪化（対外債務の増加）」の改善に配慮した側面として指摘できる[43]．

しかし，アメリカ国内で成長・投資税案（GITP）の企業課税が消費課税と判定されると新たな問題が生じる．例えば，外国からアメリカに進出した企業のアメリカでの納税額が消費課税による納税とされると，所得課税に認められてきた外国税額控除が外国で認められない懸念がある．となると，アメリカは所得課税を前提に結んだ他国との租税条約をすべて改正する必要が出てきてしま

---

40) 井堀（2003）101-102頁．投資による課税後収益率の低下が投資を減少させることで生じる．
41) President's Advisory Panel on Federal Tax Reform（2005b）．
42) ただし，メリットばかりではない．国外からのロイアリティー支払を支払配当に転換する誘因が生じるので，移転価格税制の厳格化が必要となる．
43) また，移転価格を考慮する必要がなくなるというメリットもある．

う．また，完全には間接税とは言い難いXタックスを，国境税調整することに対する問題もある．というのは，それがGATT／WTO規定における輸出補助金に認定される恐れがあるからである[44]．

ここでは，これらの懸念を孕みながらも，成長・投資税案（GITP）が輸出促進政策を意識している背景に着目したい．それは，外国からの「資本流入」を図るための「強いドル」政策で疲弊する可能性のある輸出産業への対応，準備通貨国のメリットを享受し続けるための国内雇用確保と経済成長を通じた「経常収支の悪化（対外債務の増加）」への対応である．

②金融セクターへの課税

次に，金融セクターへの課税については，簡素な所得税案（SITP）は現行制度からの変更はないが，成長・投資税案（GITP）は現行制度を変更している．

そもそも成長・投資税案（GITP）の企業課税は，フラット・タックスの一種のXタックスとして，金融取引を課税ベースから除外するRベース企業税となっている．しかし，金融セクターに同じ課税方式を採用すると，問題が生じる．企業段階で金融セクターの主たる事業から生じる収益を課税ベースから除外するので，例外規定を設けないと，金融セクターの課税ベースが恒常的にマイナスになってしまうからである．そこで成長・投資税案（GITP）では，金融セクターの行う金融サービスから生じた収益に対して課税を行うとして，それを別記している[45]．先に見たように，現実には金融サービスを把握し，課税することは難しい．しかし，金融セクターの取引から生じた収益全体を非課税とするのは，他の産業の課税との関係で公平性を欠き，理論的な視点からも適切ではない[46]．

成長・投資税案（GITP）での金融セクターへの課税に関連する事項で，併せて注目すべきは，金融セクターの仲介サービスを受けた顧客が，金融仲介サービスに対して支払ったキャッシュ・フローの金額を，損金算入できるとしてい

---

[44] 成長・投資税案（GITP）では，一方では間接税タイプの輸出時還付措置による輸出促進の可能性を模索しつつ，他方では外国での直接税タイプの外国税額控除を想定するという一貫性に欠ける状況にある．

[45] President's Advisory Panel on Federal Tax Reform（2005b）p. 162.

[46] Boadway and Keen（2003），Schenk and Oldman（2007）．

る部分である．その目的について，報告書は金融仲介サービスに対する過度の課税を回避する点にあるとしている[47]．

産業構造の転換プロセスの中で，金融セクターが成長産業になってきたアメリカで，金融仲介サービスを非課税にするということは，理論上問題があるのみならず，国民感情からしても現実的には受け入れ難いという事情がある．しかしその一方で，成長産業である金融セクターや金融取引への課税の強化にはならないように配慮する必要もある．

このように，一方で金融サービスから生じる収益に対して課税する姿勢を示しながら，他方で過度な課税にならないような制度を組み込む姿勢には，消費課税の導入によって生じる国内問題に対応するという側面がうかがえる．

(4) 2005年大統領諮問パネル報告書の限界

日本では本報告書に関して，税収中立という枠組みや，税率を引き上げずに課税ベースを拡大する方向を模索しつつ，課税ベースの拡大により生じる低所得層への負担を還付可能税額控除によって解消しようとしている点等に着目して，比較的肯定的な評価を与える場合もある[48]．確かに，税収中立とすることで，政府の規模と切り離して望ましい租税体系を議論できるという点で，また，これまでのアメリカの消費課税シフトの税制改革案から比べると，低所得層への配慮を明確に示すことで，国内のバランスをも確保しようとしている点では，評価できる．ただ，この報告書は，焦点を絞っているがゆえに，論じるべき点も多いと思われる．

第一に，本報告書が連邦税制に焦点を絞っている点である．例えば，連邦所得税が変更されると，課税ベースを調整して算定する州・地方所得税制にも連動する可能性があるが，この点については考慮されていない．

第二に，連邦税制の中でも個人所得税と法人所得税の改革に焦点を絞っている点である．例えば，消費課税の枠組みでは，遺産税や贈与税といった資産課

---

47) President's Advisory Panel on Federal Tax Reform (2005b). しかし，顧客が控除できるキャッシュ・フローの金額は，金融セクターから通知を受けた金額で行うとしている点で，金融セクターの追加的な事務負担になるという問題も生じる．
48) 森信 (2006), 八塩 (2008) 等．

税の取り扱いも重要な論点となるが，遺産税や社会保障税といった，その他の連邦税を所与としている[49]．

　第三に，納付額で見れば家計段階よりも企業段階の納付額が多くなる可能性がある．この点について，報告書では家計・企業別の納付額の変化は明確ではない．しかし，成長・投資税案（GITP）の基本形である，フラット・タックスの議論では，家計・企業別の納付額自体の変化が問題となったことは，本章で確認したとおりである．

　第四に，企業課税の転嫁・帰着を踏まえた租税負担（所得分配）の議論の進め方にやや問題がある．実は，この問題がこの報告書の抱える限界を浮き彫りにしている部分でもある．

　表7-10は，報告書が付録も含めて示した2つの所得層別の租税負担割合，すなわち，企業課税が100％出資者に帰着する場合（本文）と，50％が出資者に帰着し，50％が労働者に帰着する場合（付録）における所得層別の租税負担割合を示している．これを見る限り，報告書の指摘のとおり，2つのプランはどちらのケースでも，改革前の所得層別の租税負担からほとんど変化していない．

　留意する必要があるのは，この結論に至る前提にある．まず，報告書での企業課税の転嫁・帰着は，所得課税の法人所得税と同じ転嫁・帰着を仮定している．これは，消費課税の一類型である成長・投資税案（GITP）でも同じである．このことは，同じ消費課税でも，成長・投資税案（GITP）が付加価値税とは異なる転嫁・帰着の仮定をおいていることを意味する．つまり，成長・投資税案（GITP）の租税負担構造は，輸出時還付措置による輸出促進の可能性を模索するときには間接税タイプを想定する一方で，転嫁・帰着については直接税タイプを想定するという，一貫性に欠ける前提の下で示されている．

　また，いつの時点の租税負担を前提として，改革後の租税負担が変化しないとしているのかが問われなければならない．報告書は，ブッシュJr.政権による主として高所得層向けの大規模減税が行われた後の税法による租税負担と改革後の租税負担とを比較している．つまり，報告書は高所得層の租税負担が相

---

49) President's Advisory Panel on Federal Tax Reform（2005b）p. 31.

第Ⅲ部　国際租税政策の論理

【表7-10】所得層別の租税負担割合

(単位:％)

	資本に100％帰着			資本に50％帰着・労働に50％帰着		
	現行法	SITP	GITP	現行法	SITP	GITP
第一分位	-0.5	-0.7	-0.7	-0.5	-0.6	-0.6
第二分位	-0.9	-1.0	-0.9	-0.5	-0.6	-0.5
第三分位	3.8	3.8	3.9	4.5	4.5	4.6
第四分位	13.4	13.6	13.5	14.1	14.3	14.2
第五分位	84.2	84.3	84.1	82.3	82.4	82.3
合計	100.0	100.0	100.0	99.9	100.0	100.0
下位50％	-0.3	-0.6	-0.4	0.5	0.2	0.3
上位10％	70.8	71.0	70.8	68.2	68.3	68.2
上位5％	58.6	59.0	59.0	55.7	55.9	56.0
上位1％	36.7	37.2	37.6	33.9	34.3	34.8

注）現金所得（2006年）による2006年法に基づく推計．
資料）The President's Advisory Panel on Federal Tax Reform（2005b）Figure 6.5, 7.4, A1, A5 より作成．

対的に軽減された大規模減税後の所得層別の租税負担を基準に租税負担の議論を行い，その結果，改革前後の租税負担構造が変更しないとの結論に至っているのである[50]．

むすび

　本章では，1990年代以降のアメリカで行われた租税論や税制改革案の展開，とりわけ消費課税論の展開を見てきた．これらの議論は，「経常収支の悪化（対外債務の増加）」の中でも準備通貨国として「ドルの国際的需要」を喪失させずに外国資本が流入する構造を維持するという，アメリカ財務省や連邦準備理事会（FRB）の方針と整合的な側面もうかがえる．そして，そのような議論には，「国内貯蓄額の減少」と「経常収支の悪化（対外債務の増加）」の中で，アメリカが準備通貨国という優位な地位を喪失する可能性が次第に意識されるようになってきたという背景があった．
　このような背景を踏まえると，消費課税シフト論が貯蓄優遇税制によって

---

50) 報告書案は短期的には税収中立であるが，長期的（75年後）には現在の3分の1の税収になるとの見解もある（Burman and Gale（2005）p. 399）．

第7章　グローバル化と消費課税論の台頭

「国内貯蓄額の減少」を改善するという立場からなされたということにも異論はないが，近年のアメリカでの消費課税の議論は，単純に国内での貯蓄促進による経済成長のみを目的としたものではないこともわかる．意識されたのは，消費課税にはある一定の前提の下では，「国内貯蓄額の減少」を改善するのみならず「経常収支の悪化」をも改善するという主張であった．つまり，アメリカにとって「対外純債務国」でありながら，準備通貨国としての地位から生じるメリットを享受できる租税制度として，消費課税には魅力的な側面があるのである．

　しかし，政府が準備通貨国としての地位の維持を優先した租税制度として，国境税調整のある消費課税を導入しようとしても，今度は国民統合が困難になってゆくというジレンマが生じる．1990年代に国民階層の二極化現象が進む社会的状況の中で，貯蓄・投資収益への課税を消費するまで繰り延べる消費課税を理論通りに導入しようとすると，分配面で国内の階層間・産業間のバランスを保持することが困難になるからである．そこで，消費課税の議論自体も，所得分配構造や輸出産業等を意識した形で行われ，そのような議論の反映がフラット・タックスからUSA税へ，そしてXタックスを基本とする成長・投資税案（GITP）へという租税論・税制改革案の変化であった．

　このような消費課税の議論の中で明らかになったのは，所得分配構造や輸出産業等を意識した形で，現実に現行税制を消費課税にシフトさせようとすると，結果として消費課税自体も現行所得税制と変わらない複雑性を抱えてしまうということであった．そのためこれまでアメリカで選択されてきたのは，現行の所得課税を中心とした租税体系を不完全ながらも維持しつつ，二極化する国民階層間の問題や産業構造の転換に伴う産業間の問題を解決していく方向性であった．むろんそのような選択を可能とするのは，外国資本がドル資産を低収益率でも保有するような構造等の準備通貨国としての地位をアメリカが維持してきたからにほかならない．

　しかし，近年アメリカを中心とする国際通貨システムの下でのグローバル・インバランスの問題を契機に，アメリカの経常赤字・資本流入の持続可能性の議論が再燃し，アメリカの準備通貨国としての地位への懸念も指摘されている．終章では，これらの点を踏まえつつ，洗練された消費課税とされる連邦付加価

値税について正面から取り扱ってみたい.

終 章　総括と課題

――付加価値税なき連邦租税構造

第1節　アメリカ連邦租税構造の特色

　これまでの章では，アメリカの財政構造の把握のためには，財政規模を分析するのみでは十分ではなく，租税支出を含めた租税構造そのものの分析が一層重要であるとの視点から，アメリカ租税構造の特質とその要因を把握してきた．

　マクロレベルの財政規模に加えて，租税支出も踏まえた国際比較を行うと，北欧諸国の「見える福祉国家」に対して，アメリカを「隠れた福祉国家」と把握することも可能になることは，第1章で確認したとおりである．そのための一つのカギが租税支出にあり，本書でも折に触れてその内容について検証してきた．

　ただ，従来の租税支出のデータでは，租税支出がどの所得層の受益となっているのかに関する分析は少なく，あったとしても統一された基準ではなく，それぞれの租税支出毎に分析がなされている傾向が強かった[1]．本書の各章で重要な租税支出を個別に取り上げたのも，その影響を受けている．つまり，租税支出に関する従来のデータでは，マクロレベルでの規模の比較を踏まえたそれ以上の分析は困難な状況にあった．しかし，近年議会予算局により公表されたデータによって，限定的ながら，マクロレベルでの比較を踏まえた所得層別の分析が可能となった[2]．主要な租税支出の総額と所得層別の割合が示されたか

---

[1]　アメリカでは，両議院税制委員会（Joint Committee on Taxation）の年次レポート（Estimates of Federal Tax Expenditure）において所得層別の租税支出が示されるが，対象項目が限定されており，年度によって異なっている．邦語では上村・青木（2009）を参照．

終　章　総括と課題

【表終 – 1】所得層別の主要租税支出の分配（2013 年）

		金額（10億ドル）	GDP比	所得層別シェア（％）							
				最低分位	第二分位	第三分位	第四分位	最高分位	81~90%	91~95%	96~99%	上位1%
課税所得からの除外		461	2.9	5	10	16	23	45	15	9	14	7
	雇用主提供医療保険[a]	248	1.5	8	14	19	26	34	16	9	8	2
	民間年金拠出と運用益の純額[a]	137	0.9	2	5	9	18	66	17	13	22	14
	死亡時移転資産へのキャピタル・ゲイン	43	0.3	*	3	15	17	65	10	6	28	21
	社会保障年金給付・鉄道退職者給付の一部	33	0.2	3	15	36	33	13	8	3	2	1
所得控除		186	1.1	*	1	4	13	81	15	14	22	30
	州・地方税	77	0.5	*	1	4	14	80	17	15	19	30
	モーゲージ利子	70	0.4	*	2	6	18	73	19	16	23	15
	慈善拠出	39	0.2	*	1	4	11	84	13	12	21	38
キャピタル・ゲインと配当への優遇税率[c]		161	1.0	*	*	2	5	93	5	5	14	68
税額控除		118	0.8	37	29	19	12	3	3	1	*	*
	勤労所得税額控除：EITC[b]	61	0.4	51	29	12	6	3	2	*	*	*
	児童税額控除[b]	57	0.4	22	29	26	18	4	3	1	*	*
主要租税支出合計（含む相互作用）[d]		926	5.8	8	10	13	18	51	12	9	13	17

注）a. 社会保障税の影響を含む．
　　b. 支出（outlays）の影響を含む．
　　c. 所得層別のシェアは総額が 850 億ドルを基礎にしている．
　　d. 租税支出の金額は，税制変更による家計行動の変化がないと仮定した時の値．
　　* = 0~0.5％
資料）U. S. Congressional Budget Office（2013），Table 1 および Table 2 より作成．

らである．

　そこで終章の初めに，アメリカ租税構造の特色について租税支出の視点から振り返ってみたい（表終-1）．

　まず，マクロレベルでの租税支出（個人所得税と社会保障税の主要な租税支出を合計）の対 GDP 比は，5.8％である．この規模は連邦税収の対 GDP 比（約 17.5％）の約 3 分の 1 に等しい規模にあり，社会保障年金支出（5.0％），軍事費（3.9％），高齢者医療（メディケア）支出（3.1％）の対 GDP 比よりも大きい規模

2）　U. S. Congressional Budget Office（2013）．

にある．

　注目すべきは，次の所得層別に見た租税支出の受益である．第一に，項目別にみて，最も金額が大きいのは，第3章で検証した雇用主提供医療保険に係る租税支出で，その総額は2,480億ドル（対GDP比で1.5％）となっている（その内訳は，個人所得税の租税支出が約1,400億ドル，残りが社会保障税の租税支出となっている）．

　所得層別に見た租税支出の受益では，最高所得分位が34％，第四所得分位が26％，中間所得分位が19％，下位の2つの所得分位合計で22％となっている．このことは，雇用主提供医療保険における租税支出の受益者が中高所得層にあり，クリントン政権における従来の雇用主提供医療保険制度に対する税制改革が，特に中所得層から反発を受けたことに符合している．

　第二に，第4章で検証した民間年金保険等への租税支出の金額は，1,370億ドル（対GDP比で0.9％）で，項目別にみた場合に3番目の規模となっている（個人所得税の租税優遇措置としては約900億ドル，残りが社会保障税における租税優遇措置である）．所得層別に見た租税支出の受益では，その3分の2が最高所得分位に偏っている．このことは，ブッシュ Jr. 政権において拡充した民間年金保険に対する租税支出の拡充を行ったが，それとともに低所得者向けの租税支出を拡充することでバランスを確保すべきとの議論もあったことと符合している．

　第三に，第2章で検証した社会保障年金給付・鉄道退職者給付の一部に係る租税支出は，330億ドル（対GDP比で0.2％）である．所得層別に見たミクロレベルでの租税支出の受益では，中間の3つの所得分位を合計すると84％となり，大半が中間層の受益となっていることがわかる．最高所得分位の受益が少ないのは，1983年税制改正や1993年の税制改正で，高所得層への社会保障給付が個人所得税の課税対象に含まれるようになったことと符合している．

　第四に，第2章，4章，5章，7章と多くの章で検証してきたキャピタル・ゲインや配当所得に係る租税支出は，総額1,610億ドル（対GDP比で1％）と，2番目の規模である．所得層別に見た租税支出の受益では，最高所得分位に93％と，実質的にはほとんどの受益が最高分位の高所得層に集中している．さらに最高分位の中でも，上位1％の所得分位の家計に68％（実現キャピタル・ゲイ

ンと配当に対する租税支出の受益の約3分の2)と極端に集中している．このことは，実現キャピタル・ゲインと配当の形態での投資所得の大部分が，上位1％の所得分位の家計に生じていることを示している．このような状況は，アメリカ連邦税制の議論では，資本所得への課税の取り扱いが「国民統合の論理」と「準備通貨国の論理」との間で揺れ動いてきたことと符合している[3]．

第五に，児童税額控除や第2章で検証した勤労所得税額控除（EITC）などの還付可能税額控除（給付付き税額控除）に伴う租税支出は，総額1,180億ドル（対GDP比で0.8％）である．勤労所得税額控除（EITC）は，子供のいない勤労者よりも子供のいる家庭に厚く，児童税額控除は子供のいる家庭にのみ利用可能である．その結果として，税額控除の分布は，子供のいる家計の所得規模の分布に依拠している．

勤労所得税額控除（EITC）に係る租税支出の総額は610億ドル（対GDP比で0.4％）だが，所得層別に見た租税支出の受益は，最低所得分位に51％が帰着し，第二所得分位に29％が帰着している．それに対して，上位2つの所得層での租税支出の受益は合計でも9％程度にすぎない[4]．給付付き税額控除を中低所得層の負担軽減のシグナルとして，所得課税の枠内での再分配を意識させるというアメリカ租税構造の一つの特徴である．

以上のように，所得層別に見た租税支出の受益を確認すると，それぞれの租税支出の受益が所得層別に不均一に分布しており，そのことによって各所得層のバランスを調整できる構造にあることがわかる．例えば，「課税所得からの除外」は，概ねすべての所得層の家計に受益を与えている．また，「所得控除」や「優遇税率」は，高所得の家計に多くの便益を与えている．さらに「税額控除」は，低所得の家計に多くの便益を与えている．

このことは，アメリカ連邦政府の所得課税中心の租税構造が，租税支出という形で個別的な措置を操作することで，その都度国民に受益を感じさせるものであること，言いかえれば，中低所得層の租税負担と高所得層の負担を増減さ

---

3) 資本所得への課税に関する理論や思想については，藤谷（2007）を参照されたい．
4) 所得制限があるにもかかわらず，第四分位や最高分位で受給者がいるのは，所得分位の単位としている家計には，子供2人で低所得のひとり親と高所得の大人といった形等で，複数の家族が含まれている場合があるからである（U. S. Congressional Budget Office（2013），p. 20）．

せることで，所得再分配のシグナルを発しているものであることを示している．

ただし，主要10種類の租税支出の受益を合計すると，所得層別に見た租税支出の受益は，最高分位（または総人口の5分の1）の所得層に50％以上が帰着している[5]．それとは対照的に，中位の所得層には租税支出の受益の13％が帰着し，最低分位の所得の家計には租税支出の受益のわずか8％が帰着しているのみである．

つまり，北欧諸国のように財政支出を伴う「見える福祉国家」に対して，アメリカは租税支出による「隠れた福祉国家」として，マクロレベルでは両者の乖離が少なくなるが，所得分配面を視野に入れた所得層別帰着を確認すると，その構造は同等であるとは言い難い．

アメリカは租税支出を利用し，所得課税内部で経済的中立性と公平性とのバランスの調整を行うことで，付加価値税なき租税構造を維持してきた．その点に着目すれば，所得課税内部で経済的中立性と公平性とのバランスの調整を可能とする仕組みを有していることが，連邦付加価値税なき租税構造を維持してきた一つの要因であるとの評価も可能である．しかし，このような評価は，なぜアメリカ連邦税制が所得課税を重視する付加価値税のない租税体系であるのかという疑問に対して，租税支出を含む所得課税の枠内から見た一つの回答にすぎない．

次節以降は，本書で正面から取り扱ってこなかったアメリカでの付加価値税の議論を対置する形で，アメリカ連邦税制の特色を把握する．第2節では，連邦付加価値税が導入されてこなかった要因に関する先行研究を整理する．第3節では，連邦付加価値税を導入してこなかった要因について，本書の議論との関連を明らかにする．そして最後に，連邦付加価値税なきアメリカ租税構造の行方を論じてみたい．

第2節　連邦付加価値税なき租税構造の要因(1)：先行研究の指摘

アメリカにおける付加価値税の研究は，第二次世界大戦以前にも Adams

---

5) 総人口の1％の所得層に租税支出の受益の17％が帰着している．

終　章　総括と課題

(1921)，Colm（1935），Studenski（1940），U. S. Department of the Treasury（1941）等によって行われており，実はその歴史は古い[6]．第二次世界大戦後になると，Sullivan（1965），Shoup（1969＝1974），Musgrave and Musgrave（1989），U. S. Department of the Treasury（1984a, 1984b），最近でも President's Advisory Panel on Federal Tax Reform（2005b），Rosen and Gayer（2009），Gruber（2009）等のように，財政学のテキストや行政府の報告書の中で，消費課税の一つとして付加価値税の長所または短所という形で論じられている[7]．

しかし，なぜアメリカ連邦政府レベルでは個人所得税，法人所得税という所得課税体系が重視され，付加価値税が導入されないのかという視点に立って正面から取り扱った研究は，ほとんど見受けられない．多くはアメリカ連邦税制の歴史や制度を取り上げる中で，付加価値税を導入していない要因について，若干の説明を行うにすぎない．とはいえ，それらの指摘は，それぞれアメリカ連邦税制の特殊性を示す点で，的を射たものとなっている．ここではそのような指摘の中でも，比較的まとまったものを，年代順に取り上げてみよう．

レーガン政権期の財務省報告は，連邦付加価値税の導入可能性に関し，戦後のアメリカ政府が包括的に研究を行った代表例と言える．そこでは付加価値税を売上税の中で最もふさわしいと評価しつつも，付加価値税固有の短所として，①財政規模拡大（増税）の可能性，②物価上昇への影響，③州・地方政府からの反対（一般売上税を固有の課税領域とみなしている），④逆進性，⑤税務コストの発生（連邦売上税がないため全くの新税）の5つをあげている[8]．特に後者2つの短所に対する懸念，すなわち，逆進性，税務コストの上昇への懸念を表明し，

---

[6] アダムス，コルム，スチューデンスキーの議論の概要については，井藤（1950），水野（1989），朴（1994, 1995）等を，U. S. Department of the Treasury（1941）での議論の概要については，関口（1998）を参照されたい．

[7] ただし，佐藤も指摘するように，1970年の頃までのアメリカの付加価値税研究は「必ずしも研究の視角が明快でないものが多い」（佐藤（1970）210頁））．シャウプの弟子であるサリバン（Sullivan）はアメリカにおいて "The Tax on Value Added" と題する著書を1963年に刊行しているが，同様である．サリバンの議論については，菊池（1969），佐藤（1970），持田（2000）等を参照されたい．

[8] 「連邦付加価値税……は，その固有の逆進性から所得税の完全代替税としては採用されるべきではないし，たとえ現行所得税の難点を排除するにしても，実施には多大なコストと時間を要するため，現行所得税の部分的代替税として導入することも望ましいとは思われない」（U. S. Department of Treasury（1984a）p. 226）．

終　章　総括と課題

大規模な連邦付加価値税の導入には反対の姿勢を示していた[9]．

Steinmo（1993=1996）は，1979年にアメリカ連邦議会に最初に提案された付加価値税法案が否決された要因について，アメリカの政治構造に着目した指摘を行っている[10]．大統領と議会の権力関係，議会内の権力関係という「政治権力の二重の細分化」である．連邦付加価値税法案は下院歳入委員会の委員長ウルマンによって提案されたが，それが否決された要因として，カーター大統領には政治力が欠けていたこと，その一方で議会内の権力関係において，政治家が選挙区の近視眼的利益に従って行動したことを指摘している．そもそもウルマン委員長は，カーター大統領の政治力の無さと議会権限の細分化の中で，連邦所得税では歳入確保が難しいとの判断から提案したが，その他の政治家たちは連邦付加価値税の必要性を認めつつも，連邦付加価値税では連邦所得税に比べて租税支出項目が減少する可能性が高い点を懸念していたため，否決票を投じたと指摘している．

Brownlee（1996b）は，歴史的経路依存性の観点から，所得税重視という初期条件の設定を重視し，それが与えられると経路依存的にその後の租税体系の道筋がついたとの意識から，4つの点を指摘している[11]．第一に，2つの世界大戦の勃発である．2つの世界大戦での戦時動員の中で，個人所得税が採用され強化されたことを指摘している．第二に，そのような個人所得税を採用した当時の政権政党である．消費課税に批判的な民主党政権のもとで，戦時財源として個人所得税が採用され強化を促したことを指摘している．第三に，採用された所得課税の政治過程での特質である．所得課税の採用によって，租税支出を設定し，そこから果実を得ようとするグループにインセンティブが働く構造になったことを指摘している．第四に，連邦政府が消費課税の採用を控えたことである．第一次世界大戦期と1920年代に，連邦政府が消費課税の採用を控えたため，結果として，連邦政府が消費課税を利用するのが困難になったこと

---

9) 財務省報告における付加価値税案がレーガン政権の税制改革案として取り上げられることはなかった．宮島（1985a）76-77頁の指摘にもあるように，レーガン政権が財務省案を採用しなかった理由については，明確に記載があるわけではない．付加価値税案についても同様である．とはいえ，財務省報告内部にその予兆を垣間見ることができる．

10) Steinmo（1993=1996）pp. 143-144（訳書186-187頁）．

11) Brownlee（1996b）p. 21.

を指摘している．

　Gillis（2002）は，本書の第7章で検討した1990年代以降に政治プロセスで提案されてきた消費課税の内容に着目しつつ，3つの点を指摘している[12]．第一に，消費課税の提案が複数存在し，それらが統一されていない点を指摘している．4つの主要な消費課税提案を分析しつつ，「消費課税のパルチザンが4つに分裂し続けている限りは，短期的には4つの代替案が取り上げられる見込みは疑わしい」とも指摘している[13]．第二に，消費課税提案は，所得税への攻撃という点で共通し納税者にも明快なものであったが，それぞれ提案内容の説明になると，お互いに美辞麗句を並べて提案内部で争いをしてしまったことを指摘している．第三に，これらの消費課税提案が，所得分配の問題を軽んじていた点を指摘している[14]．

　ブッシュ Jr. 政権における2005年の大統領諮問委員会報告書では，連邦付加価値税の導入が検討されたが提案にまで至らなかったとし，その理由を2点ほど指摘している[15]．一つの理由は，委員から長期的に連邦政府の規模拡大への懸念が表明されたことにある．この懸念に対し，他の委員からは，現在の税の代替にすぎず，義務的プログラムの支出を賄うにすぎないとの意見や，選挙によって投票者が政府の規模をコントロールすることができるとの意見もあったとしているが，意見の一致を見ることはなかったようである．もう一つの理由が，付加価値税に代替できる個別消費税がないという現状を考慮したためであるという．ヨーロッパの付加価値税の導入のように個別消費税の代替として付加価値税を導入するのとは異なるので，導入は難しいとの意見である．

　James（2010）は，ニクソン政権からブッシュ Jr. 政権までの付加価値税提案を歴史的に概観し，消費課税が反対されてきた要因を，3つの利害関係の対立という視点から整理している[16]．第一に，国家の租税体系（tax system）にお

---

12) Gillis（2002）pp. 290-293.
13) Gillis（2002）p. 293.
14) Gillis（2002）p. 290.
15) President's Advisory Panel on Federal Tax Reform（2005b）pp. 204-205. ブッシュ Jr. 政権期に連邦議員が提出した連邦売上税（単段階課税）案や付加価値税（多段階課税）案等の内容を紹介した論文に，湖東（2005）がある．
16) James（2010）pp. 475-476.

ける利害関係 (politics) の対立である．州・地方政府の代表者は，連邦付加価値税導入による連邦政府の課税権とのバランスを懸念し，州・地方政府に制御されてきた売上税の領域へのいかなる介入にも警戒しているとの指摘である．第二に，税制改革に対する利害関係の対立である．新たな税目を追加することに関して，納税者あるいは納税義務者が連邦付加価値税の複雑性と税務執行負担に対して警戒しているとの指摘である．第三に，連邦付加価値税の内容に対する利害関係の対立である．リベラル派は連邦付加価値税の逆進性を警戒し，保守派は政府規模を拡大するマネーマシンという連邦付加価値税の評判に警戒しているとの指摘である[17]．

第3節　連邦付加価値税なき租税構造の要因（2）：本書の視点

　アメリカの付加価値税の歴史を整理したJames（2010）は，1970年代以降に連邦付加価値税の検討や提案が増加していることを指摘している．本書の発想は，アメリカ連邦付加価値税の議論の増加が，固定相場制から変動相場制へ移行していく中で，アメリカの準備通貨国としての地位への懸念が叫ばれ始めた時期に符合している点にあり，両者の関連についてアメリカ連邦財政構造を意識して解明することでもあった．

(1) 準備通貨国の論理

　戦後のアメリカ連邦政府は，準備通貨国の優位性の保持という課題を踏まえながら，財政活動を通じてアメリカ社会全体の国民統合を行ってきた．近年のアメリカ財政を国際比較の視点から相対的に確認すると，財政の活動領域（GDPに占めるグロスの財政支出の割合）は小さい．しかし，租税支出をも加味した財政支出の概念で捉えると，マクロレベルの数値では必ずしも財政の領域が狭いわけではない．

　このことは減税という形で市場メカニズムを生かしながら財政活動が行われていることを意味する．しかも，そのような市場メカニズムとの整合性を意識

---

17) James (2010) pp. 483-485.

した運営が可能なのは，アメリカが準備通貨国であることにも一因がある．これを，準備通貨「ドルへの国際的需要（信認）」があることを利用した，非準備通貨国にはない「法外な特権（exorbitant privilege）」と表現する論者もいる[18]．

例えば，準備通貨国アメリカは「ドルへの国際的需要（信認）」があると，対外債務の決済の際に自国通貨ドル（を中央銀行が発行すること）によって決済できる[19]．また，準備通貨国アメリカは「ドルへの国際的需要（信認）」があり，決済が自国通貨ドルで行われることが多くなると，相対的に「為替リスク」の影響を受けにくくなる[20]．さらに，準備通貨国アメリカは「ドルへの国際的需要（信認）」があれば，外国からの資金調達を行う場合に低い要求利回りでの調達が可能となる[21]．

すなわち，アメリカの政府部門にとっても民間部門にとっても準備通貨国の地位はメリットがあることになる．そのためアメリカ政府の各種政策の背後には，「ドルへの信認」を維持し，外国資本がドル資産を低収益率でも保有するような構造等をいかに維持・継続するかという，いわば対外的な「準備通貨国の論理」がある．

つまり，マクロレベルでのアメリカのグロスの財政規模（支出）が小さいのは，租税支出等で市場メカニズムとの整合性を意識していることに起因しているが，それは，準備通貨国として相対的に公債発行が容易であり，減税（租税支出）が相対的に可能であるからでもある．

しかし，アメリカの財政・租税構造を分析すると，それが「準備通貨国の論理」のみで形成されているものではないことがわかる．対外的な「準備通貨国の論理」と対内的な「国民統合の論理」という２つのジレンマの中で財政・租

---

18) 岩井（2000）34-64頁．Eichengreen（2007=2010），Roubini and Mihm（2010=2010）．
19) Cline（2005）pp. 170-171は，「アメリカが自国通貨ドルによって債務を負うことのできる特権的地位（a status superior）から，通貨のミスマッチに陥ることなく債務管理が可能である」という．
20) Roubini and Mihm（2010=2010）p. 252（訳書347頁）．金融商品も完全なリスクヘッジは困難である．
21) Eichengreen（2007=2010）p. 5（訳書8頁）．Roubini and Mihm（2010=2010）p. 258（訳書355頁）は，「これまでアメリカは外国の通貨ではなく自国の通貨で債券を発行でき，ドル下落のリスクを債権者に追わせることができている．他国がこの『法外な特権』を事実上受け入れなくなれば，為替リスクはアメリカが負うことになり，借り入れコストが急騰し，消費や投資が押し下げられ，最終的には経済成長率が低下する」としている．

税構造が形成されるという点に，アメリカの特殊性があるからである．

(2) 国民統合の論理

第1章で指摘したように，1970年代以降において，所得分布の中位層の所得（中位所得から±50%以内の所得）を得ている家計の割合が，年々減少していた．特に1990年代以降に顕著となったのは，高所得層の所得シェア拡大，中間層の所得シェア減少，低所得層のシェア激減という形での二極化現象であった．

クリントン政権は，財政規律による金融市場（特に債券市場）の信認確保と多民族国家としての社会政策とのバランスを確保する形での国民統合を模索した．租税構造に求めたのは，中低所得層の租税負担の相対的軽減と高所得層の相対的増加という所得再分配のシグナルを有したものであった．事実，1993年税制改正では，財政規律を意識しつつ，基本的に所得税増税や法人税増税によって，低所得層や中間層を意識する方針が維持された．分断化した社会では，所得層では低中所得層とりわけ中間層を，人種においては非白人系を取り込む政策が意識されたのである．

このような再分配のシグナルは，個人所得税の最高税率や法人所得税の税率引き上げ，勤労所得税額控除（Earned Income Tax Credit，以下，EITCとする）の拡充といった形で，所得課税の枠内で追求された．また，1993年に公表された医療保険改革案では，企業の加入義務化を通じて医療保険のカバー率を整備し，中間層や非白人系を取り込む方向性が示されたが，白人系中間層が従来の租税支出のメリットを失うことを恐れたこともあり，失敗に終わった．医療保険改革が頓挫し，1994年の中間選挙によって共和党が議会の多数を占めるようになると，一方で個別的な改革により国民統合を図りつつ，他方で金融・資本市場によるルートで個人口座を利用しながら国民貯蓄の促進を図る形でバランスを図ろうとする租税政策を行うようになった．1997年税制改正によるEITCの拡充によって低所得層向け租税支出を拡充するとともに，キャピタル・ゲイン減税やRoth-IRAの導入によって高所得層向け租税支出をも拡充するという手法がそれである[22]．

さらに国際課税の側面でも，一方で準備通貨国としての地位を意識した「強

いドル」政策を採用しつつ，他方で，それによって打撃を受ける国内輸出産業に配慮すべく，所得課税に租税支出を伴う形で，従来の輸出促進税制の維持にも努めたのである．

　ブッシュ Jr. 政権になると，財政黒字への転換，分割政府解消等の環境変化の中で，2001 年 6 月 7 日に「経済成長および減税調整法」(EGTRRA 2001) が可決された．その後の 2001 年 9 月の同時多発テロに伴い一方で，軍事支出を拡大させ，他方で 2003 年 5 月 28 日に「雇用と経済成長のための減税調整法」(JGTRRA 2003) によって減税を行ったため，財政赤字が拡大していった．

　これらの減税法は，所得税の最高税率引き下げ，配当およびキャピタル・ゲインの減税，遺産税の減税・廃止，児童税額控除の拡大等を内容とするもので，所得課税の視点からすると高所得層向けの租税支出が一層追加されたことを意味している[23]．これをもって所得課税を中心とする連邦税制から消費課税へのシフトチェンジと評価する論者，あるいは高所得層優遇と批判する論者等が，多くの議論を巻き起こした[24]．

　そもそもブッシュ Jr. 政権では，個人的責任，経済的自由，財産の所有などの価値を中核としたオーナーシップ社会を提唱した．具体的には減税，年金の部分的民営化，医療保険への新たな個人口座の導入等である．ブッシュ Jr. 政権は，個人を中心とした社会という方向性を示すことによって，国民統合を図ろうとした．最も意識したのは，金融・資本市場を通じた経済成長の実現であった．それは，金融・資本市場で資金を多く運用する高所得層に最初の恩恵がもたらされるものでもあった．

　しかし，高所得層への減税のみでは分断された社会でのバランスの確保が困難であることも明らかである．そこで，ブッシュ Jr. 政権は，同時に低所得層にターゲットを絞った租税支出と財政支出の組み合わせである児童税額控除等の給付つき税額控除を拡充する政策も行いバランスを確保しようとした[25]．

　アメリカ連邦政府は高所得層に分布する傾向のある資本所得を課税ベースに

---

22) 転職時に「携帯可能性 (portability)」のある保険（貯蓄）となりうる租税政策でもある．
23) 2003 年の配当およびキャピタル・ゲイン減税と法人税の関係については，Auerbach, A. J., J. R. Hines and J. Slemrod (2007) 所収論文や吉弘 (2009) 等を参照．なお，吉村 (2007) は国際課税の側面から検討している．
24) 岡本 (2007)．

含む所得課税を中心とする一方で，低所得層への再分配を行う際にも当該所得を基準にすることで，必要に応じて財政支出や租税支出を用いながら，階層間や人種間，そして産業間等のバランスを確保している．それがアメリカ的な「国民統合の論理」である．

(3)「準備通貨国の論理」と「国民統合の論理」の対立と調整

アメリカ政府が対外的な「準備通貨国の論理」を国内にも貫徹すれば，経済理論上は，資本所得への課税を含む所得課税（法人税制を含む）はできるだけ軽減することが望ましい．しかし，資本所得が相対的に高所得層に集中する傾向があり，所得層間や人種間等の分断化傾向が見られる状況では，「国民統合の論理」からは資本所得への課税を含む所得課税（法人税制を含む）が公平性を確保するシグナルとして必要とされる．

これまで確認してきたように，現実に「準備通貨国の論理」を意識して複雑な現行税制を簡素な消費課税にシフトさせようとすると，「国民統合の論理」から所得分配構造や輸出産業等も意識する必要があり，結果として消費課税自体も現行所得税制と変わらない複雑性も抱えてしまう．そのためアメリカで歴史的に選択されてきたのは，現行の所得課税を中心とした租税体系を不完全ながらも維持しつつ，二極化する国民階層間の問題や産業構造の転換に伴う産業間の問題を解決していく方向性であった．「準備通貨国の論理」と「国民統合の論理」との対立と調整である．

アメリカでは，所得課税内部で租税支出を利用する形で経済的中立性と公平性とのバランスの調整を行い，相対的に巨額の租税支出と限定された財政支出との間で調整を図ることが，政治的権威と責任の分散を行っている政治構造には適合的であった．そして相対的に巨額の租税支出と限定された財政支出を行える背景には，社会保障年金資金の非市場性国債への運用規定や1984年の非居住者ポートフォリオ利子の非課税制度の導入等の政策的措置，さらには「ド

---

25) しかし，そもそも減税の対象は，財政黒字を「納税者」に戻すとの観点からなされたものであり，非納税者をも含んだ「全国民」ではないという点で，低所得層向け対応策としては，十分とは言えないものであった．つまり，実施された減税は，確かに全所得層の負担軽減にはなるものであったが，その恩恵は主として高所得層向けの政策であった．

ルの国際的需要（信認）」によって，低コストで公債発行が可能となる状況があった．このことは，結果として，相対的に増税を回避する形での財政運営を可能としてきた[26]．

　アメリカの付加価値税なき租税構造には，税収調達能力の高さや経済的中立性といった付加価値税の理論的長所を強調することを困難にする所得層・人種間の分断，付加価値税の理論的長所を強調する必要性を低くする準備通貨国としての地位，そして選挙区の近視眼的利益確保の手段として多くの租税支出を好む政治家等，アメリカ特有の社会的・経済的・政治的な構造が反映されているのである．

第4節　付加価値税なき連邦租税構造の行方

　近年，Tax Law Review（2010a, 2010b）や U. S. House, Committee on Ways and Means（2011），Tax Analysts（2011）等に見られるように，アメリカでは連邦付加価値税の議論がこれまで以上に盛んに行われるようになっている．最後にこれらの議論動向を確認しておきたい[27]．

(1) アビヨナ教授（ミシガン大学ロースクール）の見解

　Avi-Yonah（2010）は，近年の予算規模の拡大，ベビーブーム世代への社会保障年金やメディケアに対する切迫した状況を考慮すれば，個人所得税や法人所得税を放棄することはできず，それ以上に新たな追加的な財源が必要であるとしている．その財源として最も適合的なのが連邦付加価値税である．

　アビヨナは従来の税制改革の議論が，所得課税を廃止して消費課税を導入するという二者択一のものであったことを批判する．アメリカの税制改革の議論が，各国で導入されている付加価値税とは別の形式で消費課税が議論されることになったからである．第6章で確認したように，アメリカの消費課税の議論

[26) 例えばStiglitz（2006=2006）p. 251（訳書368頁）は，「最大の準備通貨であるドルを発行するアメリカは，1981年と2001年の2度，借金を原資にして大規模な減税を実施した」としている．また，渋谷（2005）第Ⅲ巻での指摘のように，公債残高があることでグロスの財政規模の拡大に一定の歯止め効果を有していた側面もある．

27) Thomas（2012）pp. 41-43 も参照．

では，源泉地原則や仕入高控除方式といった所得課税の税額算定方式をベースにしてきたため，一般的な付加価値税で採用されている仕向地原則やインボイス方式を前提にした議論になりにくかったのである．

そこで，現行の所得課税中心の租税体系の中に，追加的な新規財源としてどのように連邦付加価値税を導入し，どのように州の小売売上税と調整するかの議論が必要であるとしている．

さらに Avi-Yonah（2011）になると，アメリカの状況について，連邦付加価値税を導入するか否かといった議論をする段階ではなく，いつどのような形で導入するかを考えておく必要がある段階にあるとする．その上で，連邦付加価値税導入に関して2つのシナリオを示している[28]．

一つのシナリオが，大統領のリーダーシップによる連邦付加価値税の導入である．これには，大統領が利害関係者からの合意を獲得する必要があるので，ハードルは高いとしている．まず，低所得層にはメディケア，メディケイド，社会保障年金等の再分配的支出が行われるので，低所得層の理念に反していないとの説得が必要である．また，保守層には企業の競争力確保ができるとの説得が必要である．州政府には，カナダのような方式を取れば，連邦付加価値税が州の歳入基盤を侵食しないとの説得が必要である．彼はこのシナリオのハードルが高いが，医療保険改革の法案可決ほどではないとしている．

もう一つのシナリオが，投資家がアメリカ国債への投資を回避して金利が上昇し，ドルが下落するという事態に，民主党と共和党が連邦付加価値税導入に合意するというものである[29]．彼によれば2012年に財務省は2042年に満期となる30年物連邦債を発行する必要がある．しかし，2042年までにはメディケア，メディケイド，そして社会保障年金がすべての連邦準備を使い果たすので，投資家への償還資金が全くなくなっている．そのため，2012年ではないが，少なくともここ数十年のうちには，投資家がアメリカ連邦債の購入をためらうことになる可能性がある．投資家は連邦準備制度が元利払いのために単に紙幣を増刷することを恐れるので，金利が上昇しドルが下落する可能性があるからである．このような事態になっても，共和党は所得税増税に反対し，民主党は

---

28) Avi-Yonah（2011）p. 355.
29) 2008年の銀行救済の合意の時を引き合いにしている．

受給権（entitlements）カットに反対するので，付加価値税の導入以外に選択肢がないとの立場である．彼はこのシナリオのハードルは低いが，個人的にはこのような事態が生じないことを望むとしている．

(2) ブラウンリー名誉教授（カリフォルニア大学）の見解

　Brownlee（2011）は，財政赤字の継続からアメリカ連邦債への外国人投資家の要求利回りが上昇することを懸念しつつ[30]，連邦税制に対する2段階の税制改革のプロセスを提示し，その中で連邦付加価値税の導入の可能性について論じている[31]．この改革案を2段階にしている背景には，改革案を急激なものにも過度に複雑なものにもしないためである．彼は，1986年税制改革法が共和党支持者と民主党支持者双方からの支持を引き出した点をモデルとし，範囲と内容の点で，実際に実現した1986年税制改革の要素に近いものにしているからである[32]．その改革案の基本的立場は，①アメリカの租税制度の中核が所得課税であり続け，②1990年代後半からブッシュ Jr. 政権にかけて多くの保守派が主張したような消費課税への大胆なシフトにはならないとの立場からのものである[33]．

　まず，税制改革の第一段階として所得課税の改革を主張している[34]．これまでアメリカが租税支出を好んできたことに対し，不健全な租税文化として批判しつつ，課税ベースの拡大を主張する．税制改革の第二段階が，連邦付加価値税の導入である[35]．彼は付加価値税の導入は多くの議論を呼ぶが，付加価値税の公正性，経済効率性，透明性を強調することで，説得的な事例にすることができるかもしれないとする．さらに，そうすることで付加価値税が逆進的で，低所得層が高所得層よりも重い負担を課すものであるという点に，責任ある方法で回答を見出すことにもつながるとしている．

---

30) Brownlee（2011）p. 579.「アメリカは外国人に国債投資をしてもらうためには，金利を引き上げる必要性が高い」．
31) 日米の税制改革について論じているが，アメリカに焦点を絞って記述する．
32) Brownlee（2011）p. 582.
33) Brownlee（2011）p. 582.
34) Brownlee（2011）p. 582.
35) Brownlee（2011）p. 582.

その責任ある回答として強調するのは，政府が労働者の質を最大限に引き出す責任を負うという点であり，それに付加価値税の税収を利用するというものである．その方法として彼は，3つの選択肢を提示している．具体的には①ヘルスケア，退職給付，教育等の社会支出に充当する，②低所得層の人的控除引き上げに用い，低所得層の複雑で費用のかかる還付手続きを縮小する，③最小限の資源で労働者の福祉と生産性を向上させる勤労所得税額控除（EITC）を拡充する，というものである．彼はこれらの方策が，経済的効率性の促進と付加価値税の逆進的効果を相殺する手法になりうることも強調している[36]．

(3) グレーツ教授（コロンビア大学ロースクール）の見解

最後に，グレーツ（Graetz）教授による2011年7月の議会公聴会での議論とその提出資料を確認しておこう[37]．彼は，現在のアメリカの状況について，国家債務の増加が，ドルの下落，金利の持続的上昇，インフレーション，その他の危機のリスクを高くすることを懸念する．というのは，それらが徐々にアメリカ人の生活水準を脅かすと考えているからである．

特に，財政赤字の増加が，経常収支赤字と同時に生じると，アメリカ経済の脆弱性を増加させるとしている．対外債務（アメリカ連邦債を含む）の累積によって，他の国が市場で債券やドルを投げ売りすると，ドルが下落し，準備通貨ドルの役割にも影響し，アメリカ経済が不安定化すると考えているからである．このような形で，外国政府にアメリカの経済に対するコントロールを認めることは，究極的には，アメリカの経済状態（economic health）だけでなく，国民の利益と安全を侵害するとまで主張している．

このような意識を持ちつつ，彼は政府支出をまかなう財源として，過度な所得課税への依存を減少させ，連邦付加価値税を導入することを提案している．具体的には，①単一税率の連邦付加価値税を導入することによって経済的中立性を確保する一方で，②連邦付加価値税による税収を用いて，個人所得税の減税（人的控除を家族所得で10万ドルに引き上げ，10万ドルを超える所得への税率を大幅に引き下げる），③法人所得税の減税（税率引き下げ），④勤労所得税額控除

---

36) Brownlee (2011) pp. 582-583.
37) 以下，U. S. House, Committee on Ways and Means (2011) での証言．

(EITC) を転換し，社会保障賃金税（Payroll Tax）との相殺やデビットカードを用いた還付を行うことで，中低所得層の連邦付加価値税の負担を緩和する案を示している[38]．

特に指摘すべきは，連邦付加価値税を単独で導入するのではなく，他の税目との組み合わせで導入すべきことを主張している点にある．そのように主張するのは，連邦付加価値税の導入が可能であるのは，税制改革の一部として議論され，付加価値税が逆進的でもマネーマシンでもないことが証明される時であると彼が考えているからである．同様の視点から，現行のアメリカの財政状況を緩和するには付加価値税の導入が最適であるが，連邦付加価値税の税収の一部を，所得課税の大規模な改革と簡素化の資金に利用することなしに，付加価値税を導入するべきではないとも主張している[39]．

(4) 小　括

以上のように，近年のアメリカの学者による連邦付加価値税に関する議論を要約すれば，これまでのような所得課税から消費課税へのシフト論ではなく，所得課税と消費課税の併存を意識した議論となっている点に特徴があることがわかる．つまり，アメリカ連邦税制の租税体系を踏まえた議論の中で，連邦付加価値税の必要性が強く主張されている状況にある．

誤解を恐れずに単純化すると，現行の所得課税の改革については，租税支出を減少させる点では同じ方向にあると言えるが，その手法には2つの方向がある．一つの方向が，1986年税制改革法をモデルとするブラウンリーのように，所得課税の課税ベースを拡大・包括化して最高税率を引き下げる提案であり，

---

38) 州の小売売上税との関係については，カナダの重複方式での解消を意識していた．また，所得課税を存続させつつ消費課税を導入するので，既存資産の取り扱い等の移行期の問題も緩和するとしている．ただし，現状の租税法の下での歳入と所得分配の維持を前提にしている点で，議論の余地はある．なお，カナダの重複方式に関しては，持田（2004），持田・堀場・望月（2010）を参照．

39) さらに，Graetz and Doud（2013）pp.427-428, 432, 434 においては，付加価値税の導入が政治的には難しいとしつつ，付加価値税の仕向地主義による税源配分に近い方式を提案する．その方式は，アメリカでの課税を，国内売上高を基礎に行う方式（全世界所得に対する国内所得の比率の下限を，全世界売上高に対する国内売上の比率にする方式）である．この論文に関する紹介は，増井（2013）を参照されたい．

終　章　総括と課題

　もう一つの方向が，グレーツのように所得課税の人的控除を大幅に引き上げることで所得課税の対象を高所得層に限定しつつ，その税率を大幅に引き下げる提案である．

　一方，連邦付加価値税についても，単一税率による課税ベースの広い税として導入し，財源調達力を重視する点は共通しているが，連邦付加価値税によって調達した税収の使途に関しても2つの方向がある．一つの方向は，連邦付加価値税の税収を用いて再分配的支出にどれだけ配慮するのかといった形で，「隠れた福祉国家」から「見える福祉国家」への方向性を議論するもの，もう一つの方向が，連邦付加価値税の税収を用いて，個人所得税，法人所得税，社会保障税といった他の税の減税財源にどれだけ用いるのかといった形で，従来の「隠れた福祉国家」を継続する議論である．

　留意すべきは，「生涯所得と生涯消費はほぼ等しいので，付加価値税には逆進性はそれほど生じない」といった説明を強調する形で，付加価値税導入の必要性が主張されていない点である．むしろ，近年のグローバル経済のもとで不確実性が増幅してきた状況では，かつてアメリカ財務省報告書が，単年度で見た当期所得を基準にすることを「理論的には問題があるが，生涯所得や恒常所得に比較すると，より実際的であり，現実的合理性がある」[40]と指摘した時よりも増して，生涯を想定した逆進性の解消という説明への疑念は高まっているといってよい．

　図終-1は，縦軸は所得層間移動を示す世代間の所得弾力性を，横軸は不平等度を示す税引き後所得のジニ係数を示している．世代間の所得弾力性が高ければ，親子間での所得層間移動が少ないことを，ジニ係数が高ければ不平等度が高いことを示している．一見して，アメリカン・ドリームを体現する国として，不平等度が高くとも所得の階層間移動が活発な国と言われてきたアメリカが，①実は古くから北欧諸国よりも親子間の所得層の移動がなされておらず，不平等度も高かったこと，②近年，そのような親子間での格差の固定化と不平等化が一層進んでいることがわかる[41]．つまり，近年アメリカは国内での不平

---

40) U. S. Department of Treasury (1984b) pp. 89-90.
41) Krueger (2012). 世代間の所得弾力性 (IGE) とは，親の所得層が平均より50％上の場合，子供の所得層が平均より20％上にいる時は0.4である．

終　章　総括と課題

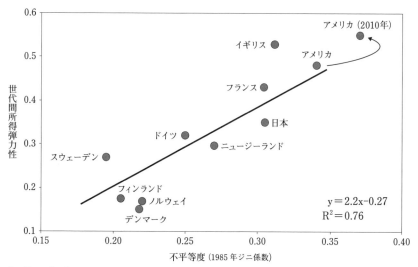

【図終-1】ジニ係数と世代間所得弾力性の相関

資料）Krueger（2012）Figure 8 より作成.

等度が拡大し，それが次世代に引き継がれている状況が問題視されているのである[42]．

そのため，連邦付加価値税の議論では，連邦付加価値税の有する逆進性を認めつつ，その逆進性をどのような形で緩和するのかという点を視野に入れた上で議論を行っている[43]．

そもそも付加価値税の特徴として多くの論者に共通するのは，高い税収調達力にある．また理論的には，所得課税と比較して消費を課税ベースとするので貯蓄を冷遇しないこと，資本財購入を即時控除するため資本集約的生産方法を阻害しないこと，差別的な転嫁の可能性のある法人税と比べて相対価格を不変

---

[42] そのような背景のもとで，オバマ大統領も教育の重要性を強調しているのである．
[43] Rosen and Gayer（2009）p. 493 は，消費課税のデメリットの一つとして，遺産と贈与への課税が困難であることを指摘している．具体的には，「受取人が消費するまで課税しないか，資産移転を受け渡し人の消費とみなして課税するか．政治的に資産移転時に課税しないことはできないが，概念上も現実にも（消費課税の枠内で：引用者注）資産移転に課税することも困難である」とし，別個の資産課税を検討している．アメリカの遺産税と贈与税については，渋谷（1993，1994），Gale, Hines and Slemrod（eds.）（2001），野村（2002），川端（2004），五嶋（2005），神山（2010）等を参照されたい．

終　章　総括と課題

に保つため消費選択を歪めないことといった形で，経済的中立性の観点からその長所が指摘されてきた．さらに，社会保障税が連邦政府の第二の税収にまで規模が拡大してくるにつれ，Stiglitz（1985），Warren（1975）らが指摘した，社会保障税（賃金税）と付加価値税の同等性という伝統的な租税論に注目した議論についても，再び意識されるようになってきた[44]．

にもかかわらず，これまで連邦税制では高い税収調達力等の付加価値税の特徴を強調する形で付加価値税が導入されるまでには至らず，結果として先進国の中で唯一付加価値税を有しない国という状況が続いている．そのような連邦付加価値税がない形での租税体系が可能であるのは，様々な政策的措置とともに準備通貨国としての地位によって，低コストでの公債発行が可能であり，相対的に巨額の租税支出と限定された財政支出との間で調整を図ってきたからである[45]．

しかし，近年アメリカを中心とする国際通貨システムの下でのグローバル・インバランスの問題を契機に，経常赤字・資本流入の持続可能性への懸念が再燃し，アメリカの財政赤字の削減や国内貯蓄の必要性に関する議論がなされるようになってきている．さらに，将来的に社会保障年金財政やメディケア財政の枯渇が見込まれているため，信託基金が非市場性国債という形で連邦債の一部を保有している従来の構造を維持することが困難になり，非市場性国債への運用資金の減少を通じたルートで，市場性国債の利回り上昇を招くとのシナリオも懸念されている[46]．そのような状況を背景に，連邦付加価値税導入に関する議論が，連邦付加価値税の経済的長所を強調する形で（ただし分配の公平をも意識した形で），これまで以上になされているのが現状である．

アメリカが連邦付加価値税の導入に踏み切るか否か，その展望は定かではない[47]．明らかなのは，アメリカが付加価値税の導入に舵を切ることは，アメリ

44）McNalty（1988）訳書83頁．宮島（2009）25頁が指摘するように，社会保障税と比較した付加価値税の特徴は，国境税調整の対象となる間接税という点で，付加価値税が輸出促進効果を持つ点にある．
45）ベビーブーマーの退職により，社会保障年金財政やメディケア財政の枯渇が予測されるが，アメリカは相対的に少子化のスピードが緩やかである点に特徴があることへの配慮も必要である．
46）渋谷（2005）第Ⅲ巻308-310頁は，2010年以降のベビーブーム世代の引退と年金給付の始まりを「年金の大膨張が始める時限装置」と表現し，21世紀を「年金給付と老齢者の生活水準を引き下げ，社会全体のレベルを下げるしかない」との展望を述べている．

カにとって歴史的な転換点を意味することである．ただし，それは単に所得課税中心の連邦租税体系の転換を意味するからではない．対外的な「準備通貨国の論理」と対内的な「国民統合の論理」との間でなされてきた，従来の調整様式の転換をも意味する点で，歴史的なものとなる可能性を秘めている[48]．

---

47) 片桐（2005a）272 頁は，「いずれアメリカ福祉国家財政は消費ベース課税を整えることでその再編を果たさざるを得ない」としている．

48) Rosen and Gayer (2009) pp. 487-488 は，連邦付加価値税を導入する際の考慮要件として，以下の4つを指摘している．第一に，付加価値税自体に公平性を意識するか，第二に，付加価値税に代替する租税の種類や税収の使途が明確であるか．第三に，国民の意志が容易に反映される政治制度（political institutions）かどうか．第四に，付加価値税の国際的影響はどうか．さらに藤谷（2007）273 頁は，アメリカが付加価値税を導入するには憲法改正が必要となるとしている．アメリカ合衆国憲法修正第16条が個人所得税の賦課を連邦に授権していることに着目し，アメリカが付加価値税を導入するには，「所得」の定義を「包括的所得（発生型所得）」から「消費型所得」に書き換えるという議論になることを意識した指摘である．

参考文献

【外国語文献】

Adams, Thomas S. (1921), "Fundamental Problems of Federal Income Taxation," *Quarterly Journal of Economics*, Vol. 35(4).

Adema, W. (2001), "Net Social Expenditure, 2nd edition," *Labor Market and Social policy Occasional Papers*, No. 39, OECD.

Adema, W., Pauline Fron, and Maxime Ladaique (2011), "Is the European Welfare State Really More Expensive?" *OECD Social, Employment and Migration Working Papers*, No. 124.

Alesina, Alberto, Edward Glaeser, and Bruce Sacerdote (2001), "Why Doesn't the Unites States Have a European-Style Welfare State?" *Brookings Papers on Economic Activity*, No. 2.

Amable, Bruno (2003), *The Diversity of Modern Capitalism*, Oxford University Press. (山田鋭夫・原田裕治・木村大成・江口友朗・藤田菜々子・横田宏樹・水野有香訳『五つの資本主義――グローバリズム時代における社会経済システムの多様性』藤原書店, 2005年)

Auerbach, Alan J. (2009), "Income or Consumption Taxes?" Musgrave, Rechard A., John G. Head, and Richard E. Krever (eds.), *Tax Reform in the 21st Century: A Volume in Memory of Richard Musgrave*, Kluwer Law International.

Auerbach, Alan J., James R Hines, and Joel Slemrod (2007), *Taxing Corporate Income in the 21st Century*, Cambridge University Press.

Ault, Hugh J. (2002), "U.S. Corporate Taxation Reform from an International Perspective", 『租税法研究』第30号.

Avi-Yonah, Reuven S. (1995), "The International Implications of Tax Reform," Tax Notes, Nov. 13.

Avi-Yonah, Reuven S. (2010), "Designing a Federal VAT: Summary and Conclusions," *Tax Law Review*, Vol. 63(2).

Avi-Yonah, Reuven S. (2011), "The Political Pathway: When Will the U.S. Adopt a VAT?" in *The VAT Reader: What a Federal Consumption Tax Would Mean for America*, Tax Analysts, Nov. 14.

Baicker, K., W. Dow and J. Wolfson (2006), "Health Savings Accounts: Implications for Health Spending," National Tax Journal, Vol. 59(3).

Bank, Steven A. (2010), *From Sword to Shield: The Transformation of the Corporate Income Tax, 1861 to Present*, Oxford University Press.

参考文献

Bank for International Settlements, Committee on the Global Financial System of the central banks of the Group of Ten countries (1999), *Market Liquidity: Research Findings and Selected Policy Implications*.

Bankman, Joseph, Thomas D. Griffith, and Katherine Pratt (2002), *Federal Income Tax: Examples and Explanations*, 3rd ed., Aspen Law & Business.

Baughman, Reagan A. (2005), "Evaluating the Impact of the Earned Income Tax Credit on Health Insurance Coverage," *National Tax Journal*, Vol. 58(4).

Beam, Burton T. and John J. McFadden (2006), *Employee Benefits*, 6th ed., Real Estate Education.

Beckhart, Benjamin Haggott (1972), *Federal Reserve System*, American Institute of Banking.（矢尾次郎監訳『米国連邦準備制度』東洋経済新報社，1978 年）

Beresford, Dennis R. (1995), "How Should the FASB Be Judged?" *Accounting Horizons*, Vol. 9(2).

Bernanke, Chairman Ben S. (2009), "On the Outlook for the Economy and Policy," Speech to the Economic Club of New York, Nov. 16, 2009. (http://www.federalreserve.gov/newsevents/speech/bernanke20091116a.htm)

Bernheim, B. Douglas (2002), "Taxation and Saving," in Alan J. Auerbach and Martin S. Feldstein (eds.), *Handbook of Public Economics*, Vol. 3, Elsevier Science.

Bittker, Boris I. and Lawrence Lokken (1999), *Federal Taxation of Income, Estates, and Gifts*, 3rd ed., Warren, Gorham & Lamont.

Boadway, Robin and Michael Keen (2003), "Theoretical Perspectives on the Taxation of Capital Income and Financial Services," Patrick Honohan (eds.), *Taxation of Financial Intermediation*, Oxford University Press.

Boadway, Robin, Neil Bruce, and Jack Mintz (1983), "On the Neutrality of Flow-of-Funds Corporate Taxation," *Ecomomica*, Vol. 50(197).

Bradford, David F. (1986), *Untangling the income tax*, Harvard University Press.

Brownlee, W. Elliot (1996a, 2004), *Federal Taxation In America: A Short History*, (2nd ed., 2004), Cambridge University Press and Woodrow Wilson Center Press.

Brownlee, W. Elliot (1996b), "Reflections on the History of Taxation," Brownlee, W. Elliot (ed.), *Funding the Modern American States, 1941-1995: The Rise and Fall of the Era of Easy Finance*, Woodrow Wilson Center Press.

Brownlee, W. Elliot (2011), "The Fiscal Crisis and the Search for an Ideal Tax System," *Tax Notes*, Vol. 130(5).

Brumbaugh, David L. (2003), "Tax Exemption for Repatriated Foreign Earnings: Proposals and Analysis," *CRS Report for Congress*, RL32125.

Brumbaugh, David L. (2004a), "Taxes, Exports, and International Investment: Proposals in the 108th Congress," *CRS Report for Congress*, RL32066.

Brumbaugh, David L. (2004b), "A History of the Extraterritorial Income (ETI) and Foreign Sales Corporation (FSC) Export Tax-Benefit Controversy," *CRS Report*

for Congress, RL31660.
Burman, Leonard E. and William G. Gale (2005), "The Tax Reform Proposals: Some Good Ideas, but Show Me the Money," *Economists' Voice*, Vol. 3(1).
Burman, Leonard E., William G. Gale, and David Weiner (2001), "The Taxation of Retirement Saving: Choosing Between Front-Loaded and Back-Loaded Options," *National Tax Journal*, Vol. 54(3).
Burman, Leonard E., William G. Gale, Matthew Hall, and Peter R. Orszag (2004), "Distributional Effects of Defined Contribution Plans and Individual Retirement Arrangements," *National Tax Journal*, Vol. 57(3).
Burman, Leonard E., Cori E. Uccello, Laura L. Wheaton, and Deborah Kobes (2003), "Tax Incentives for Health Insurance," *Tax Policy Center Discussion Paper*, No. 12.
Campbell, John L. (1993), "The State and Fiscal Sociology," *Annual Review of Sociology*, Vol. 19.
Christian, Ernest S. (1995), "The Tax Restructuring Phenomenon: Analytical Principles and Political Equation," *National Tax Journal*, Vol. 48(3).
Cline, William R. (2005), *The United States as a Debtor Nation*, Institute for International Economics.
Cline, Robert and Paul Wilson (1995), "Consumption Tax Incidence: A State Perspective," *Proceedings of the Annual Conference on Taxation Held under the Auspices of the National Tax Association-Tax Institute of America*, Vol. 88.
Clinton, Bill (1999), "Remarks on the Universal Savings Accounts Initiative," Public Papers of the Presidents of the United States. (http://www.presidency.ucsb.edu/ws/?pid=57401).
Clinton, Bill (2004), *My life*, Knopf.（楡井浩一訳『マイライフ――クリントンの回想（上）（下）』朝日新聞社, 2004年）
Collins, Julie H., John R. M. Hand, and Douglas A. Shackelford (2001), "Valuing Deferral: The Effect of Permanently Reinvested Foreign Earnings on Stock Prices," in James R. Hines Jr. (ed.), *International Taxation and Multinational Activity*, University of Chicago Press.
Colm, Gerhart (1935), "Methods of Financing Unemployment Compensation," *Social Research*, Vol. 2(2).
Colm, Gerhart (1948), "Why Public Finance?" *National Tax Journal*, Vol. 1(3).（木村元一・大川政三・佐藤博訳『財政と景気政策』弘文堂, 1957年）
Comin, Diego and Thomas Philippon (2005), "The Rise in Firm-Level Volatility: Causes and Consequences," *NBER Working Paper*, No. 11388.
Council of Economic Advisers (1999), *Economic Report of the President 1999*, U.S. Government Publishing Office.（萩原伸次郎監訳「1999米国経済白書」『エコノミスト』臨時増刊, 毎日新聞社）

参考文献

Council of Economic Advisers (2005), *The Economic Report of the President 2005*, U.S. Government Publishing Office. (萩原伸次郎監訳「2005 米国経済白書」『エコノミスト』臨時増刊，毎日新聞社)
Crimmel, Beth Levin and Jeffrey L. Schildkraut (2001), "Stock Option Plans Surveyed by NCS," *Compensation and Working Conditions*, Spring.
Cukierman, Alex, Steven B. Webb, and Bilin Neyapti (1992), "Measuring the Independence of Central Banks and Its Effect on Policy Outcomes," *World Bank Economic Review*, Vol. 6(3).
Cummins, Jason G., Trevor S. Harris, and Kevin A. Hassett (1994), "Accounting Standards, Information Flow, and Firm Investment Behavior," *NBER Working Paper*, No. 4685.
Cutler, David and Jonathan Gruber (2001), "Health Policy in the Clinton Era: Once Bitten, Twice Shy," *NBER Working Paper*, No. 8455.
Desai, Mihir A. (2002), "The Corporate Profit Base, Tax Sheltering Activity, and the Changing Nature of Employee Compensation," *NBER Working Paper*, No. 8866.
Desai, Mihir A. and James R. Hines Jr. (2001), "The Uneasy Marriage of Export Incentives and the Income Tax," *Tax Policy and the Economy*, Vol. 15.
Desai, Mihir A. and James R. Hines Jr. (2003), "Economic Foundations of International Tax Rules," Paper prepared for the American Tax Policy Institute.
Desai, Mihir A. and James R. Hines Jr. (2004), "Old Rules and New Realities: Corporate Tax Policy in a Global Setting," *Ross School of Business Paper*, No. 920.
Desai, Mihir A., C. Fritz Foley, and James R. Hines Jr. (2001), "Repatriation Taxes and Dividend Distortions," *National Tax Journal*, Vol. 54(4).
Desai, Mihir A., C. Fritz Foley, and James R. Hines Jr. (2006), "Taxation and Multinational Activity: New Evidence, New Interpretations," *Survey of Current Business*, Vol. 82(6).
Despres, Emile, Charles Poor Kindleberger, and Walter S. Salant (1966), *The Dollar and World Liquidity: A Minority View*, Brookings Institution. (益戸欽也訳『インターナショナル・マネー』産業能率大学出版部，1983 年)
Devereux, Michael P. (1990), "Capital Export Neutrality, Capital Import Neutrality, Capital Ownership Neutrality and All That," IFS (Institute for Fiscal Studies) Working Paper.
Doernberg, Richard L. (1997), *International Taxation in a Nutshell*, West Publishing. (川端康之監訳『アメリカ国際租税法 (第 3 版)』清文社，2001 年)
Dooley, Michael, David Folkerts-Landau, and Peter Garber (2005), "International Financial Stability: Asia, Interest Rates, and the Dollar," *Deutsche Bank Global Market Research*, Oct. 27.
Dorn, Stan, Janet Varon, and Fouad Pervez (2005), "Limited Take-Up of Health Coverage Tax Credits: A Challenge to Future Tax Credit Design," *Economic and*

Social Research Institute, *The Commonwealth Fund*, Oct. 2005.
Eckstein, Otto (1979), *Public Finance*, 4th ed., Prentice-Hall.（平田寛一郎訳『財政学』東洋経済新報社，1982年）
Economic Recovery Advisory Board (2010), *The Report on Tax Reform Options: Simplification, Compliance, and Corporate Taxation*, The President's Economic Recovery Advisory Board, Aug. 2010.
Eichengreen, Barry J. (2007), *Global Imbalances and the Lessons of Bretton Woods*, MIT Press.（畑瀬真理子・松林洋一訳『グローバル・インバランス——歴史からの教訓』東洋経済新報社，2010年）
Eichengreen, Barry J. (2011), *Exorbitant Privilege: The Rise and Fall of the Dollar and the Future of the International Monetary System*, Oxford University Press.（小浜裕久監訳『とてつもない特権——君臨する基軸通貨ドルの不安』勁草書房，2012年）．
Espahbodi, Hassan, Elizabeth Strock, and Hassan Tehranian (1991), "Impact on equity prices of pronouncements related to nonpension postretirement benefits," *Journal of Accounting and Economics*, Vol. 14.
Executive Office of the President (2012), *Economic Report of the President 2012*, U.S. Government Publishing Office.（萩原伸次郎監訳「2012米国経済白書」『エコノミスト』臨時増刊，毎日新聞社）
Federal Reserve Board (2005), *Flow of Fund Accounts of the United States*.
Federal Reserve Board (2006), *Survey of Consumer Finances*.
Frankel, Jeffrey A. and Peter R. Orszag (eds.), (2002), *American Economics Policy in the 1990s*, MIT Press.
Friedman, Benjamin M. (1981), *Monetary policy in the United States: Design and implementation*, Association of Reserve City Bankers.（三木谷良一訳『アメリカの金融政策』東洋経済新報社，1982年）．
Fronstin, Paul (1998), "Sources of Health Insurance and Characteristics of the Uninsured: Analysis of the March 1998 Current Population Survey," *EBRI Issue Brief*, No. 204.
Fronstin, Paul (2003), "Sources of Health Insurance and Characteristics of the Uninsured: Analysis of the March 2003 Current Population Survey," *EBRI Issue Brief*, No. 264
Fronstin, Paul (2004), "Health Savings Accounts and Other Account-Based Health Plans," *EBRI Issue Brief*, No. 273.
Fronstin, Paul (2006a), "The Tax Treatment of Health Insurance and Employment-Based Health Benefits," *EBRI Issue Brief*, No. 294.
Fronstin, Paul (2006b), "Savings Needed to Fund Health Insurance and Health Care Expenses in Retirement," *EBRI Issue Brief*, No. 295.
Fronstin, Paul (2006c), "Sources of Health Insurance and Characteristics of the

Uninsured: Analysis of the March 2006 Current Population Survey," *EBRI Issue Brief*, No. 298.

Fronstin, Paul (2011), "Sources of Health Insurance and Characteristics of the Uninsured: Analysis of the March 2011 Current Population Survey," *EBRI Issue Brief*, No. 362.

Gale, William G., James R. Hines, and Joel Slemrod (eds.) (2001), *Rethinking Estate and Gift Taxation*, Brookings.

Gale, William G., J. Mark Iwry, and Peter R. Orszag (2005), "Improving Tax Incentives for Low-Income Savers: The Saver's Credit," *Tax Policy Center Discussion Paper*, No. 22.

Gillis, Malcom (2002), "Historical and Contemporary Debate on Consumption Taxes," in George R. Zodrow and Peter Mieszkowski (eds.), *United States Tax Reform in the 21st Century*, Cambridge University Press.

Glied, Sherry A. and Dahlia K. Remler (2005), "The Effect of Health Savings Accounts on Health Insurance Coverage," *The Commonwealth Fund Issue Brief*, No. 811.

Glyn, Andrew (2006), *Capitalism Unleashed: Finance Globalization and Welfare*, Oxford University Press. (横川信治・伊藤誠訳『狂奔する資本主義——格差社会から新たな福祉社会へ』ダイヤモンド社，2007年)

Graetz, Michael J. and Rachael Doud (2013), "Technological Innovation, International Competition, and the Challenges of International Income Taxation," *Columbia Law Review*, Vol. 113.

Gramlich, Edward M. (1997), "How Does Social Security Affect the Economy?" Kingson, Eric R. and James H. Schulz (ed.), *Social Security in the 21st Century*, Oxford University Press.

Greenspan, Alan (2007), *The Age of Turbulence: Adventures in a New World*, Penguin Press. (山岡洋一・高遠裕子訳『波乱の時代（上）（下）』日本経済新聞出版社，2007年)

Grubert, Harry (2012), "Foreign Taxes and the Growing Share of U.S. Multinational Company Income Abroad: Profits, Not Sales, are Being Globalized," *National Tax Journal*, Vol. 65(2).

Gruber, Jonathan (2002), "Taxes and Health Insurance," *Tax Policy and the Economy*, Vol. 16.

Gruber, Jonathan (2005), "Tax Policy for Health Insurance," *Tax Policy and the Economy*, Vol. 19.

Gruber, Jonathan (2009), *Public Finance and Public Policy*, 3rd ed., Worth Publishers.

Gruber, Jonathan and Robin Mcknight (2003), "Why Did Employee Health Insurance Contributions Rise?" *Journal of Health Economics*, Vol. 22.

Gruber, Jonathan and James Poterba (1996), "The Impact of Fundamental Tax

Reform on Employer-Provided Health Insurance," *Insurance Tax Review*, Vol. 11 (1).

Hall, Brian J. and Jeffrey B. Liebman (2000), "The Taxation of Executive Compensation," *NBER Working Paper*, No. 7596.

Hall, Robert Ernest and Alvin Rabushka (1985), *The Flat Tax*, Hoover Institution Press.

Hall, Robert Ernest and Alvin Rabushka (1995), *The Flat Tax*, 2nd ed., Hoover Institution Press.

Hanlon, Michelle and Terry Shevlin (2002), "Accounting for Tax Benefits of Employee Stock Options and Implications for Research," *Accounting Horizons*, Vol. 16(1).

Harold Dankner (1989), *Retiree Health Benefits: Field Test of the FASB Proposal*, Financial Executives Research Foundation.

Hartman, David G. (1984), "Tax Policy and Foreign Direct Investment in the United States," *National Tax Journal*, Vol. 37(4).

Harvard Law Review (1996), "Taxation-Small Business-Congress Reforms Rules for S Corporations," *Harvard Law Review*, Vol. 110(2).

Higgins, Matthew, Thomas Klitgaard, and Cédric Tille (2005), "The Income Implications of Rising U.S. International Liabilities," *Current Issues in Economics and Finance*, Vol. 11(12).

Howard, Christopher (1997), *The Hidden Welfare State: Tax Expenditures and Social Policy in the United States*, Princeton University Press.

Hufbauer, Gary Clyde and Ariel Assa (2007), *U.S. Taxation of Foreign Income*, Peterson Institute for International Economics.

Hufbauer, Gary Clyde and Joanna M. van Rooij (1992), *U.S. Taxation of International Income: Blueprint for Reform*, Institute for International Economics.

Institute for Fiscal Studies (1991), *Equity for companies: a corporation tax for the 1990s : a report of the IFS Capital Taxes Group*, IFS commentary No. 26, Institute of Fiscal Studies.

James, Kathryn (2010), "An Examination of Convergence and Resistance in Global Tax Reform Trends," *Theoretical Inquiries in Law*, Vol. 11.

Jaquette, Scott, Matthew Knittel, and Karl Russo (2003), "Recent Trends in Stock Options," *OTA Working Paper*, No. 89.

Kaplow, Louis (2008), *The Theory of Taxation and Public Economics*, Princeton University Press.

Kieso, Donald E., Jerry J. Weygandt, and Terry D. Warfield (2004), *Intermediate Accounting*, 11th ed., John Wiley.

Koenig, Gary and Robert Harvey (2005), "Utilization of the Saver's Credit: An Analysis of the First Year," *National Tax Journal*, Vol. 58(4).

参考文献

Krueger, Alan B. (2012), *The Rise and Consequences of Inequality in the United States*, Chairman, Council of Economic Advisers, Jan. 12, 2012.

Krugman, Paul R. (1995), *Currencies and Crises*, MIT Press.

Langbein, Stanley (2000), "United States: Tax Treatment for Foreign Sales Corporations," *American Journal of international law*, Vol. 94.

Loue, Henry, Gerald Siliverstein, and Donald J. Rousslang (2006), "Mesuring Company's Foreign Tax Credit Position," *OTA Papers*, Vol. 97, Office of tax analysis.

Mann, Catherine (1999), *Is the U.S. Trade Deficit Sustainable?*, Institute for International Economics.

Manzon, Gil B., Jr. and George A. Plesko (2002), "The Relation between Financial and Tax Reporting Measures of Income," Tax Law Review, Vol. 55(2).

Martin, Cathie J. (1991), *Shifting the Burden: The Struggle over Growth and Corporate Taxation*, University of Chicago Press.

Martin, Felix (2013), *Money: The Unauthorised Biography*, Alfred A. Knopf. (遠藤真美訳『21世紀の貨幣論』東洋経済新報社, 2014年)

Martin, Isaac William, Ajay K. Mehrotra, and Monica Prasad (eds.) (2009), *The New Fiscal Sociology: Taxation in Comparative and Historical Perspective*, Cambridge University Press.

McCarthy, Jonathan and Han N. Pham (1995), "The Impact of Individual Retirement Accounts on Savings," *Current Issues in Economics and Finance*, Vol. 1(6).

McDaniel, Paul R. (2004), "The David R. Tillinghast Lecture: Trade Agreements and Income Taxation: Interactions, Conflicts, and Resolutions," *Tax Law Review*, Vol. 57(2).

McKinnon, Ronald (2007), "The U.S. Current Account Deficits and the Dollar Standard's Sustainability: A Monetary Approach," *CESifo Forum*, Vol. 8(4).

McNulty, John K. (1988), "The Basic Structure and Characteristics of the U.S. Income Tax and Future Reform Possibilities," Part I, Oct. 1988, *The Jurist* (Japan), No. 919, pp. 80-85; Part II (on the corporate tax integration question) Nov. 1988, *The Jurist*, No. 921, pp. 90-94, in Japanese. (水野忠恒訳「合衆国所得税の構造と特色 (1) (2) ――その改革の可能性」『ジュリスト』第919・921号, 1988年)

Meade, J. E. and Institute for Fiscal Studies (1978), *The Structure and reform of direct taxation: report*, Allen and Unwin.

Mehran, Hamid and Joseph Tracy (2001), "The Impact of Employee Stock Options on the Evolution of Compensation in the 1990s," *NBER Working Paper*, No. 8353.

Mehri, Cyrus and Steven Berk (2002), "Stock Option Equity: Building Democracy While Building Wealth," *Labor and Corporate Governance*, Vol. 5(7).

Messere, Ken, Flip de Kam, and Christopher John Heady (2003), *Tax Policy: Theory and Practice in OECD Countries*, Oxford University Press.

参考文献

Meulendyke, Ann-Marie (1998), *U.S. Monetary Policy and Financial Markets*, Federal Reserve Bank of New York.（立脇和夫・小谷野俊夫訳『アメリカの金融政策と金融市場』東洋経済新報社, 2000年)

Mills, Lillian F. and George E. Plesko (2003), "Bridging the Reporting Gap: A Proposal for More Informative Reconciling of Book and Tax Income," *National Tax Journal*, Vol. 56(4).

Mills, Lillian F., Kaye J. Newberry, and William B. Trautman (2002), "Trends in Book-Tax Income and Balance Sheet Differences," *Tax Notes*, Vol. 96(8).

Mishel, Lawrence, Jared Bernstein, and Sylvia A. Allegretto (2008), *The State of Working America 2006/2007*, Cornell University Press.

Mitrusi, Andrew and James M. Poterba (2000), "The Distribution of Payroll and Income Tax Burdens, 1979-99," *National Tax Journal*, Vol. 53(3).

Mittelstaedt, H. Fred (2004), "Research and Ethical Issues Related to Retirement Plans," *Journal of Business Ethics*, Vol. 52(2).

Mittelstaedt, H. Fred, William D. Nichols, and Philip R. Regier (1995), "SFAS No. 106 and Benefit Reductions in Employer-Sponsored Retiree Health Care Plans," *Accounting Review*, Vol. 70(4).

Musgrave, Richard A. (1980), "Theories of Fiscal Crisis: An Essay in Fiscal Sociology," in Henry J. Aaron and Michael J. Boskin (eds.), *The Economics of Taxation*, Brookings Institution.

Musgrave, Richard A. (1996), "Clarifying Tax Reform 1996," *Tax Notes*, Vol. 70.

Musgrave, Richard A. and Peggy B. Musgrave (1989), *Public Finance in Theory and Practice*, 5th ed., McGraw-Hill Book.（木下和夫監修『財政学——理論・制度・政治 (1) (2) (3)』(第3版の翻訳), 有斐閣, 1984年)

O'Connor, James (1973), The Fiscal Crisis of the State, St. Martin's Press.（池上惇・横尾邦夫監訳『現代国家の財政危機』御茶の水書房, 1981年)

OECD (2007), *Fundamental Reform of Corporate Income Tax*, OECD Tax Policy Studies.

Oyola, Jose (2001), "News Analysis: A Fresh Look at FSC Beneficiaries," *Tax Notes International*, Jul. 1.

Pechman, Joseph A. (1987), *Federal Tax Policy*, 5th ed., Brookings Institution.

Peterson, Wallance C. (1991), *Transfer Spending*, Taxes, and the American Welfare State, Kluger Academic Publishers.

Plesko, George A. (1999), "The Role of Taxes in Organizational Choice: S Conversions After the Tax Reform Act of 1986," Working Paper, MIT.

Pollack, Sheldon David (2003), *Refinancing America: the Republican Antitax Agenda*, State University of New York Press.

President's Advisory Panel on Federal Tax Reform (2005a), *America Needs a Better Tax System*.

参考文献

President's Advisory Panel on Federal Tax Reform (2005b), *Simple, Fair, and Pro-Growth: Proposals to Fix America's Tax System*.

President's Economic Recovery Advisory Board (2010), *The Report on Tax Reform Options: Simplification, Compliance, and Corporate Taxation*, U.S. Government Publishing Office.

Prohofsky, Allen, Jay D. Chamberlain, and California Franchise Tax Board, Economics and Statistical Research Bureau (1995), *The Impact of the Flat Tax on California*, California Franchise Tax Board, Economics and Statistical Research Bureau.

Reich, Robert B. (2002), *The Future of Success: Working and Living in the New Economy*, Vintage. (清家篤訳『勝者の代償——ニューエコノミーの深淵と未来』東洋経済新報社, 2002 年)

Reich, Robert B. (2007), *Supercapitalism: the transformation of business, democracy, and everyday life*, Alfred A. Knopf. (雨宮寛・今井章子訳『暴走する資本主義』東洋経済新報社, 2008 年)

Rosen, Harvey S. and Ted Gayer (2009), Public Finance, 9th ed., McGraw-Hill/Irwin.

Roubini, Nouriel, and Stephen Mihm (2010), *Crisis Economics: a Crash Course in the Future of Finance*, Penguin Press. (北岡洋一・北川和子訳『大いなる不安定——金融危機は偶然ではない, 必然である』ダイヤモンド社, 2010 年)

Rubin, E. Robert. and Jacob Weisberg (2003), *In an Uncertain World : Tough Choices from Wall Street to Washington*, Random House. (古賀林幸・鈴木淑美訳『ルービン回顧録』日本経済新聞社, 2005 年)

Schenk, Alan and Oliver Oldman (2007), *Value added tax: a comparative approach*, Cambridge University Press.

Schmölders, Günter (1970), *Finanzpolitik*, auflage: 3., neu überarb, Springer. (山口忠夫・中村英雄・里中恆志・平井源治訳『財政政策 (第 3 版)』中央大学出版部, 1981 年)

Schneider, William (1994), "Why Health-Care Reform May Be Beyond Saving," *Los Angeles Times*, 14 Aug.

Schwabish, Jonathan A., Timothy M. Smeeding, and Lars Osberg (2003), "Income Distribution and Social Expenditures: A Cross-National Perspective," *Luxembourg Income Study Working Paper*, No. 350.

Schwartz, Anna J. (1997), "From Obscurity to Notoriety: A Biography of the Exchange Stabilization Fund," *Journal of Money, Credit, and Banking*, Vol. 29(2).

Searfoss, D. and N. Erickson (1988), "The Big Unfunded Liability: Postretirement Healthcare Benefits," *Journal of Accountancy*, Nov.

Seidman, Laurence S. (1997), *The USA Tax: A Progressive Consumption Tax*, MIT Press. (八巻節夫・半谷俊彦・塚本正文訳『累進消費税——活力を生む新税制』文眞堂, 2004 年)

Shaviro, Daniel N. (2004a), *Who Should Pay for Medicare?*, University of Chicago

参考文献

Press.
Shaviro, Daniel N. (2004b), "Replacing the Income Tax With a Progressive Consumption Tax," *Tax Notes*, Apr. 5.
Shoup, Carl S. (1969), *Public Finance*, Aldine Pub. (塩崎潤監訳『シャウプ財政学 (1) (2)』有斐閣, 1973-74 年)
Skocpol, Theda (1996), *Boomerang: Health Care Reform and the Turn Against Government*, W.W. Norton & Company.
Slemrod, Joel and Jon M. Bakija (2008), *Taxing Ourselves: A Citizen's Guide to the Debate over Taxes*, 4th ed., MIT Press.
Smith, Warren L. (1960), "Debt Management in the United States," Study Paper No. 19, U.S. Congress, Joint Economic Committee 86th Cong., 2nd Sess. (大蔵省銀行局・証券局訳「アメリカにおける国債管理 (1) 〜 (5)」『大蔵省調査月報』第54巻第12号, 第55巻第1・2・3・5号)
Starr, Paul (1995), "What Happened to Health Care Reform?" *American Prospect*, No. 20.
Stehmann, Oliver (2000), "Foreign Sales Corporations under the WTO: The Pannel Ruling on U.S. Export Subsidies," *Journal of World Trade*, Vol. 34(3).
Steinmo, Sven (1993), *Taxation and Democracy: Swedish, British, and American Approaches to Financing the Modern State*, Yale University Press. (塩崎潤・塩崎恭久訳『税制と民主主義』今日社, 1996 年)
Steinmo, Sven (2008), "What is Historical Institutionalism?" in Donatella Della Porta and Michael Keating (eds.), *Appraches Social Sciences*, Cambridge University Press.
Steinmo, Sven and Jon Watts (1995), "It's the Institutions, Stupid! Why Comprehensive National Health Insurance Always Fails in America," *Journal of Health Politics, Policy and Law*, Vol. 20(2).
Steuerle, C. Eugene (2004), *Contemporary U.S. Tax Policy*, Urban Institute Press.
Studenski, Paul (1940), "Toward a Theory of Business Taxation," *The Journal of Political Economy*, Vol. 48.
Stiglitz, Joseph E. (1985), "The Consumption-Expenditure Tax," in Pechman, Joseph A. (ed.), *The Promise of Tax Reform*, Amer Assembly.
Stiglitz, Joseph E. (2000), *Economics of the Public Sector*, 3rd ed., W. W. Norton & Company. (藪下史郎訳『スティグリッツ公共経済学 第2版 (上) (下)』東洋経済新報社, 2003-04 年)
Stiglitz, Joseph E. (2003), *The Roaring Nineties: A New History of the World's Most Prosperous Decade*, W. W. Norton & Company. (鈴木主税訳『人間が幸福になる経済とは何か――世界が90年代の失敗から学んだこと』徳間書店, 2003 年)
Stiglitz, Joseph E. (2006), Making Globalization Work, W. W. North & Company. (楡井浩一訳『世界に格差をバラ撒いたグローバリズムを正す』徳間書店, 2006 年)

参考文献

Strange, Susan (1998), *Mad Money: When Markets Outgrow Governments*, University of Michigan Press. (櫻井公人・櫻井純理・高嶋正晴訳『マッド・マネー——世紀末のカジノ資本主義』岩波書店, 1999 年)
Sullivan, Clara K. (1965), *The Tax on Value Added*, Columbia University Press.
Sullivan, Martin A. (2000), "Let the Good Times Roll: Options and Tax-Free Profits," *Tax Notes*, May 29.
Sullivan, Martin A. (2002), "Date Show Big Shift in Income to Tax Havens," *Tax Notes*, Nov. 18.
Sullivan, Martin A. (2004), "Shifting of Profits Offshore Costs U.S. Treasury $10 Billion or More," *Tax Notes*, Sep. 27.
Sullivan, Martin A. (2011), *Corporate Tax Reform: Taxing Profits in the 21st Century*, Apress.
Summers, Lawrence H. (2011), "A Conversation on New Economic Thinking," Speeches at Bretton Woods Conference, Apr. 8, 2011. (http://larrysummers.com/commentary/speeches/brenton-woods-speech/)
Surrey, Stanley S. (1970), "Tax Incentives as a Device for Implementing Government Policy: A Comparison with Direct Government Expenditures," *Harvard Law Review*, Vol. 83(4).
Tait, Alan A. (1990), "VAT Revenue, Inflation, and the Foreign Trade Balance," Malcom Gills, Carl S. Shoup, and Gerardo P. Sicat (eds.), *Value added Taxation in Developing Countries*, World Bank.
Tang, Roger Y. W. and Sue A. Conroy (1998), "FAS 123: A Future Look at Corporate Disclosure on Employee Stock Options," *Journal of Corporate Accounting and Finance*, Vol. 9(4).
Tax Analysts (2011), *The VAT Reader: What a Federal Consumption Tax Would Mean for America*.
Tax Law Review (2010a), *Symposium on Designing a Federal VAT (Part I)*, *Tax Law Review*, Vol. 63(2).
Tax Law Review (2010b), *Symposium on Designing a Federal VAT (Part II)*, *Tax Law Review*, Vol. 63(3).
Thomas, Jacob K. (1998), "Corporate Taxes and Defined Benefit Pension Plans," *Journal of Accounting and Economics*, Vol. 10.
United States Executive Office of the Pr. (1996), *Economic Report of the President 1996*, U.S. Government Publishing Office. (萩原伸次郎監訳「1996 米国経済白書」『エコノミスト』臨時増刊, 毎日新聞社)
U.S. 1994-1996 Advisory Council on Social Security (1997), *Report of the 1994-1996 Advisory Council on Social Security, Volume I: Findings and Recommendations*.
U.S. Bureau of Economic Analysis (2006), *U.S. Multinational Companies, Dividends, and Taxes*, prepared for International Association for Official Statics, p.6.

参考文献

U.S. Chamber of Commerce, *Employee Benefits Study*, various issues.

U.S. Congress, Joint Committee on Taxation (1994a), *Description and Analysis of Proposals Relating to the Tax Treatment of Health Care*, 103th Cong., 2nd Sess.

U.S. Congress, Joint Committee on Taxation (1994b), *Summary Comparison of Selected Provisions Relating to the Tax Treatment of Health Care*, 103th Cong., 2nd Sess.

U.S. Congress, Joint Committee on Taxation (1996), *Impact on International Competitiveness of Replacing of Federal Income Tax*, 104th Cong., 2nd Sess.

U.S. Congress, Joint Committee on Taxation (2003a), *Estimated Revenue Effects Of An Addendum To The Modifications To The Chairman's Mark Of S. 1637, The "Jumpstart Our Business Strength ('JOBS') Act"*, 104th Cong., 2nd Sess.

U.S. Congress, Joint Committee on Taxation (2003b), *Report on Investigation of Enron Corporation and Related Entities Regarding Federal Tax and Compensation Issues, and Policy Recommendations*, 108th Cong., 1st Sess.

U.S. Congress, Joint Committee on Taxation (2003c), *The U.S. international Tax Rules: Background, Data, and Selected Issues Relating to the Competitiveness of U.S. Based Business Operations*, 104th Cong., 2nd Sess.

U.S. Congress, Joint Committee on Taxation (2004), *Estimated Budget Effects Of The Conference Agreement For H.R. 4520, The "American Jobs Creation Act Of 2004"*, 104th Cong., 3rd Sess.

U.S. Congress, Joint Committee on Taxation (2008), *Economic Efficiency and Structural Analyses of Alternative U.S. Tax Policies for Foreign Direct Investment*, 110th Cong., 2nd Sess.

U.S. Congressional Budget Office (1994a), *An Analysis of the Administration's Health Proposal*.

U.S. Congressional Budget Office (1994b), *Tax Treatment of Employer-Based Health Insurance*.

U.S. Congressional Budget Office (2001), *Effective Federal Tax Rates, 1979-1997*.

U.S. Congressional Budget Office (2005), *Difference in Wage and Salary Income Included in Various Tax Bases*.

U.S. Congressional Budget Office (2007), *Utilization of Tax Incentives for Retirement Saving: Update to 2003*.

U.S. Congressional Budget Office (2011), *Supplemental Data for Use of Tax Incentives for Retirement Saving in 2006*.

U.S. Congressional Budget Office (2013), *The Distribution of Major Tax Expenditures in the Individual Income Tax System*.

U.S. Department of Commerce, *Statistical Abstract of the United States*, various issues.

U.S. Department of Commerce, Bureau of Economic Analysis, *U.S. International Transactions Accounts Data*, various issues.

参考文献

U.S. Department of Labor, Bureau of Labor Statistics, *Employer Costs for Employee Compensation*, various issues.

U.S. Department of Labor, Bureau of Labor Statistics (2000), *Pilot Survey on the Incidence of Stock Options in Private Industry in 1999*.

U.S. Department of the Treasury, *Statistics of Income: Corporation Income Tax Returns*, U.S. Government Printing Office, various issues.

U.S. Department of the Treasury, *Statistics of Income: Individual Income Tax Returns*, U.S. Government Printing Office, various issues.

U.S. Department of the Treasury, *Treasury Bulletin*, U.S. Government Printing Office, various issues.

U.S. Department of the Treasury (1941), *Federal Tax on Net Value Added*, Division of the Tax Research.

U.S. Department of the Treasury (1984a), *Tax Reform for Fairness, Simplicity, and Economic Growth*, Office of the Secretary, Vol. 1.

U.S. Department of the Treasury (1984b), *Tax Reform for Fairness, Simplicity, and Economic Growth*, Office of the Secretary, Vol. 3.

U.S. Department of Treasury, Office of Tax Analysis (1996), "New Armey-Shelby Flat Tax Would Still Lose Money," *Tax Notes*, Vol. 70(4).

U.S. Department of the Treasury (2000a), *Report to the Congress on Depreciation Recovery Periods and Methods*.

U.S. Department of the Treasury (2000b), "The Deferral of Income Earned Through U. S. Controlled Foreign Corporations," A Policy Study, Office of Tax Policy.

U.S. Department of the Treasury (2000c), "U.S. Disappointed with WTO FSC Ruling, Vows to Work with EU to Reach Solution," Press Room, Feb. 2, 2000. (http://www.treasury.gov/press-center/press-releases/Pages/ls417.aspx)

U.S. Department of the Treasury (2005, 2006), *Statistics of Income: Corporation Income Tax Returns*, U.S. Government Printing Office.

U.S. Department of the Treasury (2007), *Approaches to Improve the Competitiveness of the U.S. Business Tax System for the 21st Century*.

U.S. Department of the Treasury, Office of Tax Policy (2002), *Corporate Inversion Transactions: Tax Policy Implications*.

U.S. Governmental Accounting Office (1998a), *Retiree Health Insurance: Erosion in Retiree Health Benefits Offered by Large Employers*.

U.S. Governmental Accounting Office (1998b), *Social Security Financing-Implications of Government Stock Investing for the Trust Fund, the Budget, and the Economy*, Report to the Special Committee to Aging, U.S. Senate.

U.S. Governmental Accounting Office (2001a), *Federal Taxes Information on Payroll Taxes and Earned Income Tax Credit Noncompliance*.

U.S. Governmental Accounting Office (2001b), *Retiree Health Benefits: Employer-*

参考文献

Sponsored Benefits May be Vulnerable to Further Erosion.

U.S. Governmental Accounting Office (2004), *Federal Debt: Answers to Frequently Asked Questions-An Update.*

U.S. Government Accountability Office (2006), *Health Saving Accounts: Early Enrollee Experiences with Accounts and Eligible Health Plans.*

U.S. House, Committee on Commerce, Subcommittee on Finance and Hazardous Materials (1999), *Hearing, The Market Impact of The President's Social Security Proposal*, 106th Cong., 1st Sess.

U.S. House, Committee on Education and the Workforce, Employer-Employee Relations (2002), *Hearing, Asserting Retiree Health Legacy Costs: Is America Prepared For a Healthy Retirement?*, 107th Cong., 2nd Sess.

U.S. House, Committee on Ways and Means (1993), *Overview of entitlement programs: 1993 green book*, 103d Cong., 1st Sess.

U.S. House, Committee on Ways and Means (1994), *Hearings, The Employer Mandate and Related Previsions in the Administration's Health Security Act*, 103rd Cong., 2nd Sess.

U.S. House, Committee on Ways and Means (1995), *Hearings, Replacing of Federal Income Tax*, 104th Cong., 1st Sess.

U.S. House, Committee on Ways and Means (1996), *Hearings, Impact on International Competitiveness of Replacing of Federal Income Tax*, 104th Cong., 2nd Sess.

U.S. House, Committee on Ways and Means (1999), *Hearing, Corporate Tax Shelters*, 106th Cong., 1st Sess.

U.S. House, Committee on Ways and Means (2002), *Hearings, WTO's Extraterritorial Income Decision*, 107th Cong., 2nd Sess.

U.S. House, Committee on Ways and Means (2006), *Hearings, Health Saving Accounts*, 109th Cong., 2nd Sess.

U.S. House, Committee on Ways and Means (2011), *Hearings, Tax Reform and Consumption-Based Tax Systems*, 112th Cong., 1st Sess.

U.S. Office of Management and Budget, Executive Office of the President of the United States, *Budget of the United States Government: Analytical Perspectives*, various issues.

U.S. Office of Management and Budget, Executive Office of the President of the United States, *Budget of the United States Government: Historical Tables*, various issues.

U.S. Office of Management and Budget, Executive Office of the President of the United States, *Special Analyses*, various issues.

U.S. President's Commission to Strengthen Social Security (2001), *Strengthening Social Security and Creating Personal Wealth for all Americans: Report of the President's Commission.*

参考文献

U.S. Senate (1993a), *Corporate Executive's Stock Option Accountability Act, Statement on Introduced Bills and Joint Resolutions*, 103rd Cong., Jan. 28.

U.S. Senate (1993b), *Equity Expansion Act of 1993, Statement on Introduced Bills and Joint Resolutions*, 103rd Cong., Jun. 29.

U.S. Senate, Committee on Banking, Housing, and Urban Affairs, Securities (1993), *Hearing, Employee Stock Options*, 103rd Cong., 1st Sess.

U.S. Senate, Committee on Finance (1994a), *Hearing, CBO Analysis of the Administration's Health Care Reform Plan*, 103rd Cong., 2nd Sess.

U.S. Senate, Committee on Finance (1994b), *Hearing, Tax Treatment of Employer-Based Health Insurance*, 103rd Cong., 2nd Sess.

U.S. Senate, Committee on Finance (2003a), *Hearing, Nomination of Dr. John W. Snow*, 108th Cong., 1st Sess.

U.S. Senate, Committee on Finance (2003b), *Hearing, An Examination of U.S. Tax Policy And Its Effect On The International Competitiveness Of U.S.-Owned Foreign Operations*, 108th Cong., 1st Sess.

U.S. Senate, Committee on Finance (2003c), *Hearing, Substitute to S. 1637, the Jumpstart Our Business Strength (JOBS) Act of 2003*, 108th Cong., 1st Sess.

U.S. Senate, Committee on Finance (2004), *Hearing, The Administration's International Trade Agenda*, 108th Cong., 2nd Sess.

U.S. Senate, Committee on Finance, Subcommittee on Health Care (2006), *Hearing, Health Saving Accounts: The Experience So Far*, 109th Cong., 2nd Sess.

U.S. Senate, Committee on Governmental Affairs (2002), *Hearing, The Fall of Enron: How Could Nit Happened?*, 109th Cong., 2nd Sess.

U.S. Senate, Committee on Governmental Affairs, Oversight of Government Management (1992), *Hearing, Stealth Compensation of Corporate Executives: Federal Treatment of Stock Options*, 102nd Cong., 42nd Sess.

U.S. Senate, Special Committee on Aging (2005), *Hearing, The Role of Employer-Sponsored Retirement Plans in Increasing National Savings*, 109th Cong., 1st Sess.

U.S. Social Security Administration (2005), *Annual Statistical Supplement to the Social Security Bulletin*.

U.S. Social Security Administration, Office of Retirement and Disability Policy, *Income of the Population 55 or Older*, various issues.

U.S. White House and the Department of the Treasury (2012), *The President's Framework for Business Tax Reform*.

Warren, Alvin C., Jr. (1975), "Fairness and a Consumption-Type or Cash Flow Personal Income Tax," *Harvard Law Review*, Vol. 88(5).

Weidenbaum, Murray (1996), "The Nunn-Domenici USA Tax: Analysis and Comparisons," in Michael J. Boskin (ed.), *Frontiers of Tax Reform*, Hoover Institution Press.

参考文献

White House Domestic Policy Council (1993), *Health Security: The President's Report to the American People*, A Touchstone Book.

Yin, George K. (2003), "How Much Tax Do Large Public Corporations Pay?: Estimating the Effective Tax Rates of the S&P 500," *Virginia Law Review*, Vol. 89(8).

Zolt, Eric M. (1998), "Prospects for Fundamental Tax Reform: United States vs. Japan," *Tax Notes*, May 10, 1999. (増井良啓訳「抜本的税制改革の展望——日米比較（上）（下）」『ジュリスト』第1156・1159号，1999年)

【日本語文献】

DeWit, A. (1999),「現代財政社会学の諸潮流」大島通義・神野直彦・金子勝編『日本が直面する財政問題——財政社会学的アプローチの視点から』八千代出版.

Thomas, M. T. (2012),「記念講演　2011年における米国税制改革に関する議論の現状報告」『租税法研究』第40号.

赤石孝次 (1998),「財政社会学と政治経済学」『経営と経済』（長崎大学経済学会），第78巻第1号.

赤石孝次 (2005),「直接税の変革——個人所得税と社会保険料負担の調整」伊東弘文編『現代財政の変革』ミネルヴァ書房.

赤石孝次 (2008),「財政社会学の課題と発展可能性」『エコノミア』（横浜国立大学経済学会），第59巻第2号.

浅妻章如 (2006),「国外所得免税（又は仕向地主義課税）移行論についてのアメリカの議論の紹介と考察」『フィナンシャル・レビュー』第84号.

浅妻章如 (2009),「海外子会社（からの配当）についての課税・非課税と，実証主義・時価主義の問題」『フィナンシャル・レビュー』第94号.

浅妻章如 (2010),「通商法と国際租税法」金子宏編『租税法の発展』有斐閣.

阿部彩 (2006),「アメリカにおける社会保障改革と財政」『フィナンシャル・レビュー』（財務省財務総合政策研究所）第85号.

荒巻健二 (2011),「グローバル・インバランスと世界金融危機」渋谷博史編『アメリカ・モデルの企業と金融』昭和堂.

有泉池秋・山岸徹久 (1998),「米国におけるストック・オプションについて」『日本銀行調査月報』12月号.

池島正興 (1998),『アメリカの国債管理政策——その理論と歴史』同文舘出版.

池島正興 (2007),「アメリカ社会保障信託基金の国債投資をめぐる論争」『関西大学商学論集』第52巻第4号.

石弘光 (1979),『租税政策の効果——数量的接近』東洋経済新報社.

井手英策 (2008),「財政社会学とは何か？」『エコノミア』第59巻第2号.

井手英策 (2010),「財政金融政策の新たな展開」植田和弘・新岡智編『国際財政論』有斐閣.

井藤半彌 (1950),『財政學研究』千倉書房.

参考文献

伊東政吉（1985），『アメリカの金融政策と制度改革』岩波書店．
井堀利宏（2003），『課税の経済理論』岩波書店．
今福愛志（1996），『企業年金会計の国際比較』中央経済社．
岩井克人（2000），『二十一世紀の資本主義論』筑摩書房．
岩本武和（2007），「アメリカ経常収支赤字の持続可能性」『世界経済評論』第51巻第9号．
岩本武和（2009），「金融危機とグローバルインバランス――米国の高レバレッジ型対外ポジションの脆弱性を中心にして」『国際調査室報』（国際協力銀行），第3号．
岩本武和（2012），『国際経済学　国際金融編』ミネルヴァ書房．
岩本康志（1995），「国際資本移動と租税協調」岩田一政・深尾光洋編『経済制度の国際的調整』日本経済新聞社．
上村敏之・青木孝浩（2009），「アメリカ連邦政府と地方政府における租税支出レポートの現状と日本財政への適用に関する考察」『平成20年度海外行政実態調査報告書』会計検査院．
大内兵衛（1930），『財政學大綱（上巻）』岩波書店．
大島通義（2013），『予算国家の〈危機〉――財政社会学から日本を考える』岩波書店．
大島通義・井手英策（2006），『中央銀行の財政社会学――現代国家の財政赤字と中央銀行』知泉書館．
大瀧雅之（2013），「基軸通貨制度の機能――国際的流動性の供給とソブリンリスクへの保険機能」大瀧雅之『国際金融・経済成長理論の基礎』勁草書房．
大塚成男（1995），「ストック・オプションをめぐるFASB基準設定プロセスの動揺」『産業経理』第55巻第3号．
岡村忠生（2008），「法人課税の基本問題と会社法制――資金拘束とインセンティブ」『税法学』559号．
岡本英男（2001），「アメリカにおける福祉国家財政の再編」日本財政法学会編『社会保障と財政』龍星出版．
岡本英男（2006），「ブッシュ政権下におけるアメリカ福祉国家システムの展開」『東京経大学会誌（経済学）』第251号．
岡本英男（2007），『福祉国家の可能性』東京大学出版会．
小川英治編（2013），『グローバル・インバランスと国際通貨体制』東洋経済新報社．
奥田宏司（2012），『現代国際通貨体制』日本経済評論社．
貝塚啓明・財務省財務総合政策研究所編（2012），『国際的マネーフローの研究――世界金融危機をもたらした構造的課題』中央経済社．
片桐正俊（2005a），「アメリカの消費ベース課税をめぐる政府間租税関係――州・地方売上税の課税権問題」伊東弘文編『現代財政の変革』ミネルヴァ書房．
片桐正俊（2005b），『アメリカ財政の構造転換――連邦・州・地方財政関係の再編』東洋経済新報社．
片桐正俊（2010），「グローバル化下のアメリカの法人税負担――2000年代ブッシュ政権期を中心に」片桐正俊・御船洋・横山彰編『グローバル化財政の新展開』中央大

参考文献

　学出版部.
加藤榮一 (1971),「ドル・IMF 体制の基本的性格——三国通貨協定との対比」『経済研究』(一橋大学経済研究所), 第 22 巻第 2 号.
加藤榮一 (1975, 1976),「ニューディール財政の成果と限界 (1) (2)」『社會科學研究』(東京大学社会科学研究所), 第 26 巻第 5 号, 第 27 巻第 3 号.
加藤榮一 (1977),「IMF 体制の崩壊」『月刊労働問題増刊』第 2 号.
加藤榮一 (1995),「福祉国家と資本主義」工藤章編『20 世紀資本主義 (2) ——覇権の変容と福祉国家』東京大学出版会.
加藤榮一 (2004),「二十世紀福祉国家の形成と解体」加藤榮一・馬場宏二・三和良一編『資本主義はどこに行くのか——二十世紀資本主義の終焉』東京大学出版会.
加藤榮一 (2006),『現代資本主義と福祉国家』ミネルヴァ書房.
加藤三郎 (1973),「租税と公債——第一次大戦期のイギリスの場合」『経済学論集』(東京大学経済学部), 第 39 巻第 2・3 号.
加藤淳子 (1999),「福祉国家の税収構造の比較研究——経路依存性と合理性をめぐる一考察」『社會科學研究』(東京大学社会科学研究所), 第 50 巻第 2 号.
金澤史男編 (2005),『財政学』有斐閣.
金子宏 (2008),『租税法 (第 13 版)』弘文堂.
金子勝 (1997),『市場と制度の政治経済学』東京大学出版会.
金子勝 (2000),「グローバリゼーションとアメリカニゼーション」『アメリカ研究』(アメリカ学会), 第 34 号.
金子勝・池上岳彦・アンドリュー・デウィット編 (2005),『財政赤字の力学——アメリカは日本のモデルたりうるか』税務経理協会.
金子勝・児玉龍彦 (2004),『逆システム学——市場と生命の仕組みを解き明かす』岩波新書.
河音琢郎 (2006),『アメリカの財政再建と予算過程』日本経済評論社.
河音琢郎・藤木剛康編 (2008),『G・W・ブッシュ政権の経済政策——アメリカ保守主義の理念と現実』ミネルヴァ書房.
川端康之 (1997),「新規事業と税制——ストック・オプション税制の基礎構造」『租税法研究』(租税法学会), 第 25 号.
川端康之 (2004),「アメリカ合衆国における相続税・贈与税の現状」『日税研論集』第 56 号.
菊池威 (1969),「付加価値税の理論的研究」『亜細亜大学経濟學紀要』第 1 巻第 4 号.
黒田敦子 (1999),『アメリカ合衆国における自己株報酬・年金の法と税制——ストック・オプションと ESOP』税務経理協会.
黒田東彦 (1995),「世界経済秩序と国際課税ルール」水野忠恒編『国際課税の理論と課題』税務経理協会.
小泉和重 (2004),『アメリカ連邦制財政システム——「財政調整制度なき国家」の財政運営』ミネルヴァ書房.
神山弘行 (2007),「課税繰延の再考察」金子宏編『租税法の基本問題』有斐閣.

参考文献

神山弘行 (2010),「アメリカにおける遺産税・贈与税改革の変遷と課題」海外住宅・不動産税制研究会編『相続・贈与税制再編の新たな潮流——イギリス，アメリカ，ドイツ，フランス，スイス，カナダ，オーストラリア，日本』日本住宅総合センター.
湖東京至 (2005),「アメリカ・ブッシュ政権の税制改革の動向」『税制研究』(税制経営研究所), 第48号.
五嶋陽子 (2005),「アメリカの遺産税・贈与税改革」『経済貿易研究』(神奈川大学経済貿易研究所), 第31号.
五嶋陽子 (2006),「アメリカの年金と医療の租税優遇措置」渋谷博史・中浜隆編『アメリカの年金と医療』日本経済評論社.
五嶋陽子 (2010),「医療費控除の機能」渋谷博史・中浜隆編『アメリカ・モデル福祉国家 (2)——リスク保障に内在する格差』昭和堂.
櫻井潤 (2012),『アメリカの医療保障と地域』日本経済評論社.
佐藤進 (1970),『現代税制論』日本評論社.
佐藤進 (1973),『付加価値税論』税務経理協会.
佐藤進 (1981),『財政学入門』同文舘出版.
佐藤進・伊東弘文 (1994),『入門租税論 (改訂版)』三嶺書房.
佐藤進・関口浩 (1997),『財政学入門 (改訂版)』同文舘出版.
佐藤隆行 (2001),「アメリカの社会保障年金——市場論理との関係」渋谷博史・内山昭・立山寿一編『福祉国家システムの構造変化——日米における再編と国際的枠組み』東京大学出版会.
佐藤隆行 (2006),「社会保障年金改革をめぐる4つの対立軸」渋谷博史・中浜隆編『アメリカの年金と医療』日本経済評論社.
佐藤英明 (1998),「アメリカにおける中小企業形態の多様性と税制——企業レベルでの非課税制度の可能性」『税研』(日本税務研究センター), 第14巻第81号.
佐藤英明 (2003),「アメリカ連邦所得税における稼得所得税額控除 (EITC) について」『総合税制研究』(納税協会連合会), 第11号.
地主敏樹 (2006),『アメリカの金融政策——金融危機対応からニュー・エコノミーへ』東洋経済新報社.
渋谷博史 (1992),『レーガン財政の研究』東京大学出版会.
渋谷博史 (1995),『現代アメリカ連邦税制史——審議過程と議会資料』丸善.
渋谷博史 (2004),「アメリカの財政赤字」『ESP』(経済企画協会), 第462号.
渋谷博史 (2005),『20世紀アメリカ財政史 (1)～(3)』東京大学出版会.
渋谷博史・中浜隆編 (2006),『アメリカの年金と医療』日本経済評論社.
渋谷雅弘 (1993),「資産移転課税 (遺産税，相続税，贈与税) と資産評価——アメリカ連邦遺産贈与税上の株式評価を素材として (1)(2)」『法學協會雜誌』第110巻第9・10号.
渋谷雅弘 (1994),「資産移転課税 (遺産税，相続税，贈与税) と資産評価——アメリカ連邦遺産贈与税上の株式評価を素材として (3)～(5)」『法学協会雑誌』第111巻第1・4・6号.

参考文献

島崎謙治（1994），「米国の医療保険制度改革の展望（1）〜（16）」『週刊社会保障』第48巻第1795号〜第48巻第1811号．
島恭彦（1950），『財政學概論』三笠書房．
神野直彦（1997），「転換期の税制改革」岩村正彦編『現代の法（1） 現代国家と法』岩波書店．
神野直彦（1998），『システム改革の政治経済学』岩波書店．
神野直彦（2007），『財政学（改訂版）』有斐閣．
須藤功（2008），『戦後アメリカ通貨金融政策の形成——ニューディールから「アコード」へ』名古屋大学出版会．
須藤時仁（2007），『国債管理政策の新展開——日米英の制度比較』日本経済評論社．
砂田一郎（2000），「連邦制・地方自治・立法過程——社会保障・福祉をめぐる争点対立の変化」藤田伍一・塩野谷祐一編『先進国の社会保障7 アメリカ』東京大学出版会．
関口智（1998），「シャウプ勧告の附加価値税の源流——アメリカ財務省報告書の政策意図と現実」『地方税』第49巻第10号．
関口智（2001），「戦後日本の税制と会計の交渉過程——シャウプ勧告および大蔵省の視点から」渋谷博史・丸山真人・伊藤修編『市場化とアメリカのインパクト——戦後日本経済社会の分析視角』東京大学出版会．
関口智（2005），「アメリカ法人税制におけるミニマム・タックスの政策意図と現実」『立教経済学研究』第59巻第2号．
関口智（2006a），「1990年代の財政再建期における法人所得税制——連結納税・パートナーシップ・エンロン」渋谷博史・渡瀬義男編『アメリカの連邦財政』日本経済評論社．
関口智（2006b），「ストック・オプションと法人・個人所得税制——政策論理の解明と連邦・州財政への影響」渋谷博史・渡瀬義男編『アメリカの連邦財政』日本経済評論社．
関口智（2006c），「アメリカ連邦・州政府における法人所得税・社会保障税・個人所得税の相互関連——C法人・S法人・ユニタリータックス・LLC・EITC」『立教経済学研究』第60巻第1号．
関口智（2007a），「雇用主提供医療とアメリカ租税政策——雇用主提供年金との比較の視点から」『税務弘報』（中央経済社），第55巻第10・11号．
関口智（2007b），「アメリカ国際租税政策の一側面——CFC・サブパートF・外国事業体・エンロン」『立教経済学研究』第60巻第4号．
関口智（2008），「アメリカ租税政策と民間医療・年金保険——所得階層別実態の視点から」日本財政学会編『財政再建と税制改革』有斐閣．
関口智（2009a），「現代アメリカ租論の展開——グローバル経済下の企業課税論」日本租税理論学会編『税制の新しい潮流と法人税』法律文化社．
関口智ほか（2009b），「特集 租税論ワークショップ シンポジウム グローバル化と法人税改革」『財政と公共政策』第31巻第1号．

参考文献

関口智（2010a），「クリントン政権期以降の医療保険と税制・会計」渋谷博史・塙武郎編『アメリカ・モデルとグローバル化（2）――「小さな政府」と民間活用』昭和堂．

関口智（2010b），「相続税・贈与税の理論的基礎――シャウプ勧告・ミード報告・マーリーズレビュー」『税研』第25巻第6号．

関口智（2011），「年金制度に対する租税論の分析視角――公的年金税制を意識して」『年金と経済』第29巻第4号．

関口智（2012），「グローバル経済下の法人税制――日本の法人税とEUにおける法人税のパラドックス」神野直彦・星野泉・町田俊彦・中村良広・関口智『よくわかる社会保障と税制改革――福祉の充実に向けた税制の課題と方向』イマジン出版．

高橋祐介（2008），『アメリカ・パートナーシップ所得課税の構造と問題』清文社．

田近栄治（1990），「税制と海外直接投資」貝塚啓明・石弘光・野口悠紀雄・本間正明・宮島洋編『グローバル化と財政』有斐閣．

田近栄治・油井雄二（2000），『日本の企業課税――中立性の視点による分析』東洋経済新報社．

忠佐市（1984），『アメリカの課税所得の概念及び計算の法学論理――アメリカ連邦最高裁判所判例を核心として』日本大学商学部会計学研究所．

中里実（1983），「企業課税における課税所得算定の法的構造（1）～（5・完）」『法学協会雑誌』第100巻第1・3・5・7・9号．

中里実（1995），「アメリカにおける国際課税の動向と問題点」水野忠恒編『国際課税の理論と課題』税務経理協会．

中里実（1998），『金融取引と課税――金融革命下の租税法』有斐閣．

中里実（2002），『タックスシェルター』有斐閣．

永田清（1942），『財政学の展開』日本評論社．

中浜隆（2006），『アメリカの民間医療保険』日本経済評論社．

中村雅秀（1995），『多国籍企業と国際税制――海外子会社，タックス・ヘイヴン，移転価格，日米租税摩擦の研究』東洋経済新報社．

中村雅秀（2005），「合衆国輸出促進税制とFSC（外国貿易法人）・ETI（域外所得）控除制度」『立命館経営学』第43巻第5号（中村雅秀『多国籍企業とアメリカ租税政策』岩波書店，2010年，第5章所収）．

西村由美子編（1995），『アメリカ医療の悩み――どこに問題があるか』サイマル出版会．

根岸毅宏（1999），「アメリカのEITC（勤労所得税額控除）と所得保障政策」『国学院経済学』第47巻第1号．

根岸毅宏（2001），「アメリカの公的扶助と1996年福祉改革」渋谷博史・内山昭・立岩寿一編『福祉国家システムの構造変化』東京大学出版会．

根岸毅宏（2006），『アメリカの福祉改革』日本経済評論社．

野口晃弘（1994），「ストック・オプション会計の政治化――アメリカ会計学会に出席して」『経済科学』（名古屋大学経済学研究科），第42巻第2号．

野村容康（2001），「アメリカにおける個人退職勘定（IRA）の変容――1997年納税者

救済法による改革を中心に」『証券経済研究』第34号.
野村容康（2002），「アメリカの遺産税をめぐって」『証券レビュー』第42巻第6号.
野村容康（2010），「アメリカにおける貯蓄優遇税制の新展開——Saver's Credit の実態について」証券税制研究会編『資産所得課税の新潮流』日本証券経済研究所.
朴源（1994），「T.S.Adams の付加価値税論——アメリカにおける所得型付加価値税論の展開（1）」『経済学論集』（鹿児島大学経済学会），第41号.
朴源（1995），「G.Colm の企業課税論——アメリカにおける所得型付加価値税論の展開（2）」『経済学論集』（鹿児島大学経済学会），第43号.
長谷川千春（2010），『アメリカの医療保障——グローバル化と企業保障のゆくえ』昭和堂.
八田陽子編・小森健次（2005），『米国税務の実務ガイダンス』税務研究会出版局.
林健久（1992），『福祉国家の財政学』有斐閣.
林健久（2002），『財政学講義（第3版）』東京大学出版会.
林健久・加藤榮一編（1992），『福祉国家財政の国際比較』東京大学出版会.
林健久・加藤榮一・金澤史男・持田信樹編（2004），『グローバル化と福祉国家財政の再編』東京大学出版会.
林正寿（2006），「所得税の消費税による代替」『税経通信』第61巻第3号.
藤木裕（1998），『金融市場と中央銀行』東洋経済新報社.
藤田伍一（2000），「医療改革の動向」藤田伍一・塩野谷祐一編『先進諸国の社会保障（7）アメリカ』東京大学出版会.
藤田晴（1992），『所得税の基礎理論』中央経済社.
藤谷武史（2004），「米国の租税支出分析（Tax Expenditure Analysis）の動向と示唆」『ファイナンス』第40巻第8号.
藤谷武史（2007），「所得税の理論的基礎の再検討」金子宏編『租税法の基本問題』有斐閣.
藤巻一男（2002），「海外直接投資の動向と国際課税問題に関する一考察——現地法人の再投資・配当行動を中心として」『税務大学校論叢』第40号.
渕圭吾（2009），「外国子会社合算税制の意義と機能」『フィナンシャル・レビュー』第94号.
渕圭吾（2011），「アメリカ連邦予算過程に関する法学研究の動向」『フィナンシャル・レビュー』第103号.
本庄資編（2004），『タックス・シェルター　事例研究』税務経理協会.
本庄資（2006a），「ブッシュ政権の租税政策——輸出振興税制」『税経通信』第61巻第2号.
本庄資（2006b），「ブッシュ政権の租税政策——外国投資政策（1）（2）」『税経通信』第61巻第3・4号.
本庄資（2007），『アメリカの租税政策』税務経理協会.
本田光宏（2006），「ハイブリッド事業体と国際的租税回避について」『フィナンシャル・レビュー』第84号.

参考文献

増井良啓 (1999),「資本所得課税を存続させるための方策」『税研』第 14 巻第 83 号.
増井良啓 (2001),「租税政策と通商政策」小早川光郎・宇賀克也編『行政法の発展と変革（下） 塩野宏先生古稀記念』有斐閣.
増井良啓 (2002),『結合企業課税の理論』東京大学出版会.
増井良啓 (2008),「米国両議院税制委員会の対外直接投資報告書を読む」『租税研究』第 708 号.
増井良啓 (2009),「日本における国際租税法」『ジュリスト』第 1387 号.
増井良啓 (2011),「内国法人の全世界所得課税とその修正」『抜本的税制改革と国際課税の課題（社）日本租税研究協会第 63 回租税研究大会記録』日本租税研究協会.
増井良啓 (2013),「Graetz 教授らによる技術革新と国際課税に関する論文を読む」『租税研究』762 号.
増井良啓・宮崎裕子 (2008),『国際租税法』東京大学出版会.
待鳥聡史 (2003),『財政再建と民主主義——アメリカ連邦議会の予算編成改革分析』有斐閣.
松田直樹 (2006),「米国大統領諮問委員会の税制改革案——国際租税制度改革を巡る議論の趨勢に関する一考察」『ファイナンス』第 41 巻第 12 号.
真淵勝 (1994),『大蔵省統制の政治経済学』中央公論社.
水谷真里 (2008),「アメリカ福祉国家の再編 (2)——リスクの「私化」と一九九〇年代の分岐点」『名古屋大學法政論集』第 221 巻.
水野忠恒 (1988),『アメリカ法人税の法的構造——法人取引の課税理論』有斐閣.
水野忠恒 (1989),『消費税の制度と理論』弘文堂.
水野忠恒編 (2005),『国際課税の理論と課題 (2 訂版)』税務経理協会.
水野忠恒 (2006),『所得税の制度と理論——「租税法と私法」論の再検討』有斐閣.
溝渕彰 (2000),「アメリカ法におけるストック・オプション」『関西大学法学論集』第 50 巻第 4 号.
宮島洋 (1972),「現代租税政策の形成過程——アメリカ連邦法人税について」『証券研究』第 33 号.
宮島洋 (1985a),「アメリカの税制改革報告における付加価値税——わが国の付加価値税論議の参考として」『税経通信』第 40 巻第 9 号.
宮島洋 (1985b),「アメリカの税制改革提案について」『経済学論集』(東京大学経済学会), 第 51 巻第 3 号.
宮島洋 (1986),『租税論の展開と日本の税制』日本評論社.
宮島洋 (1992),『高齢化時代の社会経済学——家族・企業・政府』岩波書店.
宮島洋 (1994),「高齢化社会の公的負担の選択」野口悠紀雄編『税制改革の新設計』日本経済新聞社.
宮島洋 (2004),「課税と社会保障——新たな論点」『財政と公共政策』第 26 巻第 2 号.
宮島洋 (2009),「社会保障と税制——論点整理と問題提起」国立社会保障・人口問題研究所編『社会保障財源の制度分析』東京大学出版会.
持田信樹 (2000),「地方政府による企業課税の意義」『地方税』第 51 巻第 8 号.

参考文献

持田信樹 (2004),『地方分権の財政学——原点からの再構築』東京大学出版会.
持田信樹 (2009),『財政学』東京大学出版会.
持田信樹・堀場勇夫・望月正光 (2010),『地方消費税の経済学』有斐閣.
森恒夫 (1979),『現代アメリカ財政論——その史的解明』日本評論社.
森信茂樹 (2005),「米国税制改革の議論と検討」『国際税制研究』第14号.
森信茂樹 (2006),「米国税制改革諮問委員会報告を検証する」『租税研究』第676号.
諸富徹編 (2009),『グローバル時代の税制改革——公平性と財源確保の相克』ミネルヴァ書房.
八塩裕之 (2008),「グローバル化のもとでの税制のあり方−米国大統領諮問委員会による税制改革提案」第65回日本財政学会報告.
油井雄二 (2006),「企業会計・税務会計と企業行動」証券税制研究会編『企業行動の新展開と税制』日本証券経済研究所.
吉田健三 (2002),「アメリカ年金政策における401(k)成立の意義——1980年代企業IRAとの競合関係の分析を中心に」『社会政策学会誌』第7号.
吉村政穂 (2004),「タックス・シェルターと2つの会計制度」『ファイナンス』(大蔵財務協会), 第40巻第4号.
吉村政穂 (2007),「法人税統合の国際的側面——アメリカにおける2003年配当減税を素材に」『税務弘報』第55巻第9号.
吉村政穂 (2011),「予算審議過程における租税移転 (Tax Transfers) 把握の試み——租税歳出予算の新たな枠組み」『フィナンシャル・レビュー』(財務省財務総合政策研究所), 第103号.
吉弘憲介 (2006),「1990年代のアメリカ法人税の特徴——租税支出と企業投資行動を中心に」『証券経済研究』第54号.
吉弘憲介 (2009),「アメリカの近年の資産性所得減税」諸富徹編『グローバル時代の税制改革——公平性と財源確保の相克』ミネルヴァ書房.
渡瀬義男 (2006)「外国為替資金特別会計の現状と課題——日米比較の視点から」『レファレンス』(国立国会図書館調査及び立法考査局調査論文集), 第56巻第12号.
渡瀬義男 (2008),「租税優遇措置——米国におけるその実態と統制を中心として」『レファレンス』(国立国会図書館調査及び立法考査局調査論文集), 第58巻第12号.
渡辺徹也 (2003),「ストック・オプションに関する課税上の諸問題——非適格ストック・オプションを中心に」『税法学』第550号.
渡邉幸則 (2000),「チェック・ザ・ボックス規則について」碓井光明・水野忠恒・小早川光郎・中里実編『公法学の法と政策 (上) 金子宏先生古稀祝賀論文集』有斐閣.

あとがき

　本書は，2012年12月に東京大学に提出した博士論文を原型とし，それに若干の加筆・修正を施している．このような形で本書を書き上げることができたのは，東京大学大学院経済学研究科に入学以来，お世話になった先生方から受けたご指導のおかげである．

　大学院での講義・演習指導は，私の学問の基盤となっている．ジョイントゼミ「現代財政」では，宮島洋，神野直彦，持田信樹の3先生から同時に多面的なご指導をいただいた．

　神野直彦先生には研究指導教授をお引き受けいただいて以来，財政現象を経済・政治・社会の交錯現象として把握する視点，人間の歴史を直視する視点，理論と歴史を交錯させる視点等，今日までご指導を頂いている．宮島洋先生には論文指導教授をお引き受けいただいて以来，財政・租税理論の内在的批判，データに基づく現状把握，制度の仕組みを的確に踏まえたうえで要因分析を行うことの重要性等，理論・制度の観点から様々なご指導をいただいてきた．持田信樹先生には，財政学・地方財政論の本質を踏まえた堅実な研究スタイルとそのご発言に，多くのことを学ばせていただいてきた．特に博士論文審査では主査をお引き受けいただき，直接丁寧なご指導を賜った．心より感謝申し上げたい．

　また，渋谷博史先生には，「福祉国家財政」での演習指導以来，アメリカに関する資料収集からアメリカ政治・社会構造へのアプローチにいたるまで，様々な観点からご指導いただいている．さらに，法学政治学研究科の増井良啓先生には，他研究科の学生でありながら研究室にお伺いし，さらに「法人課税の諸問題」や「租税法と会社法」等の演習への参加までお許しいただいて以来，いつもにこやかに私の議論をお聞きくださり，様々な形でご指導いただいたいている．

　大学院での講義・演習以外の場では，故佐藤進先生（東京大学）のドイツ財

あとがき

政研究，大島通義先生（慶應義塾大学）のドイツ軍事財政史研究，金子宏先生（東京大学）の租税法の礎となる数々の研究，森恒夫先生（甲南大学）のアメリカ財政研究，加藤三郎先生（東京大学）のイギリス公債研究，林健久先生（東京大学）の日本の租税国家成立史研究，故加藤榮一先生（東京大学）の戦間期ドイツ財政研究，故伊東弘文（九州大学）先生のドイツ州・地方財政研究，片桐正俊先生（中央大学）のアメリカ州・地方財政研究，岡本英男先生（東京経済大学）のアメリカ補助金研究，金子勝先生（慶應義塾大学）のイギリス財政史研究，故金澤史男先生（横浜国立大学）の両税委譲過程研究，中里実先生（東京大学）の経済学的視点を対置した租税法研究等，先生方のご研究の出発点にあたる業績にはじまり，現在に至るまでを読み進めることで，多くの学問的な刺激を受けてきた．さらにその後のご見解についても，それぞれの先生方から直接お聞きすることが出来てきたことは，私の研究スタイルに多大な影響を与えている．

また，大学院時代に机を並べて勉強した，井手英策（慶應義塾大学），岡田徹太郎（香川大学），木村佳弘（後藤・安田記念東京都市研究所），高端正幸（新潟県立大学），櫻井泰典（総務省），橋都由加子（東京大学），伊集守直（横浜国立大学），Roman Sobolev（みずほ銀行）の各氏とは，先生方を囲む形でネットワーク2000研究会，財政学方法論研究会，現代財政金融研究会等に参加し，古典講読や研究報告，そして現代の社会科学の方法論に至るまで幅広く取り扱い，議論してきた．振り返ってみると，各人の専門領域を柱にした様々なアプローチについて見聞きしたことは，自分のとって非常に貴重な機会であったと思っている．それらの場で模索してきた財政学方法論について正面から論じることは，私の能力の範囲を超えものであり，到底できない．しかし，私自身は常にそのような方法論が，実証研究との関連でどのように生かせるかを意識してきた．

制度の歴史とその仕組み，理論の前提とその帰結，そして実証研究は，それぞれが相互に関連しており，部分的に論じることには危険が伴う．しかし，個々の分野の作業自体が骨の折れるものであり，ともすれば自分の専門領域とは異なる分野に対して壁を作った形で，専門化してしまいがちになる．私自身はそのような壁を作ることなく，相互補完的にそれぞれのアプローチの有用性と限界を踏まえた上で議論を行うことが，学問の発展に寄与すると思っている．その点で様々なアプローチに満ちた日本財政学会，日本地方財政学会等での議

あとがき

論は，私にとって学問的刺激となっている．これらの場所でご指導いただいた先生方や友人は数え切れない．一人一人お名前を上げることはできないが，心から感謝を申し上げたい．

実は私の研究歴には断絶がある．大学院の修士課程と博士課程で学んでから，立教大学に就職するまでの間に，監査法人に勤務したからである．確かに研究面からすると，そこでの勤務によって，大学赴任後に最新の財政・租税に関する研究動向のフォローに時間を要することになった．しかし，不良債権問題に端を発した金融機関の自己査定の強化，製造業での人員整理と人材派遣業の成長，不動産の流動化を意識した不動産投資信託の導入，ベンチャー・キャピタルによる新規企業支援等，バブル崩壊後の様々な変化に対処する日本企業や外国企業の経営陣や従業員の方々の姿を非常に近いところで目の当たりにしながら，監査や株式公開・組織再編支援等の醍醐味を諸先生方からご指導いただくことができたことは，研究とは別の形であるが，学ぶものが多かったことも事実である．本書では，関口 (2006a, 2007b, 2010) の中にあるエンロン社やGM社といった個別企業を分析した箇所は思い切って割愛しているが，全体を通じて（あるいは今後の研究生活の中で），そのような経験が何らかの形で反映されていることを願いたい．

2005年4月に立教大学に赴任してからは，経済学部の諸先生方に自由で快適な研究環境を与えていただいている．特に，池上岳彦先生（立教大学）には，私の研究面でのご指導のみならず，家族のことまでお気遣いいただいている．深く感謝申し上げたい．

本書の元になった論文は，研究環境を整えていただいている立教大学赴任以降に執筆したものである（下記参照）．さらに，本書は立教大学経済学部叢書出版助成を得て公刊される．

(1) 関口智 (2006a)「1990年代の財政再建期における法人所得税制──連結納税・パートナーシップ・エンロン」渋谷博史・渡瀬義男編『アメリカの連邦財政』日本経済評論社……第2章．
(2) 関口智 (2006b)「ストック・オプションと法人・個人所得税制──政策論理の解明と連邦・州財政への影響」渋谷博史・渡瀬義男編『アメリカの連

あとがき

邦財政』日本経済評論社……第 5 章.
(3) 関口智（2006c）「アメリカ連邦・州政府における法人所得税・社会保障税・個人所得税の相互関連──C 法人・S 法人・ユニタリータックス・LLC・EITC」『立教経済学研究』第 60 巻第 1 号……第 2 章.
(4) 関口智（2007a）「雇用主提供医療とアメリカ租税政策──雇用主提供年金との比較の視点から」『税務弘報』（中央経済社），第 55 巻第 10 号・第 11 号……第 3 章.
(5) 関口智（2007b）「アメリカ国際租税政策の一側面──CFC・サブパート F・外国事業体・エンロン」『立教経済学研究』第 60 巻第 4 号……第 6 章.
(6) 関口智（2008）「アメリカ租税政策と民間医療・年金保険──所得階層別実態の視点から」日本財政学会編『財政再建と税制改革』有斐閣……第 4 章.
(7) 関口智（2009a）「現代アメリカ租税論の展開──グローバル経済下の企業課税論」日本租税理論学会編『税制の新しい潮流と法人税』法律文化社……第 7 章.
(8) 関口智ほか（2009b）「特集　租税論ワークショップ　シンポジウム　グローバル化と法人税改革」『財政と公共政策』第 31 巻第 1 号……第 1 章.
(9) 関口智（2010）「クリントン政権期以降の医療保険と税制・会計」渋谷博史・塙武郎編『アメリカ・モデルとグローバル化 (2)──「小さな政府」と民間活用』昭和堂……第 3 章.

なお，博士論文や本書にこれらの論文を組み込む際には，大幅な加筆・修正を行っており，新たな書下ろしもある．2010～2011 年に立教大学から許されたアメリカでの在外研究では，アメリカ税制史の大家である W. Elliot Brownlee 先生（University of California）との毎週の議論，そしてアメリカ租税法史を研究する Ajay K. Mehrotra 先生（Indiana University），アメリカとイギリスの法人税法を比較研究する Steven A. Bank 先生（University of California），アメリカ税制を分析する Joseph J. Thorndike 氏（Tax Analysts）らとの議論を通じて，論文段階での筆者の認識不足や誤りを正すことができた．さらに，本書の草稿段階では，租税法が専門で，折に触れて親交のある渕圭吾先生（学習

あとがき

院大学），浅妻章如先生（立教大学），藤谷武史先生（東京大学），吉村政穂先生（一橋大学）に目を通していただき，多くの有益な助言をいただいた．改めて心から御礼申し上げたい．

　厳しい出版事情の下で，本書を世に送り出すことができるのは，東京大学出版会の黒田哲也，大矢宗樹の両氏のおかげである．お二人には，様々な形で相談に乗っていただき，出版までをリードしていただいた．迅速かつ丁寧な対応に感謝を申し上げたい．

　最後に，私事に渡り恐縮であるが，己を犠牲にして常に支えてくれている妻貴美子，喜びを与えてくれる2人の子供知希と真由，そして私達家族を暖かく見守ってくれているそれぞれの両親に感謝の気持ちを込めて，本書を捧げることにしたい．

2014年12月

研究室で夕日を見つめながら

関口　智

索　引

ア　行

アコード　6
Rベース企業税　279
アメリカ小売連盟（National Retail Federation）　111
アメリカ属領　227
アメリカ労働総同盟・産業別労働組合会議（AFL-CIO）　119, 189
域外所得（Extraterritorial Income: ETI）規定　235
　──免除制度　277
遺産・贈与税　2, 271, 280, 304
一般財源　155
移転価格税制　218
委任状（Proxy Statement）　181
医療給付債務　15
医療貯蓄口座（Medical Saving Account: MSA）　133
医療費控除　102, 131
医療保険拠出税額控除（Health Coverage Tax Credit）　141
医療保険提供の義務化　109
医療保険の給付範囲の包括化　116
医療保険の継続性および説明責任法（Health Insurance Portability and Accountability act of 1996）　133
インボイス方式　299
運用益　43
S法人　258
　──所得　76
Xタックス　18, 273
エンロン社　66, 125, 209
オーナーシップ社会　168, 275, 296

オニール（O'Neill）財務長官　49, 239
オバマ（Obama）政権　2, 49, 58, 210, 248, 252
オプションの時間的価値　177
オフ・バランス　62

カ　行

海外部門　34
会計利益　13, 58
外国資本　37
　──の要求利回り　41
外国税額控除　68
　──方式　276
外国販売法人（Foreign Sales Corporation: FSC）　224, 269
会計原則審議会意見書25号　→容認法
改訂財務会計基準123号　→原則法
ガイトナー（Geithner）財務長官　49
介入通貨　4
下院歳入委員会　50
確定給付型　144, 160
確定給付債務　125
確定拠出型　144, 157, 160
　──年金保険　84
隠れた福祉国家　→福祉国家
家計貯蓄額　161
家計部門　34
課税繰り延べ問題　276
課税権　15
課税所得　13, 58
家族への保険料補助　114
稼得収入　145
株式価値の希薄化　206

索　引

株式保有の大衆化　194
株式報酬　17, 171
株主自己資本利益率（Return On Equity: ROE）　207
為替安定化基金（Exchange Stabilization Fund）　7
為替差益　43
為替政策　39, 239, 251
為替リスク　36, 42
為替レート　6
為替レートの調整　267
　──機能　249, 251
間接税　266, 279, 305
完全合算方式　64, 218
簡素な所得税案（Simplified Income Tax Plan: SITP）　272
企業福祉　104
基軸通貨　4
逆進性　303
キャピタル・ゲイン　71, 95, 287
　──優遇税率　205
ギャロップの世論調査　121
給付内容の包括化　109
給料賃金　70, 71
行政価格法（administrative pricing method）　225
　──（23％）　226
強制拠出（拠出強制）　109, 120
居住者ポートフォリオ利子の非課税制度　41
　非居住者ポートフォリオ利子の非課税制度　→非居住者
均衡予算法（Balanced Budget Act）　122
金融・サービス業　44
金融セクター　35, 269, 279
金融仲介サービス　269, 279
金融取引への課税　280
金融部門　45
　非──　45
勤労所得税額控除（Earned Income Tax Credit: EITC）　70, 90, 264, 288
クリーム・スキミング　103
グリーンスパン（Greenspan）FRB議長　38, 49, 155
繰越欠損金　66
繰延報酬　65, 83, 130, 172
グロスの公的社会支出　30
軍事費　3, 25, 286
経営者円卓会議（ビジネスラウンドテーブル）　118
経済成長および減税調整法（Economic Growth and Tax Relief Reconciliation Act of 2001：EGTRRA 2001）　157, 166, 296
経済成長率　53
経常赤字　7
　──の持続可能性　42, 213
携帯可能性（portability）　296
減価償却　64
　──費　59
現金給付　32
現金報酬　171
健康維持組織（Health Maintenance Organization: HMO）　102, 124, 136
健康給付口座（401(h)）　101
健康貯蓄口座（Health Saving Account: HSA）　135
原産地原則　266
源泉地原則　299
原則法（財務会計基準（Financial Accounting Standards: FAS) 123号）（ストック・オプション会計）　172, 174
　改訂財務会計基準（改訂FAS) 123号　209
限度超過額の彼此流用　277
現物給付　32
権利確定　173
権利行使　203, 204
権利付与　172
公会計制度　15

索　引

高額免責保険　133
公共部門の貯蓄率　128
公債発行　294, 305
公正価値　193
　——法　177
公的社会支出　28, 29
小売売上税　2
　州の——　55, 302
高齢者医療（メディケア）　3
　——支出　286
国債　299
国債管理政策　6
国債管理コスト　156
国債金利　155
国際公会計基準（International Public Sector Accounting Standards: IPSAS）　15
国際通貨　4
国内製造活動控除　245, 247
国内貯蓄不足　33, 134
国民医療費の抑制　114
国民経済計算　15
国民貯蓄率　38, 128
国民統合の論理　9, 16
個人医療保険　132
個人AMT（Alternative Minimum Tax：代替ミニマムタックス）　174
個人（積立）口座　17, 127, 157, 275
コスト・シフティング　109, 112
国家経済会議（National Economic Council）　39, 193
国家中立性　218
国家保有者中立性　218
国家論　11
国境税調整　305
　——方式　267
固定相場制　221, 293
個別消費税　118
雇用・成長租税負担調整法（Jobs and Growth Tax Relief Act of 2003）　135
雇用促進法
　2004年——（American Job Creation Act of 2004）　248, 277
雇用主全額拠出割合　123
雇用主提供医療保険に係る租税支出　287
雇用主の拠出上限　120
雇用主への保険料補助　114
雇用の安定　6

サ　行

サービス被用者国際労働組合（Service Employees International Union: SEIU）　119
債券市場　38, 88, 295
財産所得　145
財政赤字削減法（Deficit Reduction Act of 2005）　135
財政規律　38
財政高権　5, 23
財政再建期　53
最低生活保障　92
最低賃金　92
　——制度　265
再分配のシグナル　93
財務会計基準機構（Financial Accounting Standards Foundation: FASF）　179
財務会計基準審議会（Financial Accounting Standard Board: FASB）　178, 183, 192
財務会計基準106号　→退職後医療給付会計
財務会計基準123号　→原則法
財務省短期証券　156
サブパートF　217, 221, 235
　——所得　63, 218
サマーズ（Summers）財務（副）長官　5, 49, 154, 233
産業構造の転換　44, 61, 260

341

索引

――期　208
参照税法基準（reference tax law baseline）　14
C法人　258
　非――　76
仕入税額控除方式　263
仕入高控除方式　263, 299
自営業者税（self-employment tax）　82
自家保険　101
事業所得　95
自己株式取得　205
自国通貨　37
自社株に対するコール・オプション　179
市場性国債　87
　――の保有構造　33
　――の利回り上昇　305
　非――　27, 86, 153
市場メカニズムとの整合性　293
慈善事業（教育・医療以外）　100
慈善団体への寄付金控除　265
失業率　197
実現キャピタル・ゲイン　79
実効税率　79
　平均――　58
　法定――　58
　国外――　214
　限界――　58
児童医療保険制度　133
児童税額控除　288, 296
ジニ係数　31, 303
資本所得　95
資本保有者中立性　218
資本輸出中立性　216, 218
資本輸入中立性　218
仕向地原則　266, 299
社会還元主義　11
社会給付債務　15
社会政策目的の租税優遇措置　108, 268
社会保障債務　15, 127
社会保障税（賃金税）と付加価値税の同等性　305
社会保障年金　3, 25
社会保障年金信託基金　154
社会目的の租税優遇措置　31
社会保障税（Social Security Payroll Tax）　81
社会保障年金支出　286
住宅モーゲージ利子　100
住宅ローン利子　265
州の小売売上税　→小売売上税
準備通貨　4
　――国の論理　8, 16
上院財政委員会　50
生涯消費　303
生涯所得　303
障害年金（Disability Insurance: DI）給付　100
障害年金保険（Disability Insurance: DI）信託基金　82
小規模事業雇用保護法（The Small Business Job Protection Act of 1996）　133, 145
証券取引委員会（Securities and Exchange Commission: SEC）　178, 183
消費課税　2
　――へのシフト論　2, 253
消費型所得概念　2
情報通信関連産業　201
奨励型ストック・オプション　174
所得課税と消費課税のハイブリッド型　167
所得層の二極化　47
GM（General Motors）社　125
ジョン・ロックの貨幣観　23
新株発行純額　205
人種的分断　28
人種別　47
新制度論　11
信託基金　55, 87
垂直的租税関係　12, 55

索　引

水平的租税関係　12
スノー（Snow）財務長官　49, 239
ストックオプション会計（APB意見書25号）　→容認法
ストックオプション会計（FAS123号）　→原則法
成果型ストック・オプション（Performance stock option: PSO）　185
静学分析　262
制限的ストック・オプション　174
政策決定過程　10
政治権力の二重の細分化　10, 49, 291
正常税基準（normal tax baseline）　14
製造業　44
成長・投資税案（Growth and Investment Tax Plan: GITP）　272
制度　9, 10
政府勘定　154
税務上の利益剰余金（Earnings and Profits）　226, 229
世界最強の準備通貨　42, 51
世界の銀行　42
世界貿易機関（World Trade Organization: WTO）　270
　WTO上級委員会（控訴機関）（Appellate Body）　233, 237
　WTO仲裁人（WTO arbitrators）　239
　WTOの紛争パネル　233
世代間の所得弾力性　303
積極的労働市場政策　32
全国貿易評議会（National Foreign Trade Council）　239
全世界主義　18, 216
全世界所得課税制度　276
全米自動車製造者協会（American Automobile Manufacturers Association: AAMA）　110
全米製造者協会（National Association of Manufacturers: NAM）　188

選別的給付　31
相対的貧困率　31
租税回避　58, 217, 252
租税支出　2, 13, 92, 285
租税制度論　9
ソブリンマネー　5

タ　行

対外債務（アメリカ連邦債を含む）　33, 36, 301
対外長期債権　42
対外直接投資収益　243
退職後医療給付会計（財務会計基準（Financial Accounting Standards: FAS）106号）　65, 189
退職後医療給付債務　127
退職後給付債務　65
退職後所得　145
退職年金給付債務　127
大統領諮問委員会報告書　292
　2005年の大統領諮問委員会報告　169
大統領諮問パネル最終報告書（Simple, Fair, and Pro-Growth: Proposals to Fix America's Tax System）　272
多元主義的な財政社会学　8
多国籍企業　61, 63, 242
多段階課税　1, 292
タックスシェルター　162
タックスヘイブン諸国　227
タックスヘイブン対策税制　63
タバコ消費税　114
単一税率　303
単段階課税　292
地域医療保険連合（Health Alliance）　106
チェック・ザ・ボックス規定　63, 251
中央銀行　43
中間選挙　132, 148
超過累進税率　94, 257
長期キャピタル・ゲイン　194

343

索　引

——税率　76
直接税　266, 278, 279
貯蓄者税額控除（Saver's Credit）　158
追加拠出（catch-up contribution）　158
通貨高権　5, 23
通貨当局　240
通貨の安定　6
通商政策　213
積立方式　82
強い（米）ドル　39, 295
　　——政策　234, 240, 269
定期積立預金（Thrift Saving Plan: TSP）　84, 152
低所得者向けの還付可能税額控除　143
適格生産活動所得（Qualified Production Activities Income: QPAI）控除制度　277
転移効果　24
転嫁　304
転嫁・帰着　281
転職時のポータビリティー　108
伝統的個人退職口座（Individual Retirement Account: IRA）（伝統的IRA）　145, 163
伝統的出来高払い制度　124
動学的確率的一般均衡分析　6
統合型（one-book system）　13
特定目的事業体（Special Purpose Entity: SPE）　62
独立企業間価格　224
　　——法　225
独立企業間原則　220
ドルの下落　301
ドルの地位　42, 43
ドルへの国際的需要　36
ドルへの信認　43, 156, 294

ナ　行

内国国際販売法人（Domestic International Sales Corporation: DISC）　221, 269
内部資金比率　207
ニューエコノミー産業　201
任意被用者共済団体（Voluntary Employee Beneficiary Association: VEBA）　101
ネオマルクス主義的財政社会学　8
ネットの公的社会支出　30
年金給付債務（退職給付債務）　14, 144
年金給付調整制度（インテグレーション）　144
納税者負担救済法（The Tax Payer Relief Act of 1997）　148, 194

ハ　行

媒介通貨　4
パートナーシップ　77, 258
バーナンキFRB議長　6, 49
非居住者　33, 35
　　——ポートフォリオ利子の非課税制度　297
非金融部門　→金融部門
非C法人　→C法人
非市場性国債　→市場性国債
被支配外国法人（Controlled Foreign Corporations: CFC）　218, 243, 245, 250, 277
非適格ストック・オプション　175
1株当たり利益（Earnings per share: EPS）　207
非白人　137, 152, 163, 295
被用者加入率　123
被用者の非課税措置　120
比例税率　257
貧困家族一時扶助（Temporary Assistance for Needy Families: TANF）　92, 133
貧困ライン　137
ファイナンス理論　5, 71
付加価値税　256, 289, 302

344

索　引

付加給付　17, 115
賦課方式　82, 89, 144
福祉国家
　　隠れた――　2, 15, 303
　　見える――　2, 16, 151
負債純増加額　205
負債持分（liability equity）　182
ブッシュ政権（Bush Jr.）　49
普遍的給付　30
部門別資金過不足　34
ブラック・ショールズ・モデル　177
フラット・タックス　18, 256
フリンジ・ベネフィット　259
分割審議　50, 122
分割政府　49, 70, 148
分配効果　260
分離型（two-book system）　13
変動相場制　36, 249, 267, 293
貿易赤字　40
法外な特権　36, 294
包括給付（universal coverage）　108, 110
包括財政調整法（Omnibus Budget Reconciliation Act: OBRA）　186
包括的所得概念　2
包括的貯蓄口座（Universal Saving Account: USA）　150
包括的な医療給付　106
法人 AMT（Alternative Minimum Tax: 代替ミニマムタックス）　67
法人タックスシェルター　58
法人の逆移籍（Corporate inversion）　214
法定外福利費　16, 81, 101, 118, 171
法定福利費　16, 81, 101, 118
ポールソン（Paulson）財務長官　49
保険料拠出上限　114
保険料の拠出の義務づけ　116
保険料補助　113
　　――金（対雇用主・家計分）　106, 107
補足的所得保障（Supplemental Security Income: SSI）　100
方法論的個人主義　9
ボルカー（Volcker）FRB 議長　49
本源的価値法　177

マ　行

見える福祉国家　→福祉国家
民間医療向け租税支出　130
民間個人年金保険　160
民間貯蓄率　128, 213
民間年金向け租税支出　130, 287
民間部門　34
無制限貯蓄控除税（Unlimited Saving Allowance Tax: USA 税）　18, 256
無保険者　105, 131, 136
名目賃金成長率　197
メディケア（高齢者向け医療保険）　25, 99
メディケア処方箋薬に対する改善・近代化法（The Medicare Prescription Drug Improvement and Modernization Act off 2003）　135
メディケア入院保険（Medicare Part A Hospital Insurance: HI）信託基金　82
メディケイド（低所得者向け医療扶助）　25, 99

ヤ　行

役員報酬債務　190
役員報酬の巨額化　181
役員報酬の損金算入の上限規制　188
USA 税　→無制限貯蓄控除税
優雅なる無視（Benign Neglect）　240
有限責任会社（Limited Liability Companies: LLC）　77
輸出還付　266
輸出取引法人（Export Trade Corporation: ETC）　269

345

索　引

輸出補助金（a prohibited export subsidy）　213, 233, 266
容認法（会計原則審議会（Accounting Principles Board: APB）意見書25号）（ストック・オプション会計）　174, 205
要扶養児童家族扶助（Aid to Families with Dependent Children: AFDC）　92, 100, 133
ヨーロッパと同等の条件　234, 243
予算教書
　2007年——　141
　2008年——　141
予算統制　13

労働債務（繰延債務，繰延報酬）　17, 101, 125, 171, 172
労働所得　95
老齢・遺族年金（OASI）給付　100
老齢・遺族年金保険（Old Age and Survivors Insurance: OASI）信託基金　82
ロック・イン効果　76

ラ 行

流動性　43
両議院税制委員会（Joint Committee on Taxation）　50, 285
領土主義　18, 216
累進性　79
累進税率　79, 209, 273
ルービン（Rubin）財務長官　39, 49, 194
レーガン（Reagan）政権　2, 49, 290
歴史的経路依存性　291
歴史的制度論　11
連結納税　63
連結納税申告書　62
連合食料・商業労働者国際ユニオン（United Food and Commercial Workers International Union: UFCW）　112
連邦基金　25, 55, 87, 89, 154
連邦公務員の定期積立預金（Thrift saving plan: TSP）　→定期積立預金
連邦信託基金　25
連邦統合予算　87
連邦付加価値税　302
労働組合　124

アルファベット

401(k)　84, 147
401(h)　→健康給付口座
403(b)　84
AAMA（American Automobile Manufacturers Association）　→全米自動車製造者協会
AFDC（Aid to Families with Dependent Children）　→要扶養児童家族扶助
AFL-CIO　→アメリカ労働総同盟・産業別労働組合会議
APB（Accounting Principles Board）意見書25号　→容認法
CFC（Controlled Foreign Corporations）　→被支配外国法人
DISC（Domestic International Sales Corporation）　→内国国際販売法人
DI（Disability Insurance）給付　→障害年金給付
DI（Disability Insurance）保険信託基金　→障害年金保険信託基金
EGTRRA 2001（Economic Growth and Tax Relief Reconciliation Act of 2001）　→経済成長および減税調整法
EITC（Earned Income Tax Credit）　→勤労所得税額控除
EPS（Earnings per share）　→1株当たり利益
ETC（Export Trade Corporation）　→輸出取引法人
ETI（Extraterritorial Income）既定　→

索 引

域外所得規定
FAS（Financial Accounting Standards）106号 →退職後医療給付会計
FAS（Financial Accounting Standards）123号 →原則法
FASB（Financial Accounting Standard Board） →財務会計基準審議会
FASF（Financial Accounting Standards Foundation） →財務会計基準機構
FRB（Federal Reserve Board of Governors：連邦準備理事会） 37, 42
FSC（Foreign Sales Corporation） →外国販売法人
GATT／WTO 213, 225, 266, 270, 276
GITP（Growth and Investment Tax Plan） →成長・投資税案
HI（Medicare Part A Hospital Insurance）信託基金 →メディケア入院保険信託基金
HMO（Health Maintenance Organization） →健康維持組織
HSA（Health Saving Account） →健康貯蓄口座
IPSAS（International Public Sector Accounting Standards） →国際公会計基準
LLC（Limited Liability Companies） →有限責任会社
MSA（Medical Saving Account） →医療貯蓄口座
NAM（National Association of Manufacturers） →全米製造者協会
OASI給付 →老齢・遺族年金給付
OASI（Old Age and Survivors Insurance）信託基金 →老齢・遺族年金保険信託基金
OBRA（Omnibus Budget Reconciliation Act） →包括財政調整法
PSO（Performance stock option） →成果型ストック・オプション
QPAI（Qualified Production Activities Income）控除制度 →適格生産活動所得控除制度
ROE（Return On Equity） →株主自己資本利益率
Roth 401(k) 158
Roth IRA 148, 163
SEC（Securities and Exchange Commission） →証券取引委員会
SEIU（Service Employees International Union） →サービス被用者国際労働組合
SEP（Simplified Employee Pension） 147, 159, 164
SIMPLE（Saving Incentive Match Plans for Employee） 145, 159, 164
SITP（Simplified Income Tax Plan） →簡素な所得税案
SSI（Supplemental Security Income） →補足的所得保障
SPE（Special Purpose Entity） →特定目的事業体
TANF（Temporary Assistance for Needy Families） →貧困家族一時扶助
TSP（Thrift Saving Plan） →定期積立預金
UFCW（United Food and Commercial Workers International Union） →連合食料・商業労働者国際ユニオン
USA（Universal Saving Account） →包括的貯蓄口座
USA税（Unlimited Saving Allowance Tax） →無制限貯蓄控除税
VEBA（Voluntary Employee Beneficiary Association） →任用被用者共済団体
WTO（World Trade Organization） →世界貿易機関

347

著者略歴

1972 年　埼玉県生まれ
1996 年　慶應義塾大学経済学部卒業
2001 年　東京大学大学院経済学研究科博士課程単位取得退学
　　　　 監査法人太田昭和センチュリー（現・新日本有限責任監査法人），立教大学経済学部専任講師，准教授を経て
現　在　立教大学経済学部教授
　　　　 博士（経済学，東京大学）

主要業績

"The Corporate Income Tax in Postwar Japan and the Shoup Recommendations," W. Elliot Brownlee, E. Ide, and Y. Fukagai (eds.), *The Political Economy of Transnational Tax Reform*, Cambridge University Press, 2013.

"Environmental Tax and Subsidy in Japan: Past and Present," Shigeru Matsumoto (ed.), *Environmental Subsidies to Consumers*, Routledge, 2015.

現代アメリカ連邦税制
付加価値税なき国家の租税構造

2015 年 2 月 27 日　初　版

［検印廃止］

著　者　関口　智（せきぐち さとし）

発行所　一般財団法人　東京大学出版会
代表者　古田 元夫
　　　　153-0041 東京都目黒区駒場 4-5-29
　　　　電話 03-6407-1069　FAX 03-6407-1991
　　　　振替 00160-6-59964
　　　　http://www.utp.or.jp/

印刷所　株式会社平文社
製本所　誠製本株式会社

© 2015 Satoshi Sekiguchi
ISBN 978-4-13-046114-6　Printed in Japan

JCOPY 〈(社)出版者著作権管理機構　委託出版物〉
本書の無断複写は著作権法上での例外を除き禁じられています．複写される場合は，そのつど事前に，(社)出版者著作権管理機構（電話 03-3513-6969，FAX 03-3513-6979，e-mail: info@jcopy.or.jp）の許諾を得てください．

渋谷博史 著	20世紀アメリカ財政史 Ⅰ パクス・アメリカーナと基軸国の税制	6200円
渋谷博史 著	20世紀アメリカ財政史 Ⅱ 「豊かな社会」とアメリカ型福祉国家	6200円
渋谷博史 著	20世紀アメリカ財政史 Ⅲ レーガン財政からポスト冷戦へ	6400円
渋谷博史 丸山真人 伊藤 修 編	市場化とアメリカのインパクト 戦後日本経済社会の分析視角	4200円
渋谷博史 渡瀬義男 樋口 均 編	アメリカの福祉国家システム 市場主導型レジームの理念と構造	4800円
持田信樹 今井勝人 編	ソブリン危機と福祉国家財政	5800円
岡本英男 著	福祉国家の可能性	6400円
宮島 洋 西村周三 京極髙宣 編	社会保障と経済2　財政と所得保障	4200円
増井良啓 宮崎裕子 著	国際租税法（第2版）	3000円

ここに表示された価格は本体価格です．ご購入の際には消費税が加算されますのでご了承ください．